国家社会科学基金特别委托项目（批准号：12@ZH019）

闽台缘丛书

总主编　袁荣祥

闽台缘丛书

总主编 袁荣祥

商海泛舟

闽台商缘

Commercial Relationship between Fujan and Taiwan

徐晓望 主编

社会科学文献出版社
SOCIAL SCIENCES ACADEMIC PRESS (CHINA)

总　序

袁荣祥

在纷繁复杂的人与自然、人与人的关系中，总是蕴藏着某种或某些特殊的关系。这种关系像一条红线，把看似毫无联系的人、事物乃至世界联系在一起；又像一座桥梁，把看似无法跨越的鸿沟变成通途，这就是所谓"缘"或"缘分"。"缘"不但在人际关系中广泛存在，而且在地区与地区之间也普遍存在，形成错综复杂的各种各样的关系。

20 世纪 80 年代以来，学术界根据海峡两岸自古就有的特殊关系，不断研究、总结两岸同胞之"缘"，并对"缘"的内涵和外延做了卓有成效的丰富和拓展，其研究成果逐渐被大家所接受。闽台关系，即闽台之间地缘相近、血缘相亲、文缘相承、商缘相连等，这是福建省立足闽台历史关系对自身区域定位和发展的理性思考。闽台关系中，地缘相近是指福建与台湾一水之隔，具有天然的地理联系，台湾的自然史与文明史，与祖国大陆紧紧地联系在一起；血缘相亲是指闽台人民本是同根所生，血脉相连，台湾现有居民中约 80% 的祖籍是福建，闽台一家亲；文缘相承是指闽台文化一脉相承，具有历史同一性和不可分割性，是中华文化的宝贵财富；商缘相连是指自古以来闽台经济关系密切，互补互利，合则双利，通则双赢。

我们认为，无论从历史角度、现实联系，还是从相邻的区位、同缘的文化来看，闽台关系是闽台区域文化的具体表征，也是维系和发展两岸民众文化认同的重要历史基础；它们深刻地影响着闽台区域历史乃至中国历史的发展，对当今两岸关系的和平发展起着不可替代的积极作用。一方面，"闽台缘"为建构两岸人民共同的精神家园提供了重要的历史支撑和文化基础；另一方面，"闽台缘"所蕴含的凝聚力、协同力、创新力，在当代文化实践进程中将升华为一种影响深远的文化软实力，为两岸关系和平发展夯实文化基础。近年来，学术界对闽台关系进行了广泛而深入的研究，取得了一大批研究成果，为两岸关系和平发展提供了许多有益的理论思考和实践借鉴。但这些研究还缺乏系统性和完整性。有鉴于此，我们组织一批学者编撰"闽台缘"研究丛书，由《海峡两岸——闽台地缘》《血浓于水——闽台血缘》《文化同根——闽台文缘》《商海泛舟——闽台商缘》4本专著组成，力图在前人研究的基础上更系统更深入地探讨闽台关系的历史形成及其当代发展，努力拓展闽台区域文化研究的认识论空间。

《海峡两岸——闽台地缘》以认知和认同为主线，结合丰富的闽台地方历史文献和扎实的实地考察，将闽台地缘的地理意义变迁，放置在长时段的历史区间内，观察其地理区位和空间意义的演变和闽台间长期一贯的紧密关联。通过梳理台湾地域垦拓经历和景观变迁来探讨闽台地域认同的形成。

《血浓于水——闽台血缘》采用文献考证和田野调查相结合的方法，探究古代闽越族与台湾原住民的历史渊源、宋元以来闽台之间的人口迁移与人口流动，回顾与梳理分居海峡两岸的闽台族人在编修族谱、修造祠堂、祭祀祖先、沿用辈序及相互继嗣、相互扶助等方面的密切联系，阐释闽台族群结构与渊源关系。

《文化同根——闽台文缘》运用当代文化理论和闽台区域文化研究的成果，具体阐述闽台教育体系、文学艺术、宗教哲学、语言风俗、民间信仰以及史学等方面的亲缘关系，深入探讨闽台文化的传承、互动和文化认同的复杂关系。闽台两地风俗相通、习性相同，民间信仰相通，儒学教化一体，这些塑造了闽台常民相同或相近的"感觉结构"。

《商海泛舟——闽台商缘》运用经济学和历史学的研究方法，研究考察从新石器时代到近现代闽台之间的商贸史，阐释闽台商缘相连关系。闽台商人一直都是一个共同体。商缘像一条红线将闽台民众拉近，成为闽台经济合作的重要动力。

需要指出的是，"闽台缘"丛书是十几位学有专攻的学者经过两年多的努力完成的。在编撰过程中，我们就丛书的选题范围、写作体例、取材手段、论证方式等问题，多次召开专家学者和对台实际工作者参加的论证会，认真吸收各方面的宝贵意见，力求做到以下几个方面：一、系统性。以集体攻关的形式对闽台关系展开系统性的研究，在广泛占有历史文献资料和充分借鉴以往研究成果的基础上，力求对闽台关系做出全面系统且具有说服力和权威性的诠释。二、创新性。坚持实事求是的原则，在认真分析研

究的基础上，提出新观点、新见解，对于一些老问题，努力做到不人云亦
云，客观准确地提出自己的观点和看法；对于一些有分歧的问题，既不回
避，也不厚此薄彼，而是通过摆事实、讲道理，鲜明地表述自己的观点。
三、学理性。从理论高度来探讨闽台关系，初步建构闽台关系研究的理论
框架，使之具有较高的学术价值。四、资料性。坚持以事实说话，藉史料
立论。丛书作者不但在大陆广泛收集资料，而且到宝岛台湾访学、收集资
料。有的学者为撰写本书专门赴台湾访学调研一年，搜集了不少第一手资
料，为丛书编撰奠定了坚实的基础。五、现实性。把"以史为鉴、服务现
实"作为编撰本丛书的目的之一。丛书作者尊重历史，立足现实，面向未
来，在字里行间透露出强烈的历史责任感和社会责任感。

　　当前，两岸关系处于和平发展的新阶段。党的十八大明确提出，要全
面贯彻两岸关系和平发展重要思想，巩固和深化两岸关系和平发展的政治、
经济、文化、社会基础，为和平统一创造更充分的条件。该丛书的出版，
对巩固和深化两岸关系和平发展具有现实意义。阅读本丛书，有助于增进
维护一个中国的共同认知，使强烈的统一意识成为深植在每一个中国人内
心深处的价值标准与政治理念，增强两岸关系和平发展的政治基础；有助
于人们从闽台热络的商贸史中吸取经验，获得启示，促进两岸经贸合作，
厚植互利双赢的共同利益，夯实两岸关系和平发展的经济基础；有助于两
岸同胞增强一脉相承的民族认同，共同弘扬中华文化优秀传统，筑牢两岸
关系和平发展的文化基础；也有助于让人们认识到两岸同胞同属中华民族，
是血脉相连的命运共同体，进一步密切双方往来，融洽亲如一家的同胞感
情，强化两岸关系和平发展的社会基础。呈现在各位面前的"闽台缘"丛
书，是否实现编写的初衷，达到要求和目标，还需要读者的评判。

　　闽台关系相当复杂，内涵非常丰富，可以研究的课题还有很多，待拓
展的理论空间还很宽阔。本丛书的出版既是前一阶段闽台关系研究的总结，
更是闽台关系研究的新起点。希望学界能以此为基础，更加深入开展闽台
关系的研究，为推进两岸和平发展，实现中华民族的伟大复兴做出更大的
贡献。

　　在丛书的编撰过程中，我们得到中宣部领导及国台办、省台办等相关
部门的关心和指导，得到两岸专家学者的诸多指点和鼓励，得到社会科学
文献出版社的大力支持，还得到国家社科基金特别委托项目的资助。在丛
书付梓之际，一并表达对他们深深的敬意和衷心的感谢！

引　言

　　商缘是人类在从事商业行为时结下的缘分，如果买卖双方珍视这种缘分，它会加强双方的关系，逐渐达到双方互不可分的地步。《商海泛舟——闽台商缘》一书就是研究闽台两地之间千百年来结成的商缘，它又是一部两岸商业史。

　　商缘建立在多次重复的商业行为之上。

　　商业是人类最古老的行为之一，人类的生活依赖各种各样的物资，每一种物资都只能满足人类某一方面的需求，因各人拥有不同的物资，他们要满足各自不同的需求，就得与人交换手中的物资。商业使人类物资的利用大大提高，对一部分人无用的东西转移到另一部分人手中，往往会发挥巨大的作用，从而加强人类各自的力量。因此，商业对人类而言是极为重要的。

　　商业的起源十分悠久。当人类的蒙昧时代，两个原始人交换自己手中的东西，这就是商业，这种行为多次发生于两人之间，我们就可以说，这两个原始人结下了商缘。进入文明社会之后，商业更是人类交往的主要方式之一，如果说战争恶化人际关系，商业则是人类之间和平交往的方式。和平的发展及战争的引退，是人类永恒的目标。

　　商业又是铸造人类性格的重要因素，它将冒险精神灌注到人的行动中去。当人类的私有财产出现后，商业就鼓励人们去探索未知的世界，因为高额利润多产生于贸易双方不知道对方的背景之下。第一个开拓市场的人有可能获得数十倍至上百倍的利润，而盲目的跟进者中，也许会有人亏本。做第一个吃螃蟹者，这是商业的第一个准则。

　　两地间商业的发展取决于交通，只有往来密切的区域之间，才可能结下深厚的商业关系。福建与台湾之间，隔着台湾海峡，有人以为这是难以跨越的天堑，实际上，海洋历来是商人闯荡的天下。从地理环境而言，商业依赖于交通,交通产生费用,高山与沙漠使交通费用无限升高,从而大大压缩利润;而河流与海洋是商业的朋友,人类只要造出船只,就可在河流与大海上航行,驾船的人们借助大自然的力量,将船只驶向遥远的地方,并可以较低的成本运来人们喜欢的东西。总之,人类为远航付出的成本远低于在沙漠和高山中的穿行。在这些因素的制约下,人类历史上的重大商业成功主要体现于海洋探险,海水可以将远在地球两端的人们联系在一起,也可将隔海而居的人们变得十分亲密。闽台之间,盈盈一水,商业的纽带很早就将两岸的人们连为一体,因此,在历史上,两岸民众之间结下了深厚的商缘。

福建与台湾的商业往来可以追溯至5000年前的新石器时代,那时台湾海峡的先民驾驶着独木舟穿越于诸岛之间,无惧惊涛骇浪的威胁。他们相互交换玉石、石锛等器物,建构了两岸相似度很高的海洋文化,他们所用的货币是人类最早的货币——宝贝。在沿海商业的影响下,贝币向内地传播,西到四川、云南,北到河南,到处都有贝币出土,它代表着巨大的财富,也说明当时海洋文化在内陆的影响。

秦汉时代的闽越人是台湾海峡海洋文化的继承者。他们散布于东南滨海区域,北至浙江南部,南至广东东部,西至江西东部和安徽南部,曾在秦汉之际建立古老的闽越国。越王无诸曾参加反秦义军北上灭秦,后跟随刘邦攻灭项羽的楚国,因此得刘邦封为闽越国王,建都于东海之滨的冶城(今福州)。越人的图腾是龙、蛇、青蛙等亲水动物,他们的生活也像两栖动物一样,在岸上种田,在河上捕鱼。沿海的越人驾驶着小舟往来于诸岛之间。因此,古人称越人水行山处,具有独特的生活方式。

闽越国时代,闽越人以航海术闻名于世,他们能够制造巨舰航行于台湾海峡,有一次,越王曾发兵八千,从冶城航海到岭南的揭阳。在古福州城的东面,出土过大型的船舶配件,表明当时的福州东湖在未淤塞之前,是闽越人的造船基地。闽越人依旧使用贝币,与中原以铜钱为基础的货币制度发生冲突。汉武帝最终派兵消灭闽越国,汉朝的五铢钱因而流行到闽地。汉武帝消灭闽越国之后,将闽越人全体迁徙至江淮一带,只有少数闽越遗民逃过了这次大迁徙。闽越灭国之后,这些遗民受汉朝统治,汉朝在闽地设立冶县,统治浙江南部到福建的广大土地。由于冶县辖地过广,汉朝并不能切实地统治闽地的闽越遗民,只是闽越遗民数量较少,在历史上留下的记载也少。他们应是驾驶着小船自由地活动于闽浙沿海,形成后日的疍家人。

笔者认为，最早出现于东汉时代的台北十三行文化，其主人应是**闽越人**的后裔！十三行位于台北的淡水河口，此地与闽中遥遥相望，可能有一支闽越人移民于此，带来了农耕和冶铁的技术，他们死后大都面朝西方，表明他们怀念自己的故乡。不过，他们主要是下层民众，因而虽有技术，但没有传播文字。他们在台湾生存发展，仍然保持与大陆之间的贸易关系，因此，在十三行文化遗址中，会有五铢钱被发现。

自汉武帝迁徙闽越人之后，三国时代的东吴也将闽中看作战士及劳动力的来源之地。东吴大将贺齐曾六次率军南下闽中，击败闽地山越武装之后，他将俘虏的闽越人补充自己的队伍，带到江淮一带作战。吴国对闽中的统治逐渐巩固，成立了管辖闽中的建安郡，这是一个州郡级机构，就其管辖范围来看，是福建省的前身。吴国每每在建安郡造船并选拔水手，因而在左思的《吴都赋》中，留下了"篙工楫师，选自闽禺"的话。然而，由于闽地人口不断流失，建安郡的人口一直很少，直到隋朝整顿南方州县时，闽中不过设置四县，仅仅 12420 户！

吴、晋、宋、齐、梁、陈时代的闽人虽少，却一直以航海术闻名。东晋末年，起于浙江、福建沿海的卢循带领水上武装一直打到建业城下。这是东南海上力量的空前伟业。史料记载，在卢循起义失败后，福建沿海仍然有一支被称为"游艇子"的水上族群穿行于福建沿海，他们应为后日疍民的祖先。疍家人一生生活于船上，他们从小学习游泳，长大驾驶船舶，他们在船上捕鱼捉蟹，向陆上居民换取粮食，过着漂泊不定的生活。过去，福建的陆上人家总是将疍民看作贱民，但从海洋文化这一角度来看，他们才是中国海洋文化的主要承载者。他们的活动范围，北至长江，南达印度尼西亚群岛，是古南海的真正主人。在笔者看来，南太平洋的航海诸民族，其实都是疍家人的子孙。中国历代水师的士兵，都是从疍家人或是带有疍家血统的渔民中选拔的。在笔者看来，隋代的水师也是由擅长航海的疍家人组成，他们中间的"海师（隋代的引航员）"何蛮与朱宽发现了东海的流求等岛屿，从而引发了隋军远征流求的行动。笔者认为，隋唐宋元的流求主要是指台湾等系列岛屿，而其核心是台湾北部的十三行文化传播区域。这一区域一直与福建保持着商业联系，因而有唐宋铜钱的出土。

唐宋两代，北方汉族大举南下闽中，使福建的人口从隋代的 12420 户上升至唐中叶的 10 万户，再到宋代初年的 46 万户，北宋末年的 100 多万户。

南宋中期，福建人口已经超过 300 多万。宋理宗宝庆元年（1225 年），福建路户口为 170 万户，355 万人。[①] 此时的福建已属于中国人口密集区域。福建人口增加的另一个侧面是城市的兴起，唐宋之际，福州、建州（今建瓯）、泉州成为东南名闻遐迩的富裕城市，商人阶层兴起。闽商的资本与疍家人的航海技术结合，便形成了海商。福建海商多次北上朝鲜半岛，与半岛上的高丽国建立关系。《高丽史》有关闽商的记载，表明他们自有航海技术及运营商业的技巧，并非受西亚番商的影响才成为海商，这是本书的重要观点之一。

唐宋闽商的特点在于海上商业，他们的活动编织了一张遍及东南亚的海上商业网络。在东南亚区域，他们与来自印度、波斯、阿拉伯国家的番商贸易往来，共同缔造了海上丝绸之路。在闽商的身上，既有北方巨商的经营经验，也有源于疍家的航海技术与海上商业传统。他们是东南传统海洋文化的产物，在唐宋以后，也是中国海洋文化的主要承载者。他们巨大的商业网络也将名为"流求"的台湾编入网络上的一个商业点。不论是考古还是有关流求的文字记载，都表明台湾北部区域与福建之间有商业往来。

从宋代后期开始，台湾南部越来越多地进入闽商的视野。当时的闽商若要到菲律宾群岛贸易，每每要经过澎湖列岛和台湾南部，这两个区域发现的海底遗瓷，说明宋元时期福建商船常在这一带停靠。闽商与东洋的联系，使官府觉得有保护这条航路的必要。因此宋代官府在澎湖驻兵，元代朝廷有征讨还是招抚瑠求的建议。据笔者考证，元朝的水师曾驻扎在澎湖达半年之久，因而有了澎湖巡检司之设。经过数代人的经营，闽人最终在瑠求有了立足之地，所以，元末巨商汪大渊才能登上瑠求（台湾）的高山，展望东方日出的宏丽景色。

明初的海禁和迁岛，使大陆的海洋势力退缩。不过，擅长航海的福建人，仍然冒犯海禁在东海和南海上航行。有些海盗再次到达台湾附近的"黑水洋"。[②] 明代中叶以后，海禁松弛，沿海民众抵达澎湖与台湾沿海活动，台湾北港的乌鱼及岛上居民捕获的鹿引起他们的兴趣，他们将来自台湾的乌鱼子和鹿肉带到月港出售，因而带动了两岸商业。漳泉商人用陶瓷器、铁器交换台湾住民的鹿肉、鹿皮等商品，管理月港的官府为此颁给到

① 徐晓望：《宋代福建史新编》，线装书局，2013，第 117～119 页。
② 曹永和：《早期台湾的开发和经营》，《台湾早期历史研究》，联经出版事业公司 1979 年始刊、1981 年重印，第 136 页。

台湾北港捕鱼的船引。在月港征税的物种里，我们也看到了鹿脯、鹿皮等台湾商品的税额。在双方贸易的基础上，闽商开发了北港及淡水、鸡笼等台湾商港，日本商人也常来贸易，台湾成为东亚海上贸易线上的枢纽。

明末，荷兰及西班牙人相继侵占台湾，闽商仍然以柔克刚，与在台湾的荷西商人周旋。中外商业势力的共同运作使台湾诸港成为大陆商品的转运站。与荷兰人、西班牙人不同的是，到台湾的闽南人不怕吃苦，他们深入台湾原住民的社区，与其建立广泛的商业联系。因此，荷兰、西班牙时代的台湾，虽说商业的顶层是殖民者各自的东印度公司，但在下层做贸易的多为闽南人。由于闽南人有架空荷兰殖民者的倾向，而荷兰人也觉得羽翼渐丰的闽商不好控制，双方的冲突引发了郭怀一惨案，最后引来闽商利益的代表者——郑成功的干涉。郑成功在抗清斗争中建立的强大武装成为荷兰人畏惧的势力，最终，郑成功击败荷兰殖民者收复台湾，这是闽商的胜利。

清代是闽粤民众大力开发台湾的时代，闽商的贸易网络遍及台湾的城乡，并将台湾推向中国商品经济最发达的区域之一。在这一时代，台湾与福建形成互补的经济关系，台湾向福建出口大米与蔗糖，同时从福建等地进口纺织品和日用品。居中经营的是以泉州人、漳州人为主的闽南商人。他们通常在两岸港口设立两个商号，联财互通。在上海、宁波、苏州等地，设有两岸闽商共用的福建会馆。这些商人用产自台湾的蔗糖和福建的纸张、干果等商品运往江南及华北，再从华北及江南运来大豆、豆粕、棉布、丝绸等商品，闽南商人在商品的流转过程中获得利润，两岸形成互补型贸易结构，促进了福建与台湾的共同发展。

晚清国际贸易体系渗透闽台主要港口，闽商在海峡两岸推出的茶叶、蔗糖、樟脑等商品在世界市场上畅销，尤其是武夷茶和乌龙茶给闽商带来巨额利润，福建与台湾相继成为中国对外贸易最发达的区域。尽管鸦片、棉布、煤油等外来商品消耗了台湾人的许多钱财，但台湾经济的发展，毕竟使台湾人民富裕起来，因此，他们消费的大陆产品也增多了。晚清后期，福建传统商品对台湾的输出量增加，因而给福建带来了较大的利润。总的来说，晚清的台湾与福建是在共同背景下相互促进发展，台湾的经济地位大幅度提高。与其地位相适应，台商渐渐成为一支可与闽商并肩而立的商人集团。

日本割占台湾后，着力削弱两岸密切的经贸联系。但是两岸商人的往来、投资和贸易，仍然达到一定的程度。这一时期的福建经济历受战争的破坏，来自台商的投资成为福建沿海少数亮点之一。"二战"结束后，台湾回归中国，福建与台湾的传统贸易重又恢复。不过，此时的台湾与江南及香港的经济联系加强，而当时的福建经济缺少成果，对台湾的影响远不如前。

1949 年以后，台湾海峡战云密布，影响了两岸之间的贸易，由战争而导致的海上交通中断，使福建经济停滞多年。1978 年前后，福建经济的总值仅为台湾的 1/40。经过 10 多年的发展，福建经济约为台湾经济总量的 1/14。迨至 21 世纪第一个 10 年，福建经济总量已经达到台湾总量的 1/4。近年，福建经济约为台湾的 40%。随着福建经济的高速发展，历史上著名的闽商重又发展起来，今天的闽商是浙商、粤商、江沪商人之后的第四大商人集团，在国内的钢铁、医疗、建筑、纺织、运动器材等领域有强大的力量。福建本土港口及铁路的建设，也使福建成长为内陆最大的出海口岸之一。

回顾历史，展望未来，商缘像一条红线将闽台民众拉近，台商在福建的投资成为福建经济发展的重要动力，福建对台湾的开放，也向台商展示了大陆规模宏远的市场前景。台湾海峡的盈盈一水，不再是天堑而是浓缩亲情的幸福港湾，两岸携手，必然再创辉煌。

目　录

第一章　环台海海洋文化溯源

　　福建与台湾有共同的石器文化起源，并且是南岛语系诸民族的起源之地。联系闽台之间的纽带是独木舟文化，从遥远的古代开始，双方就建立了经常性的海上联系，用贝币作为交换的媒介，这是闽台商缘发展的基础。

第一节　考古时代的环台湾海峡海洋文化

　　在中国学者中，最早对中国东南区域的石器文化进行研究的是林惠祥[①]、凌纯声[②]、张光直[③]等人。近 30 年以来，两岸三地的学者延续了这方面的研究，取得了丰硕的成果。[④] 环台湾海峡石器时代的海洋文化发展的基本线索已经清晰地展现出来。但对一些基本问题，学者间还是存在争议的。

一　环台湾海峡区域的地理环境与新石器文化

　　福建与台湾之间的台湾海峡位于东亚大陆架之上，此处海水较浅，最深处不过 100 多米，多数在 60 米以内。事实上，在 18000 年以前的第四纪冰川时期，海平面要比今天低 130 米，台湾海峡完全暴露于地面。那时的台湾海峡是一片平原沼泽，在福建的东山岛与澎湖之间，有一条山脉绵延向东，一直延伸到台湾南部。在台湾海峡的大陆架上，栖息着早期的人类。

[①]　林惠祥：《台湾番族之原始文化》，中央研究院社会科学研究所专刊第 3 号，1930；林惠祥：《中国东南区新石器文化特征之一：有段石锛》，《考古学报》1958 年第 3 期。

[②]　凌纯声：《中国边疆民族与环太平洋文化》，联经出版事业公司，1979。

[③]　张光直：《中国东南沿海考古与南岛语族起源问题》，载《南方民族考古》（第一辑），四川大学出版社，1987。

[④]　陈国强、叶文程、吴绵吉：《闽台考古》，厦门大学出版社，1993；郭志超：《中国大陆东南土著族与南岛语族》，载陈支平主编《林惠祥教授诞辰 100 周年纪念论文集》，厦门大学出版社，2001。

约在 15000 年前，地球进入一个较为温暖的时期，冰川逐渐向北退缩，海平面上升，台湾海峡渐被淹没，人类向海峡两岸退却。在很长一段时间内，福建东山至台南的山脉还浮现在水面上，形成一座陆桥，可供两岸古人来往。再后来，上涨的海水就吞没了两岸陆桥，形成今天的状态。历史上，不论是东亚还是西亚，都流传着洪水吞没人类家园的传说，其实就是人类从大陆架向大陆地区退却的历史故事。

笔者认为，海水侵入台湾海峡是一个渐进的历史过程。以闽江的河道来说，有地质学家认为，最早的闽江河道穿过台湾海峡北部一直延续到冲绳群岛才进入太平洋，而后，闽江河道一步一步地向后退缩，早期在台湾海峡东部，后期在台湾海峡中部，随着海水进一步侵入台湾海峡，闽江入海口最终退到今天的位置，这个过程也许有数千年之久。福建与台湾之间，也许最早只隔一条小溪，而后是大河，再后是狭长的大湖，闽台之间，东山陆桥维持了很长的时间，最后才是宽度上百公里的海峡。

指出海峡扩展渐进性的意义在于：这证明两岸古人之间一直维系着交通联系。最初，横亘于他们之间的不过是一条大河，而后是一个大湖，再后是一个海湾。两岸古人最早是游泳渡河，而后是用独木舟渡海，再后是造船渡海，两岸古人不断用智慧克服相互之间的距离，长期保持着往来关系。[①]

近百年来的考古成就发现，在环台湾海峡与环南海区域，有一个不同于中原、长江流域的考古文化，这就是南岛语系的石器文化。它的典型器物是有段石锛。有段石锛又称有肩石锛，其特点是石锛的顶部有一个凸起，可以将其和木棍绑在一起，成为一种更长的工具。在海峡两岸，台北市八里乡的大坌坑文化出土了有段古锛的典型器物，后续发现表明，这一文化散布于台湾岛各地，例如著名的凤鼻头文化和圆山文化，年代距今 5000 至 4000 多年。在福建一侧的台海岛屿上，金门岛富国墩遗址最早，[②] 其年代距今 6000～5000 年前；在平潭岛上，有 6000 年以前的壳丘头遗址；[③] 而闽侯的昙石山遗址从 5000 年前延续到 3000 年前。[④] 这些遗址的器物表明，这一文化最早发源于广东与福建的沿海，而后向台湾及东南亚传播，从菲律宾

① 徐晓望：《"沉东京、浮福建"与闽台古文明起源的假说》，撰于 2010 年，参见《早期台湾史考证》，海风出版社，2014。

② 林朝棨：《金门复国墩贝冢遗址》，台湾《考古人类学刊》，1973 年第 33～34 期合刊。

③ 福建省博物馆：《福建平潭壳丘头遗址发掘简报》，《考古》1991 年第 7 期。

④ 福建省博物馆：《闽侯县石山遗址第六次发掘报告》，《考古学报》1976 年第 1 期。

群岛到印度尼西亚，再到南太平洋的波利尼西亚、密克罗尼西亚等地，是为著名的南岛语系海洋文化。这些器物的传播方式应是以交易为主，这一文化的主人乘坐独木舟与木筏，穿越于群岛之间，相互交易手中的物品，渐渐地将他们的语言、工具和文化传播于太平洋与印度洋的岛屿之间，其东至复活节群岛，西至马达加斯加岛，东北至夏威夷群岛，显示了超强的越海能力。从他们的实力而言，以独木舟越过台湾海峡是不算太难的事。台湾学者研究海峡两岸的考古文化，其结论是：从旧石器时代到新石器时代中期，海峡两岸的史前文化互动频繁，甚至属于同一个文化。新石器时代晚期，双方互动就少了，但台湾仍有大陆移民的痕迹。① 这些变化应与台湾海峡交通状况的变化有关。早期台湾海峡与大陆联为一体，所以双方的文化没有什么不同，而后海水逐渐淹没了台湾海峡原有的陆地，双方往来越来越艰难，两岸的文化渐形成各自的特点。但是，台湾海峡的独木舟文化仍然维系着两岸关系。台湾考古工作者发现，台湾南部出土的玄武石石器原产于澎湖七美岛的玄武石石器打制场，这证明了早在距今 4500 ~ 3500 年以前，澎湖与台湾南部就存在贸易关系。② 最新的考古资料告诉我们：在福建漳浦一带也发现了原产于澎湖的玄武石石器。除了作为生产工具的石器外，台湾岛还流行玉器买卖，台湾花莲一带的软玉在澎湖亦有出土。③ 喜欢玉石是东亚大陆文化的共同特点，即使是福建地区的古墓，也常有玉石发现，这与欧洲、美洲文明是不同的。因此，台湾的玉石文化应与大陆有关。不论是玉石还是石器，这类物件的主人应当是驾驶着独木舟进行岛际贸易。

二　滨海青铜时代的两岸联系

福州昙石山文化的第四期约相当于中原商代的晚期，与此相当的中原区域早已进入发达的青铜文化时代。福建的青铜文化虽然不像中原区域那么炫丽，但几十年来也在民间采集了 2000 余件青铜器，一批青铜文化遗址逐渐面世。在福建沿海，处于青铜时代的遗址有闽侯的黄土仑遗址、漳州市郊九龙江畔的虎林山遗址、南靖金山石土地公山遗址、南靖鸟仑尾遗址、

---

① 刘益昌：《史前时代台湾与华南关系初探》，载张炎宪主编《中国海洋发展史论文集》（第三辑），"中研院"，1988，第 25 页。
② 薛化元等：《台湾贸易史》，对外贸易发展协会，2008，第 14 页。
③ 薛化元等：《台湾贸易史》，第 15 页。

南靖狗头山遗址、闽侯古洋遗址。以上遗址除了闽侯古洋遗址外，大都属于南方浮滨文化类型。浮滨文化广泛散布于闽南与粤东区域，这里的陶器少见北方三足鼎之类的造型，不论是釜、罐、壶还是豆、簋等器物，都是圜底圈足，年代约相当于商代晚期和西周早期。这个文化的影响跨越海洋，波及台湾、海南及菲律宾等地，在考古史上有重要地位。以漳州虎林山来说，此地出土文物以石制兵器最多，上百件石头磨制的戈、矛，打磨得十分精细，反映了虎林人对战争的重视。陶器以黑陶和灰陶为主，其制作技术较为粗放，但也有一些线条清晰的陶器，似为贵族所用。虎林出土的青铜器有铜戈、铜铃和铜钟。[①] 戈的造型和中原区域的十分类似。考古人员一度以为是中原传来的物品。不过，对青铜兵器进行分析后知道，这些青铜器锡的成分较多，与中原青铜器铜多锡少的构成还是有区别的，最终断为南方产品。它的原产地也许不是漳州，但说明商代晚期闽中已经有了青铜文化。[②] 2007 年以来，福建考古工作者对晋江深沪镇的庵山遗址进行了发掘，出土大量青铜鱼钩及铜锛、铜矛等青铜器。对这些器物成分的分析，也说明它的铜锡含量与中原产品有较大差异，应是出产于本地。

青铜时代的台海两岸往往呈现出相似的文化与器物。例如，在海峡两岸的遗址中，贝塚是几乎不可缺的文化现象。贝塚是人类食用贝类的弃物，因其在当地古人生活中的地位不亚于粮食，闽台古人养成了崇贝的心态。[③] 他们以珠贝装饰自己，将其编成项链戴在脖子上，台湾少数民族还将珠贝制成"贝珠衣"。这一习俗也流行于岭南区域及东南亚一带。[④] 笔者认为，将某一种贝壳当作交换的媒介——宝贝，应当出现于这一时代。

东亚国家最早的货币并非铜钱，而是被称为"宝贝"的贝壳！桓宽编辑的《盐铁论》论及古代货币时说："夏后以玄贝，周人以紫石（贝?），后世或金钱刀布。物极而衰，终始之道也。"[⑤] 这是说，从夏朝到商朝、周朝，都使用宝贝作为货币。从考古发现来看，河南偃师二里头夏代文化遗址中

---

① 福建博物院编《21 世纪初福建基建考古新发现》，福建人民出版社，2009，第 33~41 页。
② 福建博物院、漳州市文管办、漳州市博物馆编《虎林山遗址》，海潮摄影艺术出版社，2003，第 147~149 页。
③ 福建省博物馆：《闽侯县石山遗址第六次发掘报告》，《考古学报》1976 年第 1 期。
④ 广东省博物馆：《广东中部低地地区新石器时代遗存》，《考古学报》1960 年第 2 期；广西壮族自治区文物考古训练班：《广西南宁地区新石器时代贝丘遗址》，《考古》1975 年第 5 期。
⑤ 桓宽：《盐铁论》卷二《错币第四》，文渊阁四库全书本。

出土过大量的宝贝，河南安阳商都遗址的贵族墓，几乎都以宝贝为殉葬品，妇好墓的宝贝多达数千枚。殷墟和周原都出土过青铜铸成的贝币，说明商周二代仿制海贝作为货币，而后还将其铸成青铜；在中原之外，四川三星堆遗址中，都发现过宝贝；殷墟遗址出土的贝壳，当中穿了一洞，原来应有绳索穿过。古人就是用这类穿在一起的贝壳作为货币使用。所以，当时的货币，是以"朋"作为计算单位。"朋"，即串在一起的宝贝。朋的计算单位随时代而变化，最早4枚贝壳为一朋，后来是20枚贝壳为一朋。一朋宝贝的购买力很高。有人提出，当时的一朋宝贝可以购买数十名奴隶，真是不愧"宝贝"之名。宝贝大小也有级差。古人应是将这些贝壳编成货币组合，例如，10枚小贝壳换一枚中型贝壳，10枚中型贝壳换一枚大贝壳。这样就建立了等差货币体系。商人拿着这些宝贝，便可四处购物。事实上，周朝一直到东周时期才开始铸造铜币，此前应当也是使用宝贝。另一个要注意的是，宝贝作为货币使用面极广，不仅在古代中国使用，东南亚诸国也曾大量使用，菲律宾人称货币为"比索"，据说"比索"一词的词根，就是"贝"。其他东南亚古国在中国铜钱侵入之前，一直使用贝币。一些史料表明，印度洋周边的非洲及南亚国家都使用贝币，在中国古代，贝币的使用同样十分广泛。云南使用贝币最久，一直延续到明代末年。[1] 总之，在铜钱未使用之前，宝贝是极好的货币，它在国内的流通之广不亚于后世的铜钱。其使用范围，北至中原，南至印尼诸岛，西至四川、云南，东至台湾，在那一个时代竟有人类共同承认的交换媒介，这是一个令人惊讶的事实，它表明古代海洋文明对人类影响之大。

《尚书·禹贡》即云扬州的贡品"岛夷卉服，厥篚织贝"。许多人将此文中的贝，解释为纺织品——吉贝，其实，它更有可能就是用于交换的宝贝。因这些宝贝串在一起，所以叫作"织贝"。[2] 当时所说的"岛夷"，许多人估计就是台湾的最早居民。台湾岛盛产"宝贝"，因而很早就引起古人的注意，毕竟，来自岛夷的宝贝流通于亚洲的许多地方。不过，当我们研究宝贝时，要注意的一点是：并不是所有的贝壳都可以作货币使用，古人所用的是一种特殊形状的贝壳，即子安贝。它的背部隆起，像龟壳，所以

---

[1] 张彬村：《十七世纪云南贝币崩溃的原因》，载张彬村、刘石吉主编《中国海洋发展史论文集》（第五辑），"中央研究院"中山人文社会科学研究所，1993。

[2] 据林惠祥先生的调查，在20世纪前期，台湾少数民族中流传着用贝壳碎片织成珠衣的习俗。这些珠串，也可作为交换的媒介。参见林惠祥《台湾番族之原始文化》，载蒋炳钊编《天风海涛室遗稿》，鹭江出版社，2001，第126页。

又有"龟贝"的说法。子安贝与普通贝壳最大的不同在于：多数贝壳都是圆形和椭圆形的，而子安贝在龟背的反面，有一个相对平整的平面，当中是一道缝。台湾民俗，妇女生产时，可将一只宝贝握在手中，以便使出全身的力气。因而又有"子安贝"的称呼。今名黑星宝螺，或是龟甲宝螺（Cypraea mauritiana）。有人提出，在三皇五帝的中国远古时代，台湾是中国的造币中心。其根据是：台湾沿海盛产黑星宝螺。① 其实，福建沿海也有这种贝壳，但不是很常见。笔者在厦大念书时，常年在海边散步，各种贝壳拣了不少，但只捡到过几枚宝贝，而且都是小贝，要找大的更不容易。如果台湾有较多的大贝，古人自然会将其视野扩及台湾。

福建作为黑星宝螺的产地之一，应当也是使用宝贝货币的主要地区之一。事实上，在福建的闽越遗址中，也曾出现穿孔的贝壳。不过，当时发掘者多以为这是古人的项链，不太重视，保存不多，大多遗失，这是很可惜的。

对宝贝的分析还使笔者想到：中国与东南亚关系颇深，有其历史渊源。早在商周时代，中国与东南亚区域共同使用宝贝这一货币系统，肯定不是偶然发生的，而是一种历史的共识。台湾学者认为，早在新石器时代，台湾的玉石就曾销售菲律宾群岛及占城、泰国等地。② 看来在远古时期，中国东南及东南亚沿海区域最早选择了宝贝为货币，并产生了共同的贸易制度，而后影响了中国内陆，迫使他们也选择宝贝为货币。这就是四川三星堆和殷墟都使用贝币的缘故。闽粤等中国南方区域，一直与东南亚保持着密切的关系，商人跨越大海及崇山峻岭，将海边的宝贝运到中原，其数量之大，可以让中原民众以其为主要货币。这说明当时的滨海文明的经济力量比内陆更为强大。直到中原区域发现铜钱，才扭转了贸易上的不利地位。而后铜钱随着汉军的南下步伐，一直深入东南亚的腹地，并取代宝贝，成为通行的交换媒介，这也是中国经济圈扩张的典型反映。

从闽台商缘的角度来看，在中原文化南渐以前，闽台区域共同使用宝贝作为交换媒介，即使是在新石器时代，两岸之间也有交换关系，否则，有肩石锛等器物不会从闽粤一带传到台湾和东南亚。

---

① 林胜义、何显荣：《台湾——人类文明原乡》，台湾飞碟学研究会，2001，第15页。
② 薛化元等：《台湾贸易史》，第18页。

第二节　闽越国与闽人的航海商业传统

闽越人水行山处，航海文化发达。这一文化传统影响了唐宋以后的闽人，形成闽人发达的造船文化和航海文化，奠定了闽人在中国远洋商业中的地位。

一　西周以来闽中历史简述

西周初年，在闽北的浦城出现了埋葬武士阶层的土墩墓，说明当时的闽北可能出现了早期国家。《周礼》对南方的记载有"七闽八蛮"之称，这表明中原民众在3000年前已经注意到遥远的东南海疆有一个名为"闽"的方国。也就是说，古闽地应在晚商周初进入了文明时代，生活于此地的种族被称为"闽"，"七闽"之称的出现，表明闽族有七个以上的种类。从文化遗存来看，他们与吴越地区的越人有一定关系。

勾践时代，越国称霸东南，当时越国是否统有闽国，史无记载。战国中期，楚国攻克了越国的"吴"都，"而越以此散，诸族子争立，或为王，或为君，滨于江南海上"①。其中，一支南下闽中的越人建立了闽越国。闽越国应是闽人与越人的结合体。战国末年，秦军南下，渡过长江，楚、越诸国灭亡，闽越国首领无诸被贬为酋长，秦在东南设立闽中郡。秦末农民大起义爆发，闽越首领无诸率闽越人参加了反秦大起义，后又助汉灭楚，接受汉朝的封赐，成为闽越王，统辖闽地，其都城在闽江下游的屏山脚下，是为冶县（今福州北部）。汉代的闽越国始建于公元前202年，于公元前110年灭国，共存在93年。②

在汉代初年，闽越国曾是一个较强的国家，对汉朝产生一定的威胁。于是汉朝将其领土分赐给多位闽越大将，闽中出现东瓯国、南海国等，与闽越国鼎足而立。南海国很早就消失了。汉武帝建元三年（公元前138年），闽越国与东瓯国发生冲突，闽越军围攻东瓯。汉军出动声援，闽越国闻讯而退兵。于是东瓯王摇"请举国徙中国，乃悉举众来，处江淮之间"。其后，汉武帝元封元年（公元前110年），闽越国被汉军所灭，汉武帝认为

---

① 司马迁：《史记》卷四一《越王勾践世家》，中华书局，1959年标点本，第1751页。
② 徐晓望主编《福建通史·上古卷》，福建人民出版社，2006。

"东越狭多阻，闽越悍，数反复。诏军吏皆将其民徙处江淮间。东越地遂虚"①。闽越国不复存在。

闽越国的历史不长，但其代表的闽越文化却有上千年的历史。从西周到汉代中叶，闽越人已经形成具有自身特点的闽越文化。② 闽越国灭亡之后，汉朝在东南设立冶县，统辖闽越故地。其时，冶县设置于浙江境内的章安县，而其辖地，从浙江中部一直到福建中南部。东汉时期，闽江下游出现了东冶，当地民众应为闽越人的后裔。东汉末年，闽中再设建安、汉兴、南平、建平诸县，建安郡随之建立，其辖地大致相当于今福建全省。西晋统一南方后，在闽地设立建安郡和晋安郡。其后，闽中经历了东晋及宋、齐、梁、陈五朝的统治，直到隋朝再次统一南方。在这一阶段的闽人，主要是闽越人的后裔，这是笔者在《福建通史》第一卷所表述的观点。

二　闽越人的航海文化

越人有着与中原汉族不同的习俗。越人发源的吴越是江南水国。"西则迫江，东则薄海，水属苍天，下不知所止。交错相过，波涛浚流，沉而复起，因复相还。浩浩之水，朝夕既有时，动作若惊骇，声音若雷霆。波涛援而起，船失不能救，未知命之所维。"③ 因此，吴越文化以水上生涯为其特点，《越绝书》记述越王勾践自评越人的习俗："水行而山处，以船为车，以楫为马；往若飘风，去则难从；锐兵任死，越之常性也。"④ 事实上，越人主要生活于溪河之畔、山岭之下，水中的鱼虾蛤贝是他们的主要食物，因此，他们的生活介于农民与渔夫之间。为了寻觅食物，他们经常乘舟往来于河流之上，因而形成了以流动为主的生活方式。《吕氏春秋》云："如秦者，立而至，有车也；适越者，坐而至，有舟也。"《淮南子·齐俗训》也说："胡人便于马，越人便于舟。"可见越人生活中舟船使用之广。在军事上，吴越都组成了大规模的水师，吴王夫差的士兵"衣水犀甲者十有三万人"⑤；越国吞并吴国之后，为了北上争霸，在山东半岛的琅琊建立了自

---

① 司马迁：《史记》卷一一四《东越列传》，第2984页。
② 林惠祥先生认为，古越人的体质、文化与南洋马来人较为相似，而与中国北方人有些差距。参见林惠祥《南洋马来人与华南古民族的关系》，《林惠祥人类学杂著》，福建人民出版社，1981，第298~299页。
③ 袁康、吴平：《越绝书》卷四《计倪内经》，岳麓书社，1996，第104页。
④ 袁康、吴平：《越绝书》卷八《外传·记地传第十》，第123页。
⑤ 赵晔：《吴越春秋》卷十《勾践伐吴外传》，岳麓书社，1996，第70页。

己的"殖民地"，勾践"从琅琊起观台，台周七里，以望东海。死士八千人，戈船三百艘"①。由此可见，越族的海洋文化十分发达。越人以舟谋生，使他们与商业结缘，商业离不开运载商品的车船，而舟船恰是最好的运载工具，越国灭吴功臣范蠡退休之后，泛舟于太湖，成为一代巨商，这与越人的生活方式是分不开的。

秦汉时期，闽越国同样体现了越人水行山处的传统。《汉书·严助传》记载闽越人："习于水斗，便于用舟"。闽越人有强大的水师。《史记》记载："至（汉武帝）元鼎五年（公元前112年），南越反，东越王余善上书，请以卒八千人从楼船将军击吕嘉等。兵至揭扬，以海风波为解，不行。"所谓"揭扬"，即广东潮州境内的揭阳县，闽越王余善从冶城（福州）率士卒八千人航海至揭扬，是一次相当规模的航行，反映了闽越人水师的强悍。闽地归汉之后，东冶（亦即福州古城）成为台湾海峡交通线上的著名港口。当时涉及南海的大规模海上活动，几乎都要经过东冶。《后汉书·郑弘传》记载："旧交阯七郡贡献转运，皆从东冶泛海而至，风波艰阻，沉溺相系。弘奏开零陵、桂阳峤道，于是夷通，至今遂为常路。"② 汉末，天下大乱，有些士人通过台湾海峡南下避乱。许靖于东汉末从扬州出海，"浮涉沧海，南至交州。经历东瓯、闽、越之国，行经万里，不见汉地。漂薄风波，绝粮茹草，饥殍荐臻，死者大半。"③ 民间往来海峡的例子颇多。《搜神记》记载："介琰者，不知何许人也，住建安方山。从其师白羊公杜受玄一无为之道，能变化隐形。尝往来东海，暂过秣陵，与吴主相闻。"④ 文中提到的建安，即为建安郡，它是福建早期的称呼。方山位于福州附近，是道教名山之一。介琰往来于东海，并到了秣陵（南京），反映了汉末闽中与江南的交通主要走海路。又如葛洪的《神仙传》记载，侯官人董奉在交州士燮处作客多年，一日欲离开交州，"燮问曰，君欲何所之，当具大船也"⑤。这也说明当时闽中与交州的交通主要用船。

三国时期，东吴割据东南，以水师著称于世。但其水师中有不少人来自闽中。左思的《吴都赋》云："篙工楫师，选自闽禺。习御长风，狎玩灵

① 袁康、吴平：《越绝书》卷八《外传·记地传》，第122页。
② 范晔：《后汉书》卷三三《郑弘传》，中华书局，1959年标点本，第1156页。
③ 陈寿：《三国志》卷三八《许靖传》，中华书局，1959年标点本，第964页。
④ 干宝：《搜神记》卷一，上海古籍出版社，1991，第370页。
⑤ 葛洪：《神仙传》卷十《董奉》，文渊阁四库全书本，第2页。

胥。责千里于寸阴，聊先期而须臾。"① 这说明在吴国时期，来自闽粤的水手是极为出色的。《宋书》记载，吴国在建安郡设有典船校尉。此外，闽中还设有温麻船屯。晋太康四年（283年），在温麻船屯置温麻县。② 而温麻县即唐代福建的长溪县，民国时期改名霞浦县。吴国在闽地设置两大造船中心，说明它对闽越人航海技术的信赖。③ 吴国建衡元年（269年）冬十一月，吴国曾派大军"从建安海道，皆就合浦击交阯"④。其时福建所在地为建安郡，文中的建安海道，其实就是台湾海峡。

以上史料证明，生活于闽中的闽越人擅长航海，即使在闽越人主体被汉武帝迁至江淮一带后，闽中的闽越遗民仍然保持着航海文化传统，因此，东吴将造船基地设于闽中。由于闽越人经常往来于台湾海峡，他们之中的一部分人可能渡过海峡，来到台湾。

三　闽越遗风与闽人的重商传统

直到唐中叶以前，闽中还有浓厚的闽越族血缘，例如，《梁书》云："闽越俗好反乱，前后太守莫能止息，侃至讨击，斩其渠帅陈称、吴满等，于是郡内肃清，莫敢犯者。"⑤ 在这段文字中，闽人的首领被称为"渠帅"。"渠帅"是当时人对少数民族首领的歧视性称呼。直到唐代的《开元录》，还说福州与建州之民的林黄等五姓，多为"蛇种"，"蛇种"是对闽越人的贬称。唐代中原民众认为闽中有一些不同于北方的习俗。唐代独孤及《送王判官赴福州序》云："闽中者，左溟海，右百越，岭外峭峻，风俗剽悍。岁比饥馑，民方札瘥，非威非怀，莫可绥也。"⑥ 刘长卿的《送乔判官赴福州》："扬帆向何处? 插羽逐征东。夷落人烟迥，王程鸟路通。江流回涧底，山色聚闽中。君去凋残后，应怜百越空。"⑦ 唐代中叶，刘禹锡说福建："闽有负海之饶，其民悍而俗鬼，居洞砦、家浮筏者与华言不通。"⑧ 唐代的

---

① 萧统编《文选》卷五，中华书局，1977年影印清胡克家校刊本，第92页。
② 沈约：《宋书》卷三六《州郡志》，中华书局，1974，第1093页。
③ 参见朱维幹《福建史稿》，福建人民出版社，1985，第53、61页。
④ 陈寿：《三国志》卷四八《三嗣主传》，中华书局，1959年标点本，第1167页。
⑤ 姚思廉：《梁书》卷三九《羊侃传》，中华书局，1973，第558页。
⑥ 独孤及：《毗陵集》卷十四《送王判官赴福州序》，文渊阁四库全书本，第16页。
⑦ 刘长卿：《送乔判官赴福州》，载《全唐诗》卷一百四十八，文渊阁四库全书本，第4页。
⑧ 刘禹锡：《刘宾客文集》卷三《唐故福建等州都团练观察处置使福州刺史兼御史中丞赠左散骑常侍薛公神道碑》，第2～3页。

《十道志》论闽中："嗜欲衣服别是一方。"①

如前所述，在唐中叶以前，闽人的血缘以闽越人为主。虽然他们的文化已经开始接受来自中原的汉文化，使用汉字，流行中原一带盛行的岁时节日。可是，闽越遗风还是深深地影响着汉唐以来的闽人，他们在重视农业的同时也重视商业，这与北方民众大有不同。例如，南朝陈时期，闽人陈宝应割据闽中，他趁侯景之乱北上会稽："是时东境饥馑，会稽尤甚，死者十七八，平民男女，并皆自卖，而晋安独丰沃。宝应自海道寇临安、永嘉及会稽、余姚、诸暨，又载米粟与之贸易，多致玉帛子女，其有能致舟乘者，亦并奔归之，由是大致赀产，士众强盛。"② 按，《陈书》谓陈宝应寇临安等地，这是不对的。因为，陈宝应在彼处，仅是与当地人交易，并未掠夺民众。不过，由于江南正处在饥馑之际，陈宝应带来的粮食卖出高价，并得到大量劳动力。经过这一番买卖，历来被外人视为贫弱的闽中，一时被视为富强之地，兵强马壮，可以说是一枝独秀。可见，从商业经营而言，陈宝应不愧是福建历史上第一号巨商，竟能在人心惶惶的乱世看到商机，并果断出手，购得闽中最需要的人力资源。这为晋安郡的进一步发展奠定了基础。

隋代闽中的巫罗俊也是一个杰出的政治家和商人。李世熊的《宁化县志》记载："先是，隋大业之季，群雄并起，东海李子通率众渡淮，据江都，称吴帝，改元明政，遣使略闽地。其时土寇蜂举，黄连人巫罗俊者，年少负殊勇，就峒筑堡卫众，人不敢犯，远近争附之。罗俊因开山伐木，泛舟于吴，居奇获赢，因以观占时变，益鸠众辟土。武德四年，子通败死。"③ 以上记载反映了闽中豪强巫罗俊擅长经商的特质。他与江南大军阀李子通搭上关系后，开辟道路，将本土出产的木材运售于江南都市区域，从而获得大量的资金。这些钱财支撑了他的事业，因而得以坐山观虎斗。在李子通死后，巫罗俊成为唐朝的臣子。在他的照顾下，当地民众安然度过乱世，迎来唐代的发展。

唐朝前期，陈元光开发漳州之时，也很重视商业。《白石丁氏族谱·懿迹纪》记载："其西北山峒之黎，林木荫翳不通，乃开山取道，兴陶铸，通贸易，因土民诱而化之。渐成村落，拓地千里，请置郡漳浦，驻刺史以镇压之。垂拱二年己酉，诏陈元光以玉钤卫左郎将为漳州刺史，得专制境内。

① 乐史：《太平寰宇记》卷一百《福州风俗》，中华书局，2000，第3页。
② （唐）姚思廉：《陈书》卷三五《陈宝应传》，中华书局，1972，第486页。
③ 李世熊：康熙《宁化县志》卷一《土地部·建邑志》，福建人民出版社，1989，第8页。

丁儒以左丞事郎佐郡参理州事，统漳浦、怀恩二邑，至南诏镇，于是，劝课农田，惠工通商。财用以阜，其负固未服者率轻锐捣平之。上下闽广间，始得相安故业云。"可见，发展工商业是陈元光开发漳州成功的原因之一。

闽越遗风中，会带来负面影响的是人口买卖。闽中一些官吏与商人专门在福建掠夺幼婴与儿童贩卖外地，给许多家庭带来灾难。罗让任福建观察使时，"有以女奴遗让者，让问其所因，曰：'本某等家人，兄姊九人，皆为官所卖，其留者唯老母耳。'让惨然，焚其券书，以女奴归其母。"① 由此可见，中晚唐福建的人口买卖十分严重。

大致来说，唐中叶以前，福建人以闽越血缘为主，他们"水行山处"的生活方式和生活环境，使他们较为重视商业，并在商业方面也取得了较显著的成绩。独孤及评价："闽越旧风，机巧剽轻，资货产利，与巴蜀埒富。犹有无诸、余善之余俗。号为难治。"② 闽人重商，还遭到一些人的白眼。五代时曾发生这样一莛事："荆楚贾者，与闽商争宿邸，荆贾曰：'尔一等人，横面蛙言，通身剑戟，天生玉网，腹内包虫。'闽商应之曰：'汝辈腹兵，亦自不浅。'盖谓荆字从刀也。"③ 由此可见，唐代闽人的经商习俗常被他人歧视。但随着时代的变化，对商业的重视反而成为闽人的一个优点。

自古以来，闽人皆以擅长海洋商业闻名于天下，笔者认为，这一传统主要继承自闽人的闽越族血统。闽越人早在战国秦汉时期就擅长航海，又有经商传统，迨至唐五代时期，福建的海洋商业就发展起来了。这对中华民族是一个重要的贡献。

第三节　十三行文化的起源和闽越人

台湾北部的十三行文化起源于汉代，笔者认为它是由闽越遗民迁徙台湾后开创的一种文化，十三行文化与闽地之间有商业联系。④

一　十三行文化与闽越遗民

20世纪50年代后期，台湾考古学家在台湾北部的淡水河区域发现了十

---

① 刘昫、张昭远等：《旧唐书》卷一八八《罗让传》，中华书局，1975，第4937页。
② 独孤及：《毗陵集》卷九《福州都督府新学碑铭》，文渊阁四库全书本，第6页。
③ （宋）陶谷：《清异录》卷上，文渊阁四库全书本，第25页。
④ 徐晓望：《唐宋流求与台湾北部的十三行文化》，《福州大学学报》2012年第1期。

三行文化，此地为淡水河的出海口，其上游为台北市区。清乾隆年间此地港市十分繁荣，有十三家船头行营业，故有"十三行"之称。在此地发现古人生活遗址后，这个古人建立的文化被称为十三行文化。据台湾学者的考察，十三行文化主要分布于台湾北部，从台北盆地到台湾东北角海岸线都有遗址发现。

十三行文化中最早引起人们注意的是山坡上随处可见的铁渣，这些铁渣应为古人炼铁的弃物，它的存在，自然说明古代台湾有冶铁业。众所周知，金属冶炼业往往代表了古代群落的发展水平，能够冶铁的群落，其生产力水平不会太低。台湾学者说："十三行遗址出土铁渣、矿石、煤等，显示这个文化的主人已经知道炼铁。考古学家在十三行遗址中发掘出炼铁作坊，证实了炼铁是在聚落内进行的。十三行遗址的内容丰富，让我们对这个文化有亲切的了解，例如，我们知道他们以农业为主，渔猎也相当发达，他们的埋葬方式是侧身屈肢。出土的骨骸有受伤致死者与无头葬，大约是战争之故。或有猎人头之俗。"① 可见，十三行文化表明，在古代的台湾北部有一个较发达的农业文化。它与大陆之间有商业联系，对本书来说，它是一个非常值得研究的对象。关于十三行文化，从其被发现数十年以来，经过宋文薰、刘斌雄、臧振华、刘益昌等考古学家的努力，现在已经可以勾画出十三行文化的大致面貌。② 以下总结十三行文化的主要特点。

图 1 - 1　台北十三行遗址出土的汉唐宋铜钱

资料来源：林满红《四百年来的两岸分合》，台北自立晚报社，1994，第 11 页。

---

① 周婉窈：《台湾历史图说》，联经出版事业公司，1998，第 18 页。

② 刘斌雄：《台北八里坌史前遗址之发掘》，《台北文献》1963 年第 3 期，第 2～59 页；宋文薰：《台北市中山区西新庄子遗址的发掘资料》，1980；臧振华、刘益昌：《十三行遗址抢救与初步研究》，台北县政府文化局，2001。

（1）十三行文化的年代。十三行区域原为圆山文化居民住地，在1800年至2000年之前，有一支具有较高文化水准的人群进入（其时约相当于大陆的东汉朝代），他们是十三行文化的主要创造者。这一文化一直延续到明代前期。约在500年前汉人进入台湾北部后，当地居民的文化有了不同的面貌。一般认为，台湾北部平埔族系的凯达格兰族群是其后裔。

（2）十三行文化的核心区域是台北的淡水河流域以及台湾北部沿海的平原，它的南传在台中一带受到不明的阻力，所以，十三行文化主要分布于台湾的北部区域，在台南只有零星发现。

（3）十三行文化的人种暂未有结论，其男性身高平均约1.65米，女性平均身高约1.60米。他们死后流行土葬，但其坟墓没有堆土，坟顶与地面取平。埋葬的男女大多为屈肢葬，全部面向西方。近来也发现了直肢葬和无头葬，所谓无头葬，可能与台湾的猎头习俗有关，而直肢葬，多为凶死的人。不过，他们大多没有棺椁，直接埋葬于土中。

（4）十三行文化的主人以农业为主，在其居住地，发现了稻谷等其他农作物的遗迹。他们的食物包括贝类和哺乳动物。他们丢弃的贝壳多在某一地方，形成福建沿海常见的贝塚。

（5）十三行文化的主人所居住的房子以木建筑为主，类似于古代东南亚（含福建、广东）流行的干栏建筑。

（6）十三行文化的主人饲养猪和鸡等家畜。

（7）1991年发现的炼铁坊说明，十三行文化的主人已经能炼铁，但其铁器数量不多。他们还能制作青铜簇，形制类似于大陆的风格。

（8）从骨骼分析，十三行文化的主人擅长划船，他们与大陆之间存在贸易，在其地发现了汉至宋代的各式铜钱。但这些铜钱上有小洞，看来主要用作装饰品挂在身上。十三行遗址也出土了许多用玛瑙、玻璃制成的装饰品，以及金银首饰、铜刀、铜碗、铜铃等铜制品。大陆输出的陶瓷在台湾北部屡屡被发现，十三行文化的主人主要使用大陆生产的陶瓷。

（9）十三行文化的主人能够烧制红土陶器和类似于福建新石器文化的印纹陶，但因烧制温度不够，台湾的印纹陶多为红色的。十三行文化的主人能够制造各式各样的陶器。

（10）从发现的陶纺轮来看，他们已经能够制作纺织品和树皮布。

虽说学界发现十三行文化已经有数十年，但人们多是从考古意义上对其进行研究。实际上，若是结合台湾古史仔细思考十三行文化的发展水平，就可知道它足以颠覆以往学术界对台湾古史的看法。

首先，对古代台湾发展水平的看法。台湾成为学界经常议论的对象，是从明代开始的。自从明万历三十年（1602年）福建学者陈第实地考察台湾的"东番"以来，学界通常认为台湾的"番族"处在渔猎、采集阶段，而后荷兰人的研究似乎也证明了这一点。然而，十三行文化表明，早在1800年前，台湾已经有了农业，而且能够冶炼铜铁，这对传统观念是一个突破。

其次，在原生态的台湾，北部经济发展水平比南方高。台湾的南部直到明代后期仍然保持着渔猎为主的生活方式，由于明代汉人开垦台湾是从台南开始的，所以，人们一直认为台湾南部经济发展水平比北部先进。其实，在汉人大批抵达台湾之前，台湾北部经济要比南部更为进步。

最后，台湾与大陆的商业联系比我们想象的更为密切。它始于汉代五铢钱的流入，并在唐宋时期发展到较高的水平。十三行文化的主人使用大陆生产的陶瓷器。

以上三点认识有助于我们重新建构台湾古史，例如，台湾农业史及冶金史的发端，过去人们以为台湾的农业和冶金行业都是明代之后汉人带入台湾的，实际上这一过程可以上推至汉代。又如，台湾古史在一定程度上受到大陆物质文化的影响，对这一点，过去是猜疑，现在得到一定程度的证明；再如，中国古籍上的流求国究竟在何处？有的人认为是在冲绳群岛，有的人认为是台湾南部，十三行文化的发现使我们多了一个选择：它有可能是在台湾北部！以上三点认识在台湾史研究方面具有重要意义，以后我们还将谈到。

除了以上三点认识之外，十三行文化的发现也引发了诸多问题，十三行文化的主人来自何处？他们为什么会有冶铁业和农业？十三行文化为何最终消失？如果我们要弄清十三行文化的主人与大陆之间的贸易关系，这是需要研究的。

考古发现，十三行文化的主人死后葬式，皆为头朝西方。就中国人的葬式而言，这是一种比较罕见的葬式，多数情况下，下葬之人头朝苍天，或是朝东——那是太阳升起的地方，或是朝南，这与中国人传统风水观念相符。因此，头朝西只有一个理由，西面是他们祖先居住的地方，他们生前不能归葬故土，死后头朝故乡，或许有一日灵魂能够回到家乡。十三行所在的淡水河，是一条从东向西流淌的河流，淡水河口的正对面，正是闽越国都冶城（今福州屏山之下）所在地。台湾考古界对十三行文化的来源讨论不多，一般认为它是本土文化与外来文化的结合，同时又有人主张：自秦汉以后，很长一段时间内，台湾文化受大陆文化影响较少，一直到明代才有变化。笔者认为，十三行文化的外来文化之源正是闽越国，由闽越遗民将冶铜炼铁之术传到台北淡水河区域。至于闽越国遗民为何会到台湾北部，则与闽越国的巨变有关。大约在十三行文化兴起之前，闽越国发生了巨大的变化。

闽越国是汉高祖刘邦分封的一个王国，它位于今闽浙赣三省地区，后被汉武帝消灭。《史记·东越列传》载："于是天子曰：东越狭多阻，闽越悍，数反复。诏军吏皆将其民徙处江淮间。东越地遂虚。"其时也有许多闽越人不愿离开故土，"遁逃山谷"①。除了以上这些人之外，笔者认为，还会有些人逃亡海外，他们来到台湾、日本诸岛以及东南亚各地，将越人的水稻文化传播于当地。闽越考古使我们知道，汉代闽越人已经懂得炼铁制铜，他们的主要陶器是红色和灰色的印纹陶，其物质水平接近中原区域的水平。② 将闽越国的物质文化与台北淡水河流域十三行文化相比，闽越国的文化略高一筹。十三行文化的主人之所以能够炼铁冶铜，应是闽越国遗民进入十三行文化区域的缘故。闽越的制陶术相当成熟，其红陶的制作水平与十三行文化相当。十三行文化中没有灰色印纹陶，可以看作淡水河十三行文化的主人无法达到炼制印纹陶所需的高温。闽越移民来到台湾后，缺少称手的工具，因此，他们的冶铁及冶铜水平一直停留在初级阶段，无法进一步提高。他们对铁器和青铜的认识，使他们喜欢铁器和铜器，这是历史记载中流求人喜欢铁器的背景。

在十三行文化遗址出土了一些与大陆有关的器物。1999 年台湾学者臧振华出版了《台湾考古》一书，其中揭示了 30 枚在十三行文化遗址出土的铜钱。其中有一枚东汉时代的五铢钱，这是出土文物中年代最早的铜币。③东汉时代的五铢钱流入台湾，说明当时的十三行文化区域与大陆之间存在贸易关系。不过，当时的十三行文化的主人不使用金属货币，他们得到汉朝的五铢钱，每每给其打上小孔，作为项链带在脖子上。由于他们喜欢汉

---

① 沈约：《宋书》卷三六《州郡志二》，第 1092 页。

② 徐晓望、杨琮等：《福建通史第一卷·远古至六朝》，福建人民出版社，2006。

③ 以上使用有关五铢钱的史料转引自张崇根《台湾四百年前史》，九州出版社，2008，第 265～267 页。臧振华除了《台湾考古》之外，还有《考古学与台湾史》，载臧振华编《中国考古学与历史学之融合研究》，"中研院"历史语言研究所，1997。

人的东西，就与汉人贸易，这是两岸贸易发展的基础。①

二 《临海水土志》与夷洲之民

吴国对夷洲的经营。吴国黄龙二年（230 年）春正月，吴王孙权"遣将军卫温、诸葛直将甲士万人浮海求夷洲及亶洲。亶洲在海中……所在绝远，卒不可得至，但得夷洲数千人还。"② 这段文字中的夷洲，多数学者都认为是台湾。吴国从该地掳掠人口达数千人，其本质是人口买卖的恶习。③

从两汉三国历晋、宋、齐、梁、陈迄至隋朝，中国文明的发展主要在中原地区——黄河中下游地区。虽说秦皇汉武拓地至岭南、闽中等边远地区，但这些地区的人口一直很少，据《汉书·地理志》的记载，西汉时统辖今浙江与福建的会稽郡，只有 26 个县，共计 223038 户、1032604 人，④其中，辽阔的闽中仅设一县——冶县，可知其人口极为稀少。三国时期，吴国立国江南，它的统治中心在长江中下游区域的南部。当时江南的人口不多，人口仅占全国的十分之二三，吴国要与北方强大的曹魏抗衡，感到十分吃力。而且，吴国控制的疆土上，有不少反抗吴国统治的山越人。他们分布于东南丘陵的山地，也就是相当于今天的福建、江西、湖南三省及安徽、浙江二省的南部，构成对吴国政权的威胁。《三国志》评道："山越好为叛乱，难安易动，是以孙权不遑外御，卑词魏氏。"⑤ 为了应付内乱外敌，吴国的策略是掳掠南方山地的人口，补充军队，并将其集中于江淮一带屯垦。从吴国军队活动的特点来看，向南方地区搜掠人口是其国策之一。吴国地广人稀，不乏可耕土地，但缺少耕田的农民与参战的战士，所以，他们重视人口更胜于土地。这一情况表明，吴国出兵夷洲，从一开始就不是打算永久占据，而是想掠得一部分人口，以补充军队。但其行动得不偿失。"军行经岁，士众疾疫死者十有八九，权深悔之。"⑥

卫温、诸葛直深入台湾的行动，使大陆民众对台湾的认识加深。此后，沈莹著《临海水土志》一书，记载夷洲的情况十分翔实，看来是得自亲临

---

① 徐晓望：《唐宋流求与台湾北部的十三行文化》，《福州大学学报》2012 年第 1 期。

② 陈寿：《三国志》卷四七《孙权传》，第 1136 页。

③ 徐晓望：《论吴隋二代台湾移民进入大陆南部》，撰于 1999 年，载《早期台湾史考证》，海风出版社，2014。

④ 以上参见梁方仲《中国历代户口、田地、田赋统计》，上海人民出版社，1980，第 16 页。

⑤ 陈寿：《三国志》卷六十《钟离牧传》，第 1395 页。

⑥ 陈寿：《三国志》卷六十《全琮传》，第 1383 页。

夷洲的将士。他说："夷洲在临海东南，去郡二千里，土地无雪霜，草木不死。四面是山，众山夷所居。山顶有越王射的，正白，乃是石也。此夷各号为王，分画土地人民，各自别异。人皆髡头穿耳，女人不穿耳。作室居，种荆为藩障。土地饶沃，既生五谷，又多鱼肉。舅姑子妇，男女卧息，共一大床。交会之时，各不相避。能作细布，亦作斑文布，刻画其内有文章，以为饰好也。其地亦出铜铁，唯用鹿角为矛以战斗耳。磨砺青石以作矢镞刃斧。环贯珠珰。饮食不洁。取生鱼肉杂贮大器中，以盐卤之，历月余日，乃啖食之，以为上肴。呼民人为'弥麟'。如有所召，取大空材，材十余丈，以著中庭。又以大杵旁舂之。闻四五里如鼓。民人闻之，皆往驰赴会。饮食皆踞相对，凿床作器如稀槽状，以鱼肉腥臊安中，十十五五共食之。以粟为酒，木槽贮之，用大竹筒长七寸许饮之。歌似犬嗥，以相娱乐。得人头，斫去脑，绞其面肉，留置骨，取犬毛染之，以作鬃眉发编，具齿以作口，自临战斗时用之，如假面状。此是夷王所服。战，得头，着首还。于是庭建一大材，高十余丈，以所得头差次挂之，历年不下，彰示其功。又甲家有女，乙家有男，仍委父母，往就之居，与作夫妻，同牢而食。女以嫁，皆去前上一齿。"[1] 对这些材料，日本学者市村瓒次郎、白鸟库吉、和田清等皆有研究，而以台湾学者凌纯声的研究最为全面。他的《古代闽越人与台湾土著族》一文，从干栏建筑、崖葬、猎头、凿齿等方面，论证了古代闽越人与台湾土著族的渊源关系。从文献中夷洲之民的发展水平来看，他们有农业，播种五谷，能够炼铁，其发展水平与十三行文化相当。笔者认为在《临海水土志》中，最为重要的是"其地亦出铜铁"这句话，汉晋时代的东海岛屿，只有台湾岛北部的民众有炼制铜铁的技术。可见，吴国军队所到夷洲，应是台湾北部的十三行文化区域。但孙权的力量尚不足以统治夷洲，他的士兵到台湾只是为了掳掠当地人口以补充自己的军队。这造成台湾人口向大陆的迁徙。这个时代的台湾居民与闽人之间应有一定的商业联系。[2]

小　结

　　按照著名学者张光直的说法，古代福建、台湾实际上是东南亚的一部

---

① 沈莹：《临海水土志》，转引自张崇根《临海水土异物志辑校》，农业出版社，1988，第1~2页。

② 徐晓望：《早期台湾海峡史研究》，海风出版社，2006，第10~12页。

分，其风俗习惯颇多相似之处。自林惠祥以来的考古研究表明，南岛语系的海洋文化起源于闽粤沿海一带，而后传到台湾、菲律宾等地，再传到印度尼西亚和太平洋、印度洋的岛屿地区。这一历史证明福建与台湾早在石器时代就有联系。而且，这一文化联系延续至今，其实从未中断过。闽越人擅长航海，而且重视商业，其后，闽越族虽然融入汉族，但其重视航海及商业的闽越遗风，一直影响着福建人，这是福建人长期垄断中国海洋商业的原因。闽越国灭亡之后，应有一支闽越人逃到海峡对岸的台北地区，从而造就了台湾北部的十三行文化。这一族群擅长航海，向往海峡西岸的家乡。他们死后，面向西方，屈肢下葬，保持着划桨的姿势，应是有灵魂回归家乡的设想。总的来说，从汉晋时期两岸文物、风俗的一致性来看，闽台两地之间存在着时断时续的贸易关系。不过，由于六朝以前的闽中人口较少，海岸线上仅有少数城镇，所以，没有迫切的海外需要，闽台两地间往来不多。

第二章　隋代闽中与台湾北部的"流求"

隋唐宋元时期，在中国东部的海洋上有一个被称为"流求"的岛国，它位于台湾岛还是冲绳群岛，学界一向有争议。笔者认为古流求国在台湾北部，即十三行文化传播区域。此地与福建长期保持着商业联系。①

第一节　台湾海峡的"游艇子"

东晋时期，台湾海峡有卢循所率领的数十万船民在活动，隋代又有"游艇子"参加反隋斗争。这一海上族群又被称为"疍家人"，他们的海上活动是两岸关系发展的背景。②

疍家人古称"白水郎"或"泉郎"，相传他们是古代闽越人的一支。宋代的《福州图经》记载："闽之先居于海岛者七种，泉水郎其一也。"③ 他们生活在福建、浙江、广东沿海，以船为家，过着打鱼为生的生活。福建史籍记载他们是卢循的部下："泉郎，即此州（泉州）之夷户，亦曰游艇子，即卢循之余。晋末卢循寇暴，为刘裕所灭，遗种逃叛，散居山海，至今种类尚繁。"④ 可见，若要知道沿海疍家人的来源，必须对卢循有所认识。

卢循是东晋时期五斗米教的领袖人物之一。东晋末年，道教的流派之一五斗米教在东南滨海传播，其教主为孙泰、孙恩父子。后来，五斗米教因谋叛而受到朝廷的镇压，孙泰被杀，孙恩下海，他纠集了一支数百人的武装袭击江南，一度八郡响应，拥众达数十万人。其后，东晋大军南来，孙恩率20余万人下海。此后数年，孙恩以海岛为根据地，以船为家，频频

---

① 徐晓望：《隋代陈稜、朱宽赴流求国航程研究》，《福建论坛》2011年第3期。
② 徐晓望：《六朝时期的疍家海洋文化》，《妈祖的子民——闽台海洋文化研究》，学林出版社，第92~97页。
③ 刘纬毅等：《宋辽金元方志辑佚》，上海古籍出版社，2011，第385页。
④ 乐史：《太平寰宇记》卷一○二《风俗》，第129页。

袭击东南沿海、沿江城镇。失败后自杀。余众推卢循继为统领，"元兴元年正月，卢循自称征虏将军，领孙恩余众，略有永嘉、晋安之地"①。文中的晋安郡即为福建沿海区域。

东晋元兴年间，东晋大将刘裕率晋军南下征讨卢循，"循奔永嘉，复追破之，斩其大帅张士道，追讨至于晋安，循浮海南走"②。《晋书》云："刘裕讨循至晋安，循窘急，泛海到番禺，寇广州，逐刺史吴隐之，自摄州事，号平南将军，遣使献贡。"③从进入晋安郡到被刘裕击走，卢循在晋安前后一年时间。后人将福建沿海的疍民称为"卢循之余"，说明当时晋安郡有许多船户加入了卢循的队伍。其后，卢循从海道入广州，北上湘江、赣江，分两路攻打晋朝的城镇，最后一直打到建业城下，几乎夺取了东晋政权。但卢循在这里被刘裕打败，以后一蹶不振，最后在退往岭南的道路上彻底失败。卢循未入建业城以前，南方许多官员都受其控制，《宋书·张茂度传》记载："出补晋安太守。卢循为寇，覆没江州，茂度及建安太守孙蚪之并受其符书，供其调役。循走，俱坐免官。"④可见，卢循在闽中的影响是较大的。卢循及其部下长期活动于台湾海峡，肯定是得到了这一带船民支持的。他的大规模的海上活动，则是台湾海峡航海术的一个飞跃。卢循之部在赣江时，曾造巨舰，乘洪水而下，直逼金陵。这是中国历史上海上力量第一次在国内战事中发挥如此巨大的作用，反映了当时的航海力量。

就卢循与福建沿海船民的关系来看，卢循不过是某一时代出现的人物，而福建船民应有更为悠久的历史，他们的生活方式与北方汉族不同，应当是南方少数民族的一支。从他们的生活方式看，与古代越人的生活方式极为相近，史称越族人"习于用船，便于水斗"，福建沿海船民的生活正反映了这一特点。1975年，在福建连江县境内鳌江下游距入海口10公里处，出土了一艘古代独木舟。据报道，这艘独木舟舟体长7.10米，前宽1.10米，残高0.86米，两舷由前向后斜起，最高处为0.60米，舟首翘起0.22米，尾部略呈平圆。舟内结构，距离首部1.80米处的两侧，有对称凹槽，可以放置横格板，供放置东西或给人乘坐。凹槽后1.93~2.80米处的底部，凸起一块下长0.83米、上长0.70米、下宽0.49米、上宽0.40米、高0.22

---

① 令狐德棻等：《晋书》卷一三《天文志下》，中华书局，2000，第381页。
② 沈约：《宋书》卷一《武帝纪》，第4页。
③ 令狐德棻等：《晋书》卷一百《卢循传》，第2634页。
④ 沈约：《宋书》卷五三《张茂度传》，第1509页。

米的木座，估计是划桨人的座位。没有橹位或摇橹的痕迹。① 连江位于福建沿海，一直是疍家人活动的区域之一，这只小艇两头翘起，很可能就是2000 年前疍家人所用的船只。他们原为闽越人当中的一支，闽越国被灭以后，他们仍在福建沿海活动，过着自由自在的生活。晋末，他们参加了卢循领导的五斗米教起义，失败后，仍然活动于福建沿海。所以，闽人称他们为"卢循之余"。

隋朝灭陈之际，沿海船民再一次出现于史册。其时，隋朝大将杨素进入东南，击败南安豪强王国庆部。"时南海先有五六百家居水为亡命，号曰游艇子。智慧、国庆欲往依之。素乃密令人说国庆，令斩智慧以自效。国庆乃斩智慧于泉州。"② 其中的游艇子，便是后世的疍家人。其后，疍家人进入隋朝的水军，他们帮助隋军领航，有的人被称为"海师"。《隋书》记载何蛮："大业元年，海师何蛮等，每春秋二时，天清风静，东望依希，似有烟雾之气，亦不知几千里"；"三年，炀帝令羽骑尉朱宽入海求访异俗，何蛮言之，遂与蛮俱往，因到流求国。"③ 当时的流求国即为台湾，它说明疍家人对隋朝发现台湾有贡献。

从中古闽人的航海技术而言，台湾岛必定在他们的航线上，当时民众对台湾有所认识。笔者认为，古文中的流求国即为台湾。

第二节　隋代闽中与流求的商业联系

隋炀帝派朱宽、陈稜探索东海的流求国，因而展现了福建与流求之间的海上航线。如果我们认同多数人的看法：隋代的流求即台湾，其时台湾与福建之间的商业联系也就清楚了。④

不过，关于古流求国是东海上的什么岛屿，学术界争议不一。

一　隋书关于流求国的记载与学者的争议

《隋书》第八十一卷有《流求国传》，记载了一个与隋朝发生关系的海外岛国。

---

① 福建省博物馆、连江县文化馆：《福建连江发掘西汉独木舟》，《文物》1979 年第 2 期，第95 页。
② 李延寿：《北史》卷二九《杨素传》，中华书局，1974 年标点本，第 1512 页。
③ 魏征等：《隋书》卷八一《流求国传》，中华书局，1973，第 1824～1825 页。
④ 徐晓望：《隋代陈稜、朱宽赴流求国航程研究》，《福建论坛》2011 年第 3 期。

流求国居海岛之中，当建安郡东，水行五日而至。土多山洞，其王姓欢斯氏，名渴刺兜，不知其由来有国代数也。彼土人呼之为可老羊，妻曰多拔茶。所居曰波罗檀洞，堑栅三重，环以流水，树棘为藩。王所居舍，其大一十六间，雕刻禽兽。多斗镂树，似橘而叶密，条纤如发然下垂。国有四五帅，统诸洞，洞有小王。往往有村，村有鸟了帅，并以善战者为之，自相树立，理一村之事。男女皆以白纻绳缠发，从项后盘绕至额。其男子用鸟羽为冠，装以珠贝，饰以赤毛，形制不同。妇人以罗纹白布为帽，其形正方。织斗镂皮并杂色纻及杂毛以为衣，制裁不一。缀毛垂螺为饰，杂色相间，下垂小贝，其声如佩，缀珰施钏，悬珠于颈。织藤为笠，饰以毛羽。有刀、槊、弓、箭、剑、铍之属。其处少铁，刃皆薄小，多以骨角辅助之。编纻为甲，或用熊豹皮。王乘木兽，令左右舆之而行，导从不过数十人。小王乘机，镂为兽形。国人好相攻击，人皆骁健善走，难死而耐创。诸洞各为部队，不相救助。两阵相当，勇者三五人出前跳噪，交言相骂，因相击射。如其不胜，一军皆走，遣人致谢，即共和解。收取斗死者，共聚而食之，仍以髑髅将向王所。王则赐之以冠，使为队帅。无赋敛，有事则均税。用刑亦无常准，皆临事科决。犯罪皆断于鸟了帅；不伏，则上请于王。王令臣下共议定之。狱无枷锁，唯用绳缚。决死刑以铁锥，大如箸，长尺余，钻顶而杀之。轻罪用杖。俗无文字，望月亏盈以纪时节，候草药枯以为年岁。

人深目长鼻，颇类于胡，亦有小慧。无君臣上下之节、拜伏之礼。父子同床而寝。男子拔去髭鬓，身上有毛之处皆亦除去。妇人以墨黥手，为虫蛇之文。嫁娶以酒肴珠贝为聘，或男女相悦，便相匹偶。妇人产乳，必食子衣，产后以火自炙，令汗出，五日便平复。以木槽中暴海水为盐，木汁为酢，酿米麦为酒，其味甚薄。食皆用手。偶得异味，先进尊者。凡有宴会，执酒者必待呼名而后饮。上王酒者，亦呼王名。衔杯共饮，颇同突厥。歌呼蹋蹄，一人唱，众皆和，音颇哀怨。扶女子上膊，摇手而舞。其死者气将绝，举至庭，亲宾哭泣相吊。浴其尸，以布帛缠之，裹以苇草，亲土而殡，上不起坟。子为父者，数月不食肉。南境风俗少异，人有死者，邑里共食之。

有熊罴豺狼，尤多猪鸡，无牛羊驴马。厥田良沃，先以火烧而引水灌之。持一插，以石为刃，长尺余，阔数寸，而垦之。土宜稻、粱、沄、黍、麻豆、赤豆、胡豆、黑豆等，木有枫、栝、樟、松、楩、楠、杉、梓、竹、藤、果、药，同于江表，风土气候与岭南相类。

俗事山海之神，祭以酒肴，斗战杀人，便将所杀人祭其神。或依茂树起小屋，或悬髑髅于树上，以箭射之，或累石系幡以为神主。王之所居，壁下多聚髑髅以为佳。人间门户上，必安兽头骨角。

大业元年海师何蛮等，每春秋二时，天清风静，东望依希，似有烟雾之气，亦不知几千里。三年，炀帝令羽骑尉朱宽入海求访异俗，何蛮言之，遂与蛮俱往，因到流求国。言不相通，掠一人而返。明年，帝复令宽慰抚之，流求不从，宽取其布甲而还。时倭国使来朝，见之曰："此夷邪久国人所用也。"帝遣武贲郎将陈稜、朝请大夫张镇州（周）率兵自义安浮海击之。至高华屿，又东行二日至鼀鼊屿，又一日便至流求。初，稜将南方诸国人从军，有昆仑人颇解其语，遣人慰谕之，流求不从，拒逆官军。稜击走之，进至其都，频战皆败，焚其宫室，虏其男女数千人，载军实而还。自尔遂绝。

其他有关流求国的史料散见于《隋书》各处。

《隋书·炀帝纪》记载：

大业三年三月癸丑，遣羽骑尉朱宽使于流求国。

六年二月乙巳，武贲郎将陈稜、朝请大夫张镇州击流求，破之，献俘万七千口，颁赐百官。

《隋书·食货志》记载：

又使朝请大夫张镇州击流求，俘虏数万。士卒深入，蒙犯瘴疠，瘐疾而死者十八九。

《隋书·陈稜传》记载：

炀帝即位，授骠骑将军。大业三年，拜武贲郎将。后三岁，与朝请大夫张镇周（州）发东阳兵万余人，自义安泛海，击流求国，月余而至。流求人初见船舰，以为商旅，往往诣军中贸易。稜率众登岸，遣镇周为先锋。其主欢斯渴剌兜遣兵拒战，镇周频击破之。稜进至低没檀洞，其小王欢斯老模率兵拒战，稜击败之，斩老模。其日雾雨晦暝，将士皆惧，稜刑白马以祭海神。既而开霁，分为五军，趣其都邑。渴剌兜率众数千逆拒，稜遣镇周又先锋击走之。稜乘胜逐北，至其栅，渴剌兜背栅而阵，稜尽锐击之，从辰至未，苦斗不息。渴剌兜自以军疲，引入栅。稜遂填堑，攻破其栅，斩渴剌兜，获其子岛槌，虏男女数千而归。帝大悦，进稜位右光禄大夫，武贲如故，镇周金紫光禄大夫。

自《隋书》中出现流求一名，关于它是在台湾还是在冲绳群岛，就一直存在争议。据陈侃的《使琉球录》一书，陈侃和中山国人都认为，将《隋书》记载的流求和中山国相比，其风俗相差很大。所以，中山国人不认为本国是《隋书》记载的流求国。19 世纪末荷兰学者施列格（Gustave Schlegel）在其《古流求国考证》一文中提出隋代的流求即为今日的台湾。日本学者村骧次郎于 1932 年发表《关于唐代以前之福建及台湾》，其观点与施列格相同。[1] 而秋山谦藏主张隋代的流求即为今日的冲绳。国际学术界也有人赞同这一说法。[2] 不过，在日本学者中，以村骧次郎占据主流。他们的主要论据是：从冲绳的考古来看，冲绳群岛在 10 世纪以前还处在渔猎时代，没有农业，也没有冶炼金属的技术，不可能是古流求国。就陈稜的航线来看，他出发的义安郡港口在闽潮之间，所以，陈稜所到的流求国应在台湾南部。

台湾回归中国之后，台湾学者成为研究流求问题的主角。但台湾学者中也存在着争议。20 世纪 50 年代至 60 年代，梁嘉彬先生极力主张古代流求即为今日的琉球群岛，它从来不是台湾！[3] 梁嘉彬先生是中国著名的史学家，晚年定居台湾，他对东海岛屿史的研究成就卓著。但其人对台湾史的

---

[1] 〔日〕村骧次郎：《唐以前の福建及び台湾に就いて》，日本《东洋学报》八卷一期（1932年）。

[2] 〔日〕秋山谦藏：《隋书流求传再吟味》，日本《历史地理》第五十四卷第二号，昭和四年八月一日发行。

[3] 梁嘉彬自 1954 年以来发表多篇论文，力主《隋书》的"流求"即为今日的琉球。其代表作有：《隋书流求传逐句考证》，（台湾）《大陆杂志》第四十五卷，1972 年第六期，第 1 ~ 38 页。梁嘉彬先生有关流求的论著很多，辑成《琉球及东南诸海岛与中国》一书。

研究独树一帜。他从《隋书》中流求的树皮布入手，考证冲绳群岛的棕榈树即为隋代树皮布的原料，从而得出流求在冲绳群岛的结论。其后，研究琉球和台湾的学者纷纷发表自己的意见。大致而言，赞成流求在台湾的学者多一些。这是因为，早在20世纪初，日本学者鸟居龙藏就在冲绳诸岛进行发掘，战后，这项工作又得到大力支持，进行了多处考古发掘。其结论是，冲绳的古文化属于东海绳文文化的延伸，现发现的古陶器，主要来自日本的九州。10世纪以前，冲绳诸岛尚处于渔猎时代，没有农业和冶金业，所以，隋军所到的流求不可能是冲绳群岛。自方豪先生以来，台湾多数学者认为"流求"即为"台湾"的古称，这一主张长期在台湾学术界占据主导地位。乃至台湾学者说："流求是否为台湾尚有不同意见，不过'大体台湾论者占优势，似已成定论'。"① 其实，台湾学术界还是存在反对意见的。近年以来，随着形势的变化，台湾学者似乎更倾向于流求在冲绳群岛。② 也有人认为，隋军所到的流求群岛，其实包括台湾和冲绳群岛。例如，刘惠孙先生认为，隋代朱宽所到的东海岛屿是冲绳群岛的琉球，而陈稜将军所到的岛屿则是台湾。③

　　以下就梁嘉彬的观点谈一些笔者的认识。应当说，梁嘉彬研究东海岛屿史有不少发现，例如，梁先生指出，台湾南部住民的文化主要是渔猎文化，农业是很迟以后才发展起来的，更没有冶金技术，因此，《隋书》中的流求国不可能在台湾南部。这一观点十分重要。但是，梁嘉彬的时代，人们对台北的十三行文化没有深刻的认识。其实在十三行文化传播的地区，本地居民很早就有了农业和冶金术。没有认真对待十三行文化的发现，这是梁嘉彬先生的遗憾。此外，梁嘉彬先生以为流求是在冲绳群岛，一直受到质疑。笔者细读梁嘉彬先生的论文，发现他的主要论据有问题，因此，"流求即冲绳说"是不成立的。④

二　关于"闽川"一词的含义和朱宽出使流求的出发点

　　朱宽是隋朝派往流求的使者，他多次往来于流求及中国之间。朱宽是

---

① 刘益昌：《史前时代台湾与华南关系初探》，载张炎宪主编《中国海洋发展史论文集》（第三辑），第1页。
② 翁佳音：《荷兰时代——台湾史的连续性问题》，稻乡出版社，2008，第1页。
③ 刘蕙孙：《中国与琉球交往的开始远在明代以前》，《福建师范大学学报》（哲学社会科学版），1987年第1期。
④ 徐晓望：《梁嘉彬"流求论"的成功与失误》，2010年福建省五缘文化研究会参会论文。

隋炀帝身边的羽骑尉，这是一个从九品的低级武官。因隋朝的海师（引航员）何蛮报告海外有岛国，隋炀帝于大业三年（607年）派朱宽及何蛮一起去探险。朱宽因语言不通，便在流求掠一个人归来。次年，隋炀帝又命朱宽第二次赴流求，将此人送回，并要求流求进贡。结果流求拒绝进贡，其后才有了陈稜等人讨伐流求一事。那么，朱宽是从什么港口到流求去？这里要使用排除法。隋代去流求的隋朝人，除了朱宽外，还有陈稜。一般认为，陈稜的舰队是从义安郡港口出发的，当时的义安郡隶属于岭南。所以，《隋书》记载流求国的方位："流求国居海岛之中，当建安郡东，水行五日而至"，这句话应是指朱宽的行程。不过，《通典》《太平御览》《太平寰宇记》诸书引述《隋书》记载流求国方位的文字后，都加了一个小注："闽川之东也"。梁嘉彬先生认为，此文中的"闽川"即是指闽江，而《隋书》中的流求国位于建安郡东这句话，应当解释为：位于闽江之东。这证明朱宽出使流求，是从建安郡治闽县（今福州）出发的。基于这个认识，梁嘉彬先生提出，从福州港出发，水行五日至流求，恰与明清出使琉球的使者大致水行五日到冲绳相当，因而《隋书·流求国传》中的流求，即为后日的冲绳群岛。由此可见，将"闽川"解释为闽江，是梁嘉彬先生立论的主要根据之一。

就"闽川"二字而言，望文生义，可以解释为闽江。《通典》《太平御览》《太平寰宇记》这三本书初版于唐宋之际，其时闽川的意思究竟是什么？应当多看当时的文献。只有综合当时文献的说法，才能准确判断唐宋"闽川"的意思。要综合唐宋文献所有的"闽川"记载做出研究，这在电子版文献问世之前是不可能做到的，但在今日却是轻而易举之事。就四库全书电子版的搜索而言，其中涉及"闽川"最著名的书籍是唐末福建名士黄璞所作的《闽川名士传》一书，此书今已散佚，但该传所涉及的50名闽川名士，大都保留于福建各方志中，其中主要人物是唐代的闽籍进士，以及具有进士实力，但一直未能考中进士的那些人。笔者写《福建通史》的时候，统计唐代福建共有61名进士，他们的籍贯大多是沿海各县，其中闽县21人，侯官6人，莆田6人，晋江5人，长乐、福清各为3人，长溪、仙游、同安等县都是2人，只有1名进士的县有：龙溪、漳浦、建安、建阳、南安、永春、宁化、连江。以上各县，除了闽县、侯官、长乐、建安、建阳、宁化、连江可以说是闽江流域外，莆田、仙游、晋江、永春、南安、同安、龙溪、漳浦都在闽江流域之外。可见，黄璞的《闽川名士传》不是专收闽江流域的福建名士，而是兼收福建各地的名士，其中著名人物如晋江的欧阳詹是韩愈的好友，莆田的林藻、林蕴是唐史记载的人物，他们都是黄璞《闽川名士传》绝对不会遗留的闽中名士。显然，《闽川名士传》书名中的"闽川"一词应是福建的代称，相当于闽中。在《闽川名士传》一书中，黄璞曾说："在京师，闽川举子醵酒食会诸先达。"[1] 这句话中的"闽川"，明显是指福建。宋代陈思《书小史》一书的第十卷写到唐代书法家："林杰，字智周，闽川人。精琴棋善草隶，俱自天然，不因师授。"其中的"闽川人"，应当就是福建人的雅称。又如《太平御览》引《北户录》："贡送白虾肉薄而白莹如水精，广人偏食之，盖美而毒。询于闽川、吴中，悉无此类。"[2] 此处的"闽川"与"吴中"并列；再如南宋李元实送胡梦昱的诗中有"东西两浙及闽川，皆见鸳行有直言"[3]。其中的"闽川"与"浙东"及"浙西"并列，都是宋代的省级单位。又如《太平寰宇记》的记载："永丰县，故路通闽川，越客担荷麏至。"[4] 其中的闽川，也是作为福建的代称。

明白唐宋时期人们用"闽川"一词的习惯，就可知道，在唐宋之际，"闽川"一词基本上就是福建的代称；梁嘉彬先生以为闽川可作为闽江的代称，实际上，闽江在福建，很长时间没有统称。各地民众对境内的闽江支流，各有叫法，如南台江、乌龙江、建溪、沙溪之类，很少有统称的时候。即使偶尔出现统称，也是用"建江"一词，极少用闽江一词。闽江一词，直到民国以后才开始流行。本体尚不清楚，自然不会有代称。所以，唐代的闽人，不太可能以"闽川"代称"闽江"。

明白闽川在唐宋之际真实的意思，就可知道，梁嘉彬对闽川一词的分析之后，将隋代朱宽出使的港口定在福州是有问题的。那么，究竟朱宽在什么港口出发？笔者认为应到福建相关方志中找线索。隋朝对流求的认识，应当通过某种形式流传下来，若能找到相关记载，便可破译朱宽出使的始发点港口。《隋书》记载朱宽及陈稜等人到流求共有三次，首先是朱宽及"海师何蛮"共同探险流求，发现流求后回到大陆，向隋炀帝报告。而后隋

① 郝玉麟等：雍正《福建通志》卷六十六《杂记·泉州府丛谈》，文渊阁四库全书本，第69页。
② 李昉：《太平御览》卷九百四十三《鳞介部十五》，文渊阁四库全书本，第10页。
③ 李元实：《再作十绝寄胡伯员兵侍仲方尚书》，载胡知柔编《象台首末》卷三，文渊阁四库全书本，第4页。
④ 乐史：《太平寰宇记》卷一百七《江南西道五·信州》，第13页。

炀帝命朱宽正式出使，要求流求国进贡。流求国不肯，隋炀帝便派出陈稜、张镇州的大军讨伐流求。陈张讨伐流求的航程《隋书》有记载："帝遣武贲郎将陈稜、朝请大夫张镇州率兵自义安浮海击之。至高华屿，又东行二日至鼋鼊屿，又一日便至流求。"可见，他的出发港口是义安郡的某地。就此而论，《隋书》记载建安郡至流求的航程，就是朱宽的航程，而不是陈稜的。可惜的是，《隋书》仅记载这一港口在建安郡，不知其具体地点。搜索涉及这一事件的史志，《新唐书·地理志》云："自（泉）州正东海行二日至高华屿，又二日至鼋鼊屿，又一日至流求国。"所记与《隋书》同，而将隋军在福建的出发点定为泉州。大致相同的史料又见于宋代的《舆地纪胜》："海道，唐志云：自泉州正东海行二日，至高华屿，又二日至鼋鼊屿，又一日至流求国。"① 相关内容还见于明代的福建方志。明代弘治《八闽通志》一书，在论述泉州海口时，也有类似的一句话："岱屿，在府城南永宁里二十二都，突起海中。介于石湖、北镇两山之间。自州东海行二日至高华屿，又二日至鼋鼊屿，又一日至琉球国。"② 如上所记，岱屿是泉州海口的一座小岛，也是泉州对外里程的始发点。这一点，在南宋时期已经出现于史籍。如《梦粱录》记载："若有出洋，即从泉州港口至岱屿门，便可放洋过海，泛往外国也。"③ 以上综述了隋、唐、宋、明有关史料，大致可以证明，《隋书·流求国传》所载建安郡至流求的航线，是从泉州岱屿门开始计算的。梁嘉彬将朱宽出使港口定为福州不能成立。

隋朝的时候泉州仅设南安县，晋江出海口的晋江县，要到唐代才设立。不过，南安县很早就成为南方沿海的重要港口。南朝陈时期，印度名僧拘那罗陀曾到南安县的建造寺等候去印度的船只，想搭船回国。天嘉三年（562年），拘那罗陀在此乘船入海，因风向不顺，漂回广州，终老于岭南。这些记载表明，早在南朝时期，南安县的沿海区域已经有远航印度的船只。当地民众擅长航海是有名的，所以才会让拘那罗陀来此地等船。其时，福州的对外联系也很发达，但福州的港口有个缺点：它是一个江港，而在闽江的出海口有许多礁石，著名的五虎礁让人谈虎色变，古往今来，不知有多少船只毁于这一带的礁石。受港口条件的限制，福州的对外航运一向不如泉州所辖的港口。宋元以前不如泉州港，明清时期不如厦门港，至今仍

---

① 王象之：《舆地纪胜》卷一百三十，中华书局，影印影文选楼影宋抄本，第3736页。
② 黄仲昭：弘治《八闽通志》卷七《地理》，福建人民出版社，1990，第126页。
③ 吴自牧：《梦粱录》卷十二，浙江人民出版社，1980，第112页。

然如此。郑麟趾的《高丽史》记载了北宋从福建来到朝鲜半岛的商人，其中泉州客商明显多于福州商人，可见，自古以来，泉州的对外贸易就胜于福州，朱宽出使流求，由泉州的港口出发，是可以理解的。

三　关于流求"树皮布"与金荆木

《隋书·流求国传》记载流求国的纺织业："织斗镂皮并杂色纻及杂毛以为衣"，可见，其特色为以苎麻及树皮混纺。《朝野佥载》对这种布的记载更为详细："留仇国。炀帝令朱宽征留仇（即后流虬）国，还，获男女口千余人，并杂物产，与中国多不同。缉木皮为布，甚细白，幅阔三尺二三寸。亦有细斑布，幅阔一尺许。"① 如其所载，这类布的特点是以某种树木的皮和苎麻混纺而成，相当细白，是一种不错的布料。梁嘉彬先生考证这种辟镂树即为冲绳常见的棕榈科"蒲葵"，因而，《隋书》中的流求国即为今日冲绳群岛。可见，辟镂树即为"蒲葵"，这是梁嘉彬先生立论的主要根据之一。梁先生是这么说的：

> 《隋书·流求传》云："男女皆以白纻绳缠发……妇人以罗纹白布为帽，其形正方，织辟镂皮并杂色纻及杂毛以为衣，制裁不一。……编纻为甲，或用熊豹皮。"明刘仲达《刘氏鸿书》卷八夷俗云："大琉球之衣以辟镂。"此辟镂树（biro）为琉球之名产，亦名蒲葵，《隋书》传写误为"斗镂树"，宋《太平御览》东夷流求传谓其"似橘而叶密，条纤如发，纷然下垂"者也。琉球辟镂树（biro 蒲葵）之叶甚大，叶条有裂片，条纤下垂确与橘类相似也。亦唯蒲葵皮，乃可以织衣耳。清汪楫《使琉球录》谓："家织蕉布，非此则无以为衣也。"皆指此辟镂树而言。此棕榈科植物（综纻）纤维织出之布，中国人或韩国人多称之苎布、纻布或麻布。《辞海》释"纻"字云："麻属，所以缉布也。见玉篇。《文选·魏都赋》：油，油麻属。韩注：纻似麻，可以为布。"清季李鼎元《使琉球记》云："取似昨所购布，一米色，曰蕉布，乃沤芭蕉抽其丝织成，轻密如罗；一白而细者，曰苎布，可敌棉布；一白而绵软者，曰丝布，乃苎经而丝纬，品之最上者；一米色而粗者，曰麻布，品最下矣。国人善印花，花样不一。"可知道自隋至清，琉球人

---

① 李昉等：《太平广记》卷四百八十二《蛮夷三》，文渊阁四库全书本，第8~9页。

皆织辟镂皮以为布矣。《隋书·流求》又云："妇人以罗纹白布为帽，其形正方。"而日本小叶田淳辑《李朝实录·中世琉球史料》，朝鲜明宗大王实录卷三述琉球国事云："有草如芭蕉（案：即辟镂），大者如栋柱，刈去外皮，取内皮为三等布，以皮之内外而布之粗细异焉。其最内者极为细润，色洁如雪，妍密无比，女服之好者以此为最云。"此色洁如雪妍密无比之蕉布即《隋书》所谓罗纹白布，李鼎元《使琉球记》所谓丝布也。[①]

梁嘉彬这段话自以为论证了《隋书·流求国传》的"辟镂树"即是后日琉球的蒲葵树，琉球人一直以蒲葵树皮为原料，织就各色布匹。实际上，在纺织史专家看来，他将蕉布、苎布、棕须全部混在一起，全都弄错了。蕉布曾是中国南方常见物品，在明以前的地方志中是常见之物。它的原料不是蒲葵而是芭蕉茎，或是香蕉茎。蕉布在中国闽粤各地都有生产，见载于各地明代的方志，并不稀罕。苎布的原料则是苎麻，织成的苎布，又称夏布，它的特点是通风，穿着凉快，它是南方常见的布类。至于棕榈科的"蒲葵"，也是南方常见的树种，现成为南方许多树园的景观树，大家都很熟悉。它的树叶像手掌，很大。过去人们用蒲葵叶制造"葵扇"，或称"芭蕉扇"，是一种很普通的日用品。成年的蒲葵树会长出很多棕毛，农家用以制成蓑衣，所以，在南方民间，许多人称"蓑衣"为"棕衣"。蒲葵树的毛是棕色的，绝对不会有"细白"这一特点。实际上，中国人的所谓"棕色"，本来就起源于蒲葵树的棕毛。从棕色这一词的起源，就可知中国人对蒲葵是十分了解的。南朝梁顾野王所著《玉篇》一书中，即有关于棕榈的记载。顾野王曾在建安郡居住很久，福建出产棕榈，所以，他会将棕榈写入《玉篇》这种著作。唐宋人为其作注，明确指出棕榈就是"蒲葵"。其次，晋代王羲之很喜欢南方的蒲扇，而蒲扇是以蒲葵的叶制成，这也说明早在晋代，中国人就知道了蒲葵，根本不会将其当作一大发现。况且，棕榈树之"皮"，只能做棕衣，棕毛太粗，完全不适宜做衣料。梁嘉彬出身于广东十三行梁氏世家，自然不会穿着棕衣这类下人的雨具，加上他不懂纺织业，所以会闹这类笑话，将只能作棕衣的蒲葵皮当作布料。

---

① 梁嘉彬：《论隋书"流求"与琉球台湾菲律宾诸岛之发见》，《琉球及东南诸海岛与中国》，东海大学，1965，第284页。

南方可用树皮制造纺织品的植物其实很多，最有名的是树皮布。它的制法特殊。海南的黎族至今还保存着树皮布的制法，并且申请世界文化遗产成功。制作树皮布的原理很简单，将纤维素较多的树皮泡入水中浸烂，然后用石头捣烂，再浸泡。经过反复加工，就有了树皮布。在台湾的圆山文化遗址中，也曾发现过捣树皮的石块，这表明圆山文化的主人也曾制作树皮布。至于树皮布的原料则有多种，据说，海南黎族以箭毒树的皮为主要原料。但这些物种与《隋书》中辟镂树的特点："似橘而叶密，条纤如发，然下垂"，都有一定距离，目前还无法断定《隋书·流求国传》中的辟镂树究竟是后日什么树种。但辟镂树肯定不是蒲葵。蒲葵的长相最不像橘树。其他可用于织布的树皮，则有芭蕉、葛、苎麻等多种，在明以前的方志中，常见蕉布、葛布、纻布之类的记载，都是南方常见的纺织品。连横的《台湾通史》记载，晚清台湾的番族有一种布，"以苎杂树皮为之，长不满丈，台人购以为袒，善收汗。而水沙连番妇以苎麻杂犬毛为纱，染以茜草，错杂成文，谓之达戈纹。"[①] 清代台湾这两种"番布"的风格，倒有些像隋代流求的混纺布。

纵观梁先生的论文，将辟镂树考证为蒲葵，是其流求为冲绳之说的主要依据。否定这一点之后，其实否认了梁先生的主要依据。

关于朱宽在流求得到的金荆木。

唐代《朝野佥载》一书还记载朱宽在流求得到金荆木："留仇国。炀帝令朱宽征留仇国（即后流虬）还，又得金荆榴数十斤，木色如真金，密致而文彩盘蹙，有如美锦，甚香极精，可以为枕及案面，虽沉檀不能及。"按，清代的《广群芳谱》第七十九卷在引用《朝野佥载》这段话时，将"金荆榴"改为"金荆瘤"，这一字之改，让我们明白所谓"金荆瘤"应是金荆这种植物结出来的"瘤"。

关于金荆木是什么树种？学者中有争议。有人以为是樟木，梁嘉彬先生对此极力反对。他的意向是指金荆木为辟镂树。

按，台湾与冲绳在地质年代的上古时期都曾与中国大陆相连，在物产上有许多相似之处，尤其是植物。今人所谓金荆，是一种南方灌木，它的高度有限，不可能长成大树，也很难有什么"金荆瘤"产生。但据《植物志》之类的书，中国南方还有一种野生的金荆树，可长数丈高，但十分稀

---

① 　连横：《台湾通史》卷二十六《工艺志》，商务印书馆，1983，第452页。

有，很难见到。南朝时期，著名文士江淹的《闽中草木颂》曾提到此树："江南之山，连障连天。既抱紫霞，亦漱绛烟。金荆嘉树，涵云宅仙。"① 周硕勋的乾隆《潮州府志》曾解释江淹所说的金荆树："江文通赋：'金荆佳树。'金荆木坚有文彩，潮人呼为黄栌。"② 如果周硕勋的解释可靠，所谓金荆木，就是后人的"黄栌"。从文字上看，其木质细致而有纹理，似乎接近今人的"黄杨木"，但这个问题要留给植物学家考证。古人很看重这一树种。杜实的《大业拾遗录》记载，隋朝在南方设立林邑郡（今越南南部），"其地东西一千余里，南北三百余里，海水四绝。北去大岸三百余里。或云马援铜柱尚存。地暑热，多大林木，高者数百尺。有金荆生于高山峻阜，大者十围，盘屈瘤蹙，文如美锦，色艳于真金。中夏时有于海际得之，工人取用，甚精妙，贵于沉檀。"③可见，金荆木既产于福建，也生长于越南，只是大树难得。因南北朝时期的上层人物过于重视金荆木之瘤，导致福建等地的大金荆树都被砍伐，所以，隋代的上层人物要找金荆木，就得到海外的流求及林邑了。朱宽得到金荆瘤，应是大功一件。

这样看来，金荆榴也不会是辟镂树。

总的来说，梁嘉彬先生是流求为冲绳论的主要主张者，但细观其文，其主要观点并不成立。因此，笔者倾向于隋代的流求即为台湾这一观点。④不过，对这类文字的分析，倒使我们知道了隋代大陆民众对流求的什么商品感兴趣，例如细白的苎布、蕉布，金荆木的木块，在中原市场上都会有销路。

第三节　陈稜、朱宽赴流求的航路

隋朝军队进袭流求，其航路应与普通商人赴流求的航路有关，因此，详细考证隋军赴流求的航路，其时商人赴台湾的商路也就清楚了。⑤

一　陈稜和其东阳兵的始发港

《隋书·陈稜传》记载，陈稜于大业六年"与朝请大夫张镇周（州）发

---

① 江淹：《江文通集》卷三《闽中草木颂十五首序》，文渊阁四库全书本，第31页。

② 周硕勋：乾隆《潮州府志》卷三九《物产志》，光绪十九年珠兰书屋重刊本，第16页。

③ 李昉：《太平御览》卷八百二十《布帛部七》，第12页。

④ 徐晓望：《梁嘉彬"流求论"的成功与失误》，2010年福建省五缘文化研究会参会论文。

⑤ 徐晓望：《隋代陈稜、朱宽赴流求国航程研究》，《福建论坛》2011年第3期。

东阳兵万余人,自义安泛海击流求国"。隋代的东阳郡在浙江省中部,即今日的金华市,义安郡即后日的潮州,隶属于广州,为何陈稜出征流求从义安郡出发,却率领一支来自浙江的东阳兵?质疑这一问题的梁嘉彬先生提出:义安郡古称东阳郡,所以,所谓东阳兵,即义安郡之兵。梁先生的观点也有其问题,因为,据隋代官府的统计,义安郡全部人口不过数千人而已,朝廷肯定无法从义安郡调出"东阳兵万余人"。其次,《隋书》是一部官书,它所记载的"东阳兵",只能按照当时的政书记载,而浙江的东阳郡是当时的建制,于情于理,它所记载的"东阳兵"只会是来自浙江东阳郡的士兵。

朝廷以来自浙江的士兵远征南方,其实是有传统的。汉朝攻打闽越国之时曾经调发会稽郡之兵南征;三国时期,孙策"遣永宁长韩晏领南部都尉,将兵讨升"。三国时期的永宁为今浙江温州,而其讨伐的对象正是福建境内的商升。隋朝统一江南之初,一度撤销会稽郡和余杭郡,保留东阳郡,所以,当时的东阳郡,很可能统治了浙江北部的多数地方,只有这样,隋朝才能从东阳郡调出万余人的士兵。近阅宋代的浙江方志,得到几条有关陈稜在浙江沿海的史料。如岱山县岛上有陈稜庙宇。"岱山陈大王庙,在县北二百六十里。按,王名稜,姓陈氏,字长威,庐江襄安人。天资义勇,志在戡难。仕隋,高祖大业中,尝奉辞提师航涉海道,击流求国,俘斩颇众。事见《隋史》。故其威赫海上。今朐山有祠号陈将军,即王之别庙也。皇朝端拱二年建,绍兴十七年重修。有记。进士施知微撰。"① 这是宋代的史料。据浙江的学者介绍,民国时期在衢山岛出土了《大唐古程夫人墓志铭并序》,其中说到程夫人墓的方位:"以其年□□月二十五日窆于明州鄞县蓬莱乡峋山,山号于郭端埭,坟已向,后□峨峨之山,前临渺渺之水,东南有陈将军庙焉。正南二里道场,俗号东亭之寺。"可见,现有的考古史料和文献足以证明,唐宋时期的浙江沿海岛屿上,就有陈将军的庙宇。陈稜在征流求时,曾经刑白马祭祀海神,隋唐时期浙江东部的鄞县是历代朝廷祭祀东海海神的地方,这一祭祀仪式至今仍然保留于浙江的岱山县。所以,陈稜在流求所祭祀的海神,应为浙江舟山群岛一带的东海之神。按照当时的祭祀习惯,陈稜安全返航之后,还得向东海神庙还礼,这一典礼一定是十分隆重的,所以,当地民众对陈稜念念不忘,最终为其建庙祭祀。

---

① 张津等:乾道《四明图经》卷七《昌国县》,中华书局影印《宋元方志丛刊》本,第5册,第4901页。

陈稜在浙东的庙宇还证明陈稜的水师是从浙江沿海港口出发的。这有助于对陈稜水师航程的理解。史载陈稜率东阳兵出发后，月余方至流求。过去，人们都以为陈稜是从义安郡的港口出发，所以，对陈稜的航行长达一个月不理解，因为《隋书·流求国传》明确记载建安郡至流求只有五六天而已。如果懂得陈稜的东阳兵是从浙东的港口出发，这就可以理解了。因为，从浙江宁波到义安郡的港口，就是一个漫长的航程，然后还要转向流求，前后用时一个多月，是可以理解的。

二　流求国与义安郡

《隋书》记载陈稜的航程："帝遣武贲郎将陈稜、朝请大夫张镇州率兵自义安浮海击之。至高华屿，又东行二日至䨗鼊屿，又一日便至流求。"在《隋书》之后，历代的史籍写到流求，常会附带高华屿及䨗鼊屿，只是语焉不详，大多是照抄旧文。近来笔者反复研究南宋李复文集中有关宋代流求的史料，颇有体会。李复说：

> 某尝见张丞相士逊知邵武县日，编集《闽中异事》云：泉州东至大海一百三十里，自海岸乘舟，无狂风巨浪，二日至高华屿。屿上之民，作鲞腊鲐鲢者千计。又二日至䨗鼊屿，䨗鼊形如玳瑁。又一日至流求国。其国别置馆于海隅，以待中华之客。每秋天无云，海波澄静，登高极望，有三数点如覆釜。问耆老云，是海北诸夷国，不传其名。流求国，隋史书之不详，今近相传所说如此，去泉州不甚远。必有海商往来，可寻之访其国事，与其风俗礼乐、山川、草木、禽兽，耕织、器用等事。并其旁之国，亦可详究之，或得之。望录示。闽有八州，南乃瓯越，北乃禹贡扬州之地，山川奇秀，灵迹异事，彼所传者必多。使轺按部历览可见。因风望详书，以付北翼。深所望将以补地志之阙也。某又启。[①]

从《闽中异事》记载的航程来看，从泉州到流求国，约需五日里程，与《隋书》的记载相同，表明这段记载依据的原始资料与《隋书》有关。但《闽中异事》的记载，更多一些内容，这给我们进一步的研究打下基础。

---

① 李复：《潏水集》卷五《与乔叔彦通判》，文渊阁四库全书本，第19～20页。

李复所引用的《闽中异事》一书最让人诧异的是，这段文字记载了流求国、高华屿和䶂鼊屿的具体情况，这是其他作品中所不见的。

首先让笔者想到的是，《闽中异事》所说的流求国，应当位于台湾的北部而不是冲绳群岛！《闽中异事》提到，从流求国向北方望去，有一些"海北诸夷国"，这是指流求之北的海面上有一些夷人居住的"岛国"，准确地说，这些"岛国"是流求人不太明白的"夷人"所居住的岛屿，实际上谈不上国家。这条史料暴露流求人对其北方的邻居不太了解。这种关系，应是台湾人与先岛群岛、冲绳群岛之间的关系，而不是冲绳岛与北方诸岛的关系。因为，台湾离冲绳群岛较远，在上古时代不太往来是可以理解的；但冲绳岛与北方诸岛相距不太远，视界内有一系列的小岛相连，而且离冲绳不远处，就是奄美大岛，所以，让冲绳人望北方，绝对不会回答游客："是海北诸夷国，不传其名。"这就反证了流求国只可能在台湾的北部。在台湾的东北角向北望去，确实有可能看到距离不太远的与那国岛等先岛岛屿。

关于流求国的方位，国际学术界一直存在争议。早期的日本学者将其定为台湾南部，是因为他们想到，陈稜率浙江的东阳兵到闽粤边界的义安郡港口再出发，其目标应是台湾南部，如果流求国在冲绳或是台湾北部，东阳兵都应是从浙江的港口直接驶向流求。如果流求是在台湾的南部，陈稜的航行路线就是可以理解的，因为闽粤边境的义安郡离台湾南部较近。但是，陈稜的航行并非常规性的航行，它是一次探险，是对未知世界的探索。《隋书·流求国传》记载，陈稜舰队初到流求之时，流求人以为是前来贸易的船队，有不少人想与陈稜的部下交易。这一事实说明，实际上闽粤商人早就到过流求。研究闽粤航海史的人都知道，尽管闽粤许多港口都可对外通商，但经营海上贸易最多的是闽粤边境的闽南人，他们主要生活于福建的泉州、漳州和广东的潮州，其中又以泉州人最早以航海出名。福建方志往往将福建去流求的航路载于泉州的史料中，应当是事实的反映。陈稜去流求之前，一定了解到闽南粤东一带有商人到过流求，所以，他的舰队要先到闽粤交界之地，找到向导后再向远方出发，对一次大规模的远航来说，慎重是必要的。当然，只是为了找向导，并不是陈稜舰队先到义安郡港口的理由，因为当地官府可以将向导送到陈稜身边。更为重要的是，义安郡的某个港口，应是闽南商人赴流求的主要出发港。向导熟悉从这个港口到流求的航路，多从此地到流求。

隋代的义安郡，郡治在今潮州境内的海阳县，所辖范围除了粤东外，还有福建东南部诸县。关于隋代义安郡的来历，可以上溯到晋代。据《晋书》的记载，"安帝分东官立义安郡"①，可知义安郡始建于晋安帝时。又据《南齐书》，南朝时期的义安郡辖有：绥安、海宁、海阳、义招、潮阳、程乡等六县。② 其中，海宁、海阳、潮阳、程乡都属于广东潮州，而南朝时期的绥安县，一般认为是福建漳浦县的前身。漳浦是福建漳州府的一个重要的县，曾经是漳州的郡治。唐朝重设漳浦县之时，漳浦县辖地达半个漳州，现今漳州市的漳浦县、东山县、诏安县、平和县及南靖县的部分，原来都是属于漳浦县。由此可见，南朝时期义安郡对绥安县的管辖，实际上意味着它管辖半个漳州。隋朝统一南方之后，裁并州县，依照当时的制度，绥安虽然被裁并，其土地仍归义安郡管辖。所以，隋代的漳州南部，应归义安郡管辖。粤东和福建南部，都是闽南人生活的地方。闽南人是中国的海上马车夫，闽粤一带远航的水手，大多是闽南人。所以，隋代到过流求国的，应是闽南人。由他们带隋军出海航行流求，他们只会从闽南或是粤东的口岸出发。因流求国位于台湾的北部，闽南人到流求国，最好是在南风季节由南部港口出发。依托南风向北航行，先到澎湖列岛的港口，然后再向北航行，就可抵达台湾北部。在义安郡管辖的众多港口中，又以东山港最为可能。东山岛古称铜山，历来是通往台湾的重要港口。郑成功的军队多次从这里驶向澎湖列岛，清代施琅进攻澎湖的福建水师，也是从东山岛出发。至于广东境内的义安郡港口，南澳港距大陆太远，汕头港一直要到清代才开发，有名的柘林港偏小，不利于大舰队停泊，所以，隋代抄掠流求国的隋军，最有可能从东山岛的港口发兵。③

在以上记载中，笔者已经探讨了朱宽赴流求的航线，朱宽的航线应是从泉州港的岱山出发，然后到澎湖与台湾；那么，为何陈稜的舰队不走这一条路，而是从义安郡出发？笔者认为这与风向有关。隋代的帆船航行主要靠风力，陈稜在冬末南下义安郡，又于初春北上澎湖及流求，他们南下时是顺着北风，而其北上时是乘着初春的南风。澎湖位于泉州的东南面、东山岛的东北面，若是从泉州港出发，他们先要逆风到澎湖，而后再转向北方的流求，以古人的航海技术而言，逆风出海，不是不可能，但比较适

---

① 令狐德棻等：《晋书》卷十五《地理志下》，第 468 页。
② 萧子显：《南齐书》卷十四《州郡志上》，中华书局，1972 年标点本，第 263 页。
③ 徐晓望：《隋代陈稜、朱宽赴流求国航程研究》，《福建论坛》2011 年第 3 期。

宜小型帆船；对大型船队而言，一定要求顺风，逆风出海，会给船队带来许多麻烦，因此，陈稜的船队在初春时期选择义安郡的东山港出发，则可一路北风抵达澎湖与台湾。陈稜的选择符合当时的气候条件。

三　关于高华屿和𪖏鼊屿的推测

陈稜赴流求的途中，经过高华屿和𪖏鼊屿，对于这两座岛屿究竟是何地，学者之间的争论已经很久了，但谁也不能说服谁，其关键原因还是相关史料太少，研究者推测的多，有根据的东西不多。笔者认为，《闽中异事》的发现，使我们了解流求国在台湾的北部，下一步的研究就容易些了。对照《隋书》相关记载："帝遣武贲郎将陈稜、朝请大夫张镇州率兵自义安浮海击之。至高华屿，又东行二日至𪖏鼊屿，又一日便至流求。"如果明白义安郡及流求国之间的水程，就可知道，他们一定会经过澎湖列岛，因而，高华屿和𪖏鼊屿之间，必有一个是澎湖列岛的岛屿。

据《闽中异事》一书，高华屿距泉州沿海有两日路程。而《隋书》记载了从高华屿到𪖏鼊屿的水程，却没有直接记载从义安郡到𪖏鼊屿的水程，人们估计，《隋书》记载建安郡到流求的水程为五天，减去高华屿到𪖏鼊屿的两天及𪖏鼊屿到流求国的一天，这应当就是隋军从义安郡到高华屿的水程。也就是说，从义安郡到高华屿，应当是两天。这样说来，高华屿距离泉州（隋代一度称为南安郡）和义安郡分别有两日路程。而其岛上1000多民众以渔业为生，每年都可制造大量的咸鱼。就此而论，高华屿的所在地已经很清楚，它只可能是澎湖列岛！因为，古代福建人口稀疏，人均占地面积较大，澎湖列岛中只有主岛才有可能居住上千户从事渔业的人家。所以，综合以上史料，只有澎湖岛最适合高华屿的条件。如前所述，澎湖岛在历史上也被称为彭湖屿。此前曾有日本学者提出，高华屿应是澎湖列岛的"花屿"，然而，澎湖的"花屿"是一个很小的岛屿，它位于澎湖列岛的南部，因岛屿太小，不能保护入港的船舶，所以，它自古不是一个良港，更不宜大队船队停泊。而且，就其地方来看，也不可能居住1000多从事渔业的民众。

那么，从泉州或是从义安郡的港口到澎湖为何要两天？按清代的航海技术，清代泉州港或是漳州东山港的帆船到澎湖只要一天时间，而高华屿距离泉州有两天的水程。笔者认为，这个问题应当这样看：古人的航海术是在逐步进步中，清代一天的航程，在明代也许就要两天，在宋代也许要三四天，这都是可以理解的。事实上，宋代的《方舆胜览》记载澎湖："泉之晋江，东出海间，舟行三日，抵彭湖屿，在巨浸中，环岛三十六。"[①]明弘治年间的《八闽通志》记载泉州府的山川时说："澎湖屿，出海门舟行三日始至。"[②]而万历《泉州府志》记载本府的山川时则说，到澎湖屿，"舟行二日始至"。这都表明，在明朝中叶以前，木帆船从泉州海口到澎湖列岛需两三天时间。陈稜的船队若是从东山岛出发，遇到顺风，可能会快一些，两天内到达澎湖的某个岛屿是可能的。从航程来看，以上史料记载的高华屿，应是在澎湖列岛之上。

确定了高华屿及古流求国所在地，则可通过以上史料来找鼊鼊屿所在地。鼊鼊屿位于流求与高华屿之间，如果我说的流求国在台湾北部、高华屿在澎湖列岛的观点成立，那么，鼊鼊屿位于何处？这个问题使笔者疑惑很久，笔者一度以为鼊鼊屿是北部的一个岛屿，而流求是在台湾的东北角。以后觉得这一想法有内在矛盾。近两年来，笔者反复看台湾的古地图，终于有个体悟：古人眼里的台湾分为南北两部，分别是鼊鼊屿和流求岛！

就台湾地图而言，今人所见的台湾地图像一个番薯，两头尖，中间粗。古代的台湾却不是如此。台湾东高西低，西部平原是由玉山山脉流下的溪流冲积而成。了解这一自然过程就可知道：在1000年前的古代，台湾岛不会有现在这么"胖"，是溪流带来的泥沙使台湾平原不断向西扩展。尤其是台湾中部的平原在数百年前还是一片港湾，这些港湾中沼泽遍布，长满水草，船舶很难深入，对他们而言，南台湾的海岸在此处向东方延伸，而到北台湾一定要驶过这片海湾，这一情况会使他们将台湾看成两个岛屿。事实上，一直到明代中期，中国的地图还是将台湾岛画成两截，北部往往被标为流求，南部为鼊鼊屿，另一个群岛是澎湖。这样看来，隋代史料中所说的高华屿即为澎湖的主岛，而鼊鼊屿是南台湾，流求位于北台湾。

隋代的史料表明，闽中位于泉州湾的岱山港及东山湾的东山港都与被称为流求的台湾岛有航道相连，应有商人驾驶帆船从这些港口出发，抵达台湾贸易。《隋书·陈稜传》记载："流求人初见船舰，以为商旅，往往诣军中贸易。"表明在隋军抵达流求之前，流求与闽浙粤沿海一带很早就有贸易关系。

---

① 祝穆：《方舆胜览》卷十二《福建路·泉州》，上海古籍出版社，1991年影印宋本，第141页。

② 黄仲昭：弘治《八闽通志》卷七《地理志》，福建人民出版社，1990年点校本，第126页。

小　结

福建史学界认为南朝陈及隋朝时期活跃于台湾海峡的"游艇子"实为闽越遗民的一支，他们以船为家，乘"了鸟船"漂泊于闽浙粤沿海，对海峡各地都很熟悉。隋军远航流求，应与他们有关。对于古流求所在地，学术界长期争议，经对十三行文化的分析，笔者认为古流求不是在台湾的南部，也不是在冲绳群岛，而是在台湾的北部，即十三行文化所在地。台湾的北部气候类似福州，冬春多雨而寒冷，所以，当地居民一带要穿衣，这使他们不同于台湾南部的部族。十三行文化的主人喜欢来自大陆的物品，在隋军抵达流求之前，闽人一直与流求保持着商业联系。朱宽、陈稜探航流求的航路，实际上是闽人与流求的贸易线路之一。朱宽所走的海路是从泉州湾到澎湖，再到流求国；陈稜的舰队始发于义安郡的港口，笔者认为这一港口应是漳州东山岛一带的港口。研究这些港口可知，古代的泉州与漳州都与台湾保持着经常性的商业联系。附带要说的是，厦大周运中博士说："徐晓望先生认为陈稜从浙江东部出发去流求，而非义安郡（今潮州市）。"① 看来是没有详细读笔者的论文。笔者的观点是：陈稜的舰队始发于浙东港口，而后南下义安郡，再从义安郡出发，北上台湾（流求）。有2011年的论文可证。②

---

① 周运中：《夷洲与流求新考》，载王日根、张侃、毛蕾主编《厦大史学》（第四辑），厦门大学出版社，2013，第175页。

② 徐晓望：《陈稜、朱宽赴流求国航程研究》，《福建论坛》（人文社科版）2011年第3期。

第三章　唐宋福建与流求的商业往来

唐末五代，福建的经济文化水平逐渐赶上了中原的发达区域，迨至南宋时期，福建更成为东南最发达的区域之一。其时福建商人集团建立了北至新罗，东至日本，南至印度尼西亚诸岛，西至印度洋诸国的商业网络，对流求的经营也在发展中。由于古人文献中地名隔代之后往往会有不同的内涵，所以，本文将考证唐宋时期的流求位于何地。此外，尽管有关福建与流求贸易的史料不多，我们还是尽可能地勾画出这一贸易的全貌。

第一节　中古时期福建的海洋文化

唐宋元时期，闽越人大都融入北方南下闽中的汉族，成为新福建人的一部分。不过，在福建海岛之间，仍有一支被称为疍民的水上民族在生活。他们以船为家，漂流于岛屿、港湾之间，传承了古闽越人的航海文化。在此期间福建与台湾的联系，是环台海海洋文化的成就。

一　唐宋时期福建的流求移民

古代福建能够成为中国重要的航海基地，与福建生活着一支擅长航海的族群有关。这一族群，即为从"游艇子"及"夷户"发展而来的疍家人。

隋军抵达流求后掳掠大量人口，这在《隋书》中有记载。例如，《隋书·炀帝纪》记载，大业六年，"二月乙巳，武贲郎将陈稜、朝请大夫张镇州击流求，破之，献俘万七千口，颁赐百官。"《隋书·食货志》又载："使朝请大夫张镇州击流求，俘虏数万。"又如杜宝的《大业拾遗录》记载："七年十二月，朱宽征流球国还，获男女口千余人。"① 早先的学者因《隋

---

① 李昉：《太平御览》卷八百二十《布帛部七》，第12页。

书》各志记载隋军俘虏的流求人口不同，因而产生怀疑。笔者认为，这是没有考虑到古代战功计算原则的缘故。古人计算战功的原则是按将领各自计算，也就是说：张镇州（周）与陈稜等人的战功是分开计算的，张镇州（周）作为大军前卫，一仗击败流求人之后，马上可以俘获对阵的流求人，所以，当时他的俘获人数达到"数万"，而陈稜率中军后进，其俘获的人口会比张镇州（周）少一些，文献记载是数千。陈稜、张镇州抵达首都时献俘17000多人，说明他们的俘虏沿途以来逃亡和死亡达数万人。至于朱宽，他作为一名低级将领，俘虏只有1000多人，也是正常的。隋军的俘虏后来被就近安置于福建沿海。据明代何乔远的《闽书》记载："福庐山……又三十里，为化南、化北二里，隋时掠琉球五千户居此。化里，则皇朝大学士叶向高之乡。"① 此文中的福庐山，后属于福州的福清县，隋朝将流求5000户俘虏安置于此，并设置了化北里与化南里管辖，这两个里的名字中都有一个"化"字，其意为：用中原习俗变化异乡人。台湾人在当时被当作夷人，所以要"化"之。《闽书》的记载也可得到宋代梁克家《三山志》的印证。据《三山志》，在福清县境内，宋代有：崇德乡的"归化北里""安夷北里""安夷南里"，孝义乡的"归化南里"。② 从其名字来看，它的得名应是安置流求来的"夷人"。其地位于福清半岛，与台湾隔海相望，用以安置台湾移民，是很恰当的。③

　　隋代定居于福建沿海的夷人，后来被称为"夷户"。他们与古代福建的游艇子合流。《太平寰宇记》记载："泉郎，即此州之'夷户'，亦曰'游艇子'，即卢循之余。晋末卢循寇暴，为刘裕所灭，遗种逃叛，散居山海，至今种类尚繁。唐武德八年，都督王义童遣使招抚，得其首领周造奕、细陵等。并受骑都尉，令相统摄，不为寇盗。贞观十年，始输半课。"④ 以上记载表明唐朝统一闽中之后四年，被称为"游艇子"的疍人归属朝廷，贞观年间更成为朝廷的纳税户，这对唐朝海上治安是有利的。让我们注意的是，这些"游艇子"又称"夷户"，应与隋代安置于福清福庐山下"安夷里"的流求夷人有关。也就是说，隋代从台湾迁来的夷户，居住于福建沿海，隋唐之际，他们逐渐和"游艇子"合流。"游艇子"即为福建后日的疍

① 何乔远：《闽书》卷六《方域志》，福建人民出版社，1994年点校本，第139～140页。
② 梁克家：《三山志》卷三《地理类三》，陈叔侗校，方志出版社，2003，第29～30页。
③ 徐晓望：《早期台湾海峡史研究》，海风出版社，2006。
④ 乐史：《太平寰宇记》卷一百二《泉州》，第129页。

户，所以，福建的疍户中有流求夷户的血统。流求夷户的文化特点，也在"游艇子"中保留下来。例如，《隋书·流求传》记载流求国的村庄有"鸟了帅"，而唐初的福建沿海的"夷户"有"了鸟船"，二者之间有对应关系。所谓"了鸟船"，其意思应是"鸟了帅"的船，也就是夷户中村庄首领的船。

疍家人的生活方式极为独特，如蔡襄所说："福唐水居船，举家栖于一舟。寒暑食饮，疾病婚姻，未始去是。微哉其为生也！然观其趣，往来就水取直以自给，朝暮饭蔬一半，不知鼎饪烹调之味也；温衣葛服，不知锦纨粲粲之美也；妇姑荆簪，不知涂脂粉黛之饰也；蓬雨席风，不知大宇曲房之适也。"① 由此可知，宋代疍家人的生活极为简朴，他们很少吃肉，没有华丽的衣装。

从流求移民在福建的生存与发展，可以看到，福建与流求之间有密切的关系。因此，认识流求，应以闽人的记载为主，参以浙江、广东民众对流求的认识，才能辨识流求的真面目。其他地方民众多是从闽粤人的口里了解流求，难免以讹传讹。把握这一点，有利于辨析材料的可靠性。

二　唐宋疍家人的航海文化

唐宋的疍家人擅长航海。宋代的《太平寰宇记》记载："其居止常在船上，兼结庐海畔，随时移徙不常。厥所船头尾尖高，当中平阔，冲波逆浪，都无畏惧，名曰'了鸟船'。"② 唐代中叶，刘禹锡说福建："闽有负海之饶，其民悍而俗鬼，居洞砦、家浮筏者与华言不通。"③ 其中"家浮筏者"，应当就是疍家人。鲍溶的《寄福州从事殷尧藩》："越岭寒轻物象殊，海城台阁似蓬壶。几回入市鲛绡女，终岁啼花山鹧鸪。雷令剑龙知去未，虎夷云鹤亦来无。就中静事冥宵话，何惜双轮访病夫。"④ 诗中的"鲛绡女"，即为疍家女子。疍家人以打鱼为生，宋代蔡襄的诗咏道："潮头欲上风先至，

---

① 蔡襄：《蔡襄全集》卷三一《杂说》，福建人民出版社，1999，第691页。
② 乐史：《太平寰宇记》卷一〇二《风俗》，第129页。
③ 刘禹锡：《唐故福建等州都团练观察处置使福州刺史兼御史中丞赠左散骑常侍薛公神道碑》，载《全唐文》卷六百九，中华书局，1982，第6155页。
④ 鲍溶：《寄福州从事殷尧藩》，载彭定球等编纂《全唐诗》卷四百八十五，文渊阁四库全书本，第8页。

海面初明日近来。怪得寺南多语笑，蛋船争送早鱼回。"① 这说明福建渔民的祖先实为疍家人。元代，朝廷曾经下诏免除"福建疍户差税一年"②。疍家人一生在船上生活，漂泊于福建沿海各地。从他们在中国沿海的分布来看，北自舟山群岛，南至广东西部沿海，都有疍家人的船只，他们出没于东南各地的港湾，以船为家，相互通婚，创造了独特的疍家海洋文化。

在中国古代，疍家人一直被南方陆地民众视为贱民，但从海洋文化这一点来看，疍家人才是中国历史上最伟大的海洋族群，也是世界历史上极为罕见的海洋族群。他们不像大多数民族一生主要生活在陆地上，而是以船为家，以海为家，对这种生活方式，我们只能以伟大这一词来形容。要知道台湾海峡是风暴盛行的海洋，每年夏季，都有 10 余次台风经过台湾海峡。台风的风力一般都在 10 级以上，有的 12 级强台风，风速达每秒百米以上。台风中心所过之处，房屋塌倒，大树连根拔起，海面上巨浪滔天。生活在福建沿海，每当台风季节笔者常会想：古代的疍家人是怎么在这种海面上生活的？他们用什么办法抵抗滔天大浪？能在这一环境中生存的海洋民族当然是伟大的民族。其次，从其生活方式来说，他们才是真正的海洋民族。西方历史上所谓的的海洋民族，诸如腓尼基人、希腊人，他们实际上不过是住在海岸上，偶尔参加海上航行而已。如果这样的民族都自称是海洋民族，那么该用什么词来形容疍家人？实际上，在世界历史上，我们还找不出另外一个民族，把自己的一生完全交给大海，在海洋上生活，在海洋上成长，一生的大多数时间离不开海洋。近代的所谓"海洋民族"，其实都是以陆地为生活的基地，以大海为谋生的场所，他们不管在海洋生活多久，最终都是要以陆上的财富与荣誉来体现自己的价值。一个英国人可以闯荡四大洋，但他们在心理上，还是想回归英伦三岛。只有疍家人才是真正的以海为家。在六朝时期，闽、粤、浙三省的海岸，基本没有人居住，如果他们要登岸居住，根本没有人阻挡。问题在于：他们在陆地上，感觉不到漂泊海上的自由，即使偶尔在岸上搭住篷寮，也只是暂时的驻足。他们的生命已经完全交给海洋。因此，疍家人的海洋文化才是真正的海洋文化，这是其他民族所无法比拟的。

从海洋文化这一角度而言，福建人在历史上之所以成为中华民族中最

① 蔡襄：《蔡襄全集》卷八《宿海边寺》，福建人民出版社，1999，第 192 页；该诗又见沈定均、吴联薰等撰光绪《漳州府志》，清光绪三年刻本，2000 年上海书店影印本，第 975 页。
② 宋濂等：《元史》卷九六《食货四》，中华书局，1976，第 2472 页。

擅长航海的一个族群，与福建人中大量融入疍家人有关。在秦以前中国的海洋文化是夷越人创造的，秦汉以后，谁是夷越海洋文化的主要继承者与开拓者？当然是疍家人！疍家人是闽越人的一支，自汉晋以来便航行于台湾海峡，他们熟悉这里每一个小岛和港湾，知道怎样航行才能避开礁石，知道在哪里采木造船，他们是中国海洋文化真正的承载者！福建人的主体发源于北方的黄河流域，这里的河道大多不能通行，交通工具以车马为主，在这种自然环境下，中原人民不可能擅长航海。他们从北方移民到福建沿海后，和疍家人往来渐多，随着疍家人逐步融入福建人，福建人渐渐掌握了疍家人的航海术。疍家人不断地融入福建人中，滋养了福建人海洋文化的强势。以造船术而言，福建能成为中国的造船中心，便受益于疍家人的造船术。

　　自唐宋以来，福建一直是中国造船业的中心。福建成为造船中心有其自然和地理的原因，宋代福建盛产木材，而"匠多良能"，这是福建造船发展的基础。古代的木帆船制造要耗用大量的木头，其中需要长而笔直的杉木做桅杆，需要耐水浸泡的松木做船身，还需要坚硬的梨木制作舵。其中桅杆上挂帆，要经受数百吨至上千吨的压力，要求最高。一般地说，10 丈长的海船，一定要有一根长 10 丈的主桅，而且，这一主桅一定要由一根原木制成，否则无法承受巨大的压力，在暴风中有折断之虞。这也就是说，一艘 10 丈长的大船至少要一棵高达三四十米的巨杉做主桅，这类巨杉在今天的福建已基本绝迹，但在开发不久的唐宋时代，还是常见的。因此，唐代中国的船只以雄伟闻名。唐代僧人在《一切经音义》中说到当时的船舶"大者二十丈，载六、七百人"，名之为"苍舶"。又说当时的海船：大者受万斛也。唐代一斛的容量可载 110 市斤的粟，万斛船可载货 550 吨！阿拉伯人苏莱曼在其《印度·中国游记》中说：中国唐代的海船特别大，抗风浪，能在波涛汹涌的波斯湾海上航行。其时，阿拉伯商人远航东方，多愿意乘坐唐船。他还说，由于中国船体积庞大，吃水太深，不能直接进入幼发拉底河。可见，唐代中国的船只称雄于印度洋上。唐代中国海船的制造与疍家人有关。

　　宋代福建人所造海船与疍船十分相似。据徐兢的《宣和奉使高丽图经》一书，他在宁波雇佣的福建客舟"长十余丈，深三丈，阔二丈五尺，可载二千斛，其制皆以全木巨枋挽叠而成。上平如衡，下侧如刃，贵其可以破浪而行也"。可见，这是一种体形狭长、尖底的海船。1974 年 8 月，在泉州后渚港出土了一艘宋代的海船，其水下残长 24.20 米，最大残宽 9.15 米，残深为 1.98 米，复原后，其长度应为 34 米，宽度为 11 米，深度为 4.21 米，① 与《宣和奉使高丽图经》记载的福建客舟有些类似。从这些史料与发掘遗物来看，宋代闽船的特点是船身狭长，上宽下窄，吃水较深。这类船型不怕海浪冲击，利于远洋航行。从船型来看，它显然与疍船有一定关系，《太平寰宇记》记载疍家人的"了鸟船"："厥所船头尾尖高，当中平阔，冲波逆浪，都无畏惧。"② 这正是福建海船的起源。

不过，话说回来，福建人的造船术不仅受益于疍家人，也受益于汉人的文化成就，磁针的使用、大型木船的制造，都离不开汉人的工艺技巧。没有汉族发明的锋利的钢铁，就不会有精巧的木工器械，没有这些器械，就不会有精美的木器。要知道，木文化正是中国文化的最大特点之一。古代的希腊人以其精美的石雕艺术闻名世界，这一石器艺术传统由印度、阿拉伯人继承；而中国人则是木构艺术的大师，自古以来，中国人的主要建筑物都是由木材建造的，而且，这些木建筑的华丽，从来不亚于西方的石建筑。当我们回想古代阿房宫、近看明清故宫之类的大型宫殿，就不能不赞叹古人的绝代才华，展望世界各地，没有一个民族再能展示同样等级的木建筑才艺。这一伟大的木构艺术有什么意义呢？它不只是展示古代中国人陆上建筑的才艺，同时还是古代中国人发展海上艺术的强大后盾，打一个比方，一座大型木船，即是一座漂浮在海上的宫殿，没有精致的木构技术，也就无法建造大型木船。而中国人恰恰是一个最善于木建筑的民族，他们将制造宫殿的技术移用于海船，便能制造出大型的木船。这一技术的转移，对疍家人来说，是突破了小艇时代的关键，是从游艇子发展到航海家的关键。所以，二者的结合，是唐宋时期福建海洋文化升华的关键。

从汉越文化融合去看福建海洋文化的发展，就可知道，福建海洋文化实际上要有必备的两个前提——疍家海洋文化的发展与汉文化的南传。疍家海洋文化是福建的本土文化，而汉文化则是移民文化，只有当福建的汉人达到一定的水平，才会有最精致的汉文化发展，而只有这类文化达到较高的水平，汉文化中的精华才能在福建汉人中传播，才有了汉越文化高层次结合的可能性。从这个角度去看唐宋福建的发展，毫无疑问，唐宋福建

---

① 福建泉州海外交通史博物馆编《泉州湾宋代海船发掘与研究》，海洋出版社，1987，第 55～57 页。

② 乐史：《太平寰宇记》卷一〇二《风俗》，第 129 页。

经济的开发，是汉文化传播的基础，而唐代晚期闽人的文化成就，实际上意味着汉文化的精华在闽中的奠基。只有在这一基础上，才可能有成熟的海洋文化。唐宋福建海洋文化的发展，不是历史上突然爆发的事件，它有其深厚的文化背景。这一背景，就是汉族的南下，与南方民族的融合，形成具有新成分的汉族分支，从而丰富了汉文化的内容。他们不像中原民众一样以农业劳动为人生价值体现的唯一方式，而是因地制宜，以海洋为生活的重要内容之一。这样，在他们中间发展起了海洋文化。所以，从这一点而言，福建海洋文化的大发展，是从唐五代开始的，也是在这一时代奠定了深厚的基础。

三　中古时期福建的航海成就

对疍家人航海成就的研究表明，中古时期闽人的航海文化是疍家文化的延伸。指出这一点的重要性在于，自桑原骘藏的《蒲寿庚考》以来，国际学术界有一种观点：中国人的航海术起源于中古时期来到中国的阿拉伯人，是阿拉伯人发现了中国，才有了中国与西亚之间的海上丝绸之路。这种观点似是而非，通过以上对闽越人及疍家人航海文化的研究，我们知道，其实中国人的航海术主要起源于闽越人及疍家人，在融进中古时期中国北方的木制技术后，东南沿海的造船术有一个飞跃性发展，中国木帆船从此称雄于西太平洋和印度洋。其次，东南亚石器时代的考古也表明，在太平洋和印度洋传播很远的南岛语系文化，最早起源于福建、广东及台湾区域，这表明自古以来，中国东南与东南亚诸岛之间就保持着海上联系，阿拉伯人东来，应是遵循古老的海上水道，所以，海上丝绸之路是中国、东南亚、印度及阿拉伯国家民众的共同创造，而不仅是一个民族的贡献。

在隋唐宋元时期，闽人的海上贡献首先表现于对东南海上"流求"的探索，而后是对北方航线的串联。从唐末五代的闽国开始，出发于闽中的使者乘船北上山东半岛的港口，建立了与北方市场的直接联系。[①] 而后，闽商常到朝鲜半岛和日本列岛贸易。《高丽史》记载，许多闽商被留在朝鲜做官，使他们有家难回。相关历史表明，闽中海商有自己的起源，与阿拉伯人无关。福建与南方各地也有密切的联系。唐代咸通年间，一个官员说："臣弟听思曾任雷州刺史，家人随海船至福建，往来大船一只可致千石，自

---

① 徐晓望：《闽国史》，五南图书出版公司，1997，第 260 页。

福建装船，不一月至广州，得船数十艘，便可致三万石至广府矣。"① 这反映了岭南与福建之间的海上联系。五代末，龚慎仪致南汉国的国书中写道："自泉州航海，不数日至足下国都矣"②。这说明闽粤之间的商业联系是发达的。从广东南下，就是东南亚的安南、占城诸国。《岭外代答》《诸蕃志》《岛夷志略》诸书的记载表明，当时福建商人周旋于东南亚各地，并远航印度洋诸国，在此广阔的区域建立了闽商的商业网络。③

　　从中古闽人的航海技术而言，台湾岛必定在他们的航线上，当时民众对台湾有所认识。笔者认为，古文中的流求国即为台湾。

第二节　唐代福建与流求的商业联系

　　因隋代流求移民被安置于福建的沿海，继隋代之后，唐代闽人与流求仍有经常来往的商业关系。④

一　唐代闽粤人眼里的流求

　　唐代大文豪韩愈和柳宗元都被流放岭南，他们都在其文章中提到了流求。柳宗元的《岭南节度飨军堂记》说："唐制岭南为五府，府部州以十数，其大小之戎，号令之用，则听于节度使焉。其外大海，多蛮夷。由流求、诃陵、西抵大夏、康居，环水而国以百数。则统于押蕃舶使焉。"⑤ 以上文字中也提到了流求。就地图来看，广东邻近台湾，但与冲绳之间隔着一个台湾岛，因此，广东人对冲绳群岛不是太关心的。就此而言，柳宗元在文中提到的流求应为台湾。韩愈曾被贬谪到广东潮州，他有一篇文章中提到了东海诸国："其海外杂国若耽浮罗、流求、毛人、夷亶之州"⑥。令人感兴趣的是，在韩愈所列诸国中，流求国和毛人国并列。又如北宋徐兢的《宣和奉使高丽图经》也提到流求与毛人国："高丽南隔辽海，西距辽水，

---

① 刘昫、张昭远等：《旧唐书》卷十九《懿宗本纪》，中华书局，1975 年点校本，第 88 页。

② 陆游：《南唐书》卷十三《龚慎仪传》，丛书集成初编本，第 301～302 页。

③ 徐晓望：《闽商发展史·古代部分》，载苏文菁主编《闽商发展史》，厦门大学出版社，2013。

④ 徐晓望：《台湾：琉球之名的失落》，载陈小冲主编《台湾历史上的移民与社会研究》，九州出版社，2011。

⑤ 柳宗元：《柳河东集》卷二十六《岭南节度飨军堂记》，文渊阁四库全书本，第 13 页。

⑥ 韩愈：《昌黎文集》卷二十一《送郑尚书序》，文渊阁四库全书本，第 16 页。

北接契丹，旧地东距大金，又与日本、琉球、聃罗、黑水、毛人等国，犬牙相制，惟新罗、百济不能自固其圉，为丽人所并，今罗州、广州道是也。"①

唐宋古籍上的东海诸岛有毛人国和流求。毛人的体毛丰富，类似欧罗巴人种，而流求人则要拔去体毛，刺上青色花纹。可见，毛人国与流求的风俗完全不同。笔者认为唐宋古籍中的毛人国即为冲绳群岛上的阿伊努人，而唐宋时期的流求为今台湾人。毛人国的特点在于：其居民身上的体毛较多。去琉球访问的人都会发现：冲绳本岛的男子体毛丰富，手臂上就有很长的汗毛，这是欧罗巴人种的一个特征。《闽书》评明代冲绳群岛上的琉球人"深目多须"②，所以，冲绳古居民应被称为"毛人"，或是"毛民"。《太平御览》记载："毛民国，《山海经》曰：'毛民国，为人身生毛。'今去临海郡东二千余里。毛人在大海中洲岛上。为人短小，面体有毛，如猪熊；穴居，无衣服。晋永嘉四年，吴都司盐都尉戴建云：'在海边得一船，上有男女四人，状皆如此，言语不通。送诸丞相府，未至，路死。有一人在，上赐妇生子，出入市井中，渐晓人语，自说其所在，是此毛民。'"据说，毛民的发展水平较落后："《土物志》曰：'毛人之洲，乃在涨屿。身无衣服，凿地穴。虽云象人，不知言语。齐长五尺，毛如熊豕。众辈相随，逐捕鸟鼠。无五谷，惟捕鸟鼠鱼肉以为食耳。'"③ 以上记载肯定会有一些夸张，不过，东海之上有一个传说中的毛人国，则是可以肯定的。

东海诸岛上为何会有毛人国？《旧唐书·日本传》介绍日本："东界、北界有大山为限，山外即毛人之国"；《宋书·倭国传》又载："自昔祖祢躬环甲胄跋涉山川，不遑宁处，东征毛人五十五国，西服众夷六十六国，渡平海北九十五国。"这里请注意毛人国的数量不少，竟有 55 国之多，可见，毛人曾经广泛存在于东北亚。其后，因毛人国被日本消灭，其种族发展受限制，越来越少。今日日本的北海道土著"阿伊努人"的体毛较丰富，被日本人称为"虾夷"，意其体毛较长，像虾的须毛一样。那么，古冲绳群岛会有"虾夷族"吗？日本最早研究琉球人种的鸟居龙藏认为，琉球今日的土著混有阿伊努人的血统。据当代人类学家研究，在绳纹文化时期生活于

---

① 徐兢：《宣和奉使高丽图经》卷三《城邑》，文渊阁四库全书本，第 1 页。
② 何乔远：《闽书》卷一四六《岛夷志》，第 4349 页。
③ 李昉等：《太平御览》卷七百九十《四夷部十一·南蛮六》，文渊阁四库全书本，第 10 ~ 11 页。

日本南北诸岛的民族大都是阿伊努人，而到了弥生文化时期，新一波的大陆人渡海到了日本诸岛，渐渐取代了原有的南方人种，而日本境内阿伊努人种的后裔，也就剩下了北海道的虾夷人及冲绳群岛的琉球人。所以，冲绳岛的琉球人被称为虾夷是没有问题的。

　　其实，"虾夷国"很早就出现在东亚的地图上。南宋景定年间的一幅《东震旦地理图》，其上即有"虾蛦"，也有"流求"，见图3-1。

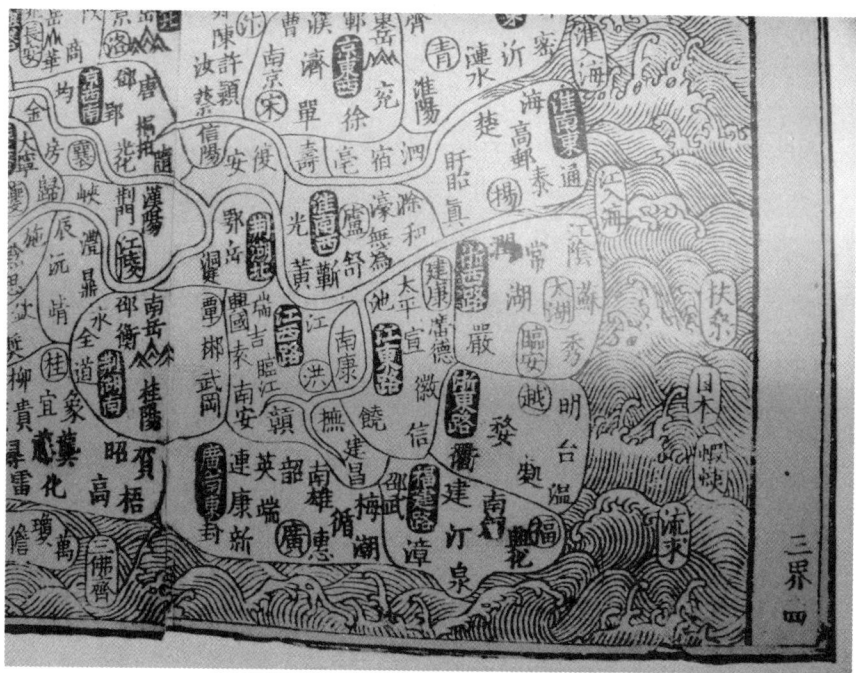

图3-1　东震旦地理图

资料来源：原出于南宋景定年间志磐所著《佛祖统纪》，其图东南海上有扶桑、日本、虾蛦、流求诸岛名；转引自中国测绘研究院编纂《中华古地图珍品选集》，第51图，哈尔滨地图出版社，1998。

　　和毛人国不同的是，福建与台湾的人种多为南方黄种人，他们的长相类似马来人，体毛较少，深窝眼，既不同于北方中国人，也不同于典型的马来人。必须说明的是，古代福建与台湾所在的台湾海峡是东亚海道的十字路口，因此，人种十分复杂，在北是欧罗巴血统的毛人国，在南是马来人，即海洋蒙古人种，而其西北侧，则有从中原南下的凤眼黄种人。今日福州人和台湾北部的平埔人后裔，具有以上三种人种混血的特色。他们多有古流求人"深目"的特点。中国近代最早具有现代史学观念的梁启超在其《中国历史上民族之研究》一文中说："吾侪研究中华民族，最难解者无过福建人。其骨骼肤色似皆与诸夏有异，然与荆、吴、苗、蛮、氐、羌诸组亦都不类。今之闽人率不自承为土著，谓皆五代时从王审知来，故有'八姓从王'之口碑。闽人多来自中原，吾侪亦承认；但经与土人杂婚之结果，乃成今日之闽人。"可见，梁启超早就看出福建人起源的多重性。他的亲家福州人林徽因的父亲林长民，深目长鼻，很具有地方特点。

话说回来，在东海上即有毛人国和流求国，而冲绳群岛之人是典型的毛人（即阿伊努人），那么，唐宋流求国就只能在台湾北部了。

二　唐代流求与闽中的贸易

唐朝记载流求国的文字不多。《岭表录异》记载闽人周遇从山东航行福建的海上历程："陵州刺史周遇不茹荤血，尝语刘恂云：'顷年自青杜之海归闽，遭恶风，飘五日夜，不知行几千里也。……又经流虬国，其国人么麽。一概皆服麻布而有礼，竞将食物求易钉铁。新罗客亦半译其语。遣客速过，言此国遇华人飘泛至者，虑有灾祸。"① 此文中所说的"青杜之海"是指山东半岛的沿海，周遇从山东航海归闽，但其半路遇到暴风，所乘船舶漂至流虬国，这一流虬国的文化类似隋代的流求国，国人个子较矮，身着麻衣，喜欢用食物换取华人的"钉铁"，但是，他们对华人抱有疑惧之心，看来历史上隋军掳掠流求人在当地影响极坏。而且，由于隋军将流求国多数人口掳走，造成流求文化的中衰。但是，流求仍然与闽中保持一定的商业联系。

就十三行的考古而言，出土过不少唐代的钱币和铜器。1997 年台湾学者臧振华在其著作中揭示了 30 枚在十三行文化遗址出土的铜钱。除了五铢钱之外，最多是唐代的钱。求之历史，唐高祖立国之后，废除五铢钱，铸造开元通宝。其后 300 年，开元通宝都是唐代主要货币。一直到唐代后期，才有其他皇帝铸造的各种货币问世。十三行文化遗址出土的开元通宝较多，《台湾考古》揭示的 30 枚铜钱中，至少有 9 枚是开元通宝，还有 3 枚是唐肃宗时期的乾元通宝。② 这一事实表明，唐代台湾北部与福建的贸易关系长久延续。大陆流行的铜钱，也常被十三行文化的主人当作装饰品，在钱唇上

---

① 李昉等编《太平广记》卷四百八十三《蛮夷四·狗国》，文渊阁四库全书本，第 1 页。

② 臧振华：《考古学与台湾史》，《中国考古学与历史学之融合研究》，"中研院"历史语言研究所，1997，第 729 页。

钻小洞，用绳索串起来。

三　澎湖列岛的出现

施肩吾与大陆民众对澎湖的认识。澎湖位于台湾与大陆之间，是台湾海峡最重要的岛屿，也是从大陆到台湾的跳板之一。澎湖原名"平湖"，它进入中国的视野，首见于唐代诗人施肩吾的诗。施肩吾这首诗最早出于宋代祝穆的《方舆胜览》，其文云："泉之晋江，东出海间，舟行三日，抵彭湖屿，在巨浸中，环岛三十六。施肩吾诗：'腥臊海边多鬼市，岛夷居处无乡里。黑皮少年学采珠，手把生犀照海水'。"① 施肩吾，唐末浙江睦州分水县人。他的诗反映了当时大陆与澎湖的联系，所以，它是一条极为重要的史料。不过，人们对这条史料的可靠性表示过怀疑。

连横在其名著《台湾通史》中有一句话："及唐中叶，施肩吾始率其族，迁居澎湖。肩吾，分水人，元和中举进士，隐居不仕，有诗行于世。其题澎湖一诗，鬼市盐水，足写当时之景象。"② 连横这段话的根据是施肩吾的诗，但又发挥了自己的想象。其实，从施肩吾的诗中，肯定无法得出施肩吾率族人到台湾的结论。所以，连横的这段话一直被人引为诟病，并带累施肩吾诗的可靠性。许多人认为，从施肩吾诗描写的内容看，施肩吾所写的未必是今日的澎湖，也有可能是鄱阳湖，或是广西的合浦，因为施肩吾诗中的"平湖"，音近鄱湖，而合浦产海珠，闻名天下，却从未听说澎湖有产珠。按，施肩吾写的平湖位于咸水区，所以，鄱阳湖的可能性可以排除。至于海珠产地，未必只有合浦，中国海域生产珍珠的地方尚有琉球附近的海域，在珠宝商中间，称琉球珍珠为"东珠"，合浦珍珠为"南珠"，澎湖位于琉球与合浦中间，虽说现代不产珠，但在历史上未必不产珠，所以，轻易否定施肩吾"平湖"一诗是描述澎湖岛，其实没有充分的理由。③宋代周必大的文集中，也将澎湖称为平湖，④ 而明代《武备志》所附郑和下

① 祝穆：《方舆胜览》卷十二，第 7 页。
② 连横：《台湾通史》卷一《开辟纪》，第 5 页。
③ 据《元史》记载，泰定元年"罢广州、福建等处采珠蜑户为民"。可见，福建历史上确实有采珠蜑户，但他们是否澎湖人，未见记载。此外，也未见到唐宋时期福建有采珠蜑户的直接史料。但《元史》所载有关福建蜑户的史料，使我们对历史上有关澎湖少年采珠的史料要持慎重态度，不能轻率否定之。此处引用有关《元史》的史料，参见《元史》第二十九卷《泰定帝纪一》，第 649 页。
④ 周必大：《文忠集》卷六七《汪大猷神道碑》，文渊阁四库全书本，第 5 页。

西洋图中，即将澎湖岛称为平湖。此外，从当时人的行踪看，施肩吾航海到澎湖不是没有可能的，直到唐代，北方南下移民入闽，尚有走海道的，"乾符间有陈蓬者驾舟从海来，家于后崎，号白水仙，有诗云：'水篱疏见浦，茅屋漏通星'；又云：'石头荦确高低踏，竹户彭享左右闻'；尝留签曰：'东去无边海，西来万顷田，松山沙径合，朱紫出其间'"①。陈蓬与施肩吾一样，是一个修道的人，他可以乘船航行于台湾海峡，为何施肩吾不能呢？所以，从现有的材料看，不能否定施肩吾航海澎湖的可能性，当然，他去过澎湖未必就等于在澎湖定居。

第三节　宋代闽人对流求的认识与往来

宋代闽人航海遍及东亚、东南亚与印度洋周边国家，流求近在咫尺，相互之间的商业关系已经有一定发展。

一　宋代闽人对流求的认识

古文献对流求的记载十分繁杂，有的互相矛盾，这是学者对流求认识差异很大的原因。笔者认为，要从繁乱的记载中找出流求的真相，应当把握一个原则，即主要着眼于闽人对流求的认识。因为，福建是与流求最近的地方，历史上闽人对流求的了解最为细致；另外，广东人对流求的了解也是很深的，广东的潮州一带与台湾南部隔海相望，历史上应有民众往来。其他地方民众多是从闽粤人的口里了解流求，难免以讹传讹。把握这一点，有利于辨析材料的可靠性。

那么，这个离福建很近的流求究竟是什么地方？是当今的冲绳群岛还是台湾？就闽人的文献而言，福州靠海的地方相传可以看到"流求"。《三山志》载："昭灵庙下，光风霁日，穷目力而东，有碧拳然，乃琉球国也。每风暴作，钓船多为所漂，一日夜至其界。其水东流而不返，莎蔓错织，不容转柁。漂者必至而后已。其国人得之，以藤串其踵，令作山间，盖其国刳木为盂，乃能周旋莎蔓间。今海中大姨山，夜忌举火，虑其国望之而至也。"② 这条史料表明，琉球在昭灵庙之东，而且距"大姨山"不远。那么，昭灵庙与大姨山在何处？必须说明的是，《三山志》是宋代福州的州

---

① 梁克家：《三山志》卷六《地理类六》，第92页。
② 梁克家：《三山志》卷六《地理类》，第86页。

志，由曾任宰相的福州知州梁克家在南宋淳熙年间编成。以上文字都是《三山志》记载福清县"山川"时留下的，而且，有关昭灵庙的记载，是附于"唐屿"之下。所以，"昭灵庙"与"大姨山"都在福清境内，而且，昭灵庙是在唐屿之上。《三山志》第九卷又载："福清昭灵庙，县南六十里，号余坑。其山之阳有神降焉。古老相传，昔张仙师乘铁舟抵浮山，海旁古舟痕犹存。"[1] 清初杜臻的《粤闽巡视纪略》第五卷记载："余坑山，在光贤里之唐屿。下有昭灵庙。相传汉有赵升者，事张道陵得仙，隐居鸣鹤山下，常乘铁船抵浮山。"清代的《福清县志》记载："余坑山，在海边塘屿之上，下有昭灵庙。"[2] 这些记载证明，昭灵庙在福清县光贤里的唐屿。唐屿是福清半岛东南海上的一座海岛，其地面对台湾海峡中部，今属平潭县。唐屿的余坑山较高，按照《三山志》的说法，站在山顶向东望去，天气好时，能看到海天之际有一块小小绿岛，福州民间传说这就是琉球。按，福清唐屿余坑山恰是福州市距离台湾最近的岛屿之一，所以，从唐屿余坑山上看到的琉球只可能是台湾，不可能是冲绳列岛。冲绳群岛距离福建有数千里之远，纵使在福建的岛屿上升起狼烟，冲绳岛也无法看见。以上史料表明，宋代《三山志》中的琉球国，肯定是台湾岛。这里顺便要说的是，琉球是明朝朝廷为冲绳中山国所取的名字，以后中山国一直以"琉球"之名向明朝进贡，琉球之名因而流传开来。"流求"改为"琉球"，是以"斜玉傍"雅化"流求"二字。明代的文献说到古代的"流求"，经常将其改名为"琉球"。《三山志》虽然是一部宋代的史籍，但其现存最早的刻本及抄本，都是明代晚期的，所以，古文献中的流求，已经被改为"琉球"之名。顺便说一下，古人踢球的"球"字，原作"毛"字部的"求"，因最早的球是毛皮做的，而玉做的"球"是无法踢的。

福建史志中，还有一些记载涉及流求的方位。

南宋诗人陆游曾到过福州，他在诗中回忆当年在福州乘海船的经验："常忆航巨海，银山卷涛头。一日新雨霁，微茫见流求（在福州泛海东望，见流求国）。"[3] 从福州到台湾，古代的帆船需一二天，但从福州到冲绳群岛，一般需要七八天，陆游由福州泛海，只可能在近处走走，以感受航海

---

① 梁克家：《三山志》卷九《公廨类三》，第161页。

② 林昂等：乾隆《福清县志》卷二《地舆志》，福清县志编纂委，1987年点校本，第26页。

③ 陆游：《剑南诗稿》卷八《步出万里桥门至江上久坐，意不怿，掩卷聊出游》，文渊阁四库全书本，第3页。

的兴奋，所以，他在福州海上看到的流求，只能是台湾。

真德秀在其奏疏中也提到过流求："永宁寨，去法石七十里。初乾道间毗舍耶国入寇，杀害居民，遂置寨于此。其地阚临大海，直望东洋。一日一夜可至彭湖。彭湖之人，遇夜不敢举烟，以为流求国望见，必来作过。"①如其所记，流求国就在彭湖附近，所以，当地民众不敢在夜中举火，怕流求国的毗舍耶人发现，便会乘船来袭。彭湖在台湾西南部，距离冲绳还有上千里之远，所以，靠近彭湖的流求只能是台湾。

福州民间一直有在鼓山顶可以看到台湾的传说，台湾古称流求，元代程文海所写的游福州鼓山诗中有："眼底流求弹丸耳，楼船曾见汉家军。"②可见，程文海所说的流求，也是台湾。

以上史料都证明，在唐宋时期，南部中国的福建与广东，都与流求有关系，而这流求，只能是台湾。

二　宋代福建与流求的贸易关系

宋代李复的文集中一条有关宋代流求的史料：

> 某尝见张丞相士逊知邵武县日，编集《闽中异事》云：泉州东至大海一百三十里，自海岸乘舟……又一日至流求国。其国别置馆于海隅，以待中华之客。每秋天无云，海波澄静，登高极望，有三数点如覆釜。问者老云，是海北诸夷国，不传其名。流求国，隋史书之不详，今近相传所说如此。去泉州不甚远，必有海商往来。③

据《四库全书提要》，李复为元丰二年（1079年）进士，官至集贤殿修撰。他做官的年代应为北宋晚期。他在给泉州乔通判的信中提到了北宋前期张士逊所著《闽中异事》。"张士逊。士逊字顺之，号退傅，阴城人。淳化三年举进士。真宗朝拜礼部尚书同中书门下平章事，仁宗朝拜太傅，封邓国公，薨，赠太师中书令，谥文懿。"④厉鹗编的《宋诗纪事》第五卷

---

① 真德秀：《西山文集》卷八《对越甲稿·申枢密院措置沿海事宜状（戊寅十一月）》，文渊阁四库全书本，第17～18页。
② 程文海：《雪楼集》卷二六《寅夫惠教游鼓山四诗，细读如在为崛杖屦间，想象追和用坚重游之约》，文渊阁四库全书本，第22页。
③ 李复：《潏水集》卷五《与乔叔彦通判》，文渊阁四库全书本，第19～20页。
④ 厉鹗编《宋诗纪事》卷五《张士逊小传》，文渊阁四库全书本。

载有张士逊在邵武写的两首诗：《题西庵寺》《宝盖岩》，其中《题西庵寺》标题下有"宰邵武作"字样，可见他确实在福建的邵武县做过官。《闽中异事》所载流求之事，反映了北宋闽人对流求的看法。这条史料最珍贵的一点在于，作者提到的流求对华人很客气，专门为"中华之客"设置了可住人的别馆，即旅馆。可见，当时的流求与中国民众是有来往的，而且这种往来较为频繁，所以流求人才需要为"中华之客"设立别馆。这条史料的发现，彻底颠覆了人们对流求的观念。因为，史书一直说流求在唐宋元时期不与中华通，而这条史料却表明北宋时期流求与中国客商往来频繁，因此，它的所谓"不与中华通"，仅是不愿离开家乡，到大陆来进贡，但对大陆的客商是很客气的。核之文献，北宋时期福建与流求之间贸易颇多。宋代蔡襄的《荔枝谱》说莆田的荔枝十分畅销："不计美恶，悉为红盐者，水浮陆转，以入京师；外至北漠、西夏，其东南舟行新罗、日本、流求、大食之属，莫不爱好，重利以酬之。故商人贩益广，而乡人种益多。一岁之出不知几千万亿。"如其所云，莆田的荔枝卖到了流求。这一事实说明流求与福建还是经常往来的，否则，宋代的莆田荔枝是不会卖到流求的。再以考古资料来看，了解台湾的日本学者森达也说："在最近的台湾北部的大坌坑遗址报告中，可知和日本及琉球诸岛出土的同样情况，亦即出土了莆田窑的仿龙泉青瓷、闽江流域的白瓷、德化窑的白瓷以及龙泉窑青瓷、景德镇青白瓷等等。因此对福建出发经台湾北部，再北上琉球诸岛到达九州（日本）的陶瓷运输线存在的可能性产生了重新研讨的必要。"[①] 以上尤其值得注意的是莆田商人在台湾的活动，据蔡襄的记载，莆田的荔枝卖到了流求，而在台湾淡水河口的八里坌一带，又发现了莆田窑烧制的仿龙泉青瓷。莆商事迹的点滴，反映了当年的两岸贸易。

在台湾北部出土过许多宋代的铜钱。清乾隆三十七年（1772年）在台湾做官的朱景英说："台地多用宋钱，如太平、元祐、天禧、至道等年号，钱质小薄，千钱贯之，长不盈尺，重不逾二斤。相传初辟时，土中有掘出古钱千百瓮者，或云来自东粤海舶。余往北路，家僮于笨港口海泥中得钱数百，肉好，深翠，古色可玩。乃知从前互市，未必不取道此间。果竟邈与世绝哉？然迩来中土不行小钱，洋舶亦多有载至者。"[②] 按，福建在明清

① 〔日〕森达也：《从出土陶瓷来看宋元时期福建和日本的贸易路线》，载栗建安主编《考古学视野中的闽商》，中华书局，2010，第179页。
② 朱景英：《海东札记》卷四《记丛璅》，台湾省文献委员会，1996，第52页。

时期流行自行铸造的宋钱，在《闽小记》《闽大记》诸书中有记载，《闽小记》："延（平府）人至今犹用宋钱相贸易，呼为老钱。"[1] 王应山《闽大记》一书在提到货币时说："钱用。上府皆唐宋大钱，如泉布流通。郡人便之。下府人不用钱，以漳泉盗铸杂铅锡为他巧也。万历间命官置局鼓铸，期于必行。然用钱则赌胜如林，往往破产，无可奈何。"[2] 从朱景英的记载来看，在台湾出土的宋钱有两种，那类"钱质小薄"的铜钱，多由"闽粤洋舶"载来，应是福建沿海各地自铸的；但是，那类从笨港口海泥中出土的宋钱，"肉好、深翠，古色可玩"，应当就是宋代贸易所使用的货币。因此，朱景英判断："从前互市，未必不取道此间。"这是有道理的。戚嘉林的《台湾史》说，"十三行遗址出土了九十几枚中国大陆的钱币"，其中有太平通宝、咸平元宝、淳化元宝、至道元宝等，[3] 都是北宋时期的。台湾学者揭示北台湾十三行文化遗址中的 30 枚铜钱，其中，有 10 枚左右是宋代铸造的太平通宝、咸平通宝及淳化元宝、至道元宝等。他们能得到这些铜钱，显然是与汉人贸易的结果。[4] 由此可见，北宋时期的流求与福建贸易颇多。

三 南宋毗舍耶人与南台湾

和北宋时期两岸密切交往相比，南宋闽人对流求的记载往往是另一种状况。福州的《三山志》对流求是这样记载的："昭灵庙下，光风霁日，穷目力而东，有碧拳然，乃琉球国也。每风暴作，钓船多为所漂，一日夜至其界。其水东流而不返，莎蔓错织，不容转柁。漂者必至而后已。其国人得之，以藤串其踵，令作山间，盖其国刓木为盂，乃能周旋莎蔓间。今海中大姨山，夜忌举火，虑其国望之而至也。"[5] 据《三山志》，昭灵庙在福清县唐屿的余坑山之上。唐屿是福清半岛东南海上的一座海岛，其地面对台湾海峡中部，今属平潭县。它恰好是福州市辖区内距离台湾最近的岛屿，也是福建省距离台湾最近的岛屿。和北宋不同的是，南宋时期的流求国有一些人乘小船袭击福建沿海，因此，福清唐屿、大姨山等地的民众夜间不敢举火，怕成为流求人袭击的目标。

按照《诸番志》的说法，南宋在台湾海峡横行的海盗是毗舍耶人："毗

① 周亮工：《闽小记》卷一，福建人民出版社，1985，第 14 页。
② 王应山：《闽大记》卷十一《食货考》，中国社会科学出版社，2005，第 194 页。
③ 戚嘉林：《台湾史》，海南出版社，2011，第 2 页。
④ 臧振华：《考古学与台湾史》，《中国考古学与历史学之融合研究》，第 729 页。
⑤ 梁克家：《三山志》卷六《地理类》，第 86 页。

舍耶，语言不通，商贩不及，袒裸盱睢，殆畜类也。泉有海岛曰彭湖，隶晋江县，与其国密迩，烟火相望，时至寇掠，其来不测，多罹生啖之害，居民苦之。淳熙间，国之酋豪常率数百辈猝至泉之水澳、围头等村，恣行凶暴，戕人无数，淫其妇女，已而杀之。喜铁器及匙筋。"① 元代汪大渊《岛夷志略》记载毗舍耶："僻居海东之一隅……俗尚掳掠。……国无酋长，地无出产，时常裹干粮，棹小舟，过外番，伏荒山穷谷无人之境，遇采鱼捕薪者，辄生擒以归，鬻于他国，每人易金二两重。盖彼国之人递相仿效，习以为业，故东洋闻毗舍耶之名，皆畏避也。"② 由此可见，毗舍耶人十分剽悍善战，他们以掠卖人口为生。那么，毗舍耶人生活于何处？真德秀说："永宁寨，去法石七十里，初乾道间，毗舍耶国入寇，杀害居民，遂置寨于此，其地阃临大海，直望东洋，一日一夜可至彭湖。彭湖之人，遇夜不敢举烟，以为流求国望见，必来作过。"③ 在真德秀这段文字中，既有毗舍耶国，也有流求国，琢磨真德秀的意思，可作二解：其一，毗舍耶国即为流求国；其二，毗舍耶国位于流求（台湾）岛。不管怎样解释，文中的流求国都是指台湾。临近于澎湖的流求国，不仅是指十三行文化所在的北台湾，而且将南台湾也包括进去了。

笔者认为，毗舍耶人可能发源于菲律宾群岛，而后北上台湾，他们先在南台湾活动，而后北上台湾中部与北部，造成台湾北部十三行文化的中衰。现有的十三行文化出土文物中，南宋文物较少，大概与此有关吧。

四 宋代泉州至澎湖的航路

澎湖位于台湾与大陆之间，是台湾海峡最重要的岛屿，也是从大陆到台湾的跳板之一。北宋张士逊的《闽中异事》提到高华屿似为澎湖列岛中的一个岛屿。

《闽中异事》云："泉州东至大海一百三十里，自海岸乘舟，无狂风巨浪，二日至高华屿。屿上之民，作鲞腊鲀鲮者千计。又二日至龟鼊屿，龟鼊形如玳瑁。又一日至流求国。"④ 如前所述，笔者将流求国定位在北台湾，龟鼊屿是南台湾，而澎湖列岛就是高华屿所在地了。这条史料告诉我们，高

---

① 赵汝适：《诸蕃志》卷上《毗舍耶》，中华书局，1996，第149页。
② 汪大渊：《岛夷志略》，中华书局，1981年校释本，第119页。
③ 真德秀：《西山文集》卷八《申枢密院措置沿海事宜状》，文渊阁四库全书本，第18页。
④ 李复：《潏水集》卷五《与乔叔彦通判》，文渊阁四库全书本，第19~20页。

华屿的千余民众以打鱼为生，他们捕捞海鱼，制成鱼干，应是销售于泉州等城市。所以，他们和泉州州治所在的晋江县关系密切。南宋祝穆的《方舆胜览》载："泉之晋江，东出海间，舟行三日，抵彭湖屿，在巨浸中，环岛三十六"①。宋代赵汝适的《诸蕃志》也说："泉有海岛曰澎湖，隶晋江县。"② 从《方舆胜览》及《诸蕃志》的有关记载来看，澎湖群岛在宋代隶属于晋江县是确凿无疑的。明代陈学伊的《谕西夷记》回忆："闻之澎湖在宋时编户甚蕃"③，可见，南宋时期澎湖群岛一度十分繁荣。福建商人常到澎湖列岛活动。顾祖禹的《读史方舆纪要》说："贸易至岁常数十艘"。澎湖考古发现："近年在澎湖马公港水域出水的一件福建涩圈青瓷碗，器内涩圈处墨书：'陈纲司号'四字，碗底圈足内墨书'陈纲头'三字。"④ 当时闽粤一带的海商多有自己的组织"纲"，而纲首多由海船上最富有的商人担任，这件瓷器的价值在于证实这一习俗的存在，同时，它也证明了福建商船在澎湖的活动。

小　结

唐宋时期，大陆没有再派兵去征讨流求，因此，史册有关流求的记载极少。乃至明清时代的一些官书说，流求自隋以后不通中国。其实，闽粤一带与流求的民间联系还是存在的。唐宋时代的福建商人建立了遍及东亚及东南亚诸国的商业网络，他们也曾踏足台湾岛，与台湾北部的流求国建立了商业联系，华人之馆的设立，说明他们颇受欢迎。不过，南宋之后，原在台湾南部的毗舍耶北上，很可能毁灭了古老的流求国，而闽人与流求的商业来往也陷入低谷。然而，经澎湖至南台湾的海上商道已经形成，澎湖列岛常有福建商人经过，这都意味着宋代福建与台湾的商缘在发展中。

---

① 祝穆：《方舆胜览》卷一二《泉州》，第 141 页。
② 赵汝适：《诸蕃志》卷上《毗舍耶》，第 149 页。
③ 方豪：《台湾早期史纲》，学生书局，1994，第 34 页。
④ 卢泰康：《闽商与台湾发现的闽南贸易陶瓷》，载栗建安主编《考古学视野中的闽商》，第 114 页。

第四章　元代闽商与澎台商路的开辟

元代武力强盛，曾积极经营海外，客观上为闽商开拓了海上贸易通道。元代闽商活跃于东亚与东南亚，台湾海峡是他们经常来往的地方。随着从澎湖到东洋的海路日益受到重视，闽商在台湾的经营有了新的收获。

第一节　元代的海上远征与闽商在海外的活动

元朝是一个崇尚武力的朝代，忽必烈统一南方之后，曾派兵征讨海外诸国，如征占城、征安南、征日本，元代中叶，元军还发动了征爪哇的行动。这些远征客观上抬高了闽商在海外的地位。

一　元代的海上外交与远征

唐宋时期的中国与海外国家大都保持和平关系，但中国使者很少到海外诸国。元朝代宋之后，积极经营海外。元军占领泉州之后，至元十五年（1278年），元世祖"诏行中书省唆都、蒲寿庚等曰：诸蕃国列居东南岛屿者，皆有慕义之心，可因蕃舶诸人宣布朕意，诚能来朝，朕将宠礼之。其往来互市，各从所欲"①。为了让蒲寿庚等人卖力，元世祖还给他们升官，在这一背景下，蒲寿庚之子蒲师文被派到海外去招抚诸邦。《岛夷志略》记载："世祖皇帝既平宋氏，始命正奉大夫工部尚书海外诸蕃宣慰使蒲师文，与其副孙胜夫、尤永贤等通道外国，抚宣诸夷。独爪哇负固不服，遂命平章高兴、史弼等帅舟师以讨定之。"②

据《元史·世祖纪》的记载，元朝统一南方之后，继续向南进兵。元世祖试图在占城建省，于至元十九年（1282年）发军进讨占城，"发淮浙、

---

① 宋濂等：《元史》卷十《世祖纪七》，第204页。
② 汪大渊：《岛夷志略·吴鉴序》，第5页。

福建、湖广军五千、海船百艘、战船二百五十，命唆都为将讨之。"唆都于二十年春正月攻克占城，但是，逃至山区的占城君主不愿降元，战事长久延续下去。二十一年，元军阿塔海部15000人、战船200艘，再次出征占城。

在安南方面，元军于至元二十四年（1287年）远征安南，分兵三道，水陆并进，十七战全胜，深入其境，安南王远遁于海。但是，战事久久未决，军中发生瘟疫，元军战斗力锐减，不得不取道回国。安南军乘机在路途设伏，元军在付出重大代价后，突出重围返国。

征爪哇。爪哇位于马六甲海峡以南，是东方通往印度洋的必经之道。元世祖于至元二十九年（1292年）发兵爪哇，这是元军海上出兵最远的一次远征。该年十二月，史弼、亦墨迷失、高兴等人率5000元军从泉州后渚港出海，《元史·史弼传》载："风急涛涌，舟掀簸，士卒皆数日不能食。过七洲洋、万里石塘，历交趾、占城界，明年正月至东董、西董山、牛崎屿，入混沌大洋、橄榄屿、假里马答、勾栏等山，驻兵伐木，造小舟以入。"元军后在爪哇大败土著军队。

元朝的海上远征虽然损失重大，但也震慑了南方诸国。"自时厥后，唐人之商贩者，外蕃率待以命使臣之礼。"[1] 可见，元军的出征极大地震动了东南亚，使闽商在海外的待遇大大改善。唐宋时期，闽商在东南亚常会受到掌权者的无名勒索，而在元代，闽商不论在什么地方都会被视为座上客，这就大大改善了闽商在东南亚的生存环境。闽人大举下南洋，是从元明时期开始的。

二　元代福建的商人

元代福建的泉州等港口云集中外商人，尤其以番商最为突出。泉州与福州两地发现的元代番客墓刻石，数以百计。他们财大气粗，令人侧目，蒲寿庚家族集政治权力与经济实力于一身，"泉人避其熏炎者十余年"[2]。蒲氏女婿回教徒佛莲，"其家富甚，凡发海舶八十艘"。他死了后，仅留下的珍珠即有一百三十石。[3] 元末，福建有一"番商以货得参省，势震中外，胁

---

①　汪大渊：《岛夷志略·吴鉴序》，第5页。

②　何乔远：《闽书》卷一五二《蓄德志》，第4496页。

③　周密：《癸辛杂识》续集，卷下，文渊阁四库全书本，第29~30页。

户部令下四场盐引自为市"①。这些番商过着极为奢华的生活，"满市珠饥醉歌舞，几人为尔竟沉酣"②。不过，他们大量定居泉州、福州等城市，对福建的海外贸易还是有利的。

元代闽人从事商业的也很多。当时人说泉州"郡民多逐末利"③。可见，泉州人的风气与他处不同。阮维则论泉州："温陵向南通海舶，贩宝诸番共为客。经年越险入风涛，往返那复计身劳。"④ 释大圭有一首诗赠给一个叫曹吉的商人："君今浮舶去，因识远游心。衣食天涯得，艰难客里禁。春帆连海市，暮鼓起香林。一笑归来好，高堂寿百金。"⑤ 这反映了泉州商人的观念与理想。闽中海商极有冒险精神，"矧此贾舶人，入海如登仙。远穷象齿徼，深入骊珠渊。大贝与南琛，错落万斛船。取之人不伤，用之我何愆。"⑥ 蒲寿宬咏商人："海贾不爱死，适值骊龙眠。深渊顷刻命，平地千丈川。丈夫岂无志，固为儿女煎。彼美头上粲，它人口中涎。鲛人一滴泪，不肯随潆洄。眼见悬珠人，明月逢缺圆。"⑦ 王彝的《泉州两义士传》记载了孙天富、陈宝生二位泉州商人结伙航行于海外，其所涉异国，自高句丽外，若阇婆、罗斛与凡东西诸夷，去中国亡虑数十万里。⑧

其他各地的商人也在发展。元代刘仁本曾有题为《闽中女》的四首诗咏福州商人。他自己做了说明："闽之人泛海入番十余年不归，其妻诉之。述其言为赋"。

"闽中女儿颜色娇，双双鸾凤织鲛绡。织成欲寄番船去，日日江头来候潮。"

"海南番舶尽回乡，不见侬家薄幸郎。欲向船头问消息，荔枝树下买槟榔。"

"当时郎著浅番衣，浅番路近便回归。谁知却入深番去，浪逐鸳鸯远水飞。"

---

① 黄任：乾隆《泉州府志》卷四一《卢琦传》，光绪重刊本，第54页。
② 贡师泰：《玩斋集》拾遗，《泉州道中》，台湾商务印书馆，1983，第12页。
③ 林弼：《林登州集》卷八《送孔叔原长泉山书院序》，文渊阁四库全书本，第9页。
④ 阮维则：《泉南义士行》，载卞永誉辑《式古堂书画汇考》卷二十九，文渊阁四库全书本，第40页。
⑤ 释大圭：《梦观集》卷三《曹吉》，文渊阁四库全书本，第5页。
⑥ 熊禾：《勿轩集》卷七《上致用院李同知论海舶》，文渊阁四库全书本，第14页。
⑦ 蒲寿宬：《心泉学诗稿》卷一《明月篇》，文渊阁四库全书本，第7页。
⑧ 王彝：《王常宗集》续补遗，《泉州两义士传》，文渊阁四库全书本，第5~7页；参见陈高华《元代泉州舶商》，《元史研究论稿》，中华书局，1991，第429页。

"象犀珠翠海南香，万里归来水路长。薄幸又从何处去，十年海外不思乡。"①

这四首诗说明，元代福州常有发往海南方向的"番船"，而福州商人的活动也到了东南亚诸国。

莆田人征仲坚"远舶海邦，阅八寒暑"②。他们的财力雄厚，以兴化路的豪商来说，他们拥有一支庞大的船队，"大舶二百艘"，小船不计其数。③总的来说，宋元是中国商人与番商共同发展的时代，福建商人从唐五代时期进入海上贸易，先是在东亚水域发展，例如，北宋时闽商在朝鲜的发展十分惊人；其后闽商在东南亚水域的发展也很快，许多港口都出现了福建商人。迄至元代，从汪大渊的《岛夷志略》一书中得知，当时的中国商人已在印度洋一带活动，西至东非、西亚海岸。从总体上而言，他们已是一支十分成熟的海上贸易力量。明代福建商人成为丝绸之路上的主要的贸易集团，不是偶然的。

第二节　元军征讨瑠求与澎台航路的开辟

《元史》记载的瑠求是在台湾，相关记载表明，元代的澎湖已经被朝廷控制，元朝对台湾的开拓，使泉州通往东洋的海路更为畅通。因此，元代闽商与台湾的关系有所发展。

一　关于元明之际的几条史料考辨

著名的台湾史专家方豪曾说："元人所称'瑠求'确指台湾而言，史学界已无异说。"④ 这是因为，《元史》曾说瑠求"密迩"澎湖，距离澎湖这么近的瑠求，当然只能是台湾。这是多数学者赞成瑠求即为台湾的原因。不过，如果确定元代的瑠求是台湾，就会引发一系列连锁反应，以此为基础，人们较容易论证宋代的流求也是台湾，再往前，可论证隋唐时代的流求也是台湾，事实上，多数学者是这么做的。由此可见，元代的"瑠求"是不是台湾，在有关流求的辩论中占据重要地位。

---

① 刘仁本：《羽庭集》卷四《闽中女》，文渊阁四库全书本，第33~34页。
② 洪希文：《续轩渠集》卷十《故济南征君墓铭》，文渊阁四库全书本，第12页。
③ 贡师泰：《玩斋集》卷十《福建都元帅奏差潘积中墓志铭》，文渊阁四库全书本，第9页。
④ 方豪：《台湾早期史纲》，第43页。

近年来，台湾学界流行的观点是：元代的台湾和冲绳都被称为流求（瑠求），冲绳已经有较高的文化水准，而台湾尚处于蒙昧之中，因此，元代史料《异域志》《书史会要》中提到的流求应是冲绳。对这些观点，大陆学者也有响应。但是，仔细分析这两条史料，可知其并不属于元代！元代"瑠求"只是台湾的称呼。

周致中《异域志》说："大琉球国，在建安之东，去海五百里，其国多山洞。各部落酋长皆称小王，至生分彼此不和。常入中国进贡。王子及陪臣皆入太学读书。""小琉球国，与大琉球国同。其人粗俗，少入中国，风俗与倭夷相似。"

据台湾学者介绍，周致中是元代人，如果这条史料可靠，元代末年已经有大小琉球之称，大琉球是指冲绳群岛，小琉球才是指台湾。然而，仔细分析这条史料会发现很多问题，元代的瑠求不肯向元朝进贡，这是《元史·瑠求传》记载很清楚的事。有关冲绳中山国的史料也证明：中山国是在明代才开始向明朝进贡，此前与元朝并无关系。《异域志》说琉球国人"常入中国进贡。王子及陪臣皆入太学读书"。显然，这是明代的情况，而不是元代的！那么，元代的周致中怎么会写到明代琉球国的情况？可见，这本书大有问题。

实际上，四库全书的编纂者曾经考察过署名周致中的《异域志》这本书，提出了其中的一些问题。《四库全书提要》说："《异域志》一卷，不著撰人名氏。篇首胡惟庸序曰：赢虫录者，予自吴元年丁未出镇江陵，有处士周致中者，前元之知院也，持是录献于军门。则此书初名《赢虫录》，为周致中所作。又开济跋曰：是书吾兄得之于青宫，乃国初之故物。今吾兄重编，更其名曰《异域志》，则此书名《异域志》，乃开济之兄所更定。然考明太祖于元至正二十四年甲辰建国号曰吴，丁未当称吴三年，不得称元年。又济跋题壬午长至为惠帝建文四年，其时济被诛已久，不应作跋，疑皆出于依记也。其书中杂论诸国风俗、物产、土地，语甚简略，颇与金铣所刻《异域图志》相似，无足采录。"

由此可见，所谓周致中的《异域志》，实际上就是一本伪书。元代的周致中最多是写过《赢虫录》一书，并没有写过《异域志》。据《明史·艺文志》，《异域志》一卷实为宁献王朱权所著，《江南通志》的艺文志史部记录《异域志》的作者为：休宁朱权。可见，这是一部明代的著作，后人以为书中记载的大小琉球是元代的史料，肯定是错的。此外，嘉靖年间，陈侃出使琉球之前，搜索过许多有关琉球的参考书，据其《使琉球录》一书，这些参考书是：《通典》《集事渊海》《赢虫录》《星槎胜览》诸书，其中没有《异域志》。这也说明，在明嘉靖年间还没有《异域志》一书。其次，如果说这部《赢虫录》是元代周致中写的，而且其中还提到流求的话，这也不能证明什么。所谓"赢虫"，是指不穿衣服的南方民族，文献中又称"裸国"，因此，从"赢虫录"之名也可看到：被列入的区域，其文化水平是不高的。

陶宗仪生活于元明之际，他在《书史会要》中记载了前来进贡的外国情况。"流求国，职贡中华，所上表用木简，高八寸许，厚三分，阔五分，饰以髹，扣以锡，贯以革，而横行刻字于其上。其字体类蝌蚪书。"① 陶宗仪生活于元明之际，所以，有些人将陶宗仪的这段文字当做元代的史料。但这条史料开始就说："流求国，职贡中华"，明显是说中山国向明朝进贡的情况。由于是初次相会，中山国所贡书册是用木头做的，其中文字不可识辨，肯定不是汉文。可见，这条史料非但不能证明元代冲绳中山国的文化修养高，而且还证明明初中山国人不通汉字，可见，那种以为元代冲绳人就有很高汉文水平的观点是不成立的。

元代冲绳的中山国其实不叫琉球之类的名字。万历《温州府志·番航》记载了一条元代的往事："元延祐四年六月十七日，黄昏时分，有无舵小船在永嘉县海岛中界山，地名燕宫漂流。内有一十四人，五人身穿青黄色服，九人并白衣。内一人携带小木刻字，长短不一，计三十五根，上刻圈画不成字样，提挈葫芦八枚，内俱有青黄白色成串硝珠。其人语言不辨，无通晓之人。本路彩画人形船只图，差官将各人起解江浙行省。当年十月中书省以事闻，奉旨寻访通晓语言之人，询问得系海外婆罗公管下密牙苦人氏，凡六十余人，乘大小船只二艘，欲往撒里即地面博易货物。中途遇风，大船已坏，惟十四人乘小船漂流至此。有旨命发往泉南，候有人往彼，便带回本国云。"②

这条史料表明，当年飘到温州的这条船来自海外不知名的海岛，他们有初步的文字，但没有纸笔，文字刻在小木块上。唐宋时期的纸张是中国的特产，不要说冲绳，就是日本还保留不少的木简文字，著名的有平城宫

---

① 陶宗仪：《书史会要》卷八，文渊阁四库全书本，第 11 页。
② 刘芳誉等：万历《温州府志》卷十八《番航》，中国书店"稀见中国地方志汇刊"第 18
　　册，第 528 页。

木简等，大多是奈良时代的遗物。① 从当时东海各国的文化来看，日本与朝鲜都使用中国的文字，台湾的先住民没有文字，上述婆罗公手下却有一些"小木刻字，长短不一，计三十五根，上刻圈画不成字样"，可见，这是一种类似日文平假名之类的文字。因而，这些出外贸易的岛民，只能是建立政权不久的冲绳诸岛人。这条史料的发现，具有重要意义。因为，它证明了元朝所说的"瑠求"不是冲绳岛民。元朝在忽必烈至元年间就派人到"瑠求"去招抚当地民众。元成宗继位后，大德元年（1297年）十一月，"福建行省遣人觇瑠求国，俘其傍近百人以归"②。次年，元朝廷"遣所俘瑠求人归谕其国，使之效顺"③。可见，元朝对"瑠求"是很熟悉的。如果婆罗公的手下众人是"瑠求"人，《温州府志》会直接记载他们是"瑠求"人。一般认为，这些婆罗公手下的人，实际上是冲绳人，所以，元代的"瑠求"实为台湾。

二　元军在澎湖列岛的据点和巡检司④

元朝发兵瑠求，是元朝经营海外的一件大事。《元史·瑠求传》记载："世祖至元二十八年九月，海船副万户杨祥请以六千军往降之，不听命，则遂伐之。朝廷从其请。继有书生吴志斗者，上言生长福建，熟知海道利病。以为若欲收附，且就彭湖发船往谕，相水势地利，然后兴兵未晚也。冬十月乃命杨祥充宣抚使，给金符；吴志斗礼部员外郎，阮鉴兵部员外郎，并给银符。往使瑠求。"可见，因闽人吴志斗的建议，元朝改变了直接以武力攻打瑠求的方式，改派吴志斗先行说服，希望不动刀兵，便让瑠求前来进贡。《元史·瑠求传》记载吴志斗及杨祥去瑠求的情况：

二十九年三月二十九日，自汀路尾澳舟行。至是日巳时，海洋中正东望见有山长而低者，约去五十里。祥称是瑠求国，鉴称不知的否？祥乘小舟至低山下，以人众，不亲上岸，令军官刘闰等二百余人，以小舟十一艘载军器，领三屿人陈辉者登岸。岸上人众不晓三屿人语，为其杀死者三人，遂还。四月二日至彭湖。祥责鉴、志斗已到瑠求文

① 〔日〕奈良县文化财研究所编《日本古代木简字典》，八木书店，2008。
② 宋濂等：《元史》卷十九《成宗纪》，第414页。
③ 宋濂等：《元史》卷十九《成宗纪》，第417页。
④ 徐晓望：《元代瑠求及台湾、彭湖相关史实考》，《福建师范大学学报》2011年第4期。

字，二人不从。

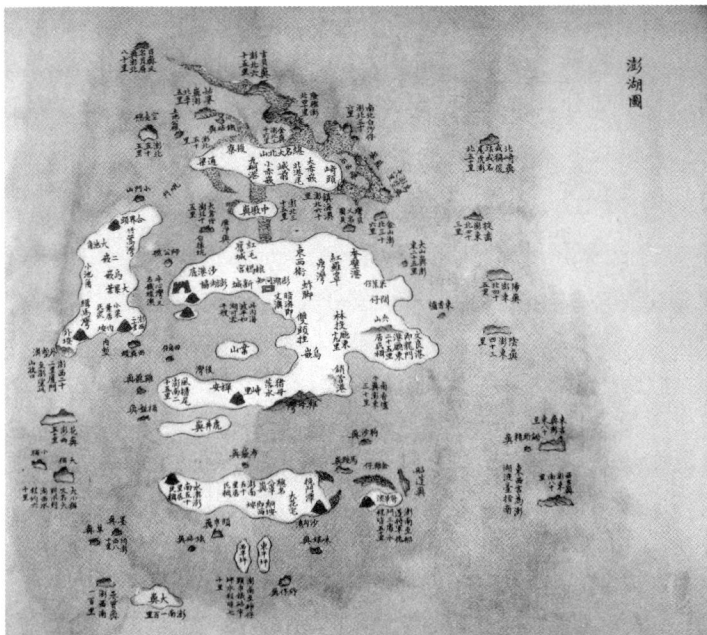

图 4-1　清代初年的澎湖地图

资料来源：此图录自清乾隆三十九年至六十年（1774-1835年）的《中华沿海形势全图》的局部，见北京大学图书馆编《皇舆遐览——北京大学图书馆藏清代彩绘地图》，中国人民大学出版社，2008，第250页。

以上史料表明，从至元二十八年九月元朝廷准备出兵瑠求到二十九年三月二十九日元军正式从汀路尾澳出发，元军停顿了半年之久。明初胡翰曾有一篇文章，涉及元代出使"瑠求"一事：

> 东南海中诸夷，国远而险者，惟日本；近而险者，则流球耳。……其后又议取流球，用闽人吴志斗之言，不出师而遣使往谕其国。留泉南者虽久之，讫不能达而罢。岂二国果不可制乎？亦中国未有以服其心也。[①]

这段文字中透露的一个重要信息是：吴志斗等人曾在"泉南某地"驻扎很久，最后才从"汀路尾澳"出发。那么，汀路尾澳在何地？赵孟頫的

---

① 胡翰：《胡仲子集》卷五，文渊阁四库全书本，第9~10页。

诗集中，有一首《送吴礼部奉旨诣彭湖》的诗①，这足以证明：元军出发之前是长驻澎湖，因此，汀路尾澳应是在澎湖。后来，为了便于管理，元朝还在澎湖设立了澎湖巡检司。②

元朝水师长期驻扎在澎湖列岛，表明元代的澎湖不仅是"泉之外府"，而且是军事重镇，元军驻扎此地，震慑台湾海峡的海盗，对确保泉州航路的通畅具有重要意义。元朝设澎湖巡检司应是在元军驻扎澎湖列岛时期。即至元二十八年（1291年）至元二十九年（1292年）之间。③

三　元代澎台商路的开辟

澎湖群岛更重要的意义在于海上交通。澎湖扼台湾海峡喉咙，宋代澎湖群岛已成为福建商人与东洋诸地贸易的枢纽，地理位置极为重要。我们知道，台湾海峡的冬季盛行东北风，从泉州港出南海贸易的船只顺风南行，便到达南海的西南部国家与地区。福建在历史上与占城、泰国等国家的贸易最为发达，其原因就在此。当时南海东部的国家与福建往来困难，因为，从泉州港出发的船只很容易被东北风卷向西南，要到菲律宾群岛的港口贸易，就得另想办法。随着泉州商人对海上情况的日益了解，他们发现，要去菲律宾群岛贸易，可以先向东航行到澎湖列岛，然后从澎湖列岛出发，利用东北风航向菲律宾群岛。④ 菲律宾群岛在澎湖的南部偏东，只要将海船的风帆略为转向东面，来自东北的侧风就可将其送往东南部的菲律宾群岛。此外，泉州商人若要到淳泥等印尼东部港口贸易，从澎湖出发也会更方便些。由于这一原因，澎湖成为泉州商人经营的一个中转港口。从泉州到东洋各地的船只，每每先到泉州然后向东菲律宾群岛和北婆罗洲出发。

宋代的史料表明，早在宋代，福建商人就从泉州抵达菲律宾群岛北部的三屿。三屿进入中国人的视野是在宋代末年的《诸蕃志》一书，韩振华

---

① 赵孟頫：《松雪斋集》卷四《送吴礼部奉旨诣彭湖》，文渊阁四库全书，第6页。
② 徐晓望：《元代瑠求及台湾、彭湖相关史实考》，《福建师范大学学报》2011年第4期；赖福顺：《汀路尾澳——澎湖最早的地方名》，载《澎湖研究第四届学术研讨会论文辑》，澎湖县文化局，2004；周运中：《元朝台湾历史新考》，《国家航海》（第四辑），2013，第100页。
③ 关于澎湖巡检司设置时间，学者围绕陈信惠史年科进行讨论。笔者赞同陈信惠是元末的人，但是，其人任巡检司的时间和元朝设巡检司不是一回事。参见徐晓望《元代瑠求及台湾、澎湖相关史实考》，《福建师范大学学报》2011年第4期。
④ 傅宗文：《宋元时期的闽台交往与东洋航线》，《厦门大学学报》（哲学社会科学版）1991年第3期。

及杨博文校释《诸蕃志》，都认为"三屿"是在菲律宾群岛的北部。《元史》记载，元朝去"瑠求"的舰队到过"三屿"，而且还带着三屿之人陈辉到"瑠求"做翻译。《元史·瑠求传》中附有三屿小传："三屿。三屿国，近瑠求。世祖至元三十年命选人招诱之。平章政事巴延等言臣等与识者议此国之民不及二百户，时有至泉州为商贾者。去年入瑠求军船过其国，国人饷以粮食，馆我将校，无它志也。乞不遣使，帝从之。"① 由此可见，杨祥的舰队中，至少有些船只到过三屿。这样看来，杨祥离开澎湖后，应是向东南方向航行，以故有些船只漂到三屿。此外，赵汝括的《诸蕃志》提到"三屿"时强调，中国商人到当地做生意，每一个港口"停舟不过三四日，又转而之他"；"其山倚东北隅，南风时至，激水冲山，波涛迅驶，不可泊舟，故贩三屿者率四五月间即理归棹。"② 这是泉州商人抵达菲律宾的证明。台湾考古工作者在澎湖发掘了 1 万多件宋元时期的瓷片与瓷器，其中 85% 为福建的产品，12% 来自浙江。说明宋元时期澎湖转口贸易相当兴盛。③

泉州的商船从澎湖到菲律宾群岛，往往从台湾岛南部海面划过，这样，在台湾南部设置一个港口就是很有必要的。大德元年（1297 年），元朝再一次经营台湾。《元史·成宗纪》记载："改福建省为福建平海等处行中书省，徙治泉州。平章政事高兴言泉州与瑠求相近，或招或取，易得其情，故徙之。"④ 该年十一月，"福建行省遣人觇瑠求国，俘其傍近百人以归"⑤。次年，元朝廷"遣所俘瑠求人归谕其国，使之效顺"⑥。按，元军在瑠求被杀三人，这对元军来说是一种侮辱。所以，高兴任福建行省平章政事后，要派军队到瑠求挽回面子。不过，因瑠求对元朝来说相当重要，所以，元朝最终决定以安抚为主，将 100 多名被俘的瑠求人全部放回原地。这 100 多名瑠求人回到故地，肯定会大肆宣传他们在大陆的所见所闻，也就将元朝的强大传达到瑠求，从而达到震慑瑠求的作用。其后元朝与瑠求的关系不见记载，但是，元朝对瑠求的怀柔政策最后是成功的，元代史料表明，元代晚期，泉州一带的民众已经可以在台湾岛上登陆。例如，在泉州任职的汪

　①　宋濂等：《元史》卷二百一十《瑠求传》，第 4667 页。
　②　赵汝括：《诸蕃志》卷上，第 144 页。
　③　陈信雄：《宋元海外发展史研究》，甲乙出版社，1992，第 136 页。
　④　宋濂等：《元史》卷十九《成宗纪》，第 409 页。
　⑤　宋濂等：《元史》卷十九《成宗纪》，第 414 页。
　⑥　宋濂等：《元史》卷十九《成宗纪》，第 417 页。

大渊曾经到过瑠求。

据汪大渊《岛夷志略》记载：瑠求"地势盘穹，林木合抱。山曰翠麓，曰重曼，曰斧头，曰大崎。其峙山极高峻，自彭湖望之甚近。余登此山则观海潮之消长，夜半则望旸谷之日出，红光烛天，山顶为之俱明。土润田沃，宜稼穑。气候渐暖。俗与彭湖差异。水无舟楫，以筏济之。男子妇人拳发，以花布为衫。"元代台湾是商人的一个贸易点，"地产沙金、黄豆、黍子、硫黄、黄蜡、鹿、豹、麂皮。贸易之货，用土珠、玛瑙、金珠、粗碗、处州瓷器之属。"① 这些商品中值得注意的有两点：其一，台湾早在元代就出口鹿皮、麂皮，所以说，台湾的鹿皮贸易并非始于明代，就目前的史料而言，这一贸易始于元代。其二，当时台湾出口黄金和硫黄，这两种矿产都出产于台湾北部，它说明元代福建商人仍然与台湾北部的十三行文化区域仍然保持贸易关系。就此来看，元代大陆民众与台湾的联系远胜于宋代，宋代外来人很难在台湾南部登陆，而元代客商可至台湾西线南北各地贸易，反映了双边关系的发展。其次，元以前中国人往往将台湾、澎湖分为三个部分：高华屿（澎湖列岛）、鼊鼊屿、流求，而元代华人所见台湾一带的岛屿就是两个部分：澎湖列岛与瑠求，这种认识比较接近事实。

小　结

元军向南海的扩张，客观上开拓了闽商在南海周边的市场，奠定了华商在海外的地位。因此，元代闽商在海外更为活跃。元代的瑠求是冲绳群岛还是台湾，学术界同样有争议。但元代的瑠求距离澎湖很近，几乎可以断定：元代的瑠求就是台湾。以此为基础往前推：宋代的流求是台湾，隋代的流求是台湾，都让我们对自己的观点较有信心。然而，元代涉及台湾的史料很少提到台湾北部的情况，人们的视野更多的是在台湾南部。这是因为，元代的菲律宾群岛一带逐渐进入闽商经营的市场网络之内，闽商发现，到菲律宾群岛的航线必然绕过澎湖列岛，然后沿着台湾南部的岸线往南，即可到达菲律宾群岛诸国，澎台航线的重要性即在这里。这条航线的开拓，让闽商可以登陆台湾南部。汪大渊登陆瑠求自由活动，说明除了台湾北部外，台湾南部在元代逐渐纳入福建的商圈，福建商人在台湾的经营区域增大了。

---

① 汪大渊：《岛夷志略·琉球》，第16～17页。

第五章 明代闽商与台湾北港的崛起

明代福建沿海海洋经济的成熟，产生了向海洋世界发展的趋动性。在世界贸易体系初步建立的条件下，台湾的地位日益重要，闽商在台湾海峡东岸建立贸易据点，从而导致台湾南部北港崛起。台湾北部的鸡笼、淡水也成为闽商的贸易港口。

第一节 明代闽商及台湾海峡的贸易形势

明代独特的海洋政策造成闽商在海洋贸易中的独占地位，由于环球贸易体系建立，且中国在早期世界贸易中占据重要地位，欧洲国家的殖民商人来到东方发展贸易，不得不将福建商人当做主要贸易对象。而这一时代的闽商长袖善舞，以台湾海峡的港口为据点，建立了广泛的商业联系。

一 明代海禁与福建商人的崛起

明代前期，朝廷为了防御海寇的入侵，制定了海禁政策，实施这一政策之后，私人海上贸易被禁止，除了少数设置市舶司的港市外，多数地区与海外的联系被切断。不过，在"天高皇帝远"的闽粤边境，则是另一种情况。福建南境的漳州和汀州，自宋元以来一直是被称为"洞僚"的畲瑶民族的活动区域，元代，漳汀畲族多次发动反元起义，让横行天下的元军屡屡受挫。明初，朝廷对漳汀的统治仍然不很巩固，漳潮境内经常发生反官府的暴动，尤其是漳州境内的反政府武装势力强大，他们或是上山，或是下海，山海呼应，对朝廷形成莫大的威胁。在这一形势下，明朝在这一带的海禁很难实行。事实上，明朝的水军经常被漳潮海上武装击败，他们也没有能力贯彻海禁政策。在这一形势下，漳潮民众维系着古老的下海贸易传统，他们私自造船下海，在东南亚港口谋生，在许多港口都形成了势力。因此，当郑和下西洋之时，会在旧港一带遇到以陈祖义为首的漳潮海盗。郑和远洋结束后，漳州海商继续在东南亚及琉球各地经营，建立了广泛的商业网络。明英宗正统三年（1438 年），发生了这样一个事件："爪哇国使者亚烈、马用良，通事良殷、南文旦奏，臣等本皆福建龙溪县人，因渔于海，飘堕其国。今殷欲与家属同来者还其乡，用良、文旦欲归祭祖造祠堂，仍回本国。上命殷还乡，冠带闲住，用良、文旦但许祭祖，有司给口粮、脚力。"① 又有一些商人冒充明朝的使者，成化七年（1471 年），"福建龙溪民兵弘敏，与其党泛海通番，至满刺加及各国贸易，复至暹罗国，诈称朝使，谒见番王，并令其妻冯氏谒见番王夫人，受珍宝等物。"② 可见，当时东南亚各国的使者往往都是漳州人，他们代表各国到中国来朝贡，实际上是在进行另一种形式的对外贸易。从一个侧面而言，明代的海禁政策实际上造成漳潮海商的海上垄断地位。③

嘉靖年间，日本发现了特大银矿，廉价的白银充斥日本市场。发现日本白银市场之后，漳州商人掀起了一个到日本贸易的高潮。其时日本最欢迎中国的生丝、瓷器和白糖，为了得到生丝，漳州人将对日本贸易发展到浙江沿海的双屿岛，而后葡萄牙、日本及东南亚诸国加入双屿贸易，从而引发了倭寇骚扰东南沿海的动乱。嘉靖、隆庆年间的倭寇，其主导力量实为中国人。④ 对于嘉靖年间海盗与倭寇的关系，晋江人黄克瓒有一段精彩的论述："议者徒见闽广海上倭报时闻，不知此皆漳潮之民海上劫掠，惧舟师追捕，故每船买倭奴十数人，倚以为重。使人心寒胆丧，不敢与敌。不知倭既无多，飘飘海上，惟掠取商货往卖，此直商贾中寇盗也。"⑤ "夫闽人通倭则诚有之，然皆漳之穷民于海上掠取商货以往。"⑥ 如其所说，嘉靖年间横行于台湾海峡的"倭寇"以漳潮人为主，其实还有些泉州人，他们最多

① 《明英宗实录》卷四三，正统三年六月戊午，"中央研究院"历史语言研究所影印本，第2 页。
② 《明宪宗实录》卷九七，成化七年十月乙酉，"中央研究院"历史语言研究所影印本，第7 页。
③ 徐晓望：《明代漳州商人与中琉贸易》，《海交史研究》1998 年第 2 期；徐晓望：《严启盛与澳门史事考》，《澳门文化》2006 年春季刊，总第 58 期。
④ 戴裔煊：《明代嘉隆年间的倭寇海盗与中国资本主义的萌芽》，中国社会科学出版社，1982；林仁川：《明末清初私人海上贸易》，华东师范大学出版社，1987。
⑤ 黄克瓒：《数马集》卷一《查余引以济大工疏（万历三十年）》，江苏广陵古籍刻印社，1997 年影印明刊本，第 74 ~ 75 页。
⑥ 黄克瓒：《数马集》卷三三《柬朱四还中丞》，第 1576 页。

是雇用了一些日本杀手。① 他们被称为倭寇，是因为这些日本杀手的残忍给中国民众留下太深的印象。明朝官员认识到漳州人的海上地位，终于在隆庆年间海澄建县之际，允许漳州人到海外经商。因为当时的海澄县月港是中国沿海唯一一个允许中国人到海外经商的港口，月港通商，大大加强了漳泉商人的海上地位。

明代中叶以后，葡萄牙人探航东方，西班牙人、荷兰人、英国人相继来到东方，国际贸易体系初步建立。在这个初始形成的世界贸易体系里，中国的丝绸、瓷器、蔗糖、茶叶成为国际贸易的主要商品，由于明朝实行海禁政策，海外诸国要得到中国商品，大都需要福建商人中介，即使是在澳门这样的葡萄牙人主导的港市里，闽商也是最活跃的。②

明代隆庆、万历以后，闽商集团有很大的发展，泉州商人、福州商人继漳州商人之后也都卷入海上贸易。③ 他们对外贸易的重点，在东北亚是琉球、日本，在东南亚，马来半岛的马六甲，越南的会安，菲律宾的马尼拉，印度尼西亚的巴达维亚、万丹相继成为福建商人活动的地方。福建商人将这些地方的白银运回福建的月港等地，再转运于国内，从而为中国开启了白银时代。④ 总之，明代的特殊形势奠定了福建商人在对外贸易中的特殊地位，他们在台湾海峡产生了巨大的影响。

二　明代福建商人对东洋航路的开拓

明代前期，中国商人的主要贸易对象是"西洋"国家，因此，郑和到海外贸易，最早被称为"下洋"，而后被称为"下西洋"，这是因为，当时与中国贸易的占城、安南、马六甲及印度、波斯，都位于淳泥以西，这些区域，被当时的福建人称为"西洋"。明中叶以后，漳州商人更多地到东洋诸国贸易，他们的帆船经常划过台湾海面，这是福建商人开拓台湾的背景。随着明代后期福建与台湾来往的增加，闽人对台湾航路已经十分熟悉，《明史》记载："其地，北自鸡笼，南至浪峤，可一千余里。东自多罗满，西至王城，可九百余里。水道，顺风，自鸡笼淡水至福州港口，五更可达。自台湾港至彭湖屿，四更可达。自彭湖至金门，七更可达。东北至日本，七

---

① 徐晓望：《论郑成功复台之际台湾的法律地位》，《福建论坛》2012 年第 10 期。
② 徐晓望：《福建人与澳门妈祖文化渊源》，（澳门）《文化杂志》1997 年冬季总 33 期。
③ 徐晓望：《论明代福建商人的海洋开拓》，《福建师范大学学报》2009 年第 1 期。
④ 梁方仲：《明代国际贸易与银的输出入》，《梁方仲经济史论文集》，中华书局，1989；全汉昇：《明清间美洲白银的输入中国》，《中国经济史论丛》，香港新亚研究所，1972。

十更可达。南至吕宋，六十更可达。盖海道不可以里计，舟人分一昼夜为十更，故以更计道里云。"①

闽商与琉球。明代中叶以后，漳州商人与琉球的贸易大有发展。按，明代的琉球不是宋元时代的流求，这是欧美学者最早提出，并被日本、中国等多数学者赞成的观点。那么，为什么会造成这一改变？笔者认为是明代初年明朝使者杨载到海外招揽流求人进贡之时碰到了钉子，真正的流求人不愿离开流求本土（台湾），杨载只好到冲绳群岛招揽一些土著充数，从此，冲绳群岛接过了流求这一称呼。后来，冲绳群岛的中山国为了区别历史上的流求，经明朝同意，为其定名"琉球"。于是，明代初年的东海之上，出现"大琉球"与"小琉球"之名。大琉球是指冲绳群岛，小琉球是指台湾。② 两个琉球的命运不同，托名周致中的《异域志》说："大琉球国，在建安之东，去海五百里，其国多山洞。各部落酋长皆称小王，至生分彼此不和。常入中国进贡。王子及陪臣皆入太学读书。""小琉球国，与大琉球国同。其人粗俗，少入中国，风俗与倭夷相似。"明代中叶以后，持续向明朝进贡的国家其实不多，大琉球算是一个。为了谋取向明朝进贡的货物，琉球人常到东南亚一带贸易，从东南亚购得香料、檀木之类的商品再到明朝进贡。因此，在日本学界有明代前期的东亚是琉球人大航海时代的说法。③

不过很有意思的是，明代为琉球出使东南亚的使臣多为漳州籍商人。追溯历史，早在景泰三年（1452年）六月，朝廷因发现漳州一带民众屡屡去海外贸易，"命刑部出榜禁约福建沿海居民，毋得收贩中国货物，置造军器，驾海船交通琉球国，招引为寇"④。但是，成化十四年（1478年）又有人说："琉球国……其使臣多系福建逋逃之徒……亦欲贸中国之货，以专外夷之利。"⑤ 可见，尽管有朝廷的严令，漳州民间与琉球的贸易一直很盛，乃至成为琉球国的使者，为其出使各国。嘉靖二十一年（1542年），有漳州陈贵等7人率26艘船组成的船队来到琉球贸易，结果与同样前来贸易的潮

① 张廷玉等：《明史》卷三二三《鸡笼传》，中华书局1974年标点本，第8377页。
② 徐晓望：《台湾：琉球之名的失落》，载陈小冲主编《台湾历史上的移民与社会研究》，2011。
③ 〔日〕高良仓吉：《琉球的时代》，那霸1989年重印本。
④ 郭厚安编《明实录经济史资料选编》，中国社会科学出版社，1989，第667页。
⑤ 李国祥、杨永日主编《明实录类纂·福建台湾卷》，武汉出版社，1993，第239页。

阳人发生冲突，而琉球方面处理的方式是将陈贵等人送到明廷处理。① 漳州商人在琉球的影响于此可见。

陈贵事件后，漳州人对外贸易的重点转到了日本。同安人洪朝选记载，嘉靖二十三年（1544 年），"忽有漳通西洋番舶为风飘至彼岛（日本），回易得利，归告其党。转相传语。于是，漳泉始通倭。异时贩西洋恶少无赖，不事产业，今虽富家子及良民靡不奔走；异时维漳缘海居民，习奸阑出物，虽往仅什二三得返，犹几幸少利，今虽山居谷汲，闻风争至；农亩之夫，辍耒不耕，赍贷子母钱，往市者，握筹而算，可坐至富也。于是中国有倭银，人摇倭奴之扇，市习倭奴之语，甚豪者佩倭奴之刀。"② 可见，当时对日本的贸易利润几倍于福建与东南亚的贸易，所以，引起了福建漳泉沿海狂热的"通倭"浪潮。"至于私通日本，舟容万斛，所受皆富商大贾，所载皆绫段茧丝，积日旷时，乃能集事"③。因没有管理的海上贸易造成动荡，最终发展为倭寇活动，明朝在镇压倭寇的同时，严禁对日本贸易，即使同意月港通商，仍然不准他们到日本贸易。在这一背景下，漳州商人寻找对日本贸易的机会，逐渐形成了通过台湾海面的走私贸易，这是福建商人开发台湾的重要背景。④

此外，明代晚期漳州对菲律宾的贸易也在发展中。菲律宾在晚明时期成为西班牙人的殖民地，西班牙人在美洲的秘鲁和墨西哥相继发现大银矿，他们每年要运数百万银圆到马尼拉港，漳泉商人纷纷前去贸易，在马尼拉定居的福建商人，主要来自漳州海澄县的月港和泉州晋江县的安海镇。⑤

从福建月港看海外的日本和菲律宾，可知其都属于"东洋"，福建商人从月港出发到日本和菲律宾，船只都会划过台湾海面，只要风向略转，闽商就可能到达台湾和澎湖。明代前期实行海禁，在澎湖列岛的民众被迁徙到泉州一带，澎湖一度成为无人之地，明代中后期，在海上贸易热潮中走遍四方的福建商人渐在澎湖与台湾登陆，扩大了两岸关系。⑥ 有一条明弘治、正德之际的史料，其时，费宏在送陆君美的一文中说：

① 严嵩：《琉球国解送通番人犯疏》，载陈子龙等选辑《明经世文编》卷二一九《南宫奏议》，中华书局，1987，第 2301 页。
② 洪朝选：《芳洲先生文集·瓶台潭侯平寇碑》，华星出版社，2002，第 262～263 页。
③ 朱湘：《天马山房遗稿》卷四《海寇志》，福建师范大学图书馆藏明刊本传抄本，第 24 页。
④ 徐晓望：《晚明日本市场的开拓和限制》，《中共福建省委党校学报》2010 年 6 期。
⑤ 徐晓望：《论明代福建商人的海洋开拓》，《福建师范大学学报》2009 年第 1 期。
⑥ 徐晓望：《早期台湾海峡史研究》，第 74～76 页。

"琉球、日本诸海国，去闽仅数千里，而彭湖、鼋鼊、高华诸屿，隐然可数于烟波浩森之间。奇货珍材以售于华人，获辄数倍。故滨海冒禁之民，往往通贾胡，驾巨舶，倚风涛，旁午出没。"①

以上文字在提到明朝对日本琉球贸易的同时，也涉及了台湾。不过，当时的台湾被称为"彭湖、鼋鼊、高华诸屿"。仔细琢磨以上费宏的史料，可知当时汉人的活动，已经遍及台湾南北的港口。其后登台谋生的福建移民越来越多。例如泉州晋江的《安平颜氏族谱》记载："龙源，字日盘，正璧长子。生嘉靖甲午，卒失考，葬台湾。配郑氏，子一"。嘉靖甲午年是嘉靖十三年，即1534年，如果他在20岁左右去台湾冒险，那应是在嘉靖三十三年，即1554年。其时，"倭寇"林凤尚未进入台湾；又如漳州诏安县的《秀篆游氏族谱》记载，该族第二世的五十六公是在明朝嘉靖年间迁徙到台湾，"现子孙在台湾诸罗县荷包莲者尚有数百丁"；再如《惠安东园庄氏族谱》记载："庄诗公，生嘉靖壬寅（嘉靖二十一年，1542年），卒崇祯甲申（崇祯十七年，1644年）。少遭兵变，与兄赴台湾谋生"。他若也是20岁左右赴台湾，应为嘉靖四十一年上下，此时正为倭寇在福建活动的高潮。② 其后，尚有一些福建人于万历、天启年间进入台湾，如晋江《安海金墩黄氏族谱》记载："微熺，生万历三十年（1610年），葬台湾"。他若在青年时代进入台湾，应为崇祯年间。晋江《永宁霁霞高氏族谱》记载的高公题，"生万历丁亥（万历十五年，1587年），卒壬辰（万历二十年，1592年），葬台湾演武场"。③ 据施琅所说："台湾原属化外，土番杂处，未入版图。然其时中国之民潜往生聚，已不下万人。"④

海盗是探险台湾的重要力量。闽粤海盗很早就到台湾活动。台湾第一任诸罗县令季麒光说："明隆万间，广东巨盗颜思齐掠而据之，葺草以居。台湾之有中国民，自思齐始。思齐死，归于红夷。"⑤ 按，季麒光以为颜思齐早在隆庆、万历年间就在台湾活动，这是错误的。但隆庆、万历年间有闽粤海盗在台湾活动，这有史书记载。其主要人物是广东大盗林道乾及林

① 费宏：《太保费文宪公摘稿》卷九《送福建按察司副使陆公君美序》，收入《续修四库全书》第1331册，第435页。
② 庄为玑、王连茂编《闽台关系族谱资料选编》，福建人民出版社，1984，第155、376、386页。
③ 庄为玑、王连茂编《闽台关系族谱资料选编》，第383~384页。
④ 赵尔巽等：《清史稿》卷二百六十《施琅传》，中华书局，1977，第9866页。
⑤ 季麒光：《蓉洲文稿选辑·条陈台湾事宜文》，香港人民出版社，2004，第176页。

凤等人，他们在被戚继光、俞大猷所率闽粤水师击败后，一度逃到台湾。万历后期，台湾又有袁进、李忠等福建海盗活动，他们在很大程度上控制了台湾。①

第二节　明朝对澎湖与台湾的管理

晚明澎湖在台湾海峡的地位日益重要，为了防止外来势力的入侵，明朝开始在澎湖列岛驻军，明代末期，台湾南部重要地区的刑事案件，已经由福建官府处理，因此，可以说福建官府的管辖已经伸及台湾。晚明福建与台湾商缘的发展，是在这一背景下展开的。

一　福建官府对澎湖的管理

尽管宋元时期官府对澎湖等地的管理已经有一定的基础，但明朝立国之后，海上有方国珍余党勾结倭寇侵扰东南海疆，为了抵御倭寇，朱元璋实行海禁政策，在他命令之下，澎湖列岛的居民被迁回泉州边海一带，这使福建官府对澎湖的管理大大后退了。明代中晚期，福建海商出海贸易，澎湖是必经之道，福建渔民常到台湾海面打鱼，澎湖是他们的避风港。此外，日本及欧洲诸国的船只也经常路过澎湖，寻找淡水及避风。于是，福建官府对澎湖日益重视，遂有派兵驻扎澎湖之议。

关于明末派驻澎湖的水军，其起因与日本侵略朝鲜有关。万历二十年（1592年），日本权臣丰臣秀吉发动了侵略朝鲜之役，万历皇帝很快决策派军队到朝鲜作战。紧张的国际形势迫使明朝中枢考虑倭寇南下的可能性，因此，朝廷中有人建议要在台湾海峡的要害之地澎湖驻军，然而，由于财政上的困难，直到万历二十五年，在福建巡抚金学曾推进下，增设了"彭湖游兵"，并于万历二十六年驻扎于澎湖列岛。

据曹学佺的记载，"惟戊戌（万历二十六年）春防，设左右二总合兵船四十只，益以各寨游远哨兵船一十八只，共计兵士三千余名"②。不过，由于经费困难及其他原因，以后派出的士兵减半。万历《泉州府志》载："彭湖游管哨船二十只。""惟彭湖游兵专过彭湖防守，凡汛，春以清明前十日

---

① 徐晓望：《晚明在台湾活动的闽粤海盗》，《台湾研究》2003年第3期。

② 曹学佺：《湘西纪行》卷下《海防》，《曹能始先生石仓全集》，明天启年间刊本，第28～30页。

出，三个月收；冬以霜降前十日出，二个月收。收汛毕日，军兵放班，其看船兵拨信地小防。""彭湖游兵八百五十名，春汛粮支给于泉，冬汛粮支给于漳。"澎湖岛的驻军无疑加强了台湾海峡的安全，《泉州府志》说："彭湖绝岛，旧为盗贼渊薮，今设有游兵防守，则贼至无所巢穴。又泉郡藩篱之固也。"[1] 明军驻扎澎湖，保护了商船的海上航行安全："闽户最险属彭湖，春秋两营递关锁。奸商潜饵秃奴来，狡窟时藏鸡笼岛。"[2] 明朝水师驻扎澎湖，是中国对澎湖列岛主权的证明。[3]

二　明代福建官府管理权伸及台湾

明代嘉靖隆庆年间的倭寇及海盗，每每是从海上入侵福建，澎湖位于台湾海峡中部，往往有海盗光顾。嘉靖年间的王忬在其《奏复沿海逃亡军士余剩粮疏》提到：嘉靖三十三年（1554 年），"漳州陈老等结巢彭湖"。台史专家曹永和先生认为，这是明代海盗盘踞澎湖的最早记载。[4] 为了加强海防，明朝在隆庆、万历年间加强了福建水师的建设。强大的福建水师将海盗逼至远海，诸如林道乾、林凤系统的海盗纷纷来到台湾，因此，福建水师为了追歼海盗，也常在台湾沿海作战。《明神宗实录》记载："万历二年六月戊申，福建巡抚刘尧诲揭报：'广贼诸（朱）良宝，总兵张元勋督兵诛剿。其逋贼林凤鸣拥其党万人，东走福建，总兵胡守仁追逐之。因招渔民刘以道谕东番合剿，远遁'。"[5] 可见，当时的明朝还命令台湾土著——"东番"一起夹击林凤。这是福建疆吏与台湾发生关系的明证。自澎湖列岛有了驻军之后，明军更是十分关注台湾。"闽中侦探之使，亦岁一再往。"[6] 万历三十年（1602 年），沈有容领军袭击台湾海面的假冒"倭寇"之名的海盗，随后在台湾南部登陆，探访"东番"。东番对明军剿灭海盗十分感谢。据说，沈有容此次胜利之后，台湾海峡平定了 10 年左右。当时福建水师经常巡逻澎湖、台湾之间的海面。池显方写过《送张将军再任澎湖仍往

---

① 阳思谦等：万历《泉州府志》卷十一《兵防》，泉州市编纂委员会，1985 年影印明刊本，第 11 页。

② 池显方：《晃岩集》卷三《傅望之彭湖获倭》，厦门大学出版社，2009，第 73 页。

③ 徐晓望：《论晚明对台湾、澎湖的管理及设置郡县的计划》，《中国边疆史地研究》2004 年第 3 期。

④ 曹永和：《早期台湾的开发和经营》，《台湾早期历史研究》，联经出版事业公司，1979，第 140 页。

⑤ 《明神宗实录》卷二六，第 646 页。

⑥ 张燮：《东西洋考》卷五《东番考》，谢方点校，中华书局，2000，第 106 页。

东番搜贼》一诗。①

万历四十年（1612 年）以后，台湾海峡的海盗再次活跃起来，"崇祯八年，给事中何楷陈靖海之策，言：'自袁进、李忠、杨禄、杨策、郑芝龙、李魁奇、钟斌、刘香相继为乱，海上岁无宁息。今欲靖寇氛，非墟其窟不可。其窟维何？台湾是也。台湾在彭湖岛外，距漳、泉止两日夜程，地广而腴。初，贫民时至其地，规鱼盐之利，后见兵威不及，往往聚而为盗。"②可见，明末最早在台湾海面活动的海盗是袁进、李忠。袁进为同安人，李忠为漳浦人，在万历后期，袁李二人以台湾为其巢穴，聚众达数千人，拥有船只 40 余艘，他们经常袭击闽粤沿海，成为官府的心腹之患。③ 闽粤一带的反政府势力也蠢蠢欲动，与台湾的海盗势力勾结。起自漳浦的豪绅赵秉鉴，在成为民兵左翼军的首领之后，心怀不轨，到台南的赤嵌筑城修寨，后被福建官府所杀。不过，赵秉鉴有半官方的身份，他的行动，在某种意义上说，意味着福建官府的权力已经伸向台湾。④ 万历四十七年（1619 年），拥众数千的台湾海盗袁进向福建水师将领沈有容投降，随后被改编为水师送到北方作战。袁进所盘踞的北港赤嵌一带便落入福建官府的管辖之中，福建布政使沈演的《止止斋集》表明，当年福建官府为台湾北港发生的许多案件头痛不已。这都说明，福建官府的管辖权已经达到台湾。⑤ 周婴在其与陈第同名的《东番记》一文中提到："疆场喜事之徒，爰有郡县彼土之议矣。"⑥ 在兵部任职的陈组绶在其《皇明职方两京十三省地图表》一书中也提到，最好在台湾设立郡县制度。这一计划最终在郑成功时期得以完成。⑦

① 池显方：《晃岩集》卷三《送张将军再任澎湖仍往东番搜贼》，第 72 页。
② 《明史》卷三二三《鸡笼传》，第 8377 页。
③ 徐晓望：《晚明台湾北港的事变与福建官府》，载台湾各姓渊源研究学会编《台湾源流》，2005 年冬季刊，第 33 卷。
④ 陈小冲：《张燮〈霏云居续集〉涉台史料钩沉》，《台湾研究集刊》2006 年第 1 期；徐晓望：《早期台湾海峡史研究》，第 166－167 页。
⑤ 徐晓望：《论郑成功复台之际台湾的法律地位》，《福建论坛》2012 年第 10 期；徐晓望：《早期台湾海峡史研究》。
⑥ 周婴：《远游篇·东番记》，福建师范大学藏手抄本，第 37 页。
⑦ 徐晓望：《论晚明对台湾、澎湖的管理及设置郡县的计划》，《中国边疆史地研究》2004 年第 3 期；徐晓望：《论郑成功复台之际台湾的法律地位》，《福建论坛》2012 年第 10 期。

第三节 明代台湾北港的开发

福建官府在台湾及澎湖管辖权的扩张,其实是和福建民众在台湾的活动联系在一起的。明代后期,福建渔民到台湾沿海捕鱼,继而福建商人到台湾沿海港口经商,这都促进了台湾北港的崛起。[①]

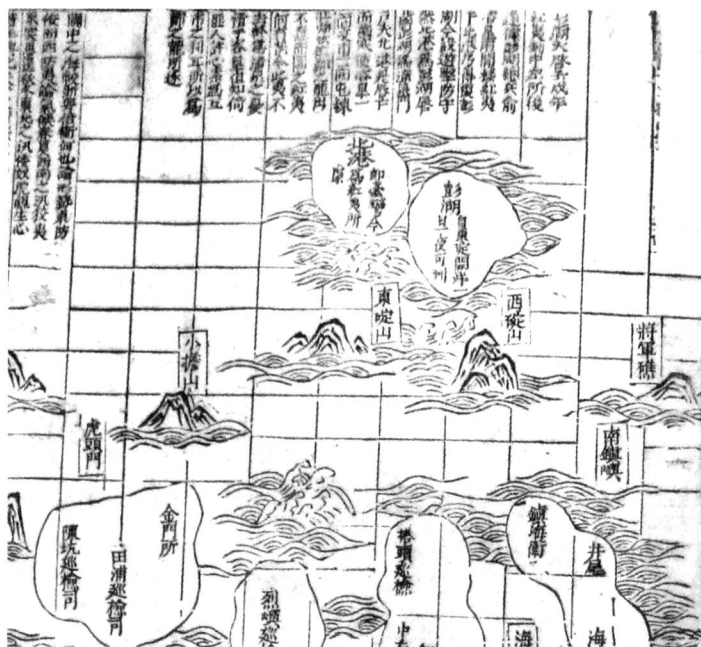

图 5-1 这是陈组绶编《皇明职方地图》中的澎湖与台湾,其中台湾被称为北港

资料来源:陈组绶编《皇明职方地图》,明崇祯九年刊本,引自郑振铎辑《玄览堂丛书三集》第十三册,影印道光刻本,国立中央图书馆,1948。

北港又名大员、台员、安平,它是明代台湾最有名的港口。[②] 谁是北港的最早开发者?有人认为,是荷兰人建立热兰遮城后,才有了大员港;也有人以为,是日本商人在台湾的鹿皮贸易造就了北港;其实,福建渔民才是北港最早的发现者,北港最早是一个渔港,而后成为贸易港口。在北港

---

① 徐晓望:《论明代北港的崛起》,《台湾研究》2006 年第 2 期。
② 台湾历史上的北港有两个,其一为明代的北港,其二为清代的北港。清代的北港位于云林县境内,现名笨港,它与明代的北港无关。关于明代北港位于台湾何地,这是本节所要探讨的。

的发展史上，闽粤移民起了极为重要的作用。即使其后荷兰人占据了北港，但福建商人仍在北港占有重要地位。

一　北港之名起源的考证

荷兰人占据台湾之后，将台湾称为"北港"，即 Pacan，又作 Packan，这可能是受到台湾土著的影响。"在荷兰人抵达台湾时，当地的南方土著人仅有五万人左右，分别居住在一百多个村落。当然，这里说的是台湾西南部地区。根据荷兰人的资料，这些台湾南方土著人称台湾为笨港或'北港'。"① 在荷兰人早期的地图上，北港是整个台湾的代名，以后才将其改称福摩莎（Formosa）。这一事实反映了北港是台湾早期的重要地名。

关于"Pacan"之名的来源，台湾学者中有人以为是来自土著语中的"八嵌"或是"北嵌"。② 其实，"Pacan"应为汉语"北港"的译名，所以，另有一些台湾学者主张"Pacan"即北港，原是台湾的一个港口。在晚明的史籍中，出现北港一名的古籍有《东西洋考》《敬和堂集》《顺风相送》《止止斋集》《露书》等。这些书籍多发表于荷兰人占据台湾之前，例如，万历年间任福建巡抚的黄承玄曾说，"至于濒海之民，以渔为业；其采捕于彭湖、北港之间者，岁无虑数十百艘。"③ 荷兰人是在天启年间才进入台湾的，很显然，北港之称在荷兰人占据台湾之前就已经存在。

那么，明代北港是台湾的哪一个港口？学术界存在三种不同的看法。其一，认为北港是台湾北部的一个港口，有可能是淡水或是鸡笼。这一观点始于明代学者张燮的《东西洋考》，其文曰："鸡笼山、淡水洋，在彭湖屿之东北，故名北港、又名东番云"。《明史》继承了这一说法："鸡笼山在彭湖屿东北，故名北港，又名东番，去泉州甚迩。"④ 张燮的《东西洋考》是明代中外交通史名著，《明史》的作者在叙述中外交通史之时，采纳了张燮的许多观点，大都被证明是正确的。不过，张燮毕竟没有亲历台湾，所以，他对台湾北港的方位并不清楚。其后，清代的《清文献通考》、日本川口长孺的《台湾郑氏纪事》都沿用了这一说法。但是，北港是明代台湾商业最繁荣的港口，而鸡笼偏在台湾北部，其商业一向不甚发达，不大可能

---

① 罗得里格斯：《台湾的中国人、荷兰人和西班牙人（1624－1684）》，（澳门）《文化杂志》2007年秋季刊，第182页。

② 徐雪姬、吴密察：《先民的足迹——古地图话台湾沧桑史》，南天书局，第40－41页。

③ 黄承玄：《条议海防事宜书》，载《明经世文编选录》，台湾文献丛刊第53册，第206页。

④ 《明史》卷三二三《鸡笼传》，第8376页。

成为台湾最大的港口，而且，在明人的文献中，常将北港与鸡笼、淡水并提。在万历年间再版的《广舆图》中，鸡笼、澹水（淡水）、北港、澎湖等地名并列，非常清楚地说明北港不是鸡笼、淡水，而是台湾岛上的另一个港口。又如《明神宗实录》记载福建巡按李凌云于万历四十五年（1617年）八月派官员质问日本的使者："因问其何故侵扰鸡笼、淡水？何故谋据北港？"①明代后期的台湾地图，将北港画在澎湖之北，与鸡笼、淡水等地鼎足而立，可见，北港肯定不是鸡笼与淡水，所以，学者对台湾史进行较深入研究后，大都抛弃了这一说法。

　　其二，认为明代台湾的北港是魍港。张燮《东西洋考·东番考》记载："鸡笼山、淡水洋，在彭湖屿之东北，故名北港，又名东番云。"《明史·鸡笼传》记载："鸡笼山在彭湖屿东北，故名北港，又名东番，去泉州甚迩。"这些史料都说北港在澎湖的东北，在排除鸡笼与淡水为北港之后，一些台湾学者提出台湾中部的魍港即为北港，因为只有魍港符合张燮《东西洋考》的说法，位于澎湖的东北。连横的《连雅堂文集》第三卷《台湾史迹志》说："北港在嘉义西北，后隶云林。滨海而居。宋代互市则至于此。读史方舆纪要曰：澎湖为漳、泉门户，而北港则澎湖唇齿，失北港则唇亡齿寒，不特澎湖可虑，则漳泉亦可忧。北港在澎湖东南，亦谓之台湾。台湾县志曰：荷兰入北港，筑城以居，因称台湾。是宋明之时，华人且以北港为台湾也。北港一名魍港。福建通志曰：万历元年冬，广东海寇林凤犯福建，总兵胡守仁击走之。时寇盗略尽，惟凤遁钱澳求抚，广督云翼不许，遂自澎湖奔东番魍港，为守仁所败，追至淡水洋，沉其舟。凤复入潮州。"《台湾通史·开辟纪》说："历更五代，终及两宋，中原板荡，战争未息，漳、泉边民渐来台湾，而以北港为互市之口；故台湾旧诗有'台湾一名北港'之语。北港在云林县西，亦谓之'魍港'。"此文中魍港在云林的观点，是将今日云林县的笨港当作魍港所在地。但云林的笨港，又名北港，是清代中期才出现的名字，这是台湾学者今日的共识。而魍港所在地，实为台南市北部的八掌溪溪口，这都是当年连横所不知的。台湾学者因《台湾通史》有较多的错误，对其批判多于赞赏，不过，连横对北港的认识，却影响了当代的台湾学者。陈宗仁认为："北港应即魍港，清代改称蚊港"。"其地为

八掌溪口，后成为全台湾的称呼。"① 这一观点有其理论依据，因为明代后期的台湾地图，将北港画在澎湖之东北部，从方位上看，如果明末的台湾地图符合实际，它只能是魍港了。这一观点的问题在于：史册上记载北港是台湾南部的贸易中心，而魍港一直是一个边远小港，其港口容量使其无法成为台湾最大的港口、停泊较大的船，因而也不可能成为当时台湾的贸易中心。

其三，认为北港即为清代安平港所在地区。该地现为台南市的一个部分，历史上是荷兰人的主要居住地，清代为台湾府所在地。该地有热兰遮城、赤嵌城等古迹，一向为台湾商业最发达的区域，称其为北港有其道理。2004 年，笔者在访问台北"中研院"时，曾向曹永和先生请教：明代台湾的北港是什么地方？曹先生说，他曾和日本的一些学者讨论过这个问题，认为北港即为清代的安平港。曹先生是研究荷据台湾史的权威，他的意见值得重视。②

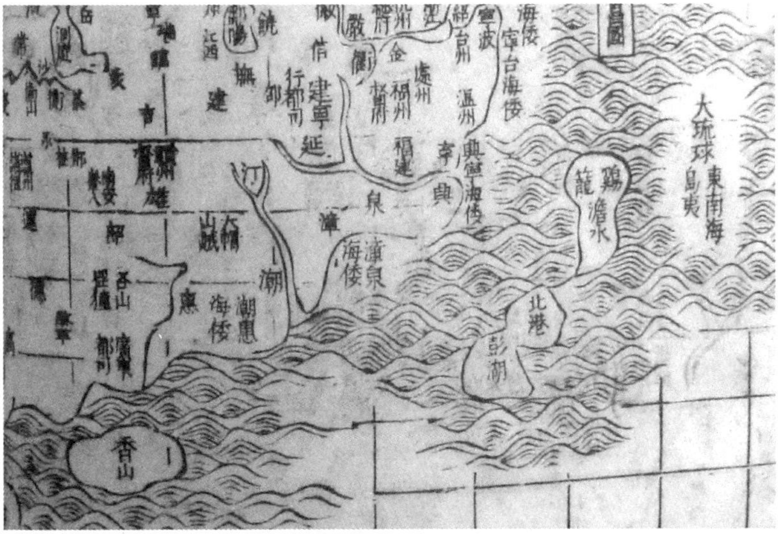

图 5 - 2　这是陈组绶编《皇明职方地图》中的《天下一统图二》中的
台湾，它被分为三个部分：澎湖、北港、鸡笼和淡水

资料来源：陈组绶编《皇明职方地图》卷上，明崇祯九年刊本，第 8 页。

---

① 陈宗仁：《北港与"Pacan"地名考释：兼论十六世纪、十七世纪之际台湾西南海域贸易情势的变迁》，《汉学研究》第二十一卷第二期，总第 43 号，2003，第 262 页。
② 曹永和：《台湾早期历史研究》，第 164 页。

　　笔者倾向于曹永和先生的观点。笔者认为，明人对台湾的认识有一个发展过程，因多数人未到台湾，所以，他们对北港方位的记载是错误的。而后随着明代学者、官员对台湾认识的加深，才明确指出北港在后日的安平港位置上。明代福建的官府人员中，亲自办理劝荷兰人到台湾一事的总兵俞咨皋，应是对澎湖、北港一带的地理最熟悉的，他虽然没有直接的史料留下来，但一些与其有关的史料影响了后人，清代地理学大师顾祖禹在《读史方舆纪要·福建》中说："总兵俞咨皋者，用间移红夷于北港，乃得复彭湖"；"北港盖在彭湖之东南，亦谓之台湾。天启以后，皆为红夷所据。"朱景英在《海东札记》中称赞顾祖禹："惟顾宛溪谓北港在澎湖东南，亦谓之台湾，或不诬欤！"可见，在明清学者中，已经有人正确地认识到：明代的北港是在澎湖的东南，即后日的安平港！从荷兰人据台的历史来看，他们所占据的地方（即清代的安平港），应当就是北港，所以，荷兰人所画的台湾地图才会将台湾称为北港（Pacan）。北港这一地名原为台湾南部的一个港口，是在荷兰人占据台湾后，才成为全台湾的地名。

　　荷兰人入台之后，最初也称台湾为"北港"，即 Pacan，又作 Packan；这是 1625 年前后的事。其后，荷兰人知道了葡萄牙人曾经称台湾为 Formosa，便采用了葡萄牙人的命名，将台湾称为福尔摩莎（Formosa）。所以，在 1640 年约翰·芬伯翁绘制的澎湖列岛及台湾岛图上，台湾已经被称为 Formosa 了。

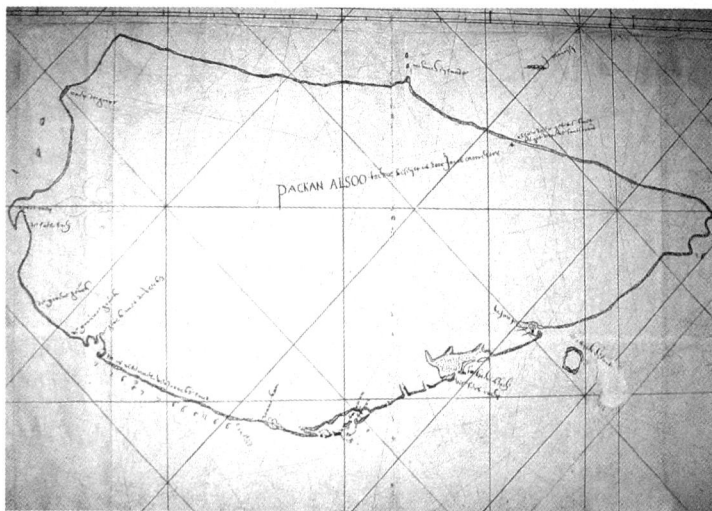

图 5 - 3　荷兰人的北港图。该图为雅各·埃斯布兰·诺得洛斯于 1625 年左右制的。
本图原藏荷兰海牙国家档案馆。文中的台湾岛被标为 Packan

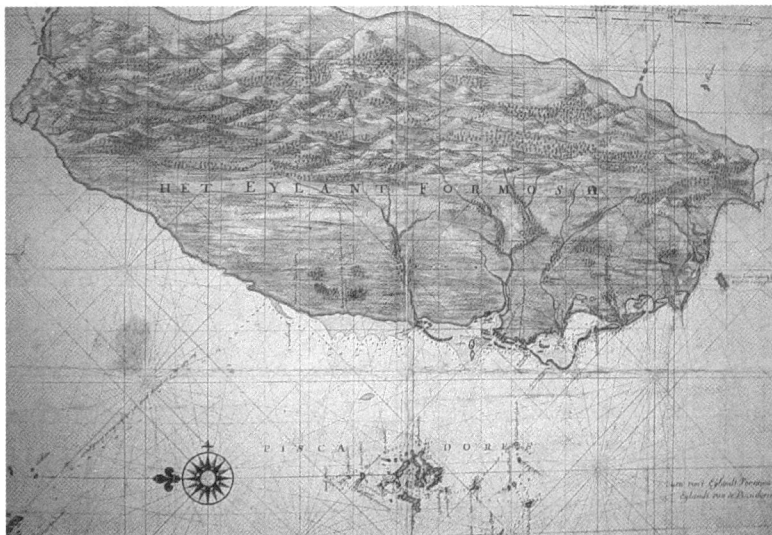

图 5-4　1640 年约翰·芬伯翁绘制的澎湖列岛及台湾岛图，本图原藏荷兰海牙国家档案馆

资料来源：以上二图转引自石守谦等《福尔摩莎——十七世纪的台湾、荷兰与东亚》，台北故宫博物院，2003，第 39、37 页。

二　是谁最早开发了北港？

不过，关于北港的发展史还存在不少问题。有一些荷兰学者提出，是荷兰人开发了北港，荷兰人于 1623 年盘踞台湾北港之后，逐步将其建设为重要港口，台湾从此发展起来。而另有一些日本学者认为，日本人对北港的开发起了重要作用，日本海船下南洋的航路原来靠近中国东南大陆，但在倭寇活动之后，日本南下的海船经常被明朝官军当作倭寇打击，因此，日本船只开始探航台湾海峡东侧的航道，其后，日本人发现北港的鹿皮可在日本售出高价，于是，日本船只经常到北港贸易，北港从此兴盛起来。可以作为证明的是，明代后期的《顺风相送》一书，便载有从日本松浦港到吕宋的航路，其间路过台湾的鸡笼港与北港。日本方面的航海图也有类似记载。

以上这些论点无意中忽略了闽南人在台湾发现史上的作用，这是一个极大的缺陷。因为东亚的航海文化一向以福建人为其巨擘，其时从中国、南洋到日本的航路，大多由福建人控制，即使是从日本港口出发的船只，也多由闽南人驾驶。所以，所谓日本松浦至吕宋的航路，多半是福建的闽南水手开辟的。"荷兰的资料显示,在荷兰人抵达台湾的时候(1623-1624),在台湾岛各海岸居住的中国人只有一千至一千五百人左右,尽管这些中国人人数少,却相对稳定,他们在台湾岛或农或渔,还有的在西南沿海地区从事海盗和贸易活动。但是,尽管他们距离中国大陆最近只有一百六十多公里,却没能进入中华帝国的真正统治圈,也没有在中国南海地区的贸易交往中形成吸引人或必然的中心。"① 可见,在荷兰人进入台湾之前,台湾诸港已经有不少华人居住,只是人口不多,缺乏更大的影响而已。

最早使闽南人注意到北港的原因是:在历史上,大员港是一个很好的渔场。

北港现属台湾的台南市,而台南市在历史上是台湾海峡著名的渔港,以盛产乌鱼闻名。每年秋季,乌鱼从浙江海面向南洄游,在台南的港口产卵,当地渔民在港口内外捕获大量乌鱼,并用乌鱼的卵制作大量的乌鱼子出售,这是当地渔业的主要项目。据中国与荷兰文献记载,明代福建渔民到北港捕鱼,主要目的就是捕捞乌鱼等鱼类。当时北港海鱼之丰饶,出乎人们想象之外。明代姚旅的《露书》说:"鹿筋、乌鱼子、鳗鱼脬,最佳味。而海澄最多。皆来自北港番。北港番者,去海澄七日程。其地广而人稀,饶鹿与鱼。……又乌鱼、带鱼之类,皆咬尾逐队,千百为群。取者必徐举,听其去半后取,不然则绝网断绳而去。"② 以上史料说明,海澄的乌鱼子、鳗鱼脬都是从北港捕获而来的。

明代万历年间福建巡抚许孚远的《敬和堂集》也提到北港。他说:"同安、海澄、龙溪、漳浦、诏安等处奸徒,每年于肆伍月间告给文引,驾驶鸟船,称往福宁卸载、北港捕鱼,及贩鸡笼、淡水者,往往私装铅硝等货,潜去倭国,徂秋及冬,或来春方回。"③ "又有小番,名鸡笼、淡水,地邻北港捕鱼之处……与广东、福宁州、浙江、北港船引,一例原无限数。"④

可见,北港原是作为一个捕鱼的港口而出名的,海澄港每年都为去北港捕鱼的渔民颁发船引,这些渔民主要来自同安、海澄、龙溪、漳浦、诏安诸县,显见,去北港捕鱼的渔民主要来自漳州所辖各县,其次为来自泉

---

① 罗得里格斯:《台湾的中国人、荷兰人和西班牙人(1624-1684)》,(澳门)《文化杂志》,2007年秋季刊,第182页。
② 姚旅:《露书》卷十《错篇》,北京图书馆藏明天启刻本,《四库全书存目丛书》子部,第111册,齐鲁书社,1995,第727页。
③ 许孚远:《敬和堂集》卷四《疏通海禁疏》,明万历三十九年刊本,第27页。
④ 许孚远:《敬和堂集》卷七《海禁条约行分守漳南道》,第11页。

州的同安渔民。当时的厦门、金门都只是同安县的港口，所谓同安渔民，应以金厦二岛的渔民为多。

那么，漳厦渔民是什么时候发现了北港渔场？若能确定这一点，就可知道明代北港的开发时间。在历史上，福建航海业是很发达的，考古资料证明，早在宋元时期，澎湖海面就是福建渔民最重要的渔场，而澎湖渔场离北港只有一日的水程，常在澎湖捕鱼，不可能不到过北港；此外，元代的《岛夷志略》等书也记载了琉球（台湾古名）的少数民族，说明当时有人到过台湾岛。然而，在古籍上尚未发现宋元时期闽粤渔民到过北港的证据。

明朝实行海禁，对福建渔业是个很大的打击，但随着时间的推移，这种情况渐有变化。王忬说："国初立法，寸板片帆不许下海，百八十年来，海滨之民，生齿蕃息。全靠渔樵为活。"[①] 为了追捕鱼群，渔民往往出海数月方归；"每遇捕黄鱼之月，巨艘数千"，追捕鱼群；[②] 沿海鱼群循着海流洄游，"鱼自北而南，冬则先至凤尾，凤尾在浙直外洋，故福兴泉三郡沿海之渔，无虑数千艘，悉从外洋趋而北；至春，渔乃渐南，闽船亦渐归钓，从来如是。"[③] 舟山群岛历来是福建渔民主要的渔场，"台（浙江台州）之大陈山、昌之韭山、宁之普陀山等处出产带鱼，独闽之莆田、福清县人善钓。每至八、九月，联船入钓，动经数百，蚁结蜂聚，正月方归，官军不敢问。"崇祯元年（1628 年）十二月，舟山的洋面"有船一鯮，约八十余只……系闽中钓带鱼船只"[④]。可见，当时福建的渔民总是北上舟山渔场，然后尾随鱼群的洄游南下，其中可能一部分人追逐乌鱼的洄游来到台湾北港。当他们发现北港是一个很大的渔场后，就会主动从闽南的海港直接驶向北港捕鱼，因此，在海澄批出的出海船引中，会有北港捕鱼的船引。曹永和先生推测，"自嘉靖末年以来，最迟是万历初年以来，大陆上已有许多商船和渔船，进入台湾本岛，南起北港，而北部一直到淡水、鸡笼。"[⑤] 当

---

① 王忬：《条处海防事宜仰祈速赐施行疏》，载《明经世文编》卷二八三《王司马奏疏》，第2997 页。
② 王忬：《条处海防事宜仰祈速赐施行疏》，载《明经世文编》卷二八三《王司马奏疏》，第2997 页。
③ 董应举：《崇相集·护渔末议》，民国十七年重刊本，第 65 页。
④ 《浙江巡抚张延登题本》，崇祯二年四月二十四日，转引自中央研究院历史语言研究所编《明清史料》（乙编），第七本，商务印书馆，第 618~619 页。
⑤ 曹永和：《明代台湾渔业志略》，《台湾早期历史研究》，第 165 页。

时的福建人已经很熟悉从闽南港口到北港的水路，陈第的《东番记》说："异哉东番！从烈屿（在金门附近）诸澳乘东北风航海，一昼夜至彭湖，又一昼夜至加老湾，近矣。"① 按，加老湾即为北港的一个边缘港口，可见，当时的福建渔民从金门、厦门到北港，只要两天左右。黄承玄曾说："至于濒海之民，以渔为业；其采捕于彭湖、北港之间者，岁无虑数十百艘"②。亲自考察台湾大员港的荷兰人记载："在大员湾中，约有一百艘戎克船，是从中国来的，从事于渔业。"③ 周婴的《东番记》记载："泉漳间民渔其海者什七，薪其岭者什三"。④ 福建渔民因而对北港十分熟悉，陈第的《舟师客问》记载："沈子尝私募渔人，直至东番，图其地里，乃知彭湖以东，上自魍港，下至加哩，往往有屿可泊；隆冬北风，易作易息。我师过彭，则视风进止矣。且渔人而渔，商人而商，未闻以冬而废业者，又何疑于航海之师也。"⑤ 可见，沈有容了解北港的港口，主要是仰仗福建渔民。

从福建渔业发展史看，至少在明代中叶福建渔民就有可能发现了北港渔场。当时的福建渔民常到台湾沿海捕鱼，然后将其运到闽南沿海港口出售，这是最早成规模的闽台贸易。

第四节　闽商与台湾北港贸易的发展

明代台湾诸港以台南的北港最为重要，闽南商人占据此地，将本地土产输入漳州月港，另将鹿皮输至日本，明末北港成长为中日贸易的中间港，闽台贸易也达到了新的水平。

一　从鹿肉贸易开始的北港贸易

北港吸引福建人的第二个因素是当地的鹿肉贸易。早期的台湾盛产鹿类动物，而台湾土著以捕鹿闻名于世，"山最宜鹿……千百为群。……冬，鹿群出，则约百十人即之，穷追既及，合围衷之，镖发命中，获若丘陵"。由于鹿太多的缘故，台湾先住民只吃鹿的内脏，"其俗得鹿，只取其肠，洗净绕臂，沿途生啖之。余尽弃去"。这样，福建人就能以很低的价格购买鹿

---

① 陈第：《东番记》，载沈有容《闽海赠言》，台湾文献丛刊本，第 26~27 页。
② 黄承玄：《条议海防事宜书》，载《明经世文编选录》，台湾文献丛刊第 53 册，第 206 页。
③ 转引自曹永和《荷兰与西班牙占领时期的台湾》，《台湾早期历史研究》，第 39 页。
④ 周婴：《远游篇·东番记》，福建师范大学藏手抄本，第 37 页。
⑤ 陈第：《舟师客问》，载沈有容《闽海赠言》卷二，台湾文献丛刊本，第 29~30 页。

肉，"漳泉之惠民，充龙、烈屿诸澳，往往译其语，与贸易，以玛瑙、瓷器、布、盐、铜簪环之类，易其鹿脯、皮、角。"①

中国人一向缺乏肉食，所以，古代中国人往往被视为以素食为主的民族。虽说福建沿海民众以海鱼为食，但对他们来说，来自动物的肉类也是十分难得的。由此可知，当时从北港购得的鹿肉在海澄一定能售出好价钱，更不用说鹿茸之类的珍贵商品。在张燮的《东西洋考》一书中，鹿皮与鹿脯被列为征税项目，鹿皮的税收是"每百张税银六分九厘"，鹿脯的税收是"每百斤税银三分四厘"②。这说明海澄港曾经进口不少鹿肉与鹿皮。不少外国人也注意到台湾北港与漳州之间的贸易，西班牙籍的多明我会士Bartolomé Martínez说："在福尔摩沙整年可以有大的市集与很多商品，没有中国官员能禁止，因为这岛非常接近漳州，中国最主要的贸易在那里（漳州）进行，且（漳州）接近中国较富裕的区域。小而轻便的货品在一年的任何时候可以在短时间内运送（至福尔摩莎岛）。就像现在已有乘舢板，为着柴薪与捕鱼的交易，以及未登记，也不准航行的中国船只如同渔民般往来；当有人看到这些船，并不会理睬，因为知道他们出航是为了捕鱼或载柴薪。若有人希望他们登记时，也因他们的橹、帆如此轻小而不需（登记）。"③　其实，当时的福建官府为了防倭，对出海贸易的商船控制较严，但对渔业一向是支持的。许孚远的《敬和堂集》说："北港船引，一例原无限数。"④　1622年，第一次到台湾的荷兰人考察大员港，发现当地有华人在经营商业，"并收购鹿肉，输至中国。此项戎克船，要进入内地，其中载着很多要收购鹿皮鹿肉的中国人。大概每一番社中，有一、二名至五、六名汉人进去，用米盐或衣料以从事于蕃产品的交易。"⑤　自从福建商人到北港采购当地的鹿皮与鹿肉之后，北港就不再是纯粹的渔港，而是一个商业港口。该地汇集了来自台湾南部的鱼干与鹿制品，而福建商人用各种小商品换取台湾的土产。

因倭寇的入侵活动，明朝虽然开放月港通商，但严禁福建商人到日本

①　陈第：《东番记》，载沈有容《闽海赠言》，台湾文献丛刊本，第26～27页。

②　张燮：《东西洋考》卷七《饷税考》，第144～145页。

③　Jose Eugenio Borao Mateo et al. , eds. *Spaniards in Taiwan*, pp. 41－47. 转引自陈宗仁《北港与"Pacan"地名考释：兼论十六世纪、十七世纪之际台湾西南海域贸易情势的变迁》，《汉学研究》第二十一卷第二期，总第43号，2003，第271～272页。

④　许孚远：《敬和堂集》卷七《海禁条约行分守漳南道》，第11页。

⑤　曹永和：《荷兰与西班牙占领时期的台湾》，《台湾早期历史研究》，第39页。

贸易。在明代嘉靖年间，福建商人对日本直接贸易一度很盛，其后，由于明朝的禁令，对日本的直接贸易停顿。这一时期，除了澳门的葡萄牙人可以去日本直接贸易外，日本市场上一度罕有福建商人直接贸易。不过，随着朝鲜战事的结束，明朝海禁松弛，福建商人开始出现在日本的港口，他们之中有些人是以北港捕鱼的借口北航日本松浦（平户），"往往私装铅硝等货，潜去倭国，徂秋及冬，或来春方回"①。许孚远的《敬和堂集》说："同安、海澄、龙溪、漳浦、诏安等处奸徒，每年于肆伍月间告给文引，驾驶鸟船，称往福宁卸载、北港捕鱼，及贩鸡笼、淡水者，往往私装铅硝等货，潜去倭国，徂秋及冬，或来春方回。""又有小番，名鸡笼、淡水，地邻北港捕鱼之处……北港船引，一例原无限数。"②

正是在这一背景下，出现了从台湾北港到日本松浦的航路。明代的《顺风相送》一书记载从日本松浦港到吕宋的航路，途中要经过"北港、沙马头、大湾山"。③《顺风相送》一书以闽南的海澄港为始发港，记载了海澄之外的广大水程。这说明当时的闽南商人活动之广。不过，关于《顺风相送》的创作年代一直有争议，有人将其定为明代前期郑和远航的航线图。其实，《顺风相送》一书也许最早是郑和时代水手的航路图，但随着《顺风相送》在民间的传播，当中增添了不少后世的史料。以日本松浦港而言，它的兴起是在嘉靖年间，即为著名的平户港。由于其主人是姓松浦的日本大名，所以，又有松浦港的别名。松浦家族介入对外贸易是在明代后期，所以，明代早期不可能有松浦港之名，就此而言，松浦港到北港的航线不可能是明代前期开辟的。

需要说明的是，从日本松浦到台湾北港的贸易主要掌握在福建商人手中。据在日本的英国商人理查·科克斯于1618年的记载，当时泉州人李旦在台湾岛经营贸易："最近两三年，中国人开始与某一个被他们称为高砂、而在我们海图上称作福尔摩沙的中国近海岛屿进行贸易。当地仅容小船经由澎湖群岛进入，而且只与中国人进行交易。该岛距离中国大陆约三十里格，以至于每次季风来临时，中国人利用小船从事二到三次的航行。安德瑞·狄提士（李旦）与他的弟弟甲必丹华，无疑是在当地进行私自贸易中

---

① 许孚远：《敬和堂集》卷四《疏通海禁疏》，明万历三十九年刊本，第27页。
② 许孚远：《敬和堂集》卷七《海禁条约行分守漳南道》，第11页。
③ 向达注释《两种海道针经》，中华书局，2000，第91页。

最大的冒险投机者。"① 1618 年即为万历四十六年，其时正为海盗袁进、李忠盘踞台湾的时期，李旦能在台湾做生意，看来与当地海盗有相当深的关系，甚至有可能是台湾海盗的后台。在李旦手下做事的郑芝龙，应是在这一背景下屡次到过台湾。

来到北港的闽南商人很容易发现，这里出产的鹿皮在日本很好卖，因此，他们开始采购大量的鹿皮到日本出售。到了这时，福建商人到北港，已经不单是为了取得出海的船引，而是要购得鹿皮，以便在日本卖高价。一个欧洲人说："日本人是鹿皮的主要消费者，他们以此生产皮制品、衣服和家具。鹿皮是由汉人运往日本，不过有时候日本船也会直接到鸡笼，1632年便有此情况。艾基水提到，那一年'有 3 艘日本来的舢板船装了鹿皮，一个日本人告诉我们说，虽然丝绸在日本是极其珍贵的货品，但他们从鹿皮身上赚到的比较多'。"② 北港鹿皮出名后，日本商人也闻风而来，日本的明石道友面对福建方面指责其谋占北港时说："通贩船经由驻泊，收买鹿皮则有之，并无登山久住意。"③ 可见，当时日本人路过北港只是采购鹿皮而已。但北港的鹿皮贸易逐渐发展为中日之间的多种商品贸易，万历末年任福建右布政使的沈演在其《答海澄》一文中说："大患乃在林锦吾北港之互市，引倭入近地，奸民日往如骛（鹜），安能无生得失。明明汪五峰故事，倭之市虽不可绝，而接济之奸安得不严禁……其患或在数年之后，不意目前遂尔猖獗……倭银若至北港，虽日杀数人，接济终不能止，何者，利重也。……倭之欲市，诚不可绝，然渠何必北港，使断此一路，倭市在洋船而不在接济，无论饷食日增而海上永无患矣。……如所谓林心横诸人皆林锦吾下小头领，其作此无赖，锦吾亦未必知，就中何法禁弭，移檄北港诘问，似可行。"④ 沈演的史料表明，在他当福建右布政使的时候，被招安的北港海盗林锦吾等人在当地招揽日本商人，进行贸易，日本白银进入北港市场，由于日本的白银较为便宜，所以，福建沿海商民纷纷到北港与日本商人直接贸易。

其时，由于明朝禁止商人与日本直接贸易，所以，日本人采购中国商品，往往要远到东南亚马尼拉等港口。北港的兴起，使他们多了一个选择，

① 转引自张增信《明季东南海寇巢外的风气 1567－1644》，载张炎宪主编《中国海洋发展史论文集》（第三辑），"中央研究院"三民主义研究所，1977，第 334～335 页。
② 鲍晓鸥：《西班牙人的台湾体验》，南天书局，2008，第 259 页。
③ 张燮：《东西洋考》卷一二《逸事考》，第 250 页。
④ 沈演：《止止斋集》卷五六《答海澄》，台湾图书馆影印崇祯六年刊本，第 32～33 页。

日本商船可以直接到北港采购中国的商品，不必远航马尼拉。对福建商人来说，既然日本商人常到北港来，他们也可以在这里直接出售中国商品，购入日本白银，于是，北港逐渐成为对日本贸易的中转站。这一时期北港的商品贸易早已超出鱼干与鹿皮的范畴，在日本市场上可售得高价的生丝、绸缎、红白糖、瓷器，都进入了北港。不过，其总量并不太多。荷兰人于1622年7月29日到大员勘察，他们记载：日本人每年有两三艘船前来贸易。据中国人说此地多鹿皮，日本人向原住民购买。中国人每年也有三四艘船载着丝织品与日本人贸易。① 可见，当时北港的贸易已经初具规模。

荷兰人于1622年调查了北港的情况，其舰队司令在日记中写道："七月三十日，星期六。晨。天明即入港。发见港内的水，在最低潮时为十二呎。故推算在满潮时约为十五至十六呎。海岸多砂丘，有丛林散播其间，在稍远处可见有树木和竹林。但要得到这些材料，甚为困难，若能得到材料，则在港口的南边，很适合于筑城。筑城以后，外船即很难入港。每年有日本帆船二三艘来到此港进行贸易。据中国人之说，此地只有鹿皮，日本人是从土人购取。中国方面，每年有三四艘帆船载绢绸来此，和日本人交易。我们没有看到什么人，只见有渔船一艘，没有能和他们讲话。这港就是葡萄牙人所称 Lamangh 之处。"② 其后，荷兰人调查了台湾南部的情况。近阅罗得里格斯的《台湾的中国人、荷兰人和西班牙人（1624－1684）》一文，他调阅了许多荷兰的档案，因而对当时台湾的情况较为熟悉。文章中说："在荷兰人抵达台湾时，当地的南方土著人仅有五万人左右，分别居住在一百多个村落。当然，这里说的是台湾西南部地区。根据荷兰人的资料，这些台湾南方土著人称台湾为笨港或'北港'。"③ 这些史料说明，福建商人在北港已经有一定的势力。

二　巨商林锦吾、李旦在北港的活动

袁进与李忠被招降后，北港渐成为海上私商贸易中心："天启元年，有惯走倭国巨贼总管大老、大铳老、鸣嗜老、黄育一等，因领岛酋货本数千金，为其党我鹏老所夺，不敢复归，竟据东番北港掳掠商船，招亡纳叛，

---

① 郭辉译：《巴达维亚城日记》第1册，台湾省文献委员会印行，1970，第11页。
② 曹永和：《明代台湾渔业志略》，《台湾早期历史研究》，第166页。
③ 罗得里格斯：《台湾的中国人、荷兰人和西班牙人（1624－1684）》，（澳门）《文化杂志》，2007年秋季刊，第182页。

争为雄长。抚院商周祚遣将领密访出唐贼、黄十二、黄应东，与接济奸徒郭台潮、洪叠飞等擒获收禁，令副总、坐营等官亲督哨前往鸡母澳，追至彭山外洋，擒获贼首黄色彩、假倭鹿筋、吴发等二十四名。余党南遁。八月，诸将追至粤东钱澳海洋，生擒贼众八十余名，阵斩點贼蚂蛉老首级一颗。"① 由此可见，袁进、李忠之后，台湾的海盗并未断绝。上文所说的"我鹏老"应是海盗林我鹏，《潮州府志》记载："林我鹏，同安人。聚众与袁进、李忠合。及袁李就抚，我鹏逸去，万历四十八年（1620 年）庚申三月突犯广澳，官兵连败之，获其缯艚船、神飞铳。我鹏丧魄，匿广澳之乌猪峙，冀延残喘，四月染疫死。余党死者过半。总管新老、大功老、詹八老、大长老等四十人，为把总廖宏绪尽歼于乌猪外洋。"②

　　除了林我鹏之外，同时期还有其他海盗袭击广东沿海。万历四十八年（1620 年）四月，"巡按广东王命璿奏：粤海迪寇许彬老、钟大番、余三老等系袁进余党，出没海岛，啸聚剽掠，跳梁于白沙、虎门、广海、莲头之间，民受其荼毒。业经督臣申饬兵将侦捕于海之东西。其擒贼有功及碣石失利官员，应赏罚治有差。"③ 《明熹宗实录》天启二年三月丙午条记载："先是，两广总督陈邦瞻疏称：闽广之间，海寇林辛老等啸聚万计，屯据东番之地，占候风汛，扬帆入犯，沿海数千里无不受害。"由此可见，袁进虽然离开台湾北港，但其余部在广东活动，闹得广东鸡犬不宁。在林辛老等人的领导下，北港海盗的队伍达万人以上。他们最终被福建水师平定。叶向高说："其怙终稔恶、逋逃流突者，复为参将张嘉策所歼。生擒百余名。咸膏斧锧。未尝有斗粮半镞之费。而大憨就平，潢池罢警，亦年来未有之伐也。"④ 《弃草集》说："虽属有袁李效顺之事，不足风也。势非草薙禽狝，穷根株痛，断不止。今中丞商公甫入闽即苦心经画，厉法悬赏，指授方略，明见千里，将士用命。越境荡除，浃旬而彭山、钱湾两捷，生获名贼黄包彩、陈奇百余人，他斩溺无算。威灵震渠魁，雷公老以计擒，黄育一力屈远遁，束身请降于粤，贼党溃散。商渔获甦。某文吏，虽未尝践楼船，预斩获，然窃从爰书中得诸贼罪状，从羽檄中得群帅功绩，而后知公

---

① 曹学佺：《湘西纪行》卷下《倭患始末》，《曹能始先生石仓全集》，第 46 页。
② 周硕勋：乾隆《潮州府志》卷三八《征抚》，第 41 页。
③ 《明神宗实录》卷五九三，第 11385 页。
④ 叶向高：《苍霞余草》卷十五《中丞王公（士昌）靖寇碑》，江苏广陵古籍刻印社，1997，第 22 页。

之神机英武，卓乎其不可及也。"①

　　实际上，明末的台湾北港是一个亦盗亦商的地区。台湾的张增信、陈宗仁在沈演（湖北乌程人，1619－1620 年任福建右布政使）的《止止斋集》中发现多条有关林锦吾盘踞台湾北港的史料。《论闽事》载：

　　"袁俊（袁进？）归降，又复东行，盗势解散，今岁尤踯躅，寻自离披，似可小憩。而挟倭货贩北港者，实繁有徒。此辈不可剿、不可抚，急且合倭以逞六十年前故事。"②

　　"税事得门下料理自安，林锦吾可因而用之，使阴就吾约束，不可剿，亦不可招。"③

　　《答海道论海务》记载："若北港之局，牢固不拔，奸民接济者多负赖，起衅者又多……不意连日得报，有林心横劫杀洋船事，今又有徐振里压冬事，亦既蠢蠢动矣。此辈恐皆林锦吾下小头领耳。日本发银买货，于法无碍，若就吕宋与洋船贸易，即巨奸领银牟利，自可相安无事。惟停泊北港，引诱接济奸民，酿今日劫杀之祸，起将来窥伺之端，不得不严禁耳。如林、如徐，毕竟于内地，获利不赀，身家念重，就中驾驭而牢笼之，使其市场在吕宋，不在北港，接济自绝，瑕隙自杜。"④

　　《答海澄》一文论述北港："海上贼势虽剧，倏聚倏散，势难持久，犹易扑灭。而大患乃在林锦吾北港之互市，引倭入近地，奸民日往如骛，安能无生得失。明明汪五峰故事，倭之市虽不可绝，而接济之奸安得不严禁……其患或在数年之后，不意目前遂尔猖獗……倭银若至北港，虽日杀数人，接济终不能止，何者，利重也。……倭之欲市，诚不可绝，然渠何必北港，使断此一路，倭市在洋船而不在接济，无论饷食日增而海上永无患矣。……如所谓林心横诸人皆林锦吾下小头领，其作此无赖，锦吾亦未必知，就中何法禁弭，移檄北港诘问，似可行。"⑤ 沈演的史料表明，在他当福建右布政使的时候，被招安的北港海盗林锦吾等人在当地招揽日本商人，进行贸易，沈演对此感到不安，因而发文到北港质问闽商林锦吾等人。这一事件表明，福建官府已经在管理台湾北港的事务，可以说，这一时期，

---

①　周之夔：《弃草集》卷一《闽海剿略序》，江苏广陵古籍刻印社，1997，第 387 页。

②　沈演：《止止斋集》卷五五《论闽事》，第 20～21 页。

③　沈演：《止止斋集》卷五五《与海澄》，第 8 页。

④　沈演：《止止斋集》卷五五《答海道论海务》，第 18～19 页。

⑤　沈演：《止止斋集》卷五五《答海澄》，第 32～33 页。

台湾已经明确是中国的领土。①

小　结

　　明朝是东亚形势大动荡的时代，而且这些形势的变化无不与台湾海峡有关。因明代中国经济的再次崛起，它对白银的渴望引发了白银产地日本与中国的贸易，明朝的海禁政策成为双方往来的障碍，于是，在海上航行的福建商人通过走私将两国之间的贸易发展起来。中日贸易又引发了欧洲商人前来参与，尤其是西班牙人从美洲带来大量的白银，让东方进入了白银时代。不论是中日贸易还是中国与东南亚欧洲殖民者之间的贸易，福建商人都占有重要地位。他们在东洋水域的贸易，使自己的船只多次穿越台湾近海，于是，台湾的开发提到了议事日程上来。

　　明代福建商人在开拓台湾方面起了重要作用。先是渔民运来台湾沿海出产的乌鱼子之类的水产，而后从台湾北港运来鹿脯之类的食物；其后，漳泉一带的商人也开始参与闽台之间的贸易，因福建沿海一带十分缺乏能源，福建商人甚至从台湾运来柴火以作燃料。闽台之间的经济关系日益密切。其时，到台湾贸易的商人偷偷到日本贸易，先是将台湾的鹿皮出售于日本平户等港，而后是将丝绸之类的商品带到台湾北港，再从北港到日本贸易。久而久之，日本商人南下台湾，寻找与中国船只的贸易机会，这使北港的地位日益重要。但因这里的商人与海盗生活在一起，经常闹出各种事来，福建官府加强了对北港的管理，当时的福建官府已经有了在台湾设置郡县的计划。总结明代台湾海峡的任何变化，其背后都有福建海商时隐时现的影子。如果说在明以前，福建商人到台湾都只有些淡淡的史影，那么，明代福建商人开发台湾，则是长期延续的历史事实，闽台商缘正是在这一时代奠定了扎实的基础。

---

① 徐晓望：《论晚明对台湾、澎湖的管理及设置郡县的计划》，《中国边疆史地研究》2004 年第 3 期。

第六章　闽商与荷西殖民时代的台湾

明末，福建官府因经费的原因，在台湾设置郡县的计划进展缓慢。荷兰、西班牙殖民者乘机窃据台湾，台湾的殖民时代就此到来。因欧洲殖民者来到台湾主要目的是得到中国的商品，所以，他们对福建商人有打有拉，擅长经商的福建商人利用这一形势深入台湾内地，发展了两岸之间的关系。不过，闽商与欧洲殖民者之间的关系从矛盾发展为激烈的斗争，最终以殖民者被驱逐而告终。

第一节　澎湖危机中的福建商人与荷兰殖民者

天启二年（1622 年）开始的澎湖危机改变了台湾海峡的形势，危机发生时，福建商人居中调解，荷兰殖民者乘机进入台湾。其后，荷兰殖民者支持台湾海盗向闽粤沿海发展，从而巩固了他们在台湾的占领。

一　福建商人及福建官府与荷兰殖民者的谈判

荷兰人是继葡萄牙人与西班牙人之后来到东南亚的第三个欧洲国家的殖民主义者。他们来到东方之后，攻占葡萄牙人占领的马六甲，并在马六甲海峡的南侧经营港口城市——巴达维亚（即雅加达）。万历二十八年（1600 年），荷兰派出了一支由 6 艘商船组成的舰队，远航中国，次年到达澳门海岸，但由于葡萄牙人从中作梗，荷兰人的贸易要求被广州地方官拒绝。万历三十二年（1604 年）七月，荷兰殖民者在一些漳州商人①的引导

---

① 据《明史·和兰传》，这些漳州人有潘秀、李锦、郭震等人，他们都是海澄县人，被称为"澄商"，都有在印度尼西亚的大泥为荷兰人工作的历史。参见庄国土《早期的中荷交通与荷使来华》，载〔荷〕包乐史、〔中〕庄国土《〈荷使初访中国记〉研究》，厦门大学出版社，1989，第 27～31 页。

下，乘两艘大船航抵台湾海峡的澎湖群岛，试图仿照澳门的葡萄牙人之例，租借澎湖贸易，从而引发了第一次澎湖危机。在这一次危机中，由于福建方面出动 50 艘船组成的水师前往澎湖，在沈有容的劝说下，荷兰人最后退出了澎湖群岛。然而，意识到台湾海峡的重要性之后，荷兰人于天启二年再次发动了侵占澎湖的事件，史称第二次澎湖危机。

荷兰舰队于 1622 年（天启二年）7 月 10 日抵达澎湖。澎湖被占后，对福建沿海威胁极大。"南京湖广道御史游凤翔奏：……今彭湖盈盈一水，去兴化一日水程，去漳泉二郡只四五十里。于此互市而且因山为城，据海为池，可不为之寒心哉。且闽以鱼船为利，往浙往粤，市温潮米谷，又知几千万石？今夷据中流，鱼船不通，米价腾贵，可虞一也；漳泉二府负海居民，专以给引通夷为生，往回道经彭湖，今格于红夷，内不敢出，外不敢归。无籍雄有力之徒，不能坐而待毙，势必以通属夷者转通红夷，恐从此而内地皆盗，可虞二也。'"① 可见，福建商人在台湾海峡的利益受到极大影响。

福建官府为了让荷兰人离开澎湖，用尽了各种方法。顾祖禹《读史方舆纪要》第 99 卷记载："总兵俞咨皋者，用间移红夷于北港……北港盖在彭湖之东南，亦谓之台湾。天启以后，皆为红夷所据"。所谓"用间"，即是俞咨皋利用官府的压力迫使侨居日本的同安大商李旦出面与荷兰人谈判，李旦不懂外语，翻译由郑芝龙承担。也有人说，当时出面调停的实为漳州海盗颜振泉。他们都重用郑芝龙。

前引史料说明，李旦"久在倭用事"，表明他在日本有一定势力。日本学者岩生成一有一篇名为《明末侨寓日本支那人甲必丹李旦考》的著名论文，在此文中，岩生成一着力证明：西洋文献中侨寓日本平户的华人领袖安德瑞·狄提士即为李旦，而且他认为李旦与颜思齐（颜振泉）为同一人，因为他们同为福建人，同与台湾有密切的关系，同在日本平户为华人领袖，同为海盗之首领。但在事实上，具备这些条件的人不少，曹学佺说："天启元年（1621 年），有惯走倭国巨贼总管大老、大铳老、鸣嘴老、黄育一等，因领岛酋货本数千金，为其党我鹏老所夺，不敢复归，竟据东番北港掳掠商船，招亡纳叛，争为雄长。"② 上述总管大老、大铳老、鸣嘴老、黄育一等都有可能是平户的华人甲必丹。此外，天启元年正是颜思齐与郑芝龙进

① 《明熹宗实录》卷三七，第 1927～1928 页。
② 曹学佺：《湘西纪行》卷下《倭患始末》，《曹能始先生石仓全集》，第 46 页。

入台湾的时期，联系到上述史料，所谓"惯走倭国巨贼总管大老"，有可能
是李旦，也有可能是颜思齐。他们都有在台湾北港与日本长崎之间做生意
的历史，而且都与郑芝龙有关系。其实，岩生成一早已引用西文史料证明
颜思齐为平户的华人甲必丹：

> 平户之所谓的支那甲必丹，名叫颜思齐，生于漳州府海澄县，并
> 于该地结婚。按悠闲渡日之支那移民之一般习惯，他可能不只娶一位
> 而是娶了数名妇人为妻。对于平户之主要支那商贾而言，他大概是船
> 主。因此之故，于该地未得任何任免命令就被授予甲必丹之称号。有
> 关他与荷兰人的交涉，可参考 W. P. Groeneveldt 所著《荷兰人在中国》。
> 他在荷兰人撤离澎湖转往台湾之交涉中曾是调停者。①

可见，据西文史料，颜思齐才是真正的调停者，岩生成一将颜思齐与
李旦当作一个人，才得出李旦在调停中荷冲突起主要作用的结论。但李旦
与颜思齐并非一个人，这已经是台湾学者业已解决的问题。② 所以，岩生成
一将日本华人甲必丹的史料全部归为李旦一人，肯定是犯了错误，它更有
可能是属于许多人的，往来于日本与台湾之间的华人是一个群体，其中有
派别之分，在日本任华人甲必丹的，也未必只有一个人，当中最为著名者
应为颜思齐。不过，因颜思齐的身份与官府打交道不便，福建官府联系较
多的是同安商人李旦。

其实，福建官府方面虽然使用李旦，但对李旦评价不高，沈铁在给南居
益的信中说：

> 游棍李旦，乃通裔许心素之流也。凤通日本，近结红夷，兹以讨
> 私债而来，且祭祖为名目，突入厦门，岂有好意，不过乘官禁贩，密
> 买丝绸，装载发卖诸裔，并为番裔打听消息者。宜留之为质，俾贻书
> 诸番，勿扰我边海可也，径听其逸去，可也。③

---

① 〔日〕岩生成一：《明末侨寓日本支那人甲必丹李旦考》，载〔日〕村上直次郎等著《荷兰
时代台湾史论文集》，许贤瑶译，佛光人文社学学院，2001，第61页。
② 方豪：《台湾早期史纲》，第145页。
③ 沈铁：《上南抚台书》，载吴梦沂等撰民国《诏安县志》卷一六《艺文志》，民国三十一年
排印本，第8页。

可见，李旦更像一个买空卖空的奸商，而不像颜思齐之类手下有成百上千海盗的大头目。那么，颜思齐与李旦的关系如何？笔者认为，李旦有可能是颜思齐的同伙，在调停明朝与荷兰的冲突中，由于明朝方面点名要李旦出面，而李旦也经常出面与福建官府谈判，因而造就了李旦的大名。实际上，颜思齐与荷兰人的关系也很深，据荷兰方面的史料，在荷兰人对撤往台湾何地举棋不定时，有一位华人甲必丹①从日本带来 14 万里尔的银子前来购物，他给荷兰人的"忠告"是：

> 荷兰人不如据守大员港（Thaiwam）为宜。鸡笼（Kelang）及淡水（Tansoei）并非优良之碇泊地，加上附近之番人凶恶，无法交往。②

他的建议在荷兰人中起了效果，最终荷兰人决策去大员港而不是北上淡水。由于荷兰军队退走，福建官府与荷兰双方最终达成了协议。可见，颜思齐将荷兰人引向台湾大员港，从而让双方的冲突告一段落。

那么，这些华人为什么对荷兰人那么好？这是因为福建商人一直在海外寻找贸易机会，他们在吕宋受到西班牙人的大屠杀，但为了贸易，又不得不到吕宋做生意，仅仅这一点，就会使他们对西班牙的敌人感兴趣。荷兰原为西班牙的隶属国，为争取独立，荷兰人坚持了长达数十年的斗争。独立之后，荷兰人对西班牙人不依不饶，将反西班牙人的战斗从欧洲扩大到美洲与亚洲，尤其是在东亚，双方进行了极为激烈的争夺，荷兰人公开抢劫西班牙的每一艘船只，甚至抢劫去西班牙港口贸易的中国商船，每当有所缴获，荷兰人毫不客气地将这些货物运到荷兰的阿姆斯特丹出售。事实上，荷兰人承认，荷兰人早期运到阿姆斯特丹的货物，大多是从东方抢来的，而不是买来的。可见，闽粤海盗与荷兰人有共同的"爱好"，他们走在一起并非偶然。然而，颜思齐等人肯定低估了荷兰人。

不论是李旦的史料还是颜思齐（颜振泉）的史料，都说他们与郑芝龙的关系很深。在李旦和颜振泉之后，郑芝龙崛起，成为台湾海峡闽商最杰出的代表。

---

① 也有人认为，这位巨商即为李旦。参见薛化元等编撰《台湾贸易史》，第 35 页。
② 引自〔日〕村上直次郎等著《荷兰时代台湾史论文集》，许贤瑶译，佛光人文社会学院，2001，第 84 页。

二 "亦商亦盗"的郑芝龙

郑芝龙为泉州南安县石井镇人,小名一官。他的父亲略有财产,曾经做过泉州府的库吏。郑芝龙从小念书,但顽劣异常,曾掷石块误中泉州知府蔡善继的官帽,蔡善继见其聪明伶俐,一笑置之。郑芝龙的家人见郑芝龙无心念书,便将其送到澳门学做生意。郑氏家族长期在澳门经商,在郑芝龙之前,已经有三代十四人葬于澳门,所以,郑芝龙到澳门经商,不是偶尔为之,而是家族的安排。郑芝龙一生与澳门渊源颇深,他应是在这里学会了葡萄牙语,并加入天主教会,其教名为"尼古拉·加斯巴尔德"。郑氏族谱上记载他的原配夫人是廉州府合浦县陈氏,这一婚姻应是在澳门缔结的。① 他的长女长期生活在澳门,后来嫁给一个葡萄牙人。②

据《台湾外志》的记载,郑芝龙在澳门,有一次,他的舅舅黄程"有白糖、奇楠、麝香、鹿皮欲附李旭船往日本,遣一官押去"③。郑芝龙因此来到日本的松浦港(平户),其后,郑芝龙流落日本,当过鞋贩、裁缝。据《台湾外志》,颜思齐在日本时,也以裁缝为生。平户是一个不大的城市,华人数量也有限,所以,郑芝龙在这里认识颜思齐、李旦等人是不奇怪的。日本学者岩生成一认为郑芝龙长期在李旦手下做事。李旦又名李旭,是明末泉州巨商,早年往来于澳门、日本、菲律宾等地,积聚了大量财富。晚年他定居日本平户,经常派手下到台湾做生意。郑芝龙能说葡萄牙语,而葡萄牙语是晚明东南亚欧洲人之间的主要商业用语,因此,李旦起用郑芝龙与欧洲人打交道。④ 据荷兰人在日本平户的日记,李旦手下有一个名叫"一官"的人经常与他们来往,人们认为,这个一官应当就是郑芝龙了。⑤

《台湾外志》说郑芝龙于天启四年(1624年)跟随颜思齐下海为盗,到了台湾。但史册记载颜思齐在天启二年已是闻名东南的海盗,看来,郑芝龙至少在天启元年就跟随颜思齐到台湾当海盗。其后,他往来于日本九州与中国的台湾之间,在日本娶田川氏为妻,生子郑成功。当颜思齐与李

① 徐晓望:《郑芝龙家族与明代澳门的闽商》,《澳门研究》2008年第8期。
② 金国平、吴志良:《郑芝龙与澳门——兼谈郑氏家族与澳门黑人》,《海交史研究》2002年第2期。
③ 江日昇:《台湾外志》,上海古籍出版社,1984,第3页。
④ 〔日〕岩生成一:《明末侨寓日本支那人甲必丹李旦考》,载〔日〕村上直次郎等著《荷兰时代台湾史论文集》,许贤瑶译,佛光人文社会学院,2001。
⑤ 〔荷〕包乐史:《论郑芝龙的崛起》,袁冰凌译,《福建史志》1994年7月增刊,第21页。

旦周旋于荷兰人与福建官府之间谈判时，他领二人之命给荷兰人做翻译。于是，郑芝龙让荷兰人认识了自己。据岩生成一的考证，荷兰文献记载，在 1625 年 1 月 27 日，郑芝龙还在荷兰人舰队中，但 4 月 27 日，他已经作为外来人访问荷兰人舰队。看来，他就在这一段时间内，脱离了翻译这一职务，重新成为台湾海盗队伍中的人。①《明史·鸡笼传》记载台湾的海盗："崇祯八年，给事中何楷陈靖海之策，言：'自袁进、李忠、杨禄、杨策、郑芝龙、李魁奇、钟斌、刘香相继为乱，海上岁无宁息。今欲靖寇氛，非墟其窟不可。其窟维何？台湾是也。台湾在彭湖岛外，距漳、泉止两日夜程，地广而腴。初，贫民时至其地，规鱼盐之利，后见兵威不及，往往聚而为盗。'②《明史·熊文灿传》记载：熊文灿于"崇祯元年起福建左布政使。三月就拜右佥都御史，巡抚其地。海上故多剧盗，袁进、李忠既降，杨六、杨七及郑芝龙继起。总兵官俞咨皋招六、七降，芝龙猖獗如故"③。可见，郑芝龙是继袁进、李忠之后的台湾海盗。

三　郑芝龙海盗集团与荷兰人的合作

天启五年（1625 年），颜思齐死于台湾，而李旦也于同年死于日本，台湾海盗群龙无首，推郑芝龙为魁。其时，天启五年，荷兰人武装海盗船到马尼拉沿海打劫商船，郑芝龙亦在其中，并成为海盗首脑。此时郑芝龙不过 21 岁，为何他能成为海盗首脑？这是因为：其一，当时海盗队伍的人数不多，颜思齐的部下，也许不过几千人而已。其二，台湾的海盗兼营商业，不仅在台湾海峡抢劫，还到日本经商，抢劫谁都会，经商却不是一般人都会的。郑芝龙是一个天生的商人，只有他才适合这个亦盗亦商的位置。其三，郑芝龙会说葡萄牙语，可与荷兰人打交道，从荷兰处拿到装备。事实上，郑芝龙与荷兰人的第一项合作是袭击驶往马尼拉的福建商船。

荷兰人设计袭击福建驶往马尼拉的商船，是因为当时的马尼拉在西班牙人的统治下，能得到美洲的白银供应，福建商船只要抵达马尼拉，即可获得极大的利润。所以，只要情况许可，他们都驶向马尼拉。荷兰人占据台湾之后，尽管福建方面默许福建商人去台湾贸易，但是前来直接经商的

---

① 〔日〕岩生成一：《明末侨寓日本支那人甲必丹李旦考》，载〔日〕村上直次郎等著《荷兰时代台湾史论文集》，许贤瑶译，第 110～111 页。
② 《明史》卷三二三《鸡笼传》，第 8378 页。
③ 《明史》卷二百六十《熊文灿传》，第 6733 页。

商人不多，一个于 1625 年 4 月到达巴达维亚的中国商人告诉荷兰人："中国人已经获准前往台窝湾（安平）与我方贸易，但宫廷并未公开许可，而军门都督及大官则予以默认，又为保证如果我方在中国领域外，而今后不在中国领域内作军事行动，则在台窝湾（安平）贸易上，当无何困难。"① 其后，福建当局确实遵守了这一规定，放松了对荷兰人贸易的管制，开始有一些赴台湾贸易的福建商人。但对荷兰人来说，抵达台湾的福建商人只是闽商群体中较小的一部分，大量的福建商船仍然不顾荷兰人的袭击，远航日本与马尼拉等地贸易，寻找更高的利润。这与荷兰人试图垄断中国商品的设想相距太远。荷兰人的得意算盘是在控制台湾海峡霸权以后，在台湾海峡"颁发贸易许可证"，只有获得荷兰方面许可证的中国商人，才能到日本与东南亚贸易。退而求其次，荷兰人设想福建商人都将其商品运到台湾，然后由其运往日本与东南亚各地。这样，荷兰人便能垄断中国商品，从而攫取东亚贸易中最大部分的利润。但他们这一计划与福建商人的利益存在冲突。对福建商人来说，荷兰人是东亚原有贸易秩序的破坏者，不论在日本市场上还是马尼拉等东南亚市场上，当地中国商品的价格肯定高于台湾荷兰人占据的大员市场。例如在菲律宾，"马尼拉的丝价每担 240 两，比大员至少贵 100 两"②。对中国商人来说，与其经荷兰人转手，不如直接到日本或马尼拉贸易。何况台湾的荷兰人往往无法全部采购运到台湾的商品。因此，荷兰人虽然占据台湾，到此地贸易的福建商人却不多。

荷兰人无法在自由竞争中引来福建商人，便又诉诸武力。其时荷兰人与福建巡抚之间达成默契不久，他们暂时停止了对福建港口的直接侵扰，而改在远海行劫中国商船。荷兰档案记载：1625 年 5 月 17 日，荷兰舰队在马尼拉外海"截获一中国帆船，该船来自漳州"，荷兰人将俘虏送到占城沿海，等待时机送到巴达维亚，"因为我们认为，不宜把捉获的人送往大员，以避免与中国政府发生摩擦"。为了彻底截断漳州与马尼拉之间的贸易，荷兰人向其上司建议："我们希望公司在大员的人能设法用 3 艘或 4 艘便利快船和几艘舢板把该航行领域的帆船赶走。我们认为，小船在那里比大船更适用。"③ 他们的行动，无疑造成福建商人对外贸易的重大损失。据荷兰人的记载，自从他们于 1622 年进入台湾海峡以后，福建与马尼拉的贸易明显

---

① 郭辉译：《巴达维亚城日记》中文版，台湾省文献委员会，1970，第 1 册，第 42 页。
② 程绍刚译注《荷兰人在福尔摩莎》，联经出版事业公司，2000，第 58 页。
③ 程绍刚译注《荷兰人在福尔摩莎》，第 60 页。

减少，1624 年，"没有中国帆船到马尼拉，只有一艘银船（来自墨西哥）到达那里，又驶往澳门。"① 不过，荷兰人的海上拦截，并未能完全截断福建与东南亚诸国的联系。这一方面是由于西班牙方面加强了对荷兰船只的抗击，另一方面，福建商人往往改用机动性能较好的中小型帆船，多走浅水线路，使荷兰船只无法追击。至于日本方面，由于荷兰人害怕日本人将其驱逐出日本市场，更不敢拦截驶向日本的福建商船。因此，荷兰殖民者的海盗袭击，虽然使福建商人损失颇大，但离其达到截断贸易的目的，还差得很远。荷兰人的对策是扶植中国海盗，通过代理人来实现他们垄断中国对外贸易的目标。郑芝龙成为海盗头目后，双方展开了合作关系，据荷兰史学家包乐史的研究，1625 年春天，"荷兰人得到郑芝龙与李旦留在台湾的其他同伙的帮助，装备了三艘战舰去骚扰往返于厦门与马尼拉之间的福建船队。……郑雇佣了李旦的船只作为武装民船为荷兰人服务。"② 郑芝龙与荷兰人的合作对双方都是有利的，荷兰人达到了干扰西班牙人贸易的目的，而郑芝龙也因此得到了荷兰人的大炮。从此，郑芝龙的武装横行于闽粤沿海。

郑芝龙于天启五年开始在台湾海峡行劫，天启六年（1626 年）五月，明福建水师卢毓英部攻郑芝龙不克，郑芝龙率师攻入中左所，随后退往广东沿海行劫，占据海丰一带。其时，福建沿海灾荒流行，濒于饿死的民众纷纷加入海盗队伍，郑芝龙所部壮大很快。如董应举所说："郑芝龙之初起也，不过数十船耳，至丙寅（天启六年）而一百二十只，丁卯（天启七年）遂至七百，今（崇祯初年），并诸种贼计之，船且千矣。"③ 因此，明末的东南海盗已经成为明朝的心病，"东南海氛之炽，与西北之虏，中原之寇，称方今三大患焉"④。

从东南海盗的历史看，自从戚继光整顿福建水师之后，他们在与海盗的战斗中一直处于上风，不论是林道乾、林凤还是袁进、李忠，他们与福建水师作战，都是败多于胜。自从郑芝龙成为海盗头目后，形势扭转过来，闽粤水师与郑芝龙作战，都是有打有败，其中关键原因在于郑芝龙引进了荷兰巨炮，一炮命中，可将对方的战舰击沉。所以，在很长一段时期内，郑芝龙对福建水师是百战百胜。不过，郑芝龙的海盗活动最有利于荷兰方

---

① 程绍刚译注《荷兰人在福尔摩莎》，第 48 页。
② 〔荷〕包乐史：《论郑芝龙的崛起》，袁冰凌译，《福建史志》1994 年 7 月增刊，第 21 页。
③ 董应举：《崇相集·米禁》，民国十七年重刊本，第 46 页。
④ 中央研究院历史语言研究所编《明清史料》（乙编），第 8 本，《海寇刘香残稿二》，商务印书馆，1936。

面。首先，过去荷兰水师在福建沿海的行动，受到福建水师抗击，每每失利。此后，郑芝龙为其击败福建水师，荷兰人除去了一个最大的对手。其次，郑芝龙在福建沿海得利后，将活动重心转向闽粤沿海，他们在北港的基地逐渐被荷兰人侵占。荷兰人对台湾的统治越来越巩固，最后郑芝龙被迫退出台湾，这一切后果，都是郑芝龙始料未及的事。

四　郑芝龙降明之后形势的变化

在晚明历史上，福建商人对荷兰人的看法有一个发展过程。刚与荷兰人接触的时候，福建商人对荷兰人颇有好感。据《东西洋考》的记载，第一次澎湖危机时，荷兰人图谋占领澎湖作为对中国的贸易港口，竟是漳州商人李锦、潘秀、郭震等人引来的。福建当局驱逐占据澎湖的荷兰人，当时竟有福建商人为此惋惜："以为此不费航海而坐收远夷珍重宝，利百倍，若之何乃失之。"① 但第二次澎湖危机发生时，荷兰人完全撕下了友好的伪装，他们袭击厦门湾的月港，在海上拦截福建商船，使福建商人遭受重大损失。况且，荷兰人试图切断福建商人与马尼拉西班牙人及日本的直接贸易关系，一切经由荷兰人居间贸易，这当然是福建商人无法接受的。② 荷兰人占据台湾之后，进一步扶植海盗袭击福建沿海，给福建商人造成极大的损失。而且，荷兰人还在海盗中间挑拨离间，支持弱者，打击强者，力图控制他们。郑芝龙为海盗时，几度遭到荷兰人的袭击，也几度与荷兰人联合作战。郑芝龙感到：一直与明朝水师作战，使他位于福建水师与荷兰海军的夹击中，形势不利。他开始考虑与明朝合作的可能性。同时，明朝感到东南海上问题不好解决，也开始考虑招安郑芝龙。

天启六年，福建巡抚派蔡善继任泉漳海道，专门招抚郑芝龙。郑芝龙早有降明之意，很快带领船队来见蔡善继。但双方条件谈不拢。此后，郑芝龙大肆骚扰福建沿海，波及浙江、广东。上至浙江温州、台州，下至广东潮州、惠州沿海，到处有郑芝龙所部索取"报水（即海盗向百姓征收的保护费）"，百姓不得安宁，明朝水师也无法抗衡。崇祯元年（1628 年）新任福建巡抚熊文灿招安郑芝龙，授其福建防海游击一职。郑芝龙是在军力优势的背景下向明朝投降的。与其说他是向明朝投降，不如看作中国的海上力量通过郑芝龙降明，协调了与明朝政权的关系。从此，他们可以背靠

---

① 袁业泗等：万历《漳州府志》卷九《赋役下·洋税考》，万历四十一年刊本胶卷，第 21 页。
② 郭辉译《巴达维亚城日记》中文版，第 1 册，第 46 页。

朝廷，与东亚海洋诸雄争霸，这是一个极为聪明的战略选择。

第二节　郑芝龙与荷兰殖民势力的斗争

郑芝龙是继袁进、李忠之后盘踞台湾的海盗，他同时又是经营海上贸易的商人。作为福建海商集团的主要代表，他与荷兰人之间，既有合作，也有斗争，反映了明末台湾海峡动荡诡谲的形势。

一　郑芝龙降明后与荷兰殖民者的分歧

1628 年 7 月，郑芝龙被明朝招安，成为福建的水师将领。此时，荷兰人的船只出现于厦门湾，当郑芝龙前去访问时，却被荷兰人扣留，他们向郑芝龙提出条件：

> 一、一官（即芝龙）须于获胜之后，让我们在漳州河进行贸易，对商人来跟我们的交易的通路不得有任何限制，而且要热心地向军门争取承诺已久的长期的自由贸易；
> 二、掳掠到的李魁奇的戎克船，我们要先选取最好的三、四艘，并取得所有戎克船里的所有商品，而由他取得剩下的船只，以及所有戎克船里的大炮；
> 三、不允许戎克船前往马尼拉、鸡笼、淡水、北大年湾、暹逻、柬普寨等地；
> 四、不允许任何西班牙人或葡萄牙人在中国沿海交易，要在所有通路防止他们，阻止他们；
> 五、最后，以上条件的全部，他终生都不得违背，去世后，他的继承者还要继续遵守履行，相对的，我们将用我们的船只确保他的地位。尽量在有需要的地方扫荡海盗；而且，他要在尽可能的情况下，帮助荷兰联合东印度公司收回全部的赊账。[①]

从以上条约内容看，荷兰人是想让郑芝龙成为他们的傀儡，并通过郑芝龙达到切断福建海商与外界的联系，从而完全控制福建对外贸易的目的。

① 江树生译注《热兰遮城日志》第 1 册，台南市政府，2002，第 16 页。

郑芝龙倘若完全接受这些条件，福建海商的利益将遭受巨大损失。郑芝龙的答复是：

一、他将终生让我们在漳州河及大员享受通商，他去世以后，他的继承者也要继续遵守这个原则；

二、他将为我们写信给军门，帮助我们取得承诺已久的自由贸易，可永远享受的自由贸易；

三、他将立刻准备一艘戎克船给我们，以便载石头去大员，等钟斌征讨回来，还会交三、四艘戎克船给我们；

四、为补偿我们那艘快艇的损失，他将先交付两千两银，以后将继续补偿，直到在该快艇上的货物的损失完全补偿完毕为止。①

郑芝龙的许诺是很谨慎的，他在没有伤害福建商人根本利益的情况下，答应荷兰人的基本要求——到月港（即文中的漳州河、漳州湾）与福建商人直接通商。但在是否断绝福建与东南亚其他地区贸易这一问题上，他没有让步。荷兰人记载："至于要禁止戎克船前往在马尼拉等其他我们敌人的地方之事，他不敢承诺，因为他们持军门的通行证航行，缴纳很多税给他。对此他无能为力，如果现在去干扰他们，必将违抗军门，召来极大的愤怒。我们不该在这方面为难他，应该在他能为我们设想的其他方面尽量去要求他。所以，这一项绝对不能考虑，他宁可死也不考虑去做这事。"② 可见，郑芝龙在与荷兰人谈判时，坚持了福建商人的利益。关于开放月港问题，郑芝龙虽然做了口头的保证，甚至与荷兰方面签约。但是，这一许可最终没有实行。其原因在于：其时明朝自倭寇事件后，对海外势力抱有深刻的警惕，他们害怕外来侵略者知悉大陆的具体情况后，生出侵略中国的野心。因此，明朝当时的对外政策是：允许福建人从月港到海外贸易，但不允许海外国家到月港贸易。有人或许会批评明朝这一不够开放的政策，但是福建的商人集团对这一政策是拥护的。因为当时的贸易形式是福建商人将中国商品输往台湾，荷兰人为了得到中国商品，不得不抬高商品价格；而荷兰人一旦获得到月港自由采购的权力，他们便可以低得多的价格获得中国商品，这对福建商人是不利的。由于这一原因，尽管郑芝龙答应荷兰人到

---

① 江树生译注《热兰遮城日志》第 1 册，第 18 页。
② 江树生译注《热兰遮城日志》第 1 册，第 29 页。

月港贸易，并答应为荷兰人到福建巡抚那里疏通，但实际上，这是福建官府不敢答应的，郑芝龙也没有去实行这一许诺。荷兰人从来没有获得在月港区域贸易的合法权利，他们从郑芝龙处所得到的是提供商品的许诺。

台湾海峡形势多变，郑芝龙成为明朝军官之后，他的海盗伙伴重又下海，诸如李魁奇、钟斌、刘香老等人相继横行海上，郑芝龙靠着福建官府的支持逐一平定海盗团伙，两岸的贸易关系才开始发展。

总的来看，明末福建作为中国的输出口岸之一，已经与东亚诸港形成固定的贸易联系。这一联系为福建商人带来了极大的利润。然而，荷兰人出现在台湾海峡之后，用各种方式对福建商人施压，力图将福建商人转化为他们的附属集团，并获得本该属于福建商人的东亚贸易利润大部分。这当然会遭到福建商人的反抗。福建商人原来是一支分散的商业力量，但在明末的冲突中，他们渐渐发展为以郑芝龙为核心的海盗商人集团，这一集团掌有相当的武力，与荷兰人既有合作也有斗争，荷兰人施展各种手段，并不能完全控制他们。

二　福建商人与荷兰殖民者的斗争

福建商人集团面临荷兰殖民者的欺压，却很难得到来自政府的支持。1625 年 4 月，当荷兰人与福建官府谈判澎湖群岛问题的时候，私下悄悄地派出舰队去马尼拉海面抢劫福建商船。他们很担心这种做法会得罪福建官府，所以，他们向一些亲荷的福建商人咨询，荷兰档案中有如下记载："因问该 Wangsan 以该戎克船中之数艘，如被我方船舶捕获，则军门对此将有何说？据言当不发生任何问题，不过为遭遇此劫者之不幸耳。……又言军门及都督任职仅三年，故不欲与中国治外之人惹起争端，一切尽量避免，盖此举并不受国王之感谢，且无所收益。"[1] 明代闽粤官府对海疆民众利益的漠不关心，连海外国家也看得心寒。因此，福建商人只有靠自己奋斗来解决问题。

福建商人集团在与荷兰人竞争的过程中，有一最大的优势——月港是当时中国仅有的两个对外贸易的港口之一。[2] 其时广东的澳门港也是中国商

---

① 郭辉译《巴达维亚城日记》中文版，第 1 册，第 41~42 页。

② 明末中国对外贸易港口有两个，月港允许中国海商出外贸易；澳门只允许外籍商人到华贸易。参见徐晓望《早期台湾海峡史研究》，第 121~127 页；李庆新：《濒海之地——南海贸易与中外关系史研究》，中华书局，2010，第 229~231 页。

品输出的口岸，但由于葡萄牙人与荷兰人的对立关系，荷兰人无法到澳门做生意，只有向福建商人打主意。自从他们占领台湾以后，对福建的依赖性更强，他们为了得到中国商品，采取给福建商人预付订金的方式来采购。"我们的人冒险预付给一名中国商贾约 40000 里耳，但我们信得过他，因为该人在此之前已为我们购到 250 担丝（当时也是预付给他）。如果我们没有这样做，恐怕不会获得这么多的丝货，因为普通商人运到大员的货物仍无明显增长。"① 这就给福建商人留下了很大的活动空间。早期与荷兰人贸易的厦门商人是许心素，1621 年，在巴达维亚的荷兰人在其报告中提到："在前面的报告中已经述及，我们在等待 den Haen 从大员运来生丝 200 担，但因风暴而迟迟未到，致使许心素的帆船被迫在漳州湾滞留 3 个月，此时我们已将资金预付他。公司在大员的人为此甚感不安，决定派 Erasmus 和 den Haen 两船前往漳州打探许诺的 200 担生丝出于何故仍未运至大员。"荷兰船到达厦门外海停于烈屿，"许心素派一条帆船运来 200 担生丝交给我们的人，他们又预付他可购 70 担的资金，价格为每担 137 两。他不久即交货 65 担。我们还与另一商人订货，并预付银两给他，又获得 10 担。我们的那时共购得 275 担，计划南风季初送往日本，如能多购入，也将一同运去。"② 很显然，这种先付订金的贸易方式，绝对是有利于福建商人的。荷兰人后来抱怨："只有得到一个许心素，他使我们信托到 100000 里尔给他，却仅仅只有六个月，看到他运货回来，然后就随他的意思，不照市价支付了；然后就是一官（即郑芝龙），他满口答应，要让一两个商人来跟我们交易（他自己也因而获利），但他们运来的货物都只够我们资金四分之一的交易量，剩的资金，都得年年毫无收获地积存下来，造成我们的主人很大的损失。"③ 可见，尽管荷兰人占据了台湾海峡的霸权，但由于福建商人对货物源头的掌握，他们仍然要被福建商人反控制。在这方面颇有作为的是许心素与郑芝龙。不过，对福建商人来说，到台湾贸易其实是对日本与东南亚贸易的一种比较浪费的形式，有同样的货物，不如直接销往马尼拉或是日本。因此，虽然郑芝龙明知台湾贸易还是有钱赚的，他却没有运去足够的商品，乃至荷兰人抱怨不已。

　　荷兰殖民者最终下决心再次用武力来打开对中国贸易。崇祯六年

---

① 程绍刚译注《荷兰人在福尔摩莎》，第 51 页。
② 程绍刚译注《荷兰人在福尔摩莎》，第 59 ~ 60 页。
③ 江树生译注《热兰遮城日志》第 1 册，第 108 页。

（1633年）六月初七日，荷兰船舰突袭厦门港，郑芝龙的水师被烧毁十余只船，同时受挫的还有梧铜游击张永产的水师，他的战船被烧毁五只。① 荷兰方面的文献记载，荷兰船舰击毁了"约有二十五到三十艘大的战船，都配备完善，架有十六、二十到三十六门大炮，以及二十到二十五艘其他小的战船"②。这些战舰是福建水师的精华，"据中国人自己称，中国从未整训过规模如此强大的舰队"③。

　　所幸的是，郑芝龙并未一蹶不振。他在福建官府与民众的全力支持下，很快组成了一支强大的水师。9月，郑芝龙水师在金门岛的料罗湾包围了一支荷兰人与海盗刘香的联合舰队。据中方史料记载，参加料罗湾海战的荷兰舰队有9艘夹板大船，配合荷兰舰队作战的刘香海盗船也有50余只。④ 福建投入这场战役的力量也相当强大，荷方文献记载，中方的战船达150艘，其中有50艘是极大的。中方之所以能在短期内组织一支大舰队，应是月港商人恨透了荷兰海盗，纷纷将商船改作战舰。所以，中方水师的阵容空前强大。在交战中，中方采取了新的战术，不管什么船只，只要遇到荷兰船便进行接舷战，用铁钩钩住敌船，士兵跳过敌船肉搏，作战不利时便放火自焚，让其延烧到敌船，共同焚毁。这一战术使荷兰人心惊肉跳，当荷兰战舰一艘被焚、一艘被俘之后，其他荷兰人大败而逃。⑤ 这就是著名的料罗湾海战，这是中国人在海上大败西方海军的第一次战役。

　　由于荷兰人并未遭到毁灭性打击，郑芝龙与福建官府不得不考虑今后对荷兰人的策略。荷兰人一直要求在中国大陆港口进行直接贸易，这是无法接受的。但荷兰人要求允许福建商人自由到台湾贸易，保证他们得到足够的商品，这却是必须做出的让步。在这一背景下，1633年11月23日至25日，郑芝龙派人到达台湾，提出与荷兰人和谈，并要求荷兰人赔偿中方在战争中的一部分损失。荷兰人经过这一战，也认识了中国在物质与人员上的无限潜力。他们在档案中记载："我们去年发动的战争结果足以表明，自由无限制的中国贸易凭武力和强暴是无法获得的。大员长官和评议会已

---

① 《兵科抄出福建巡按路振飞题》，载《明清史料》（乙编）第七本，第661～665页；台湾文献丛刊第157种，第88页。
② 江树生译注《热兰遮城日志》第1册，第105页。
③ 程绍刚译注《荷兰人在福尔摩莎》，第51页。
④ 邹维琏：《达观楼集》卷一八《奉剿红夷报捷疏》，转引自厦门大学郑成功历史调查研究组编《郑成功收复台湾史料选》，福建人民出版社，1982，第21页。
⑤ 江树生译注《热兰遮城日志》第1册，第132页。

深深意识这点，为促进事务的进展，长官先生已将21名囚犯释放，并派大员重要商人Hambuan送往中国，无疑会受到巡抚和其他中国大官的召见。"① 最后，在荷方给予一定赔偿的条件下，中方答应允许福建商人到大员贸易，而荷方保证再也不到大陆沿海骚扰。此后，荷兰人在台湾得到了许多中国商品，翻译《荷兰人在福尔摩莎》一书的程绍刚评价："由1634年福尔摩莎与中国间贸易的增长可以看出，此一约定收效极大。甚至有人认为福尔摩莎将与巴城成为'公司在东印度最重要的贸易基地'。"② 其实，当时对台贸易的发展，与刘香等海盗最终被剿灭有相当关系。郑芝龙与荷兰方面和谈的一个重要原因是：当时的台湾海峡尚有刘香等海盗横行，对郑芝龙的海上势力构成极大的威胁。郑芝龙与荷兰殖民者谈判成功后，荷兰殖民者不再支持刘香，郑芝龙终于在崇祯八年（1635年）完全消灭了刘香，统一中国方面的海上力量。刘香被消灭后，台湾海峡的交通恢复正常，时断时续的闽台贸易发展起来。不少福建商人从安海和厦门渡海到台湾的大员湾贸易，其中如苏鸣岗等人长期定居安平镇，与荷兰人贸易。③

三 郑芝龙称霸台湾海峡

经过长期的战争，郑芝龙逐渐消灭了横行于台湾海峡的海盗，与荷兰殖民者打成平手。从此，双方关系稳定，郑芝龙利用手中权力建立了对台湾海峡的控制。林时对记载："龙幼习海，知海情，凡海盗皆故盟，或出门下。自就抚后，海舶不得郑氏令旗，不能往来。每一舶税三千金，岁入千万计。龙以此居奇为大贾……俘刘香，海氛顿息。又以洋利交通朝贵，寝以大显……凡贼遁入海者，檄付龙，取之如寄，故八闽以郑氏为长城。"④ 可见，此后郑芝龙牢牢控制了中国的海上力量。

这里有一个令人感兴趣的问题：为什么会出现郑芝龙垄断海船税收的局面？本来，这一权力是属于政府的，郑芝龙作为明朝福建地方的一个总兵，原本没有这一权力。但郑芝龙降明以后，福建省方面一直不给他发饷。

① 程绍刚译注《荷兰人在福尔摩莎》，第147页。
② 程绍刚译注《荷兰人在福尔摩莎》，导论，第38页。
③ 〔日〕永积洋子：《荷兰的台湾贸易》，载〔日〕村上直次郎等著《荷兰时代台湾史论文集》，许贤瑶译；翁佳音：《十七世纪东亚大海商亨万（Hambuan）事迹初考》，《故宫学术季刊》第22卷第4期，2005年；翁佳音：《十七世纪福佬海商》，《荷兰时代——台湾史的连续性问题》，稻乡出版社，2008。
④ 林时对：《荷牐丛谈》卷四，台湾文献丛刊第153种，第156页。

许多书籍记载他仍然在福建沿海勒令富户"报水"如故。所谓"报水",即是收"保护费"。这是郑芝龙当海盗时的"发明"。郑芝龙作为海盗,与其他人不同的是,其他海盗杀人放火绝无顾忌,他们大多是明火执仗地抢劫。而郑芝龙一般不愿杀人,更愿意收保护费,也就是"报水"。这一报水的收纳,当然不是只对陆上富户的,台湾海峡的来往船只也是他的收税对象。因此,许多海船都要向他纳税,这应是在郑芝龙当海盗时形成的情况。那么,明朝为何会放弃这一权力而让郑芝龙坐享其成呢?这是因为明末福建沿海重又实行海禁的缘故。关于这一点,福建巡抚方面是这样盘算的:"题为禁洋船以弭盗源事……窃惟漳之有洋税以供本省兵饷,饷不可缺则洋似不可禁。但今日贼之所以号召徒党而沿海之民趋之若鹜者,以洋船为之饵也。查洋税额征二万三千四百两。今岁洋船之出洋者,以四十三只,而到漳者十只、到泉者二只,他抛泊广东十只,温州一只,其余皆为贼夺驾以去也。计贼所得商货银钱已数百万。凡洋货皆坚大巨舰,并为贼坐驾以与我兵船格,我兵船不能当也。若明岁不禁洋船,贼又当增数百万金钱、数十巨舰,藉寇兵而赍盗粮。官所收不过二万余金,不足为募兵之费,而贼之利且不赀。此以明岁计之而确然当禁者。况贼惟得利于今岁,又垂涎于明岁。是以从贼之人附而不去,招之不回。若一闻洋船已禁,无所利之,其专舟鸥张之雄即不可散,而其闻风蚁聚之辈行且渐远。此又以见在计之而确然当禁者。查得天启四年,因红夷在海上,曾禁洋船一年。今臣等议将崇祯元年洋商尽行禁止,不许下海,有违禁者,治以重罪。惟恐是洋饷之额,闽中并无他项钱粮可以抵补。但权其缓急,不得以小利贻大害,所谓白刃在前不避流矢者,今日之谓也。俟崇祯二年贼平,另议开禁。至于漳泉之民,以海为生,缘闽地甚窄,觅利于陆地者无门,而洋利甚大,幸脱于虎口者间有,即使十往一归,犹将侥幸于万分之一,此番议禁,必有以为不便者。"① 可见,明朝福建官府也知道海禁会受到民众反对,但他们仍然实行这一制度,这是因为:明朝从洋船出海中的税收太少,全年不过两万多两白银,对他们来说无足轻重。若是洋船被海盗劫走,带来的危害十分之大。当然,关于这一点,商人们肯定会有不同看法,在他们看来,官府收去白银,却不能保护他们,给朝廷两万两白银,已经是够多了。商船与海盗之间,其实也有千丝万缕的关系。大多数商船,都要给海盗保护

---

① 《兵科抄出福建巡抚朱题》,《明清史料戊编》,第1本,第4~5页。

费，这是关系到切身利益的事。而且，只要能支付"报水"，海盗便会保护他们的安全，海盗的"信誉"比官府高。因此，对于他们来说，海盗并不是重大问题，而海禁才是"致命"的。若不能出海，生活便无法继续。据崇祯年间的《海澄县志》，崇祯年间的海禁一直延续很久，给海澄的经济带来很大影响。

但是，郑芝龙被招安后，情况便有了很大变化。明朝维持海上秩序完全靠水师，而水师却掌握在郑芝龙的手中。这使郑芝龙成为操有海船生杀大权的霸主。对明朝福建省官员来说，这并不是太坏的事。因为明朝的福建水师是靠郑芝龙自己发饷的，也许后来朝廷会解决一部分。让郑芝龙控制海外贸易，他们便可以有一支精干的水师，保持福建海面的安定。倘若他们收回郑芝龙在海上的保护权，他们得到的不过是每年约 23000 两白银的经费。其时，郑芝龙直辖水师主力 3000 人左右，若每人每月发 2 两银子的军饷，每年就要 72000 两白银，加上军官的高额工资，估计郑芝龙水师的军饷每年要 10 万两白银，这是福建官府无法支持的。因此，官府只好默许郑芝龙可以进行对外贸易。当然，在这一交易中，更为有利的是郑芝龙，他通过对福建水师的控制，成为海商的保护人，也成为他们的最高领袖。对海商来说，有了郑芝龙的保护，便可安全地在海上贸易，甚至连海盗成性的荷兰人也不敢小视他们。可见，在郑芝龙的领导下，福建海商终于获得了一定的自由。林时对记载："龙幼习海，知海情，凡海盗皆故盟，或出门下。自就抚后，海舶不得郑氏令旗，不能往来。每一舶税三千金，岁入千万计。龙以此居奇为大贾……俘刘香，海氛顿息。又以洋利交通朝贵，寝以大显……凡贼遁入海者，檄付龙，取之如寄，故八闽以郑氏为长城。"[1]可见，此后郑芝龙牢牢控制了中国的海上力量，他通过颁给商人贸易权的模式，获得大量的收入。此外，他还出资经营对外贸易，赢得巨额利润。荷兰人于 1642 年曾说，"中国人本年自中国输出丝织品及其他价值黄金 45 吨以上的货品，已出现于卡罗乌拉市场。其中三分之二以上为一官及其盟党所有。"[2] 45 吨约为 144 万两，不用说 45 吨黄金，即使是 45 吨白银，也是一笔巨大的财富。当时的郑芝龙以富贵闻名于天下，"芝龙置第安平，开通海道，直至其内，可通洋船。亭榭楼台，工巧雕琢，以至石洞花木，甲

① 林时对：《荷牐丛谈》卷四，台湾文献丛刊第 153 种，第 156 页。
② 《巴达维亚城日记》，转引自戚嘉林《台湾史》上册，自立晚报社，1986，第 60 页。

于泉郡。城外市镇繁华，贸易丛集，不亚于省城。"① 当时郑芝龙富可敌国，在海内外都是闻名的。

郑芝龙是明代末年有代表性的海盗商人，他们的海盗活动，引起明朝再次海禁，但他们在海上击败明朝官军，在大胜的背景下，自动投降官府，让自己成为官军，从此合法地掌控海上航行的权力。在这一背景下，他们发展对外贸易，使自己财富增加。当时福建海商集团在政治上的灵活性令人叹服。

不过，台湾海峡的霸权一半被荷兰人控制，这对福建海商仍是不利的，因为荷兰人在这里至少拿走了原来属于福建商人的一半利润。要将这部分利润拿回，只有拿回台湾。至于荷兰人，他们虽然倚仗海上霸权占领了台湾，但他们仍然不改本性，抢劫中国商人的事件时有发生，西班牙、葡萄牙的商船也是他们的抢劫对象。从经济上来说，荷兰既不能给东亚带来白银，也不能带来其他国家没有的商品，因此，他们在台湾海峡的存在，其实是一个多余的因素。若将他们拔除，只会有利于东亚贸易的发展。日本学者评价郑芝龙与荷兰人的关系时说："由镇压海盗而建立与中国本土之贸易，至其后撤离台湾，荷兰人可以说是被郑芝龙、郑成功父子玩弄于股掌之间。这也间接地左右了日本选择荷兰和中国为通商对象的近世初期之幕府的外交政策，就十七世纪前叶而言，郑氏父子影响之所及，实在无法估算。"② 但从闽商的角度去看荷兰人与福建商人之间的斗争，可知有无数的钱财被荷兰人抢劫，数以万计的中国民众被荷兰人杀害，郑芝龙所取得的若干胜利，都是建立在血的代价之上的。从福建商人的发展要求来看，他们无法容忍在自己的家门口有一个不断迫害自己的对手，只要有可能，他们愿意用金钱、用武力迫使荷兰人退出台湾，以便全面控制本该属于他们的台湾海峡。但在郑芝龙时期，他们无法做到这一点。

第三节　荷据时期台湾的市镇和两岸贸易

荷据时代的台湾是东亚贸易网络中的一个枢纽，也是中国、日本、欧美贸易的一个交集点。本节着重评价荷据时代台湾在国际贸易网络中的地位，从而论证出它属于大陆贸易圈的事实。

---

① 江日昇：《台湾外志》，第 145 页。
② 〔日〕永积洋子：《荷兰的台湾贸易》，载〔日〕村上直次郎等著《荷兰时代台湾史论文集》，许贤瑶译，第 313 页。

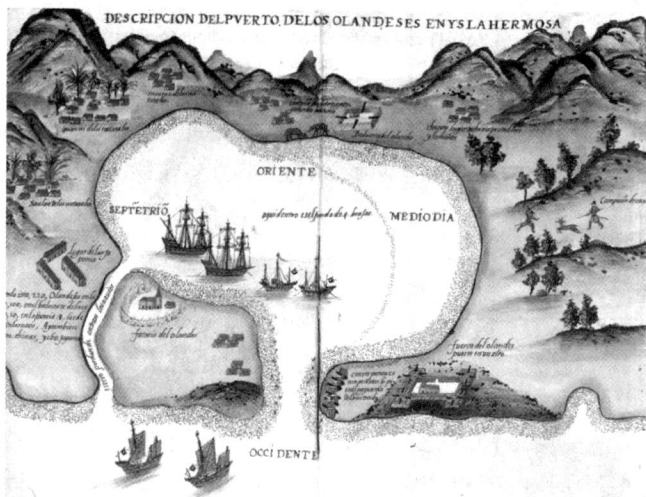

图 6-1　根据西班牙侦探所绘的 1626 年大员港图
资料来源：转引自鲍晓鸥《西班牙人的台湾体验》，南天书局，2008，第 75 页。

一　荷兰人进入台湾之初的北港

荷兰人占据的台湾北港有两个市镇，其一为热兰遮城堡附近的安平镇，其二为以赤嵌为核心的城寨与市区。罗得里格斯说，1624 年荷兰人占领台湾南部之后，"他们在那里用爪哇运来的泥砖建起了两个据点：第一个在半岛的安平古堡（Anping），即今天的安平；第二个 1650 年建在离第一个不远的西康（Chikan，应为赤嵌），历史上是海员们躲避风暴的海滩。"① 大员港和赤嵌合称为北港。崇祯年间陈组绶说："近时民多走北港、彭湖、淡水、鸡笼四屿。"② 其中北港列在首位。

北港的两个市镇中，赤嵌位于今台南市的赤嵌楼附近，附近的海域今已成为陆地，但在明代却是一个港口。它东起赤嵌楼下的海岸，西接名为"七鲲身"的沙洲。"七鲲身"沙洲伸入海中，形成一条天然的大堤，挡住外海的波浪，因而北港内海成为良港，后人称这一港口为"台江内海"。从北方游来的乌鱼也在这里产卵，形成了乌鱼汛。福建渔民正是追逐乌鱼来到了

---

① 罗得里格斯：《台湾的中国人、荷兰人和西班牙人（1624-1684）》，（澳门）《文化杂志》，2007 年秋季刊，第 187 页。
② 陈组绶：《皇明职方两京十三省地图表》卷上，玄览堂丛书三集，第十一册，影印道光刻本，第 88 页。

北港，而后海商在这里进行贸易，再后海盗占据此地，北港因而发展起来。①

荷兰人盘踞北港之后，西班牙殖民者派遣一个澳门的华人调查了北港，后由一名画家根据他的口述绘制了一幅地图，这幅地图与说明，对研究当时的台湾极有价值。此图名为《福摩萨岛上荷兰人之港口描述》，绘于 1626 年，该图以荷兰人盘踞的"台江内海"为主，可以看到后来被称为热兰遮城的荷兰城堡已经在七鲲身上出现，但是，城堡附近还没有市区。

再看这幅地图上"台江内海"的东部，散落着许多红瓦顶的房子，当中还有一座小寨，周边架着四门大炮。这座小寨很值得研究。因为荷兰史料说，荷兰人到北港之后，集中力量建筑了热兰遮城堡，并未在赤嵌动工，所以，这座神秘的寨堡应当就是福建水师左翼军首领赵秉鉴所建据点，赵秉鉴死后，这座城堡应由袁进等福建海盗占据，而后又由林锦吾、郑芝龙等人控制。围绕着赤嵌寨，周边有不少红瓦顶民房。这些民房的主人又是谁？笔者认为应是林锦吾之类在台湾活动的商人。据荷兰史料记载，他们在热兰遮建城之时，经常从泉厦一带购进红色的瓦片。闽南和台湾都是多雨区域，盖房子使用瓦片是必需的，此前的闽南商人应当也是如此，他们在赤嵌周边盖起了红瓦房子，因而被欧洲人绘于画图。在图的左侧，也就是在台江内海的北面，有三座长木屋，绘画的作者将其称为"日本村"，并注明："有中国人五千一百名（原文作五万一千人）和日本人一百六十名。"② 但从中国人与日本人的数量之比来看，不如称之为中国村。总之，在荷兰人到达之前，赤嵌已经有不少华人居住，他们应为闽籍商人。日本人知道此地可以买到中国商品之后，也开始进出台湾的港口。据岩生成一考证，1622 年，始有 3 艘日本船到台湾贸易，而后，长崎的末次平藏曾于 1623 年、1625 年、1626 年、1628 年四度派船到台湾北港贸易，所以，在北港有一些日本人是不奇怪的。但中国商人到此地贸易肯定比日本人早，至少 1617 年就有华人甲必丹的船从日本开到此地。以后每年有两三艘船舶到此。③ 中国人在北港占主要地位不是偶然的。

荷兰人到北港之后，并没有在汉人居住的赤嵌附近定居，而是选择七鲲身沙洲为筑城之地，这就有了热兰遮城堡。该城堡扼守北港内港的出海

---

① 徐晓望：《论明代北港的崛起》，《台湾研究》2006 年第 2 期。
② 转引自〔日〕岩生成一《在台湾的日本人》，载〔日〕村上直次郎等著《荷兰时代台湾史论文集》，许贤瑶译，第 84 页。
③ 〔日〕岩生成一：《在台湾的日本人》，载〔日〕村上直次郎等著《荷兰时代台湾史论文集》，许贤瑶译，第 162 页。

口，控制了热兰遮城堡，便可控制台江内海。其后郑芝龙率台湾的海盗到大陆沿海劫掠，北港完全被荷兰人控制。如上所述，在北港实际上有两个外来移民组成的定居点，其一为原由汉人为主的赤嵌城附近，另一个为荷兰人为主的热兰遮城堡。由于荷兰人是当时台湾的主要消费者，热兰遮城堡建立之后，吸引了大量福建商人前来贸易。有些人在此盖屋贸易，这使热兰遮城堡之外出现了以华人为主的市区。林谦光的《台湾府纪略》评说当时的荷兰人，"设市于安平镇城外，与商贾贸易"①。当时福建人称这块地方为"大员"。广义的大员除了热兰遮城堡之外的华人市区外，还可以包括热兰遮城。"据悉，仅仅几十年，即到1660年，五万多名福建人移居到了台湾荷兰人城堡的附近地区。因此，估计在热兰遮城堡附近可能集中了十万左右的中国居民和土著人。荷兰人将外来的中国人和当地的土著人作为劳动力，为其种植甘蔗和大米，而且还引进了其他如芒果、白菜、番茄等农作物。"② 当时的安平镇已经相当热闹。荷兰人统治末期，此地已经有两万以上的人口。

图6-2　1662年以前热兰遮城之外的华人市镇

资料来源：高贤治等《纵览台江——大员四百年地舆图》，台南市台江公园管理处，2012，第32页。

---

① 林谦光：康熙《台湾府纪略》，康熙二十九年刊本，四库全书存目丛书，史部第214册，第270页。
② 罗得里格斯：《台湾的中国人、荷兰人和西班牙人（1624－1684）》，（澳门）《文化杂志》，2007年秋季刊，第190页。

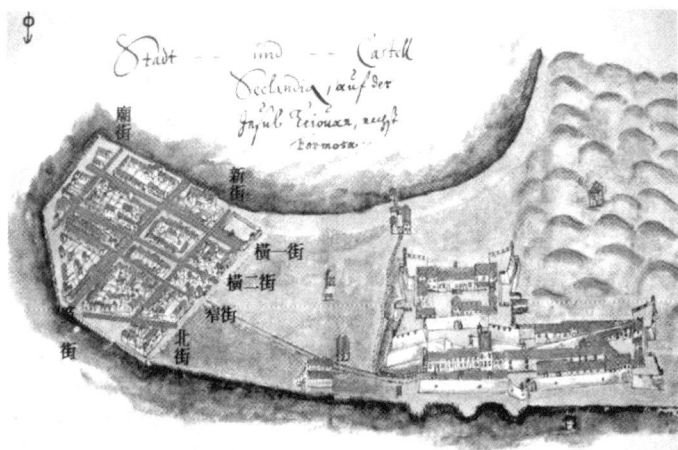

图 6-3　荷兰人占据台湾时期的热兰遮城与台湾街

资料来源：高贤治等《纵览台江——大员四百年地舆图》，台南市台江国家公园管理处，2012，第 5 页。

赤嵌城是汉人深入台湾的主要陆上据点，具有较大的发展潜力。在此地囤聚的汉人越来越多，荷兰人也注意到这一点。他们最终决定在这里筑城据守，这就是荷兰人称之为普罗岷西亚城堡的地方。于是前来贸易的汉人更多了。明末清初的战乱，迫使汉人难民涌入了荷兰殖民统治下的台湾。"短短三、四年间，普罗岷西亚的民屋从零落的三十几间，增加到一百七十五间。由于蜂拥而至的汉人难民随处建造房屋安身，显得相当凌乱。荷兰人对此大为不满，便下令重新规划整建。布落克荷伊图中经过整建后的普罗岷西亚市镇，有一条通往内陆的主要街道，三条与主街交叉的短街。主街的宽度约为 25 至 30 公尺。这条主街在荷兰人离开台湾数百年后，仍然是这座城市主要的大动脉，这条大街就是今台南市的民权路。"①

台湾中部的魍港是一个历史悠久的港口。早在陈第的《东番记》一文中，就提到了魍港。它也是汉人在台湾的一个贸易据点。在荷兰人统治的早期，他们的统治势力尚未扩张到台湾中部，荷兰档案也表明：当时有许多中国人在经营贸易，这类贸易还是传统贸易的性质，中国人以大陆出产的各种商品换取土著的鹿皮与鹿肉。1623 年台湾老地图有对魍港的绘制，荷兰人解说道："荷兰占据台湾以前，中国商人在台湾与原住民、日本人的

---

① 江树生等：《十七世纪荷兰人绘制的台湾老地图》，《汉声》杂志第 105 期，汉声杂志社，1997，第 116 页。

贸易已有相当规模。荷兰占据大员，企图强制垄断台湾所有贸易时，中国商人不愿受到限制与剥削，便在远离大员的地方，继续进行贸易，他们选择的地点便是魍港。……现在已可确认魍港是在嘉义八掌溪溪口好美附近。"① 1636 年，魍港附近的麻豆社已经有 3000 户人家。②

二　荷据台湾时期的闽台贸易

随着台湾市镇的开发，人口增长，怎样养活这批人成为大问题。事实上，台湾的日用商品大都来自福建沿海一带。如食盐、酒、烟草、茶叶、铁锅、纸张、瓦片、木材、铁器、渔具、纺织品、靴类乃至化妆品，而且，其数量相当大。台湾也有许多商品向福建出口，其主要商品有：鹿肉、咸鱼、乌鱼子、藤、砂糖等，晚期还有大米。③ 不过，荷兰人在台湾的主要目的还是谋取丝绸、瓷器、砂糖等产于大陆的大宗商品。这些商品在国际市场上利润很高，荷兰人的贸易对象是日本、波斯与欧洲。100 斤生丝在台湾收购的价格是荷兰币 200 里尔，在日本可售 424 里尔，利润达 100%！④ 荷兰人对中国丝绸的追求也是十分疯狂的。他们占领台湾以后，为了得到中国商品，采取给福建商人预付订金的方式来采购。"我们的人冒险预付给一名中国商贾约 40000 里耳，但我们信得过他，因为该人在此之前已为我们购到 250 担丝（当时也是预付给他）。如果我们没有这样做，恐怕不会获得这么多的丝货，因为普通商人运到大员的货物仍无明显增长。"⑤ 荷兰人到台湾时，主要是向中国大商人订货，从中居间贸易的有李旦、许心素、郑芝龙等人。早期与荷兰人贸易的厦门商人是许心素，1621 年，巴达维亚的荷兰人在其报告中写道："在前面的报告中已经述及，我们在等待 den Haen 从大员运来生丝 200 担，但因风暴而迟迟未到，致使许心素的帆船被迫在漳州湾滞留 3 个月，此时我们已将资金预付给他。公司在大员的人为此甚感不安，决定派 Erasmus 和 den Haen 两船前往漳州打探许诺的 200 担生丝出于何故仍未运至大员"。荷兰船到达厦门外海停于烈屿，"许心素派一条帆船运来 200 担生丝交给我们的人，他们又预付他可购 70 担的资金，价格为每担

① 江树生等：《十七世纪荷兰人绘制的台湾老地图》，第 128 页。
② 江树生等：《十七世纪荷兰人绘制的台湾老地图》，第 131 页。
③ 〔日〕中村孝志：《荷兰时代台湾史的回顾与展望》，载〔日〕村上直次郎等著《荷兰时代台湾史论集》，许贤瑶译，第 240～248 页。
④ 参见陈孔立主编《台湾历史纲要》，九州出版社，1996，第 54～56 页。
⑤ 程绍刚译注《荷兰人在福尔摩莎》，第 51 页。

137两。他不久即交货65担。我们还与另一商人订货，并预付银两给他，又获得10担。我们那时共购得275担，计划南风季初送往日本，如能多购入，也将一同运去。"[1] 很显然，这种先付订金的贸易方式，绝对是有利于福建商人的。荷兰人后来抱怨："只有得到一个许心素，他使我们信托到100000里尔给他，却仅仅只有六个月，看到他运货回来，然后就随他的意思，不照市价支付了；然后就是一官（即郑芝龙），他满口答应，要让一两个商人来跟我们交易（他自己也因而获利），但他们运来的货物都只够我们资金四分之一的交易量，剩的资金，都得年年毫无收获地积存下来，造成我们的主人很大的损失。"[2] 1627年，荷船由台湾输往巴达维亚再转运荷兰的生丝，共值56万盾，即16万两白银；在糖和瓷器方面，荷兰人的采购量也很大。1637年，荷兰人将110万磅以上的中国白粉砂糖运回本国。这些糖有些是台湾本地生产的，有的是荷兰人收购的福建商人运往台湾的糖。[3] 从1602年至1657年，荷兰船由巴达维亚运往欧洲的瓷器超过300万件，平均每年为54545件。我们知道，瓷器在欧洲市场上可卖较高价钱，但在中国却是最平常的日用品，一件瓷器能卖1块银圆就不错了。所以，荷兰人每年在欧洲出售54545件瓷器，为中国商品开拓的市场约为5万银圆。[4]

《巴达维亚城日记》记载，1628年荷兰人给郑芝龙的订货单约值22万多两白银。[5] 而到了1640年台湾转口贸易的顶峰，15艘荷兰船从台湾输出的货物达5645870盾，[6] 约合1613106两白银。不过，在多数年份，荷兰人的贸易量都达不到这一峰值，例如，1641年荷兰人转口贸易量便下降到56万盾，仅值16万两白银，二者平均，年均输出量仅为88.65万两白银。荷兰人的采购，引起福建港口至台湾港口的商品流。其后，月港对台湾贸易多是走私。崇祯年间池显方对张肯堂说："即以敝闽论，贩夷者屡奉明禁矣。今台湾之舟往来如织，两洋之舟出入如风，既不能禁，不如开之。""海滨人散处而家于舟，贩台湾者以为渔于海也。"[7] 荷兰方面也有史料记

① 程绍刚译注《荷兰人在福尔摩莎》，第59~60页。

② 江树生译注《热兰遮城日志》第一册，第108页。

③ 曹永和：《从荷兰文献谈郑成功研究》，载郑成功研究学术讨论会学术组编《台湾郑成功研究论文选》，福建人民出版社，1982，第368页。

④ 参见全汉昇《略论新航路发现后的中国海外贸易》，载张彬村、刘石吉主编《中国海洋发展史论文集》第五辑，"中央研究院"中山人文社会科学研究所，1993，第11~12页。

⑤ 转引自杨彦杰《荷据时代台湾史》，江西人民出版社，1992，第141页。

⑥ 杨彦杰：《荷据时代台湾史》，第126页。

⑦ 池显方：《晃岩集》卷二二《张载宁》，第456页。

载："公司一向用中国帆船把现款从大员和福摩萨运到漳州港口的厦门，交给驻在那边的代理人，有时交给可靠的私商，让他们购买适合于日本、东印度或我国市场需要的商品。这些交易是通过福州巡抚的默许而进行的。""许多中国商人也运商品来此出售，不过这给我们带来的利润不大。因此，每当我们开往日本或巴达维亚的船期即将来临、而我们的存货不多时，我们就不得不派几只帆船到厦门去，在当局的默许下，买进大量的中国商品。那边的商品价格比大员便宜得多，丝的价格每担有时相差八至十两白银。如果时间允许，这些船就把货从厦门运到大员，时间不够的话，就直接运到目的地去。"①

荷兰人主要经营的还是中国与日本之间的贸易，而这一贸易，即使荷兰人不做，中国商人也完全能做到。所以，荷兰人对中国商品的贡献，应看其对欧洲贸易以及对波斯等地的贸易。至于荷兰人对开拓中国商品的贡献，在17世纪的多数时间，比葡萄牙人多不了多少，满打满算，能达到年均50万两白银就不错了。

三　荷据时期台湾市镇的性质

荷兰统治台湾初期，其所占地仅在大员港附近。周边的许多地区都是一片莽荒。这一时期，福建沿海的居民因各种理由移民台湾，而荷兰方面，由于开发台湾的需要，也欢迎汉人的到来。由于明末的战乱与饥荒，尤其是清军进入闽粤后，长期的战争使闽粤沿海不堪居住，有许多人渡海而来，开发台湾。中村孝志据《热兰遮城日志》统计，在荷据时期，漳州、泉州人到台湾者甚多，见表6-1。②

表 6-1　荷据时期台湾与漳泉的人员往来

大员至厦门（及其周围海港）			厦门（及其周围海港）至大员	
年次	船数（只）	船客（人）	船数（只）	船客（人）
1654	139	5125	134	6778（女子105）
1655	148	4660	194	7069（女子624）

① 甘为霖：《荷兰人侵占下的台湾》，"讷茨提交给巴达维亚的报告"，载厦门大学郑成功历史调查研究组编《郑成功收复台湾史料选编》，第105页。
② 〔日〕中村孝志：《荷兰时代在台湾历史上的意义》，《荷兰时代台湾史研究》上卷，稻乡出版社，1997，第39页。

续表

大员至厦门（及其周围海港）			厦门（及其周围海港）至大员	
年次	船数（只）	船客（人）	船数（只）	船客（人）
1656	179	5495	163	4996（女子717）
1657~1658	111	4708	131	5823（女子223）
计	577	19988	622	24666（女子1669）

　　汉人的不断涌入，给荷兰人带来极大的利益。1636年以后，在台湾的中国农夫向荷兰人缴纳糖，白糖有12040斤，赤糖有110461斤。[①] 1658年，台湾糖产量已达17000担之多，大多运往当时的畅销市场日本、波斯，剩余部分则运往巴达维亚。中村孝志说："当时台湾，特别是现在嘉义、台中附近，与暹罗、柬埔寨、菲律宾同为鹿之产地。鹿肉晒干盐渍后，与干鱼等运往中国，鹿皮则运日本制作精巧之革具袋物，在贸易上获得相当利润。1638年，鹿皮达15万张之多"，"普通每年7万~8万张"。荷兰人对来台湾沿海捕鱼的福建渔船征收税额，从税额中推算，1657~1658年度，有40万尾乌鱼和300担的乌鱼子输往大陆。荷兰人还在台湾尝试开金矿，但未获成功。[②]

　　从台湾的生产性质而言，台湾在荷据时代主要产业是稻米、制糖、捕鹿、捕鱼，其经营者主要是福建人，或许还有潮州人。这说明：明清之际的台湾经济是闽潮经济的延伸，荷兰人只是促进这种经济的发展，并没有改变这种经济的性质。

　　对荷兰人来说，更大的利润在于福建商人给他们运来的丝绸、白糖、瓷器等商品，荷兰人将之运往波斯、暹罗与阿姆斯特丹，从而获得高利润。自1650年以后，台湾是仅次于日本、波斯每年平均可获取25万~30万里尔利润的地区。[③] 从商业的角度来看，荷兰人在台湾大大发展了当地的商业，过去台湾只有对日本的转口贸易，但在荷据时期，台湾成为东亚贸易圈的一个重要据点。荷兰商人在台湾购进大陆的商品，然后将其运往日本长崎、巴达维亚、暹罗、波斯、阿姆斯特丹。这使台湾的大员港扮演了以往月港的角色——成为亚洲运销中国商品的中转站。

① 〔日〕中村孝志：《荷兰时代之农业及其奖励》，《荷兰时代台湾史研究》上卷，第45~60页。
② 〔日〕中村孝志：《荷兰时代台湾史研究》上卷，第11~12页。
③ 〔日〕中村孝志：《荷兰时代台湾史研究》上卷，第39页。

　　以上是对 17 世纪台湾市镇发展的初步描述，研究这些历史使笔者对台湾市镇的属性产生疑问，17 世纪台湾的市镇属于欧洲贸易体系还是属于中国大陆贸易圈？以上史料表明，其一，尽管荷兰人在台湾处于统治者的地位，但他们的人数并不多，作为主要生产者的华人，其数量远多于荷兰人，是华人而不是荷兰人构成了大员与赤嵌人口的多数。所以，当时的台湾市镇还是以华人为主。其二，当时的台湾市镇与大陆市场的联系密切，完全靠大陆的商品生存，西班牙人因得不到中国商品而萧条，荷兰人则因中国商品的涌入而大发财。所以，台湾市镇实际上是中国商品的一个国际贸易站而已。其三，由于 17 世纪台湾市镇的主要商品都来自福建，所以，当时的台湾仅是福建区域经济的一个组成部分。换句话说，由于当时的台湾与福建海港的密切联系，海峡两岸组成了统一的市场。其时的台湾市镇完全依附于福建的区域市场。

第四节　闽商与台北西班牙人之间的贸易

　　1626 年，西班牙人窃据台湾北部的鸡笼与淡水两港，之后开展了 16 年的殖民活动。台湾学者对西班牙人在台湾北部历史的研究逐步展开。为什么西班牙人无法在当地立足？明末鸡笼、淡水与大陆的贸易为何不能展开？学者受制于资料而无法得出满意的结论。笔者有幸在何乔远的《镜山全集》中发现了几条涉及西班牙人在台湾贸易的史料，从中可以窥见明末台湾中西贸易之一斑。

一　有关西班牙人在台湾的学术研究

　　1626 年夏，西班牙殖民者侵入台湾北部的鸡笼港，建筑要塞圣萨尔瓦多城（San Salvador），台湾学者往往将其译作圣救主城；1628 年，西班牙人又在台湾西北部淡水建筑城堡，即圣多明哥城（Santo Domingo），从此展开了对台湾北部长达 16 年的殖民，直到 1642 年荷兰人攻克圣萨尔瓦多城，结束西班牙人对台湾北部的统治。西班牙人据台本应是台湾历史上的重要事件，但因西班牙的史料公布较少，至今学术界对西班牙人在台湾的研究成果不多，受其影响，有关台湾史的专门著作对这段历史大多寥寥数语，这是令人遗憾的。

　　在日本人对台湾的殖民时代，日本学者对台湾史展开较大规模的研究。

但涉及西班牙人在台的学术论文值得一提的只有两篇：其一为村上直次郎写于 1931 年的《基隆的红毛城址》①，其二为中村孝志发表于 1956 年的《十七世纪西班牙人在台湾的布教》②。迄至 20 世纪末期，有关台湾西班牙殖民者的历史著作大都是根据这两篇论文所提供的论据撰写，几乎没有增添新的史料。其中最为遗憾的是，尽管西班牙人占据了中国这块边疆土地 16 年，中文史料对此事缺乏详细记载。由于明清易代时期文献的散佚，清代的台湾地方志都将西班牙人所建的两座城称为"红毛城"，意为"荷兰人居住的城"。以此为起点，西班牙人在台湾北部的历史消失于中国的史籍中。方豪先生遗憾地说："就汉文资料而言，郑氏与满清初期，均将其施政重心置于南部，故早期所修之台湾府志，台湾与凤山两县志及诸罗县志，对西班牙人占据北部事，绝少叙述；又因西人遭荷兰人驱逐，故往往将西人所筑之砲城，误记为荷兰人建造。"③ 现有的相关学术研究极少引用汉文资料，其原因在此。其后，方豪展开了对西班牙系统的天主教在台北传播的研究。20 世纪末，台湾新一代学者开始了对西班牙殖民时代的台湾研究。如翁佳音 1995 年翻译了有关台湾北部的几篇重要史料，后著有《近世初期北部台湾的贸易与原住民》④，该文使用了许多西班牙文史料，展开了对台湾北部居民商业的研究。2003 年，在台湾召开了"西班牙时期台湾相关文献及图像国际研讨会"，海内外学者发表一些质量不错的论文和史料。后由吕理政主编，出版了《帝国相接之界：西班牙时期台湾相关文献及图像论文集》，该书汇集了多篇相关论文，值得重视。2006 年陈宗仁的《鸡笼山与淡水洋——东亚海域与台湾早期史研究 1400－1700》一书问世。2008 年，鲍晓鸥著、若到瓜（NaKao Eki）翻译的《西班牙人的台湾体验 1626－1642》出版，翁、陈、鲍等人的著作可说为台湾学者研究西班牙占据台湾的代表作。不过，台湾学者研究的重点是台湾本土居民的生活方式，这是可以理解的。由于缺乏汉文史料，早期研究者对西班牙人占据台湾时期的

---

① 〔日〕村上直次郎：《基隆的红毛城址》，原载《台湾时报》昭和六年（1931 年）11 月号，第 13～22 页，载村上直次郎等著《荷兰时代台湾史论文集》，许贤瑶译。

② 〔日〕中村孝志：《十七世纪西班牙人在台湾的布教》，《荷兰时代台湾史研究》下卷，第 135～182 页。该论文原载于《日本文化》1956 年 4 月，第 25～61 页，赖永祥译，载《台湾文献丛刊》第 2 辑，1956。

③ 方豪：《台湾早期史纲》，第 206 页。

④ 翁佳音：《近世初期北部台湾的贸易与原住民》，载黄富三、翁佳音主编《台湾商业传统论文集》，"中研院"台湾史研究所，1999。

一些历史问题很难得出结论。中村孝志指出：

> 当菲律宾政府占领台湾之初，西班牙人预计中国船可能多数航来鸡笼贸易，同时也希望自 1635 年以来一直断绝的日、菲贸易，能以此港为媒介，再度活跃起来。然而，事实上却不然，在最接近中国的淡水虽已开港，而中国船来者仍无几。自 1628 年西班牙人在暹罗湄南河发生烧毁日本船只事件后，日本对菲岛之感情极度恶化，且日本为防止天主教之潜入，自 1633 年（明崇祯六年、日本宽永十年）即严厉限制海外航行，越 2 年进而完全禁止，至此不但贸易无望，进入国传教都被挡。故西班牙人占领台湾的目的已失去其大半。鸡笼气候不便，西班牙人不耐其生活，1633 年就有多数自由民，纷纷赋归马尼拉。可见西班牙人据台湾的热情日变冷淡。①

以上文字表明西班牙人之中一直存在疑问：为什么西班牙占据台湾北部时期，福建的船只很少来到这里？当时的福建人如何看待西班牙人的出现？去淡水、鸡笼贸易的福建人主要来自何处？解决这些问题如果没有汉文资料作为佐证，都是不全面的。事实上，早在明代末年，台北的西班牙人对福建商船极少一直感到失望，为什么会出现这种情况，他们也不明白。对于这些问题，有必要进一步研究。

二　何乔远《镜山全集》及闽人视野中的台湾西班牙人

何乔远是泉州晋江人，生于嘉靖三十六年（1557 年），故于崇祯四年（1631 年）。他于万历十四年（1588 年）考中进士，随即担任刑部主事，其人心直口快，三次遭贬。晚年仕至南京工部右侍郎。主要著作有作为福建省志的《闽书》一百五十四卷，记载明代历史为主的《名山藏》一百零九卷，以及个人著作全集《镜山全集》。在死前的两三年里，他撰写了《请开海禁疏》《海上小议》（崇祯二年作）、《开洋海议》（崇祯三年在南都作）等三篇著名的篇章。他公开为福建商人说话，力主开海禁通商，在厦门设置口岸，这些观点在其时代都被视为超前的思想，在朝廷上下产生一定影响。

---

① 〔日〕中村孝志：《十七世纪西班牙人在台湾的布教》，《荷兰时代台湾史研究》下卷，第 163 页。

何乔远的《请开海禁疏》一文提到了台湾的西班牙人：

> 自我海禁既严，泉州彭湖之外，有地名台湾者，故与我中国不属，而夷人亦区脱之。于是红毛番入据其地，我奸民为接济。而佛郎机见我禁海，亦时时私至鸡笼、淡水之地，我民奸阑出物，官府曾不得其一钱之用，而利尽归于奸民矣。①

以上文字中的佛郎机此处是指西班牙人。精通葡萄牙语与西班牙语的金国平先生指出："佛郎机"原为阿拉伯人对西方基督徒的统称。后因葡萄牙人最早到了东方，佛郎机便成了葡萄牙人的专用语。明代后期，葡萄牙国与西班牙国合并，西班牙人正是在此时来到远方，因而佛郎机之称也扩及西班牙人。此处何乔远所说的"佛郎机"显然是指西班牙人。此外，这段话表明何乔远很清楚是荷兰人先侵占台湾后，西班牙人再到了台湾北部的淡水、鸡笼等地。不过，他说西班牙人"时时私至鸡笼、淡水之地"，可见，当时他还不知道西班牙人是打算在台湾北部筑城。《请开海禁疏》的写作年代未注明，可能是在天启末年或是崇祯元年。其后，何乔远作于崇祯二年的《海上小议》写道：

> 凡洋税于海澄县给引发船，此故事也。自海寇为梗，人多不往吕宋兴贩，顾兴贩在也。缘吕宋酋长因我货不往彼，来就鸡笼、淡水筑城贸易，而红夷亦住台湾，与我私互市，顾皆奸民、奸阑接济。是我不得收税者，不得收海澄县之税耳，而鸡笼、淡水、台湾诸处税，独不可严奸阑之禁，必令给引乃发乎？②

这条文字表明，明朝官员于崇祯二年（1629年）已经知道西班牙人在台湾北部的鸡笼、淡水二地筑城。而且，当地有福建商民前去走私贸易，所以，何乔远主张开海禁收税，将福建商民去台湾的淡水、鸡笼、大员的贸易都纳入政府管辖的轨道中。

其实，鸡笼和淡水二港很早就是闽人的贸易港口。明代万历年间福建巡抚许孚远的《敬和堂集》说："同安、海澄、龙溪、漳浦、诏安等处奸

---

① 何乔远：《镜山全集》卷二三《请开海禁疏》，日本内阁文库藏明刊本，第32页。
② 何乔远：《镜山全集》卷二四《海上小议（崇祯二年）》，第11~12页。

徒，每年于肆伍月间告给文引，驾驶乌船，称往福宁卸载、北港捕鱼，及贩鸡笼、淡水者，往往私装铅硝等货，潜去倭国，徂秋及冬，或来春方回。"① "又有小番，名鸡笼、淡水，地邻北港捕鱼之处……北港船引，一例原无限数。"②

可见，早在万历年间，海澄县就给去鸡笼、淡水贸易的商人颁发船引，张燮的《东西洋考》记载："东西洋每引税银三两，鸡笼、淡水税银一两，其后加增东西洋税银六两，鸡笼、淡水二两。"③ 这些记载表明，当时鸡笼、淡水可供贸易的东西不多，所以，征税数量也比其他地方少。

在明末福州巨绅董应举的文章中，曾说到闽江口一带的水师："水兵伎俩真伪，只看使船。自五虎门抵定海，掠海而过，能行走自如，其技十五；掠竿塘、横山而目不瞬者，技十八；乘风而直抵东涌之外洋，望鸡笼、淡水岛屿如指诸掌者，惟老渔能之。"④ 可见，对当时的长乐、连江诸县渔民而言，淡水、鸡笼一带是常到之地。

西班牙人占据台湾北部之后，在明朝兵部供职的陈组绶说："湛水（即淡水）一带自白狗山对过，迤南至彭湖相望，有四府之宽，直可如崇明设府县。皆闽人浮此互市，今为佛郎所据守。"⑤ 文中的白狗山，即闽江口外的白犬山，它距离台湾北部的淡水港较近，水程有100多公里。这段文字证明此地原为闽人的贸易场所之一，而后被西班牙人所占。因西班牙白银较多，闽人继续到岛上贸易。池显方的《送张将军再任澎湖仍往东番搜贼》一诗说："出岛二日名鸡笼，奸商勾夷潜交卖。港齿渐浅腹渐深，聚如蜂巢飞即蛊。"⑥ 池显方又说："奸商潜饵秃奴来，狡窟时藏鸡笼岛。"⑦

图11是《17世纪的基隆港手绘图》，出于欧洲人之手。该图的右上角有一艘华人的船只，而在图的中部，还有一艘西班牙人的三桅船。

---

① 许孚远：《敬和堂集》卷四《疏通海禁疏》，明万历刊本，第27页。
② 许孚远：《敬和堂集》卷七《海禁条约行分守漳南道》，第11页。
③ 张燮：《东西洋考》卷七《饷税考》，谢方点校，第132页。
④ 董应举：《崇相集·与韩海道议选水将海操》，民国十七年重刊本。
⑤ 陈组绶：《皇明职方地图》卷下，崇祯九年刊本，第42页。
⑥ 池显方：《晃岩集》卷三《送张将军再任澎湖仍往东番搜贼》，第72页。
⑦ 池显方：《晃岩集》卷三《傅望之彭湖获倭》，第73页。

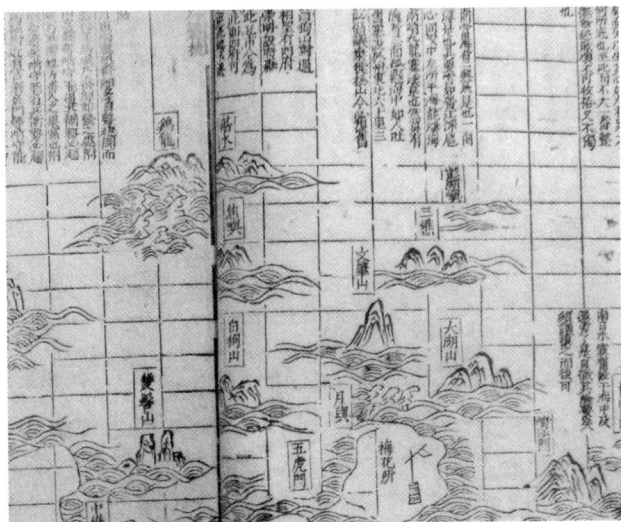

图 6-4　陈组绶编《皇明职方地图》中所载福建沿海图

资料来源：郑振铎辑《玄览堂丛书三集》第十一册，国立中央图书馆，1948。

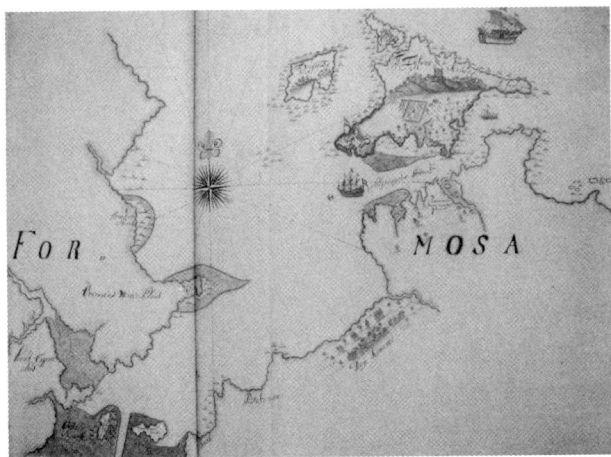

图 6-5　17 世纪的基隆港手绘图

资料来源：转引自徐雪姬、吴密察《先民的足迹——古地图话台湾沧桑史》，第 81 页。

还有一幅名为《台湾岛西班牙人港口图》的地图，是 1626 年西班牙人占据台湾鸡笼港时所绘。在这幅图上，我们看到了 4 艘大船停在基隆港内，其中 2 艘是西班牙船只，另 2 艘是中国帆船，当时称为戎克船。尤其令人注意的是，在鸡笼港的岸上，有 2 个村落，北部村落有 23 座房子，南部村落有 15 座房子。房子呈红色，或以为这是原住民的房子。①

图 6-6 西班牙人 1627 年所绘的鸡笼港图

资料来源：转引自鲍晓鸥《西班牙人的台湾体验》，南天书局，2008，第 75 页。

有关西班牙人在台湾北部的情况，荷兰人也曾进行过调查。荷兰海牙档案馆地图历史专家格斯·冉福立（Kees Zandvliet）对这些地图撰写了解说："这张图便是荷兰人侦查西班牙人动静的记录。图中两座城堡，扼住基隆海湾的是圣救主城；另外一个位于淡水河口的是圣多明我城，也就是最初的淡水红毛城。"② 西门·吉尔得古（Simon Keerdekoe）对 1654 年《手绘淡水及其附近村落及鸡笼屿图》作了解说，"这张地图清晰地描绘了三百多年前，台湾北部淡水河、基隆河、新店溪等流域，同时还包括了基隆沿海、和平岛等地区。图中星罗分布着许多平埔族聚落、汉人村落、耕地、荷兰人的建设等，充分说明了 1654 年时台北盆地与基隆的繁荣景象"③。当时鸡笼附近已经有华人村落，"1648 年在今天的新店地，已有汉人七十八人住在那里，而且有很多中国人和原住民结婚。"④

关于在台北的西班牙人，何乔远说：

> 台湾者，其地在彭湖岛外，于夷人无所属，而我亦以为海外区脱，不问也。今则红夷入据其处，其地广衍高腴，可比中国一大县。我中国穷民俱就其处结茅刈菅，苦盖家室，而奸民将中国货物接济之，于是，洋税之利，不归官府而悉私之于奸民矣。吕宋见我不开洋税，亦来海外鸡笼、淡水之地，私与我贸易，奸民又接济之如红夷。而洋税

① 李毓中等：《十七世纪的台湾·基隆港》，《台湾史料研究》第 4 号，吴三连台湾史料基金会会刊，1994，封二。

② 江树生等：《十七世纪荷兰人绘制的台湾老地图》，《汉声》杂志第 105 期，1997，第 26 页。

③ 江树生等：《十七世纪荷兰人绘制的台湾老地图》，第 64~65 页。

④ 江树生等：《十七世纪荷兰人绘制的台湾老地图》，第 138~139 页。

之利，又不归官府而悉私之于奸民矣。夫以中国税额大利，悉闭绝以与奸民，此舛之大者也。^①

可见，当西班牙人来到台湾之初，尽管明朝政府正在实行海禁，但是，仍有福建商民前去贸易。因而何乔远才大叫大嚷：政府应当收税。西班牙人建港之初，总是以高价吸引中国商品，何乔远说：

> 吕宋夷人朴质，一柑中口售一银钱，他物类此，不可枚数。寻晚末，我人奸诡，夷亦自开慧识，无此狼藉。
>
> 而吕宋夷百工悉藉于我，其来鸡笼、淡水，我等百工，如做鞋、箍桶之类，凡可备物用者，皆至其处。又可无往返之劳。此又小民糊口一生路。^②

可见，当时的福建人自作聪明，以为西班牙人都是傻子，白银多而乱花钱，因而一窝蜂拥到西班牙人的港口贸易。西班牙人占据鸡笼、淡水之初，也是这种情况。董应举家在闽江口的嘉登里，他也说到家乡之民进行走私贸易："前通倭，今又通红夷矣。恃水洋七更船之便，贪小物三倍利之多，莫不碗甂羢袜、青袄皮兜，叉手坐食，耻问耕钓。其黠者，装作船主，客银落手，浪用花撑。不德大姓，又阴主之，断送人性命以益自己，罪莫大焉。"^③ 可见，当时福州港附近有许多商民到台湾贸易，他们的贸易对象主要是"红夷"，即荷兰人，当然，其中也会有一些人到鸡笼和淡水贸易。因为福建到鸡笼及淡水二地，恰是七更水程。

不过，当时到台湾北部的福建商船渐渐少了下来。崇祯三年，何乔远在《开洋海议》一文中说：

> 今日开洋之议，愚见以为旧在吕宋者，大贩则给引于吕宋，小贩则令给引于鸡笼、淡水；在红夷者，则给引于台湾。省得奸民接济，使利归于我，则使泉州一海防同知主之。其东洋诸夷及大贩吕宋，则仍给引于漳州，使漳州一海防同知主之。兴贩大通，生活有路，贼盗

---

① 何乔远：《镜山全集》卷二四《开洋海议》（崇祯三年在南都作），第 14～15 页。
② 何乔远：《镜山全集》卷二四《开洋海议》（崇祯三年在南都作），第 13～14 页。
③ 董应举：《崇相集选录·谕嘉登里文》，台湾文献丛刊第 237 种，第 51 页。

鲜少，此中国之大利也。①

　　何乔远将到吕宋的商人称为"大贩"，将到鸡笼、淡水的商人称为"小贩"，二者的差异由此可见。此外，荷兰人刚到台湾之初，看来生意也不很好，所以何乔远将其与鸡笼、淡水的西班牙人同样视之。总的来说，其实当时福建人很想到台湾与西班牙人贸易，而且由于西班牙人以高价招揽福建商人，福建过去的小商小贩也不少。这至少说明淡水、鸡笼二港的发展前景不错。那么，后来西班牙人为何会感到福建商人来得太少？西班牙人和荷兰在同一水平上竞争，为何荷兰人在台湾的商业成功了，而在台湾的西班牙人却未能发展起有规模的商业？这要做进一步研究。

三　西据时代淡水、鸡笼二港难以发展的原因

　　淡水、鸡笼二港位于台湾北部，隔海与福州相望。明末福建巡抚黄承玄说："鸡笼、淡水（台湾北部），俗呼小琉球焉；去我台、礵、东涌（皆为海中岛屿）等地，不过数更水程。"② 其中东涌岛就在福州的闽江口岸。明末兵部的职方主事陈组绶说："淡水③一带，自白狗山对过迤南至彭湖相望，有四府之宽。"④ 就陈组绶的知识来说，他很清楚地知道，淡水港在福建沿海岛屿"白狗山"的对面。按白狗山，又名白犬岛，这是一座位于闽江口的小岛，福州一带的渔船出海，常在白犬岛停泊汲水。此地到台湾淡水港，只有100多公里的水程。清初到达淡水、鸡笼的郁永河说："至八里坌社，有江水为阻，即淡水也。深山溪涧，皆由此出。水广五六里，港口中流有鸡心礁，海舶畏之。"⑤ "盖淡水者，台湾西北隅尽处也。高山嵯峨，俯瞰大海，与闽之福州府闽安镇东西相望，隔海遥峙，计水程七八更耳。山下临江陴为淡水城，亦前红毛为守港口设者。"⑥

　　就鸡笼与淡水的地理形势而言，它比较靠近福州，福州商人若是到当

---

① 何乔远：《镜山全集》卷二四《开洋海议》（崇祯三年在南都作），第15~16页。
② 黄承玄：《题琉球咨报倭情疏》，载《明经世文编选录》，《台湾文献史料丛刊》第3辑，第53册，第226~227页。
③ 在陈组绶的《皇明职方地图》所载地图中，台湾北部的淡水港，有时写作"湛水"，今统一为淡水。
④ 陈组绶：《皇明职方地图》卷下，崇祯九年刊本，第41页。
⑤ 郁永河：《裨海纪游》卷上，台湾文献丛刊第44种，第22~23页。
⑥ 郁永河：《裨海纪游》卷上，第29页。

地贸易十分方便。不过，在明代末年，鸡笼和淡水主要是由闽南商人经营的。何乔远说：

> 鸡笼淡水之地，一日夜可至台湾，台湾之地，两日两夜，可至漳泉内港。[1]

何乔远这段话值得注意的是：去鸡笼、淡水贸易的福建商民主要来自闽南。所以，何乔远记载鸡笼、淡水到福建的路是：一日夜可到台湾，再用两天两夜可到福建的漳泉。此处的台湾是被荷兰人占据的北港，其地在今日台湾的台南市。明末的北港是台湾最大的港口，漳泉人是先到北港，再到鸡笼、淡水。

为什么是闽南人去鸡笼、淡水较多？这是因为，当时福建的海上贸易由漳州的海澄县管辖，任何人想到鸡笼、淡水二港，都得到海澄去申请船引，海澄是闽南人的港口，福州人去海澄不方便，所以，申请到鸡笼、淡水的闽人，应多为闽南人。久而久之，闽南人大致控制了这两个港口。西班牙人在当地与福建人进行贸易，自然以闽南人为多。

但就闽南人的眼里台湾岛而言，鸡笼和淡水都不是最好的港口。因为二港距闽南较远，闽南人去鸡笼、淡水二港，通常是先到台湾岛的大员港（明末名为台湾，或称北港），然后再到以上二港。当时北港发展较快，此地已经有发达的贸易，闽南人到台湾贸易，主要在北港就能买到一切东西，其实不必去鸡笼和淡水。天启年间，福建水师提督俞咨皋与荷兰人谈判，本想让荷兰人到淡水和鸡笼二港。据荷兰方面的史料，在荷兰人对撤往台湾何地举棋不定时，有一个华人甲必丹从日本带来14万里尔的银子前来购物，他给荷兰人的"忠告"是："荷兰人不如据守大员港（Thaiwam）为宜。鸡笼（Kelang）及淡水（Tansoei）并非优良之碇泊地，加上附近之番人凶恶，无法交往。"[2]

他的建议在荷兰人中起了效果，最终荷兰人决策去大员港而不是北上淡水。可见，在当时的闽南商人眼里，鸡笼和淡水都不是好港口。

鸡笼、淡水都位于台湾北部，这里是全岛降水最丰富的区域，每年降水量在3000毫米以上。在通常年份，台北有半年时间都在下雨。雨水过多

① 何乔远：《镜山全集》卷二四《开洋海议》（崇祯三年在南都作），第14页。
② 〔日〕村上直次郎等著《荷兰时代台湾史论文集》，许贤瑶译，第84页。

的区域有利于植物和微生物生长，但不利于人类生存。因而明清时期的福建人将台北称为瘴疠之地，移民在当地的死亡率很高。清初郁永河要到当地去炼硫黄，许多人来劝阻："咸谓余曰：'君不闻鸡笼、淡水水土之恶乎？人至即病，病辄死。凡隶役闻鸡笼、淡水之遣，皆欷歔悲叹，如使绝域；水师例春秋更戍，以得生还为幸。彼健儿役隶且然，君奚堪此'？"① 这些史料表明，闽南人不喜欢这两个港口是有原因的。不良气候长期成为台北发展难以克服的阻碍。

此外，在西班牙人抵达台湾之前，荷兰人已经抵达台湾南部，并将北港建设成为一个集镇。泉州士大夫傅元初谈到台湾的海外殖民者有这样一段话：

> 海滨之民，惟利是视，走死地如骛（鹜），往往至岛外区脱之地曰台湾者，与红毛番为市。红毛业据之以为窟穴。自台湾两日夜可至漳泉内港。而吕宋、佛郎机之夷见我禁海，亦时时私至鸡笼、淡水之地，与奸民阑出者市货。其地一日可至台湾。②

从"走死地如骛（鹜）"这句话来看，闽南人去台湾荷兰殖民地贸易的较多。这是因为从闽南到台南是较为方便的。荷兰人为了打击西班牙人的贸易，还想尽方法封锁西班牙人的港口。如何乔远所说："而红夷强牵我船至其国中，于是，吕宋不得贸易，互相仇怨。"③ 后来，荷兰人在和厦门郑芝龙谈判时还提出"不允许戎克船前往马尼拉、鸡笼、淡水、北大年湾、暹逻、柬普寨等地"④ 的条件。

可见，荷兰人的阻挠，是西班牙殖民地难以发展的重要原因。更为致命的问题是：明清之际台湾海峡的海盗活动极为频繁。

台湾海峡的海盗活动历来猖獗，尤其在嘉靖年间的倭寇活动，其破坏性之大达到历史上极点。其后，明朝将戚继光调入福建，将俞大猷调入广东，加上胡宗宪在浙江的成功，倭寇在台湾海峡的势力终于被镇压下去。万历年间，由福建水师、浙江水师、广东水师组成的明朝海军十分强盛，

---

① 郁永河：《裨海纪游》卷上，第 16 页。
② 孙承泽：《春明梦余录》卷四二《闽省海贼》，北京古籍出版社，1992，第 825 页。
③ 何乔远：《镜山全集》卷二四《开洋海议》（崇祯三年在南都作），第 14 页。
④ 江树生译注《热兰遮城日志》第 1 册，第 16 页。

这是明朝在援朝抗倭战争中获胜的原因。不过，迄至万历末年，北方的后金开始与明朝作战，明朝屡战屡败，开支浩繁，不得不压缩各地的开支，集中财力应付努尔哈赤的大军。在这一背景下，南方水师也进行了裁员，这就使福建水师走上没落之路，无力控制台湾海峡。于是，台海海盗再起。万历末年，袁进和李忠在台湾的北港占山为王，直到万历四十七年才投降明朝；其后颜思齐、郑芝龙在台湾海峡活动，荷兰殖民者于 1622 年发动了对台湾海峡的入侵，他们占据澎湖列岛，与明军对抗。此后台湾海峡的海盗活动进入高潮，荷兰人也占据了台湾的北港为据点，袭击往来台湾海峡的商船。在荷兰人的资助下，郑芝龙的海盗队伍发展很快，多次击败明朝水师，进而击败明朝与荷兰的联军。天启七年（1627 年）五月，郑芝龙攻占中左所，崇祯元年（1628 年）接受明朝招安。然而，由于明朝未能满足他们的条件，郑芝龙的部下大部叛变入海，于是，明朝再一次陷入对海盗的苦战。不过，这一次明朝有了对海盗情况十分熟悉的郑芝龙。在福建省的全力支持下，郑芝龙逐步击败杨六、杨七兄弟，李魁奇、钟斌、刘香等海盗头目，约在崇祯八年（1635 年）大致平定了台湾海峡的海盗。总之，从荷兰人进占澎湖列岛开始，迄至刘香的海盗队伍灭亡，台湾海峡的海盗活动长达 12 年之久！

台湾海峡的海盗活动不仅直接袭击了海峡的商船，而且让明朝实行海禁政策，这都使福建的对外贸易衰退。关于为什么实行海禁，当时的福建巡抚是这样说的：

题为禁洋船以弭盗源事……窃惟漳之有洋税以供本省兵饷，饷不可缺则洋似不可禁。但今日贼之所以号召徒党而沿海之民趋之若鹜者，以洋船为之饵也。查洋税额征 23400 两。今岁洋船之出洋者，以 43 只，而到漳者 10 只、到泉者 2 只，他抛泊广东 10 只，温州 1 只，其余皆为贼夺驾以去得也。计贼所得商货银钱已数百万。凡洋货皆坚大巨舰，并为贼坐驾以与我兵船格，我兵船不能当也。若明岁不禁洋船，贼又当增数百万金钱、数十巨舰，藉寇兵而赍盗粮。官所收不过二万余金，不足为募兵之费，而贼之利且不赀。此以明岁计之而确然当禁者。况贼惟得利于今岁，又垂涎于明岁。是以从贼之人附而不去，招之不回。若一闻洋船已禁，无所利之，其专舟鸱张之雄即不可散，而其闻风蚁聚之辈行且渐远。此又以见在计之而确然当禁者。查得天启四年，因红夷在海上，曾禁洋船一年。今臣等议将崇祯元年洋商尽行禁止，不许下海，有违禁者，治以重罪。惟恐是洋饷之额，闽中并无他项钱粮可以抵补。但权其缓急，不得以小利贻大害，所谓白刃在前不避流矢者，今日之谓也。俟崇祯二年贼平另议开禁。至于漳泉之民，以海为生，缘闽地甚窄，觅利于陆地者无门，而洋利甚大，幸脱于虎口者间有，即使十往一归，犹将侥幸于万分之一，此番议禁，必有以为不便者。①

这类海禁政策当然会影响福建的对外贸易，福建商人反对激烈，何乔远正是在这一背景下出面向朝廷提出解除海禁。明朝也曾于崇祯四年（1631 年）一度解禁。不过，随着刘香的海盗活动变本加厉，福建巡抚再次提出海禁，这一次海禁，直到刘香被平定后才解禁。前后长达十余年的海禁严重影响了福建的海商，《海澄县志》记载：

天启以来，和兰请市，盘踞水滨，至四年，当路一意剪除，严禁接济，且悉辍贾舶，使夷无所垂涎。辄寸板不令下水。是秋，夷既远徙，五年，始通舶如故。乃潢池弄兵，又乘之而起矣。夫舶众故多豪雄，诸所备御，亦复精利，小寇当之，未易得志。第临以大敌，终当气缩耳。截流横吞，少不摧碎。然贾人岁岁苦倭，竟在岁岁扬帆，盖走死地如鹜，乃其经惯。且占风知贼所在，辄从水面改柁，期与贼远，莫或逢之。则归而赛神，擂大鼓矣。都下遥度者，以为盗贼纵横，多为劫掠，贾舶既息，杜其食指，便可了其杀机。于是，计臣上章，请严海禁，自崇祯改元以后，通舶者仅一岁，他岁悉禁海，而盗贼之出没，竟不少休，忧世者矫之曰：止盗之法，无如通舶，非惟续命之膏，且亦辟兵之符，盖舶主而下多财善贾者元不数人，间有凭子母钱称贷数金辄附众远行者，又有不持片钱，空手应募，得值以行者，岁不下数万人。而是数万人者留之海上，抵为盗资，散之裔夷，便可少数万人从贼也。海滨自中贼而后，井里萧条，有目共睹。仅此贸易远酋生活，旋复锢之，昔为泽国，今为枯林。②

①《兵科抄出福建巡抚朱题》，载《明清史料戊编》第一本，第 4~5 页。
② 张燮等：崇祯《海澄县志》卷五，书目文献出版社，日本藏中国罕见方志丛刊，1990 年影印本，第 366~367 页。

　　可见，由于福建地方官厉行海禁，给人民带来极大的困难，"泉、漳二郡商民贩东西两洋，代农贾之利，比比然也。自红夷肆掠，洋船不通，海禁日严，民生憔悴"①。福建商人出海贸易的数量大大减少，当然会影响到台湾西班牙人的生意。在这一背景下，西班牙人觉得投资台湾北部是一个不合算的生意，从而大幅度减少对台湾的投资。而在台湾的西班牙移民也都撤回马尼拉。菲律宾总督府将资金撤出之后，福建商人很快得知台湾的西班牙人缺乏银钱，无力采购商品，对鸡笼、淡水避而远之。这样恶性循环，鸡笼、淡水更得不到西班牙人的关注。随着西班牙人驻台湾的士兵降到一二百人，西班牙人不得不收缩据点。他们拆毁了淡水的圣多明哥城，集中兵力防守鸡笼的圣萨尔瓦多城。最终在荷兰人的攻击下，残存的西班牙人于崇祯十五年（1642 年）向荷兰人投降，结束了殖民台湾的历史。

　　然而，就在西班牙人大举撤退不久，台湾海峡的形势发生变化。刘香的海盗队伍失败后，台湾海峡终于可以正常航行。荷兰文献记载，崇祯七年（1634 年）以后，有许多福建商船到大员贸易，而大员因而逐渐繁荣起来。可以想象，此前西班牙人若是没有大举撤出台湾，此时他们在台湾也会有一定的发展。不过，对西班牙人来说，此时东亚的局势已经有很大的变化。西班牙人在东亚的贸易对象除了中国之外就是日本，当时东亚最赚钱的贸易是用中国商品去换日本的白银、黄金。西班牙人借助天主教在日本的传播，一度在日本形成很大的势力，甚至威胁到日本地方政权的稳定。在这一背景下，日本的德川幕府最终决定禁绝天主教的传播，因而禁止西班牙人到日本贸易。这一政策提出于崇祯六年，彻底实行于崇祯八年。日本对西班牙人的拒绝，使西班牙人无法直接经营中国与日本之间的贸易。西班牙人在台湾找一个贸易据点，其如意算盘无非是占据优越的地理条件，直接经营中国与日本之间的贸易，现在由于日本人对天主教的深恶痛绝，这种贸易已经无法在台湾进行。而福建商人也觉得直接发船到日本贸易更为有利，没有必要通过台湾北部这一中介。此时已经有较多的福建商船直接到马尼拉贸易，西班牙人只做中国贸易也能保持一定的利润，在这一背景下，西班牙人觉得重振鸡笼、淡水的据点意义不大，因而削弱了防守，最终导致他们在台湾北部的据点被荷兰人攻克。

　　综上所述，西班牙人占据台湾的鸡笼、淡水期间，福建商人前去贸易

---

① 沈铁：《上南抚台暨巡海公祖请建彭湖城堡置将屯兵永为重镇书》，载顾炎武《天下郡国利病书》第 26 册，商务印书馆，四部丛刊本，第 31 页。

的船只较少。其原因在于：其一，当时猖獗的海盗活动使福建商人视台海为畏途；其二，福建官府的海禁也成为福建商人出海的阻碍；其三，在台湾活动较多的闽南商人更愿意去离闽南较近的大员港，这使荷兰人在台湾较为得利；其四，荷兰人与西班牙人的冲突使其在海上拦截西班牙船只，西班牙人的海军不如荷兰，在海上十分被动；其五，由于日本禁止西班牙人入境，西班牙人觉得在台湾北部维持一个据点很困难，从而撤出投资。这使福建人更不愿意进入鸡笼和淡水贸易。

总之，在荷兰人与西班牙人殖民统治台湾的时期，台湾的市镇经济有很大发展，可以说是迎来了第一个繁荣时期。不过，当时的台湾市镇虽然多由欧洲人控制，分析其贸易内容，仍然应属于中国大陆的市镇体系。

小　结

明末清初的台湾海峡处于一个特殊的时代，其时国际贸易体系初步形成，中国的商品丝绸、瓷器、黑白糖在国际贸易中占据重要地位。为了得到中国的商品，欧洲殖民者纷纷进入台湾海峡，以图获取或垄断中国商品的出口。由于明朝方面的海防体系出现问题，荷兰及西班牙殖民者得以侵占台湾，建立贸易基地。明朝为了保护东南的利益，仍然维持明初的海禁政策，仅留月港口岸让福建商人出海贸易，另开澳门口岸允许外商入住。就在如此复杂的国际环境中，以闽商为核心的中国海商集团发展起来，他们在环中国海各个港口都建立了自己的贸易圈，构成了发达的贸易网络，并与欧洲殖民者展开激烈的商战。在这一背景下，福建海商依靠自己的力量武装起来，并在与官府作战中壮大，在与欧洲殖民者的战斗中成长。当福建商人与荷兰人的关系从竞争转向对抗时，他们也采用武力抗争的方式。从郑芝龙降明开始，中国海商集团走向与官府联合，从而得以依靠大陆的力量与海上对手竞争，这是郑芝龙得以在台湾海峡对抗荷兰殖民者的原因。

不过，由于荷兰及西班牙殖民者占据台湾的目的主要是获得中国商品，在早期阶段，他们不得不善待福建商人，吸引福建商人到台湾贸易，因此，在这一阶段联络两岸关系的仍然是闽商。在两岸贸易中，台湾成长起一批市镇，由于这些市镇的本质是中国商品转运站，所以说，这一时代的台湾市镇还是属于中国的市镇体系。明清之际台湾出产蔗糖和鹿皮，其中蔗糖是福建人引进台湾的，其目的一开始就是出售于东亚市场上。而台湾鹿肉与鹿皮的商业价值也是福建商人最早开发的。福建商人还将丝绸、瓷器等商品带到台湾的港口，然后由荷兰人将其运至日本及欧洲市场，中国商品及闽商的活动才是台湾商业经济发展的根本原因。荷西殖民时期的台湾，虽说台湾在荷兰人占据之下，但就是这一时代，福建商人得以进入台湾内地，掌控更多的台湾商品。总之，这一时代的闽台商缘仍在发展。

第七章　明郑台湾与台海商缘

在郑芝龙之后郑成功海商集团的崛起，是中国历史上的重要事件。在中国历史上，海商集团从未有过如此巨大的政治影响。郑成功结束了荷兰人在台湾的殖民统治，奠定了闽粤民众在台湾开发的基础。明郑集团最终被清廷招抚，是这一时代台湾经济对大陆的依附性造成的。

第一节　郑成功与厦门港的崛起

郑成功海商集团对台湾的历史有重大影响，郑成功本人常被台湾人称为"开台始祖"，他的一生，都与台海风云有关。厦门是郑成功的根据地，也是福建与台湾交往的主要港口，以郑成功为首的福建海商正是从厦门港出发，建立了对台湾的统治。

一　郑芝龙海商集团与隆武政权

崇祯十七年（1644 年）三月，李自成进入北京，崇祯皇帝在煤山自杀，随后清军入关，开始了征服中原的战争。当时明朝残余力量仍然控制着富庶的东南诸省，他们以正统自居，相继成立了福王政权与唐王政权，其中唐王政权的根据地在福建。

崇祯帝自杀殉国的消息传到南京，两个月后，群臣拥立福王朱由崧为帝，并将第二年（1645 年）改元弘光。然而，弘光朝内部党争激烈，很快被清军消灭。在福王政权覆没之际，东南拥明的官僚们多退至杭州，他们试图拥立潞王为帝，但潞王继位仅一个月，便降于清军。其后，郑芝龙之弟郑鸿逵与户部主事苏观生首倡拥立唐王朱聿键监国，其后得到郑芝龙等人的支持，在福州称帝，年号隆武。隆武帝掌权后，对郑氏海商集团的回报也是很大的，郑氏家族诸人，无不封公封侯，从普通商人一跃为政府高官。不过，郑芝龙与隆武帝之间矛盾重重，郑芝龙本身对隆武帝不太看好，表面尊重隆武帝，私下与清军勾结，清人徐鼒评说："若芝龙既不忠于明，亦非忠于我大清；居闽海为奇货、视君父若弈棋，怀狡兔三窟之谋，为首鼠两端之计。其阴狡诡谲，非当日降臣比也"①。这里点出了明清之际郑芝龙在明清两朝之间投机的事实。

隆武二年八月，清军突入闽北，隆武帝退至汀州，后被清军杀害。郑芝龙亦退军泉州安海，与清军相持。为了诱使郑芝龙上钩，清军首领抛出了"闽粤总督"的诱饵。郑芝龙被骗上京，他的部下大失所望，纷纷下海反清，15 年后，郑芝龙被杀于北京。

博洛挟郑芝龙北上进京，是清廷最愚蠢的决策之一。就郑芝龙而言，他的悲剧也不仅仅是个人的，还是中国海商的悲剧。郑芝龙注重发展海上势力，对大陆势力采取尽量妥协的策略，如果他的联清策略得以实行，他在海上对付西方殖民主义者的竞争，会有更多的有利之处。因此，他向清廷靠拢，不是个人的好恶，而是深谋远虑的行为。但是，在清廷进入中原之初，还无法理解海商们的立场与诚意，他们仅仅是将郑芝龙当作割据地方的一个豪强，为了加强对地方的统治，采取诱捕郑芝龙的方式，以取得蛇无头而不行的效果。但海商在明末已是一个强大的阶层，这个阶层无论如何都会推出自己的代表，一个郑芝龙从政治舞台上消失，类似郑芝龙的代表还会出现。所以，清廷诱捕郑芝龙，仅使联清派在海商中失势。此后，抗清派郑成功在郑氏海商集团内部得势，迅速成长为东南海上势力的领袖。

二　郑成功的崛起

郑成功为郑芝龙长子，郑芝龙下海为盗之前，寓居日本，娶泉州人翁笠皇之女为妻。翁氏加入日本籍，日姓为田川，所以，史书上称郑成功之母为田川氏。郑成功生于天启四年（1624 年）七月十四，原名郑森。其后郑芝龙入海为盗，而田川氏在日本生活艰难。明末，郑芝龙在福建任官，声名鹊起，乃致书于日人，索讨母子二人。当时日本已下禁海令，不准日本人出国，田川氏是日本人，郑芝龙的使者只带回郑成功。郑成功离开母

---

① 　徐鼒：《小腆纪年》卷十二，台湾文献丛刊本，第 599 页。

亲时年仅七岁，日夜思母而泣，唯有郑鸿逵多方照顾其人。郑成功自幼聪明过人，且有大志。在私塾时，一日，老师以"洒扫应对"出题，郑成功答曰："汤武之征诛，一洒扫也；尧舜之揖让，一进退应对也。"老师阅后为其宏大的气魄所倾倒。青年时代，郑成功入南京国子监读书，拜大儒钱谦益为师，谦益为其取字为"大木"，有大木擎天之意。在这一时期，郑成功尚是一个儒生。

朱聿键称帝时，郑森年仅20岁，郑芝龙带其晋见隆武帝，"隆武奇之，抚其背曰：惜无一女配卿，卿当尽忠吾家，无相忘也。赐姓朱，改名成功。封御营中军都督，赐尚方剑，仪同驸马。自是，中外称国姓云"①。郑芝龙去福州见清军统帅博洛时，郑成功力谏芝龙不可轻动，"吾父总握重权，以儿度闽、粤之地，不比北方，得任意驱驰。若凭高恃险，设伏以御，虽有百万，恐一旦亦难飞过。然后收拾人心，以固其本；大开海道，兴贩各港，以足其饷；选将练兵，号召天下，进取不难矣"。但芝龙听不进去。"成功见龙不从，牵其衣跪哭曰：'夫虎不可离山，鱼不可脱渊。离山则失其威，脱渊则登时困杀。吾父当三思而行'。"② 这些议论表明了郑成功卓越的战略眼光。但郑芝龙已经决心降清，不肯听郑成功之言。郑芝龙被博洛扣留后，在其威胁之下，写信招郑成功同去北京，郑成功此时已在郑鸿逵的支持下，走避金门，坚决不从。郑芝龙降清后，其家自以为可保室家无虞，不料九月份，清军突袭安海，郑成功之母田川氏于该年离开日本到安海，她不及避走，被清兵强奸，愤而自杀。郑成功闻讯赶回家中，大怒，誓与清朝不共戴天。为母亲办完丧事后，他在郑鸿逵的支持下树帜抗清，自称"忠孝伯招讨大将军罪臣朱成功"，从此揭开了大规模反清事业的序幕。

郑成功的抗清斗争，一方面有他的政治因素，也有他代表东南海商集团的经济因素。作为受儒家思想教育的中国知识分子，孝忠国家，杀身成仁是自己的本分。在这个立场上，郑成功永远是明朝的忠臣，让他降清是不可能的。另一方面，东南大规模反清斗争的出现，也可看成包括海商在内的东南民众与清朝亲贵集团的矛盾。郑芝龙的降清计划，可以看成东南海商集团向清朝亲贵集团的输诚。郑芝龙一直面对荷兰人在海上的挑战，

① 黄宗羲：《郑成功传》，清宣统三年上海时中书局铅印本，第2页。
② 江日昇：《台湾外志》卷五，第90~91页。

他的理想是依托大陆的力量与海上对手竞争，因而他向朝廷提出的要求，只是授其闽粤总督，而不是到朝廷去做官。其目的是掌握闽粤两省的海上力量，共同对付占据台湾的荷兰人。如果清朝接受郑芝龙的要求，那么，东南海商集团或许会与清廷合作，郑成功的反清只会是少数人的行动。但清廷挟郑芝龙北上，打破了东南海商和清廷政治合作的梦想，他们从此走上与清廷的对抗之路，以确保自己的经济利益。此时郑成功在东南海疆举旗抗清，得到他们的全力支持，因而发展极快。从海商集团的利益来说，他们需要向大陆政权显示力量，否则不能得到较好的合作条件，这是历史的选择。

郑成功起兵之后，力量较小，但在郑鸿逵等郑氏大将的大力支持下，往昔郑芝龙的旧部纷纷来归，逐渐成长为一支相当强大的军队。他以厦门为根据地，大军北上长江，南下广东，并在闽潮之间与清军打过多次硬战。永历十二年五月，郑成功在厦门誓师北伐。士兵总量大约有17万，战舰约2300艘。[①] 据阮旻锡的《海上见闻录》记载，其中甲士5万、伏兵10万。大致上，郑成功军队中陆战主力约有5万，其余是各种技术兵种与辅助兵种。永历十三年（1659年）夏郑成功率军进入长江，攻击南京。在东南诸省造成极大的影响。在中国历史上，水上力量发挥如此巨大的作用，是东

图 7 - 1　台南市延平郡王祠的郑成功塑像

---

① 廖汉臣：《延平王北征考评》，载郑成功研究学术讨论会学术组编《台湾郑成功研究论文选》，第 97～98 页。

晋卢循以来的第一次。二者相比，东晋卢循集团主要是水上人家的队伍，而郑成功的部队主要是海商队伍。海商集团发挥如此巨大的影响，在中国历史上是仅见的。可惜的是，郑成功进入长江后，未能发挥水军机动的长处，而是攻击坚城南京，遭受挫败。如果当时郑成功的水军不是攻击南京，而是在长江机动作战，西进武汉，东下上海，或者像太平天国一样，在长江中游来回作战，清廷仅靠陆军是很难取胜的。

郑成功在南京被清军击败后，主力丧失，仅率数万人退回厦门沿海。清朝乘势发动对厦门的攻击，但被郑成功击败。其后，清朝为了泄愤，杀死了郑芝龙。清朝与明郑海商集团决裂。

三　郑成功与厦门港的崛起

厦门在闽台关系发展史上是一个最重要的港口，它在明清之际成长为大陆与台湾交通的主要港口，厦门的商业与文化对台湾产生巨大影响，因此，有必要回顾厦门港的崛起过程。

厦门原为泉州府同安县的一个海岛，它位于同安、龙溪、海澄三县交界的九龙江口，其内侧为月港。蔡献臣说："同安海峤，地大而山高者惟浯洲、嘉禾为最。嘉禾之南，中左之所城也，而洪济为之镇，浯洲东北四巡检之所棋置，而南则金门之所城也，而太武为之镇。嘉禾去邑五十里，一海可通。"[①] 厦门与金门二岛的岛屿面积都有100多平方公里，岛上有山有水，可种植水稻。自从唐宋以来，这些海岛上已经有人定居。

厦门岛周围水深港阔，可停大船，由于外围有金门、大担、二担诸岛，海浪对厦门港影响不大。明代初年，厦门岛为明军驻防地之一，名为中左所。因明军驻扎于此，月港走私船只多避开厦门，在九龙江南侧的浯屿入海。但自从月港对外通商合法化之后，对外贸易的船只经常停靠厦门，这是厦门港最终崛起的原因。

月港最早是作为走私港口而出名的，其实，它的航行条件不佳，明代后期，由于九龙江带来的泥沙淤积港口，大船不能直接入港，只能停泊在港口外围，用小船运货入港。它的优势是地理条件隐蔽，而且距漳州较近，漳州商人走私出海贸易，从月港下海最为方便。以故，早期的月港仅是漳州商人的走私港口。但明代后期的隆庆元年，月港商人取得了出海贸易的

---

① 蔡献臣：《清白堂稿》卷三《浯洲建料罗城及二铳城议》，福建省图书馆，1980年据崇祯本抄，第14页。

特权，月港从此成为南方著名的港口，对外贸易之盛是其他地区不可相比的。最早厦门是外海通往月港的必经通道。"其来月港者，多就鹭门宿"①。然而，月港港口的局限性使其无法容纳过多的船只，因此，许多商船停泊在周围海域。据万历《漳州府志》，月港周围有月港、卢沈港、普贤港、海沧港、东头港、筼筜港、鸿江港等一大批港群，从其名字我们可知，其中的海沧港、筼筜港、鸿江港，现在都属于厦门港，由此可知，当时的厦门港已是月港的外港了。

　　厦门军人和厦门贸易港的崛起。明代的厦门港原先是军港，明朝在这里驻扎了数千名水师队伍，从明朝到清朝，厦门水师一直是中国水师的主要力量。厦门水师负有海禁的责任，为了达到海禁的目的，他们必须巡逻海洋，一度是海洋上唯一的合法航行者。这一权力，给他们进行海上贸易创造了良好的条件。不过，他们不是到海外国家去贸易，而是到广东去采购粮食运到厦门出售。随着明代晚期福建粮食产量的减少，他们运来的粮食越来越多，因而在粮食贸易中成为巨富。其中有些人或是与他们有关系的人开始从事海上贸易，这就使厦门港成为实际上的对外贸易港。文献表明，早在明朝天启年间，鼓浪屿之上就有"洋商"，这是专门从事海外贸易的商人。不过，当时的厦门港应落后于月港和安海港。晚明来到中国的西班牙人这样描述道："那个港口是壮观的，除了大到能容纳大量的船外，它很安全，清洁而且水深，它从入口处分为三股海湾，每股海湾都有很多船扬帆游弋，看来令人惊叹，因为船多到数不清"，中左所，"这是一个有3000户人家的市镇"②。它的地理位置重要："鹭门于漳为唇齿，泉为咽喉，外捍泉漳则为手足，内次彭、金为腹心，百货之必经，群舶之毕辏，最生心易动之所。"③ "同城邻巨壑，两郡之咽咙。贾舶所出入，神奸因以丛。"④ 何乔远说："嘉禾为屿，山断而海为之襟带。自国初以来，徙丁壮，实民籍，长子育孙，今而冠带郡右，往往辈出，生齿若一县。其地上硗下卤，率不可田，即田不足食民三之一；则土人出船贸粟海上，下至广而上及浙。盖船以三百余。"⑤ 可见，在明末厦门已经成长为我国重要的港口。由于月港不利于大船入港，当时有些人主张将海澄的港口迁至厦门。何乔远说：

---

①　池显方：《晃岩集》卷二《与补陀坚上人》，第 21 页。

②　拉达：《出使福建记》，载伯来拉、克路士等著《南明行纪》，何高济译，第 252 页。

③　池显方：《晃岩集》卷十二《赠浯澎游陈将军》，第 257 页。

④　池显方：《晃岩集》卷二《赠曹大来明府入觐》，第 45 页。

⑤　何乔远：《嘉禾惠民碑》，载沈有容《闽海赠言》，台湾文献丛刊第 56 种，第 1~2 页。

"则洋税给引，或仍旧开于海澄县之月港，或开于泉州府同安县之中左所，即使泉漳两府海防官监督，而该道为之考核。"[1] "愚见以当请于朝，将海澄之税移在中左所，而我以海防官管之。外则使芝龙发兵巡逻，私贩之人，治以重罪，彼素知其窟穴而习夫风涛，必不至漏网，则昔日海澄之饷，今在中左。此仍旧之道也。"[2] 蔡献臣说："饷馆旧在漳澄，今漳贩仍宜海澄，泉贩宜开同安。各以府馆轮视之。而聚货附舟之客，宜各从其便。"[3] 何乔远是泉州人，蔡献臣是泉州同安人，他们主张将厦门设置为对外港口，反映了泉州商人的利益。明朝末年，海盗郑芝龙降明之后，便驻兵厦门，其时明朝的海禁并未正式取消，郑芝龙利用手中权力给厦门、安海等地出海船只发船引，允许他们出海贸易，这样，厦门逐渐成为闽南的主要港口。

除了港口之外，明代厦门湾周边的城市有泉州府城、漳州府城及同安城，这三座城市都是规模较大的城市，人口众多，也可以说，安平港、月港及厦门港都是为这三座城市服务的。迄至明末清初，福建沿海的城市受到战争破坏，泉州城在清军控制之下，多次受到郑成功军队的攻击，漳州府曾被郑成功军队围攻，死亡人数据说有十几万；至于同安城，则发生了清军屠城事件，有五万多人死亡。在延续多年的拉锯战中，所有的城市居民都在寻找可保生命安全的世外桃源，其时厦门岛在郑成功长期控制之下，清军很难来到这里，所以，厦门城成为沿海居民避难的地方，数以万计的人口拥入厦门，使厦门从一个市镇成长为一个重要的城市。除此之外，安平港与月港的命运也发生变化。一般认为，月港在明代后期的天启年间"急剧地衰落下去"[4]。其时，月港的对外贸易转到了厦门与安平港。清代初年，它是郑成功与清军争夺的重要据点。1657 年，郑成功部下黄梧据城叛清，从此海澄城为清军据点，与占据厦门的郑成功对抗。郑成功虽然无法攻克海澄，但他的水师环绕海澄，也使海澄的海船无法驶出海口，这种局面形成之后，海澄对外贸易的地位完全丧失，它的对外贸易已经完全转移到厦门港。

安平港的命运与月港不同。郑成功的祖母长期定居安平镇，他的叔叔郑鸿逵也在安平养老，所以，郑成功是不会对安平镇用兵的。在日本方面

①　何乔远：《镜山全集》卷二三《请开海禁疏》，日本内阁文库藏明刊本，第 33 页。
②　何乔远：《镜山全集》卷二四《海上小议》（崇祯二年），第 11～12 页。
③　蔡献臣：《清白堂稿》卷十《同绅贩洋议答署府姜节推公》，第 65 页。
④　陈自强：《论明代漳州月港》，载中共龙溪地委宣传部、福建省历史学会厦门分会编辑《月港研究论文集》，1983，自刊本，第 1 页。

的史料中，直到清代初年，仍有安平发来的商船。但至永历九年（1655年），郑成功与清朝的谈判正式破裂，清军大举来攻。为了集中力量，郑成功将安平的人口全都迁到厦门，并将安平镇夷为平地，以免被清军利用。此后，安平镇不再是重要的外贸港口。泉州的学者认为，清代的安平港"降为厦门联结内陆的中转港口"①。

安平港、月港的毁弃及泉州城、漳州城、同安城的人口锐减，都成为厦门市成长的动力。② 在以上诸港市没落的背景下，郑成功着力经营厦门。如王忠孝所说："赐姓力图兴复，秉钺简旅，藉兹岛权与，盖大明日月系焉。其区绾带漳泉，襟要衣冠，生齿甲于列邑，而楼橹辐辏，贸迁裔夷，殆俨然巨都也。"③ 厦门城市因而大发展。因郑成功的军队控制了台湾海峡的航海权，多数商船只能从厦门出发，这样，厦门就成为福建的主要对外贸易港口，同时也是中国主要对外贸易港口之一。当时郑成功以厦门为基地，编织了一张遍及中国海的贸易网络。厦门人擅长贸易，"鹭中以舟为田为马"④。王忠孝在金厦二岛，也是以贸易为生。他在给郑成功的信中说："宝舟往来，可通彼此信息，而二三蒸徒，借小小生涯，不至散去，亦利涉之资也。"⑤ 据《台湾外志》记载，郑成功继承郑芝龙的势力之后，十分注意发展海上贸易："成功见士卒繁多，地方窄狭，以器械未备，粮饷不足为忧，随与诸参军潘庚钟、冯澄世、蔡鸣雷、林俞卿等会议。澄世曰：'方今粮饷充足，铅铜广多，莫如日本。……且借彼地彼粮，以济吾用，然后下贩吕宋、暹罗、交趾等国，源源不绝，则粮饷足而进取易矣。'成功是之。"⑥ 由此可见，郑成功对海外贸易十分重视。不过，《台湾外志》将这条史料系于顺治八年，即永历五年、公元1651年，实际上，郑成功在郑芝龙被清廷诱捕后，便继承他的势力，一直进行海外贸易。例如，设于日本长崎的荷兰商馆日记记载，早在永历三年，即有郑成功二艘以上的船只在长崎靠岸，载来生丝等贸易商品。⑦ 永历五年之后，郑成功在日本的贸易发展

① 郑梦星：《安海历史发展概述》，载《安海港史》研究编辑组编《安海港史研究》，福建教育出版社，1989，第4页。
② 徐晓望：《论明代厦门湾周边港市的发展》，《福建论坛》（文史哲版）2008年第7期。
③ 王忠孝：《王忠孝公集》卷一《邓啸菴思明治迹记》，江苏古籍出版社，2000，第63页。
④ 王忠孝：《王忠孝公集》，第364页。
⑤ 王忠孝：《王忠孝公集》卷八《与国姓书》，第298页。
⑥ 江日昇：《台湾外志》，第120页。
⑦ 转引自曹永和《从荷兰文献谈郑成功之研究》，载郑成功研究学术讨论会学术组编《台湾郑成功研究论文选》，第357页。

更快。据荷兰东印度总督的记载，自1654年11月3日迄至1655年9月16日不及一年时间内，长崎有"由各地开来的中国戎克船五十七艘入埠。即安海船四十一艘，其大部分系属于国姓爷的。泉州船四艘、大泥船三艘、福州船五艘、南京船一艘、漳州船一艘及广南船二艘。如日本商馆日志末后所附载详细清单，上述各戎克船总共装载生丝140100斤，此外还进了巨量的织品及其他各种货物。这都结在国姓爷的账"①。郑成功与南洋的贸易往来也十分繁荣，据荷兰人的《热兰遮城日志》记载："属于国姓爷的船只二十四艘，自中国沿岸开去各地贸易。内开：向巴达维亚去七艘，向东京（即东京湾，今越南北部湾）去二艘，向暹罗去十艘，向广南去四艘，向马尼拉去一艘"②。可见，郑成功的海外贸易规模相当大。王忠孝给郑鸿逵的信中说："弹丸岛上，日月系焉，二三同志，暂尔羁栖，孰非宏庇，抑此地介南北咽喉，收华夷产赀，与复根本，实始基之。"③

为了配合海外贸易，郑成功还建立了与大陆贸易的系统。郑成功叛将黄梧曾向清廷揭发郑成功有五大商行。他说："成功山海两路各设五大商，行财射利，党羽多至五六十人。泉州之曾定老、伍乞娘、龚孙观、龚妹娘等为五商领袖。……阴通犯禁百货，漏泄内地虚实，贻害最大"④。杨英的《从征实录》里也记录了郑成功有仁、义、礼、智、信、金、木、水、火、土等共十大商行，由户官管辖。⑤台湾学者南栖考证：金、木、水、火、土等山路五商设于杭州，而仁、义、礼、智、信等海路五商设于厦门，这些行商具备较大的资本，由郑成功的亲信管辖。据黄梧举的一些例子，行商使用的资本十分巨大，曾定老曾一次领出25万两白银，往杭州购货，又一次领出5万两白银，去日本贸易。⑥当时海外贸易的利润极高，而郑成功的贸易组织相当庞大，所以，他的利润也相当高。郑成功以海岛弹丸之地，养兵10余万，主要还是靠来自海外贸易的利润。

---

① 转引自曹永和《从荷兰文献谈郑成功之研究》，载郑成功研究学术讨论会学术组编《台湾郑成功研究论文选》，第358页。
② 转引自曹永和《从荷兰文献谈郑成功之研究》，载郑成功研究学术讨论会学术组编《台湾郑成功研究论文选》，第358页。
③ 王忠孝：《王忠孝公集》卷八《与定国公郑鸿逵书》，第311页。
④ 福建巡抚许世昌：《敬陈灭贼五策事》，载《明清史料己编》第六本，第575～582页。
⑤ 杨英：《先王实录》，福建人民出版社，1981，第151页。
⑥ 南栖：《台湾郑氏五商之研究》，载郑成功研究学术讨论会学术组编《台湾郑成功研究论文选》，第197页。

图 7-2　清初福建舆图上的厦门

资料来源：中国测绘科学研究院编《中华古地图珍品选集》，哈尔滨地图出版社，1998，第150页。

第二节　闽商的胜利——郑成功收复台湾

荷据时期，闽商在台湾发展很快。其时，荷兰人招募汉人在台湾屯垦，逐步扩大耕种地。他们也欢迎福建商人去贸易，但在中国人数量增加到一定规模后，荷兰人对中国人的力量产生畏惧，伺机发动大屠杀，以削减中国人的数量。永历十年（1656 年）九月的郭怀一事件中，被荷兰人杀死的中国人达 9000 余人。[①] 因此，闽南商人对荷兰人窃据台湾怀有深怨。他们见郑成功在闽南的力量逐步扩展，便有人去策动郑成功夺回台湾。

荷兰人一直认为郭怀一起义有郑成功在背后支持，镇压郭怀一起义后，对郑成功方面前来贸易的船只百般刁难。而郑成功方面有一艘船只从柔佛回航时被荷兰人劫走，损失 10 万两白银；又有一艘船只因在海上遇到荷兰人的追逐触礁沉没，损失了 8 万两白银。于是，郑成功怒而下令封锁台湾，

① 甘为霖：《荷兰人侵占下的台湾》，转引自福建师大历史系郑成功史料编辑组编《郑成功史料选编》，福建教育出版社，1982，第 226 页。

不许中国船只去台湾贸易。这一打击使占据台湾的荷兰人几乎无法在远东贸易，每年入不敷出，只好派翻译何斌向郑成功请求和谈，永历十一年（1657 年）六月达成协议：以后荷兰人每年向郑成功输纳白银 5000 两，箭坯 10 万枝，硫黄千担；① 郑成功撤销对台湾的封锁。

从荷兰人给郑成功上纳的物资数量而言，当时的闽台贸易对荷兰人极为重要，所以肯出如此巨大的代价。荷兰人说："由于对华贸易幸运地得到恢复，从 1652 年到 1657 年曾经一度陷于萧条的福摩萨情况，又呈现新希望，通过买入大批中国货和卖出大量皮革、兽肉和蔗糖，我们获得了以前任何长官任内所未有的巨大利润，这表现在到 1658 年底，福摩萨账目出现的盈余比过去任何一年都大，农业也颇有增长，有大量谷物输出到中国及其他各地。"② 这一报告反映了郑成功时期闽台贸易额之巨大。

由于闽台贸易有利可图，郑成功的户官郑泰和在台湾居住的何斌一道策划了包税制度。按荷兰人的说法，郑泰"以嗜利的本性向国姓爷献策说，对于从福摩萨运往国姓爷辖地的货物，在装货地抽税，比在到达地的厦门抽税有利得多。为了证实这个建议，他请求承包这项税款，并且花了一大笔钱从国姓爷得到特许权。他又认为何斌是催收此项捐税最合适的人选，便引诱他接受这个可以获得厚利的工作，作为自己在福摩萨的代理人。"③ 这一措施在台湾实行多年，后来被荷兰人发现，给何斌很重的罚款，导致何斌破产。于是，何斌向郑成功建议袭取台湾。

郑荷双方的协议并未解决矛盾。这一协议对郑成功与荷兰人双方来说，都是临时性的。荷兰人占据中国台湾，并在这一领土上杀死中国人近万名，早已犯下了滔天罪行。郑成功因对清朝的战争，对此已忍耐很久。而荷兰人也一直认为郑成功会来进攻台湾，他们加紧修筑炮台、城墙，备足粮食、弹药，整军备战。而郑成功在南京失败后，见清军声势浩大，知道抗清不是一朝一夕之事，也有心想在海外夺取一块根据地，有利于将来发展。

实际上，郑成功早在永历十三年（1659 年）十二月从南京退回厦门后，就打算进攻台湾。据杨英《先王实录》记载，郑成功曾"议遣前提督黄廷、

---

① 杨英：《先王实录》，第 153 页。
② C. E. S.：《被忽视的福摩萨》，转引自厦门大学郑成功历史调查研究组编《郑成功收复台湾史料选编》，福建人民出版社，1982，第 126 页。
③ C. E. S.：《被忽视的福摩萨》，转引自厦门大学郑成功历史调查研究组编《郑成功收复台湾史料选编》，第 126 页。

户官郑泰督率援剿前镇、仁武镇往平台湾，安顿将领官兵家眷"①。但随即闻知清军欲攻厦门，所以暂搁此事。永历十四年（1660 年）击败清军之后，郑成功再议此事。永历十五年（1661 年）一月，郑成功在台湾的经济代理人何斌来到厦门，向郑成功献计，力主攻占台湾。

何斌献计使郑成功明了荷兰人在台湾的虚实，从而增强郑成功克复台湾的信心。永历十五年二月初一，郑成功在厦门誓师，其后调集的部队开始集中于金门。四月一日黎明，郑成功的军队在台南登陆，初战胜利后，对荷兰军队实行围困。双方攻防经历了 8 个月，荷兰人经过反复盘算，于 1662 年 2 月 1 日向郑成功投降，交出城堡。按照条约，郑成功允许荷兰人乘船返回巴达维亚，并带回个人物品；而荷兰人向郑成功上缴东印度公司在台湾的财产 47.1 万荷兰盾以及火炮等武器。

台湾之战是东方古老文明民族对西方殖民主义者的第一次战略性反击，如果说麦哲伦的死，是东方民族反击西方殖民主义者侵略的第一次胜利，而天启二年（1622 年）的料罗湾之战是东方民族第一次重挫西方殖民主义者的大型战役，那么，台湾之战则是东方民族有意识地向西方殖民者展开战略反攻，并在堂堂正正的会战中，击败了西方的正规部队。它的胜利，扭转了西方殖民主义者在东方节节胜利的趋势，阻止了西方殖民主义者的进一步扩张，从而保住了东方中国、日本、朝鲜、越南等国家的独立，至少使西方殖民势力殖民东方的计划推迟了近 200 年。对中国来说，它使被荷兰人占据近 40 年的中国国土重新回到祖国的怀抱中，并使台湾人民获得解放。从东南亚的历史来看，西方殖民主义者为了巩固对殖民地的统治，多次对华人、对土著进行大屠杀，如果荷兰人永远占据这块土地，中国人在台湾的命运不会和东南亚国家有什么两样，所以，郑成功收复台湾，是中华民族的一次最早的反对西方殖民主义者的解放战争，它在历史上具有重大的历史意义。

郑成功在驱逐荷兰人的同年染病去世，其后，几经周折，其长子郑经成为郑氏事业的接班人。郑经以台湾为根据地，与清朝对抗近 20 年。郑经去世后，清朝才统一台湾。郑氏海商集团三代人在东南沿海的活动，可歌可泣，是闽南商人在政治上的成功展现。

---

① 杨英：《先王实录》，第 223 页。

第三节　郑经、郑克塽时期的闽台贸易

1661年郑成功率部在台湾登陆，1662年，郑成功逐走荷兰人，其后，他的儿子郑经、孙子郑克塽相继统治台湾，一直到1683年清朝攻克台湾，明郑势力占据台湾达22年之久。郑氏家族十分重视商业，因而重视台湾与大陆的商业往来。

一　郑氏家族在台湾的经营

郑成功入台之后，十分重视台湾的开发。其时，清朝正实行迁海政策，将居住在沿海的民众迁至内陆，造成闽粤沿海一带千乡万村尽成废墟的惨状。郑成功借此招揽沿海民众入台。晋江人范博梦跟随郑成功作战，"郑氏踞台湾，公从而家焉"。其妻子陈氏死后葬于台湾"诸罗县大奎璧茶公堂大沟边"。范家的一个侄女，"适台湾"。这都说明这个家族在台湾生活颇久。① 金门的蔡氏家族有多人跟随郑成功到台湾谋生，蔡允能携眷入台，死后葬于台湾，其子孙或归家乡，或留台发展。② 惠安名儒王忠孝得到郑成功的书信后，便安排族人到台湾开发。其侄孙王及甫"癸卯三月，以开垦至，为一门食指计也"③。王忠孝到台湾后说："东宁僻处海东，向为红夷所据，土夷杂处，散地华人，莫肯措止矣。间有至者，多荷锄逐什一之利，衣冠之侣未闻也。"④ 季麒光说："自红夷侵夺于前，伪郑窃据于后，中国之民或以兵卒而至，或以掳掠而至，或奸人避罪而至，或贫民寄食而至，故台湾之地，始有户口，因之耕凿贸易，渐成繁庶"⑤。王忠孝又说："赐姓抚兹土，华人遂接踵而来，安平、东宁，所见所闻，无非华者，人为中国之人，土则中国之土，风气且因之而转矣。向者地屡震，而今宁谧，向者春无雨，而今沾濡，天心之明，示人以意也，而况于神乎!"⑥ 可见，郑成功入台之后，台湾开发进入一个新时代。

① 晋江《范氏家谱》，转引自陈支平《民间文书与台湾社会经济史》，岳麓书社，2004，第3页。
② 陈炳容：《金门碑碣玩迹》，金门县文化局，2011，第63~64页。
③ 王忠孝：《王忠孝公集》卷二《哭侄孙及甫文》，第85页。
④ 王忠孝：《王忠孝公集》卷二《东宁上帝序》，第82页。
⑤ 季麒光：《东宁政事集·覆议二十四年饷税文》，香港人民出版社，2004，第158页。
⑥ 王忠孝：《王忠孝公集》卷二《东宁上帝序》，第82页。

郑经重用洪旭、陈永华，对台湾的经营十分用心。"劝督开垦，集众煮海，调度井井，业已就绪。"① 大致而言，郑经仍然延续着台湾固有传统，以稻米、白糖、鹿皮、捕鱼业为主。郑氏的特点在于，将一切行业都承包出去，官府坐收银两。以农业来说，"社港瞨饷，年征银一万九千三百八十八两……定例于每年五月叫瞨，听人承认，其银皆归商人完纳。伪册所云：'瞨，则得，不瞨，则不得也。'"又如盐税："盐税，年征银三千四百八十两，载盐出港银二百两。查伪时按格起饷，听商承瞨，税重民困。"在渔业方面，"罟、缯、零、泊、縺、缭等税，年征银八百四十两；给旗采捕乌鱼，年征银一百四十一两。查一渔户耳，港税三千一百六十两零，出之于鱼者也。罟一张征银一十六两八钱；缯一张征银六两，罟、缯、泊、縺、缭每一条各征银八两四钱，又出之于鱼者也，乌鱼给旗，每枝征银一两五钱，亦出之于鱼者也，嗟此小民，餐风宿水，所获几何，而叠征若此？"② 明郑在台湾所收税种都是继承荷兰制度而来，其税收额远远超出明清两朝的税收，因此，清代官员纷纷批评郑氏在台湾税重。盖因明郑据台期间，养兵数万，故无法减税。这是明郑的遗憾。

明郑的另一个特点是：其富人多为官员，而且经商为生。郑经自己是一个商人，他继承郑芝龙、郑成功的遗风，拥有多条船只到海外贸易。在台湾，他直接拥有许多土地。他手下的官员，也多拥有田产、船只和糖车等资产。季麒光统计清初台湾榨蔗的糖车计有100部，其中50部归民众所有，另有50部归台湾各衙门所有。③ 清初台湾的衙门怎么会有这么多官产呢？它原来应属明郑官员所有，清初明郑官员大都迁到内地，这些糖车也就属于清代各级衙门管辖了，自然成为官产。所以说，明郑政权大致是一个商人集团的政权。另外要说明的是，明郑的武职官员手下有许多士兵和兵船，不打仗之时，这些船只和人员都可用于贸易或是耕田，所以，台湾官员中，武官较富，而文官中，除了少数人之外，大都是贫穷的，这是台湾特殊的情况。

经过明郑多年的经营，台湾经济渐可赶上内地。施琅说台湾："日奉旨征讨，亲历其地，备见野沃土膏，物产利溥，耕桑并耦，鱼盐滋生。满山皆属茂树，遍处俱植修竹，硫黄、水藤、糖蔗、鹿皮以及一切日用之需，

---

① 江日昇：《台湾外志》，第 228 页。
② 季麒光：《东宁政事集·请免二十三年半征文》，第 155 ~ 156 页。
③ 季麒光：《东宁政事集·预计糖额详文》，第 188 页。

无所不有。向之所少者布帛耳。"①

清朝统一台湾后，留下了许多有关台湾的记录，其时台湾刚刚进入清朝的版图，因此，到台湾的官员对这一块土地处处感到新鲜，他们以外来者的眼光查视经过荷兰与明郑统治的台湾，留下了不少记载，这些文献应可反映郑氏统治台湾时期市镇发展的概况。

"台湾为海中孤岛，地在东隅形似弯弓，中属台湾市，市以外皆海。由上而北至淡水、鸡笼城界，与福建相近。其东则大琉球也。离湾稍远。由下而南，至加洛堂、郎桥止。其西则小琉球也。与东港相对，由中而入，一望平原，三十余里，层峦耸翠，树木蓊茂即台湾澳之所也。而澳外复有沙堤，名为鲲身，自大鲲身至七鲲身止，起伏相生，状如龙蛇，复有北线尾，鹿耳门，为湾澳之门户。大线头海翁窟为台城之外障，船之往来，由鹿耳，今设官盘验云。"②

按，荷兰据台之时，台南有两个华人市镇，赤嵌一带是最早的华人市区，而荷兰人入台之后，主要经营七鲲身半岛的热兰遮城，城外的华人市区即为安平镇。随着华人来台越来越多，荷兰人又在赤嵌一带修建普罗岷西亚城，以控制日益发展的华人市区。郑成功入台后，最先收复普罗岷西亚城，因此，他将大寨扎于普罗岷西亚城，自称东宁府。清军入台后，将东宁府改为台湾城，是为台湾府所在地。

"安平镇城在一鲲身之上，东抵湾街渡头，西畔沙坡抵大海，南至二鲲身，北有海门，原红毛夹板船出入之处，按，一鲲身周围四五里，红毛筑城用大砖、桐油灰，其捣而成。城基入地丈余，深广亦一二丈，城墙各垛俱用铁钉钉之，方围一里，坚固不坏，东畔设屋宇市肆，听民贸易。城内曲屈如楼台，上下井泉，咸淡不一，另有一井，仅一小孔，桶不能入，水从壁上流下。其西南畔一带，原系沙墩，红毛前后载石坚筑，水冲不崩"；"赤嵌城亦红毛所筑，在台湾海边，与安平镇相向，其城方围不过半里"③。

这两座城隔着大员湾遥遥相望。季麒光说："查伪藩文武各官，皆住安

---

① 施琅：《题为恭陈台湾弃留事本》，载厦门大学台湾研究所、中国第一档案馆编辑部：《康熙统一台湾档案史料选辑》，福建人民出版社，1983，第309页。
② 林谦光：康熙《台湾府纪略》，康熙二十九年刊本，四库全书存目丛书，史部第214册，第270页。
③ 林谦光：康熙《台湾府纪略·城郭》，康熙二十九年刊本，四库全书存目丛书，史部第214册，第270~274页。

平镇，故设船三十四只，伪侍卫发旗编号。"① 因郑成功及郑经主要住在东宁府，所以，文武各官要乘船往来于两城之间。如果说荷兰人在台湾重点开发的对象是热兰遮城，那么，郑经时期则是将热兰遮城当作军事城堡，而其主要开发对象则是赤嵌一带的华人市区，当时称之为东宁府，清人称之为"台湾"，清代最早的台湾县即为此地，也是台湾府的驻地。"后经至厦门，委翁天祐为转运使，任国政，于是，兴市肆，筑庙宇，新街、横街皆其首建者也"。由于翁天祐的建设，安平镇的市区大有扩展，初到台湾的清人说："台湾县居中，其所辖有……大街、横街、新街、禾寮港街、濑口街、大井头、岭后、油桁、柴市等街"②。"下视街市，鳞鳞齿齿，俱交互于清光寒照之中。"③ 可见，当时的东宁府已经初具规模。从资本运作来看郑氏时期台湾的开发，应当说，这是福建商业资本对台湾投资的效果。

二　明郑时期台湾的对外贸易

郑成功的家族世代经商，因此，郑氏入据台湾，可以看成福建商业资本在台湾的发展，这是闽台商缘的重要内容。

郑经治台期间，尚拥有强大的水上力量。史伟琦说："郑成功强横时期，原以仁、义、礼、智、信五字为号，建置海船，每一字号下各设有船只十二只。"④ 可见，仅这一系统的海船就有 60 只上下。这一力量被郑经所继承。郑氏"三世相继，倚舟楫以为用"⑤。直到明郑后期，郑氏水上力量还是很可观的。季麒光说："伪时民船二百一十只，各给牌照。年征银一千五百两。"⑥ 据英国商人的记载，1670 年时，台湾有大小船舶 200 艘。⑦ 在这一基础上，郑氏大力发展海上贸易。明郑商人"装白糖、鹿皮等物，上通日本，制造铜熕、倭刀、盔甲，并铸永历钱。下贩暹罗、交趾、东京各

① 季麒光：《东宁政事集·请免二十三年半征文》，第 155 页。
② 林谦光：康熙《台湾府纪略·城郭》，康熙二十九年刊本，四库全书存目丛书，史部第 214 册，第 270～274 页。
③ 季麒光：《蓉洲文稿选辑·秋夜游北园记》，第 114 页。
④ 史伟琦：《候补都司金事史伟琦密题台湾郑氏通洋情形并陈剿抚机宜事本》，载《康熙统一台湾档案史料选辑》，第 82 页。
⑤ 季麒光：《蓉洲文稿选辑·将军侯生祠碑记》，第 106～107 页。
⑥ 季麒光：《东宁政事集·请免二十三年半征文》，第 157 页。
⑦ 〔日〕岩生成一摘录：《十七世纪台湾贸易史料》等，转引自戚嘉林《台湾史》上册，第 108～109 页。

处，以富国。从此台湾日盛，田畴市肆，不让内地。"① 台湾位于东南亚与东北亚之间，本身出产蔗糖、硫黄等商品，对外贸易的条件很好。海上贸易给明郑集团带来很大的利益。清将史伟琦曾被明郑俘虏，后于康熙三年降清。他说："臣在海上从逆之际，专管通往外国之海船，故曾督船亲临日本、吕宋、交趾、暹罗、柬埔寨、西洋等国，因而有所知晓。""郑逆负台湾之险，每年牟利不可胜数。""郑逆倚恃海岛为王，依赖外国致富，且其乌合之众，皆系中国之人，全赖粮食丰足。"② 由此可见，郑经退到海外孤岛，之所以能够长期坚持抗清，靠的是海外贸易。

明郑以贸易立国。郁永河说："成功以海外弹丸地，养兵十余万，甲胄戈矢，罔不坚利，战舰以数千计；又交通内地，遍买人心，而财用不匮者，以有通洋之利也。我朝严禁通洋，片板不得入海，而商贾垄断，厚赂守口官兵，潜通郑氏以达厦门，然后通贩各国。"③ 郑经入台后，其重臣洪旭、陈永华等人十分重视贸易："旭又别遣商船前往各港，多价购船料，载到台湾兴造洋船、乌船，装白糖、鹿皮等物，上通日本，制造铜煩、倭刀、盔甲，并铸永历钱。下贩暹罗、交趾、东京各处，以富国。从此台湾日盛，田畴市肆，不让内地。"④

日本是郑经主要贸易对象之一。"海外诸国，惟日本最富强，而需中国百货尤多，闻郑氏兵精，颇惮之；又成功为日本妇所出，因以渭阳谊相亲，有求必与，故郑氏府藏日盈。"⑤ 据英国商人的记载，1670 年时，台湾有 18 艘船去日本贸易。英国人估计，台湾平均每年有 14～15 艘大船赴日贸易。台湾向日本输出糖、鹿皮以及若干大陆商品，郑克塽时期，台湾一次向日本输出 99 万斤糖。⑥ 史伟琦评说日本："共有六十六岛，惟长崎一岛，向与中国及南方诸国往来不绝，每年夏秋二季，至长崎通商贸易。该地出产金银、药材、珍珠、翠羽。……今日犹如郑经之粮道……倘偶顺风，十五日

---

① 江日昇：《台湾外志》第十三卷，第 228 页。
② 史伟琦：《密题台湾郑氏通洋情形并陈剿抚机宜事本》，康熙七年七月初七日，载厦门大学台湾研究所、中国第一档案馆编辑部《康熙统一台湾档案史料选辑》，第 82 页。
③ 郁永河：《裨海纪游·郑氏逸事》，台湾文献丛刊第 44 种，第 49 页。
④ 江日昇：《台湾外志》，第 228 页。
⑤ 郁永河：《裨海纪游·郑氏逸事》，台湾文献丛刊第 44 种，第 49 页。
⑥ 〔日〕岩生成一摘录《十七世纪台湾贸易史料》等，转引自戚嘉林《台湾史》上册，第 108～109 页。

内必可到达。所谓东连日本者，乃此也。凡各国商货，每年夏秋，必至日本。"①

郑经也和西班牙人有贸易关系，每年有 5～6 艘大船去马尼拉进行贸易。② 史伟琦说："吕宋极为富庶，城垣坚固，宫廷华丽，信奉天主教，又奴仆众多，男女衣着皆以彩缎，锅瓢器皿多为金银，此乃与郑锦相好通商之国。该国产苏木、胡椒、檀香、降香、苏合香、象牙、丁香、翠羽等珍奇异物。"③

据史伟琦的记载，除了日本和吕宋之外，安南、交趾、大泥、暹罗、六崐、柬埔寨、噶喇巴、占城等地都有明郑的船只贸易。海上贸易给明郑带来很大的利益。阮旻锡说郑经："改天兴、万年二县为州，置凤山、诸罗二县，深耕种，通鱼盐，安抚土番，贸易外国，向之惮行者，今喜为乐土焉。"④

三 明郑时期的闽台贸易

我们研究郑氏集团在台湾的对外贸易，也要注意一点：如果就台湾论台湾，郑经等官员手中可供贸易的商品不多，也就白糖、鹿皮两项。清代台湾最早的诸罗县令季麒光曾经代理台湾府，当时福建官府承接郑氏在台湾的对外贸易，让季麒光按照郑氏旧额采购白糖、鹿皮两项物资，这让季麒光忙得焦头烂额。对季麒光来说，最大的问题是：清军占领台湾后，将郑氏官兵及其眷属迁往大陆，其时台湾的富人多为郑氏官员，这批人迁走之后，台湾剩下的都是穷人，而台湾以往的赋税也就没有了着落。因此，他力争为台湾减税。在与上级的信件往来中，季麒光说到了清初台湾白糖及鹿皮的采购总额。"窃照白糖兴贩，关系军需，在国赋为最重，在民力为最难。二十四年，台湾办糖一万一千石之额，派于台湾县者六千石，派于凤山县者一千五百石，派于诸罗县者三千五百石。"⑤ 清代官员采购如此巨

---

① 史伟琦：《题报台湾情形并陈宜切断钱粮来源以破郑锦事本》，康熙七年七月初七日，载厦门大学台湾研究所、中国第一档案馆编辑部《康熙统一台湾档案史料选辑》，第 84 页。

② 〔日〕岩生成一摘录《十七世纪台湾贸易史料》等，转引自戚嘉林《台湾史》上册，第 108～109 页。

③ 史伟琦：《题报台湾情形并陈宜切断钱粮来源以破郑锦事本》，康熙七年七月初七日，载厦门大学台湾研究所、中国第一档案馆编辑部《康熙统一台湾档案史料选辑》，第 84 页。

④ 阮旻锡：《海上见闻录定本》，福建人民出版社，1992，第 54 页。

⑤ 季麒光：《东宁政事集·预计糖额详文》，第 188 页。

额的白糖，应是"伪郑"时期的惯例。在鹿皮方面也有同样的情况。季麒光认为，自"红毛"以来台湾的惯例是："收皮之数，每年不过五万张，或四万余张不等。"鹿皮中有"牯皮、母皮、末皮、麛皮分为五等，大小兼收，伪册昭然"。这些鹿皮主要输往日本，"以应彼国定买六十万两之数"①。可见，在郑氏时期，台湾的商品是白糖 11000 多石、鹿皮 5 万张，其中鹿皮约值 60 万两白银。对一个初步开发的地区而言，这是一个不错的成绩。但郑氏官兵达数万人之多，要养活这么多人，这一数量的贸易额就不够了。正如福建总督姚启圣所说："窃照台湾乃海中孤岛，一岁所入不足供一岁伪官兵之俸饷。"②

我们知道，17 世纪在国际市场上最为流行的商品是中国的生丝，瓷器和白糖分居第二位和第三位。在这三大项商品中，台湾只能生产白糖，当地的鹿皮只有日本市场才需要，同类东西，中国市场流行的是牛皮，而且台湾的鹿皮取之于野生之鹿，其来源有限。台湾是生产白糖的最佳场所，但因明郑时期的台湾人口有限，每年生产的白糖数量有限。那么，国际市场上所需要的大量中国商品从何处得来呢？由于这一时期清朝实行海禁与迁界，海外诸国无法得到中国商品，他们只得与台湾的明郑政权贸易。因此，明郑时期，到台湾贸易的海外船只也不少。郑经在台湾收税。"载货入港，年征银一万三千两。查伪时番船往来，故有是数。"③ 其中英国人到台湾的次数较多。郑经特许英国人在台湾设立商馆，双方进行贸易，明郑军队在战争中使用的英国步枪，大都是由英国人输入的。总之，郑氏集团对台湾的开发，使其成为东亚的一个重要的贸易区域。

然而，明郑时期的台湾并不生产生丝与瓷器，因此，他们为了得到这些商品，就得发展台湾与大陆的贸易。另外，台湾草莽初辟，手工业落后。陈永华痛感："寸帛尺布，值价甚多，皆由设法未周，故不流通。"④ "向之所少者布帛耳，兹则木棉盛出，经织不乏。且舟帆四达，丝缕踵至，饬禁虽严，终难杜绝。"⑤ 可见，当时的台湾需要许多大陆的物资，只有发展台

① 季麒光：《东宁政事集·申覆糖皮文》，第 216 页。
② 姚启圣：《题为严绝三省接济台湾事本》，康熙二十二年正月，载厦门大学台湾研究所、中国第一档案馆编辑部《康熙统一台湾档案史料选辑》，第 257 页。
③ 季麒光：《东宁政事集·请免二十三年半征文》，第 155 页。
④ 江日昇：《台湾外志》，第 229 页。
⑤ 施琅：《题为恭陈台湾弃留事本》，载厦门大学台湾研究所、中国第一档案馆编辑部《康熙统一台湾档案史料选辑》，第 309 页。

湾与闽粤之间的贸易，台湾才能自存。不过，自康熙元年（1662 年）始，清朝实行残酷的迁海政策，将距海 30 里至 50 里的百姓全部迁走，"福建、浙江、广东、南京四省近海处各移内地三十里，令下即日，挈妻负子载道路，处其居室，放火焚烧，片石不留。民死过半，枕藉道涂。"① 按照清廷决策者的构想，海禁与迁海政策实施后，会断绝明郑与大陆民众的关系，台湾政权不摧自垮，但是，清朝在沿海连绵数千里的封锁线，到处都有漏洞。一个莆田人记载，迁海政策刚实行时，"海禁甚严，海味无敢卖"。其后，封锁线上的官兵收取贿赂，放行人们下海谋生，封锁线流于形式。"禁令虽严，图利者不怕，上下相蒙，愈禁愈有。"② 当郑成功刚入台的时候，士兵的粮食发生问题，"官兵日只二餐，多有病殁，兵心嗷嗷"。为了救急，郑成功下令："并官私船有米来者，尽行买籴给兵。"③ 可见，其中有"私船"在经营两岸贸易。

就台湾的地理形势而言，发展大陆贸易有许多选择。"台湾地方，北连吴会，南接粤峤，延袤数千里，山川峻峭，渠道纡回，乃江、浙、闽、粤四省之左护。"④ 郑经答复清朝和谈的文件中说："风帆所指，南极高琼、北尽登辽，何地不可以开屯，何地不可以聚兵。"⑤ 这是说，当年明郑的船只航行于中国万里海疆，北到山东的登州、辽宁的沿海，南到岭南的高州和海南岛，但是，当时的帆船时代，海船行驶靠风向，如果风向不顺，船只无法出海。所以，清代台湾与北方港口之间的航行，大约一年只有一个来回。福建与台湾隔海相望，厦门与台南北港之间的航程不过十更左右，只要有两天的顺风，船只便可抵达对岸港口，其间还有澎湖可以候风。因此，明郑时期的两岸往来，主要还是台南与闽粤港口之间的往来。姚启圣说："窃照台湾乃海中孤岛，一岁所入不足供一岁伪官兵之俸饷，所恃者奸民愍不畏死，贪利接济以苟存耳。江南、山东，其为路迂曲，透越甚难，惟近

---

① 海外散人：《榕城纪闻》，载中国社会科学院历史研究所清史研究室编《清史资料》第一册，中华书局，1980，第 22 页。

② 陈鸿、陈邦贤：《清初莆变小乘》，载中国社会科学院历史研究所清史研究室编《清史资料》第一册，中华书局，1980，第 81 页。

③ 杨英：《先王实录》，第 257 页。

④ 施琅：《题为恭陈台湾弃留事本》，载厦门大学台湾研究所、中国第一档案馆编辑部《康熙统一台湾档案史料选辑》，第 309 页。

⑤ 郑经：《复孔元璋书》，永历二十一年六月二十三日，载厦门大学台湾研究所、中国第一档案馆编辑部《康熙统一台湾档案史料选辑》，第 70 页。

而闽省，次则粤、浙，海面相联，易于接济。"① 闽粤的港口，以厦门及潮州的达濠最重要。清军于康熙二年攻占厦门，"男女童稚，掳掠一空，遗民数十万，靡有孑遗。"② 但清朝并未设镇据守，而是将厦门划为界外，在同安陆上掘壕巡逻，不让民众到厦门去。被抛荒的厦门后被海盗占领。郑经见清军不占厦门，便于康熙五年派漳浦人江胜率一支队伍到厦门平定海盗，江胜初战失利后，与潮州达濠港的豪强邱辉联合再战，终于大败厦门的海盗集团。其后，厦门与潮州达濠成为郑经在闽粤沿海的两大据点。"胜踞厦门，斩茅为市，禁止掳掠，平价交易。凡沿海内地穷民，乘夜窃负货物入界，虽儿童无欺。自是，内外相安，边疆无衅。其达濠货物，聚而流通台湾，因此而物价平，洋贩愈兴。"③ 从出土文物来看，台南县的社内遗址等地，出土了大量的明郑时期的瓷器，澎湖也有同样的发现。这说明明郑海商集团可以得到许多大陆的器物，并将其出售于海外各港，获得利润。④

实际上，许多史家都认为，正是清朝的海禁政策，使明郑集团成为中国商品出口的主要代理商。"凡中国各货，海外人皆仰资郑氏；于是通洋之利，惟郑氏独操之，财用益饶。暨乎迁界之令下，江浙闽粤沿海居民悉内徙四十里，筑边墙为界，自为坚壁清野计，量彼地小隘，赋税无多，使无所掠，则坐而自困，所谓不战而屈人之兵，固非无见。不知海禁愈严，彼利益普，虽智者不及知也。即畴昔沿海所掠，不过厚兵将私橐，于郑氏公帑，原无损益。"⑤

话说回来，当年清朝的海禁对台湾的贸易还是有影响的，由于海禁时松时紧，台湾海商往往不能及时得到货物，来到台湾贸易的外籍商人常常留滞于商馆。因此，台湾海商对两岸贸易期盼甚高。在台湾贸易的英国人发现："在目前的贸易情况中，大量货物不易销售。台湾当局渴望中国之王（清廷）派专使来议和，如能成功，则台湾可能成为繁盛之贸易地。……现在不知道台湾每年多少货物可以输出中国，因贸易之情况甚不安定也。"⑥

① 姚启圣：《题为严绝三省接济台湾事本》，康熙二十二年正月，载厦门大学台湾研究所、中国第一档案馆编辑部《康熙统一台湾档案史料选辑》，第 257 页。
② 夏琳：《闽海纪要》，福建人民出版社，2008，第 71 页。
③ 江日昇：《台湾外志》，第 230 页。
④ 卢泰康：《闽商与台湾发现的闽南贸易陶瓷》，载栗建安主编《考古学视野中的闽商》，第 122 页。
⑤ 郁永河：《裨海纪游·郑氏逸事》，台湾文献丛刊第 44 册，第 49 页。
⑥ 赖永祥：《郑英通商关系之检讨》，载郑成功研究学术讨论会学术组编《台湾郑成功研究论文选》，第 283 页。

其原因在于，清军在克复台湾之前，对台湾的封锁越来越严。

第四节 清廷统一台湾与闽南海商

清廷在与明郑集团的多年战争中，逐渐了解了这个集团的利益所在，当他们意识到无法在战场上消灭对手，便祭出古老的招安战术，以高官厚爵瓦解明郑集团。明郑集团中的多数人进入清朝官场，意味着东南海商在中国政界有了政策发言权。

一 郑经为何要坚守厦门？

康熙十二年（1673 年），三藩之乱席卷全国之时，郑经渡海而来，趁乱占据了厦门沿海一带，而后发展到将福建的泉州、漳州、兴化、汀州、邵武，广东的潮州、惠州都纳入统治范围的规模。然而，好景不长，康熙十六年，康亲王所率清军入闽，大败明郑部队，将郑经逼入厦门、金门等海岛。从军事战略而言，此时的郑经在大陆已经失去发展的可能性，不如退回台湾，接受清朝招安条件，与清朝隔海对峙。然而，郑经拒绝了清朝多次招抚的条件，仍然在厦门等海岛苦撑，直到康熙十九年（1680 年）被彻底打败，仅率数千人退回台湾，导致实力损失，最后失败。郁永河评说："自耿逆叛乱，与郑氏失好，耿兵方图内向，郑兵即蹑其后，已据闽之兴、漳、泉、汀、邵，粤之潮、惠七郡，养兵之用，悉资台湾。自此府藏虚耗，败归之后，不可为矣。"① 明郑在郑成功时期，拥有战舰数千艘，养兵数十万，迨至郑经时期，从事远洋的商船还有 20 来艘，但到了郑克塽时期，台湾保有的洋船数量就很少了，康熙二十二年姚启圣侦察到"贼尚有洋船九只，每年出往外国贩洋，所得利息以为伪官兵粮饷之用"②。在与施琅的澎湖之战中，明郑军队被焚"洋船"五只，③ 这些洋船应是平时用于贩运，战时借用为战船。其总数比郑经时代要少了很多，这也是明郑台湾最终失败的原因之一。

那么，郑经为何不及时退回台湾，保存实力，以图后举？陈碧笙先生

---

① 郁永河：《裨海纪游·郑氏逸事》，台湾文献丛刊第 44 册，第 49 页。
② 姚启圣：《题为派船阻扰台湾贩洋耕种事本》，载厦门大学台湾研究所、中国第一档案馆编辑部《康熙统一台湾档案史料选辑》，第 258 页。
③ 季麒光：《蓉洲文稿选辑·将军侯生祠碑记》，第 106～107 页。

认为，在清郑和谈的后期，清朝方面的条件越来越松。郑经对于和谈，一直坚持"不剃发，照高丽朝鲜例"，清朝几经反复，最后终于答应了郑经提出的条件。然而，在康熙十六年的第七次谈判中，郑经提出要由明军占据沿海岛屿的条件，清朝无法答应。康熙十七年，清军攻下泉州、漳州所辖多数地区，在和谈中，郑经又提出："以海澄为厦门门户，不肯让还"。康熙十八年的第十次和谈时，清方已经同意明郑的多数条款，而郑经坚持要清方开放海澄为往来公所，导致清方的拒绝。陈碧笙认为，这都是明郑方面不理智的行为。①

那么，明郑方面的行为为何如此失常？笔者认为，关键在于：台湾的生存依赖于大陆的商品，若要得到大陆的商品，就得在大陆沿海保持通商港口。明郑集团商人的本性使其不肯放弃厦门、海澄等重要商港。当清朝封锁台湾之际，商人在台湾购买商品不易。在台湾的英国人曾说："欲将货物运往中国，甚为困难，尤其是体积庞大之商品，因在沿海一带皆有要塞，以阻止如此之货物输入也。若有人在防线外被发见，即被处死。一切皆以贿赂行之。"② 三藩之乱后，郑经占领了厦门、海澄等港口，明郑的贸易地位马上不同。此后，闽南商人就可从内陆的汀州等地购得国内商品。康熙十五年（1676年），在日本长崎工作的一些华人记载："从东宁（台湾）并思明州（厦门）锦舍（郑经）装货者，有六艘程度，部下们装货有四艘船之程度，今年丝物和杂货仍不少，其原因系福建之汀州府此回从新规，由锦舍接手取得浙江之丝之类，乃由汀州府开始江兼，亦由福州、泉州往来，由于汀州府骚动，往来之商人通路形成困难，是以无货物，是以东宁船及思明州船丝类变少，只要明朝浙江丝类应可自由获取。"③ 以上来自《华夷变态》一书的华文有些疙瘩，但意思还是明白的，它表明当时的日本人非常关注厦门郑经及其部下能否取得浙江的生丝。因为，这才是在日本市场最受欢迎的商品。总之，郑经据台时期，靠与福建及潮州的贸易获取大量商品，而后将其出售于海外诸国，因而可以在台湾长期坚持。这是台湾对大陆依附性的反映。正是这种依附性，使明郑台湾军队不愿轻易放弃厦门。夏琳的《闽海纪要》说："先是，厦门为诸洋利薮。癸卯破之，番船不至。

① 陈碧笙：《清郑之间的和谈》，《郑成功历史研究》，九州出版社，2000，第285~286页。
② 赖永祥：《郑英通商关系之检讨》，载郑成功研究学术讨论会学术组编《台湾郑成功研究论文选》，第283页。
③ 〔日〕松浦章：《清代台湾海运发展史》，卞凤奎译，博扬文化事业有限公司，2002，第217页。

至是，英圭黎及万丹、暹罗、安南诸国贡物于经，求互市，许之。岛上人烟辐辏如前。"① 明清之际厦门港的重要性于此可见。只要这个港开放，就会有许多国家的商人自行前来贸易，而明郑也可以厦门为转运港，经营福建与台湾之间的贸易。清朝与明郑之间的厦门港之争，其原因在此，关键是福建海商能否控制这一时代台湾海峡最重要的贸易港口。明郑死咬厦门、海澄不放，则反映了台湾海商对大陆的依附性。台湾作为明清大陆商品的转运站，一时一刻都离不开大陆的商品供应。

二　清廷招安闽南海商的政治人物

清朝对待郑芝龙的刻薄，导致清朝对东南的统治动荡，直到 40 年后才看到胜利的曙光。但清朝的胜利并非建立在清朝自诩的骑射武功上，在海上，他们不是闽南海商的对手，清朝靠的是分化闽南海商的政治人物，逐渐取得优势。

清朝在将郑芝龙裹挟至北京之后，曾想以"海澄公"的名号招安郑成功，被拒绝后，清朝在福建的战将建议：将海澄公之印悬于城门，号召郑成功部下前来投降。此后不久，郑成功战将之一黄梧献海澄于清朝，果然得授"海澄公"之位。其后，郑成功又一名得力部下施琅降清。于是，清朝有了两员对付明郑的水师大将，他们成为两面旗帜，引诱郑成功部下投清。但郑成功善待将士，在其领导时期，降郑的清朝将领不下几十员，他的团队不断扩大。其后情况逐渐发生变化，"自国姓全艇入台湾，留其子在厦门，部下多叛。当事亦多方招抚。于是大镇如扬富、如周全斌、如郭谊、如施琅，皆入港归化，至于拨置郡县、圈庐舍、敛米谷以奉之，各就原职，加少师，加伯爵，领给全俸以俟升擢。其督同、督金、参、游、守备之类不可胜计。文官至有躐大参、宪副者，若郡县佐贰，则薄而不足为也。"② 这种厚待对手的战术，虽说在历史上不乏先例，但绝对没有清朝对付明郑集团那样规模大，给实职，造成清军及地方官中有许多人来自明郑集团的现象。迄至"三藩之乱"的后期，福建总督姚启圣见闽海战事拖延，接受黄性震的建议，于康熙十八年（1679 年）正月，以漳州卫改建修来馆，专门招揽郑兵。"文官投诚，即以原衔题请，准照职推补。武官投诚，一面题

---

① 夏琳：《闽海纪要》，第 97 页。
② 余飏：《莆变纪事》，载中国社会科学院历史研究所清史研究室编《清史资料》第一册，第 130 页。

请换札，一面保题现任。兵民如果头发全长者，每人赏银五十两；如头发短者，每人赏银二十两。愿入伍者，立拨在营，给以战饷。愿归农者，立送回籍，饬府县安插。不许强豪欺凌，宿怨报仇。"① 这样，许多郑经的部下都投入修来馆，四月十九日，姚启圣疏报："海逆伪总兵郑奇烈部率伪官五十三员、兵丁一千余名投诚。"② 八月十一日，"福建巡抚吴兴祚疏报：招抚伪总兵蔡冲珊等三员、伪官八十五员、兵丁一万二千五百一十七名，招回岛民三千一百九十余名，共获大小船六十七只，分拨水师营用。"③ 可见，清廷的招降政策对郑军的打击很大。事实上，为清朝海上建功的主要水师将领都是闽南人，如在福建沿海击溃明郑水师主力的万正色，在澎湖之战中立功的朱天贵、蓝理诸人，都是闽籍战将。

　　清朝对明郑文武官员的招纳不下数千人，为了安置这些人，东南一带的许多官职都被闽南人占据。以福建水师来说，它长期是由福建人（尤其是闽南人）垄断的一个职务，这和明朝福建水师将领多由外省人担任完全不同。例如担任台湾总兵的吴英，晋江人，原为明郑将领。这类人还有莆田人陈斌、游观光，安溪人阮钦为、林濡，南安人林达、潘承家，福州人叶国鼎，福清人杨仕珣，罗源人黄英，晋江人曾春、黄瑞、洪范、张国、林政、施世骠，同安人黄升、陈昂、吴楠、林庄雄、方刘进、蒋熺、魏大猷、魏平、魏天锡，云霄人何祐，龙海人陈龙、许云、许良彬，漳浦人蓝廷珍、林亮、阮蔡文、欧阳凯等，他们在清代官员中形成一个群体。④

　　为了平定东南，清朝皇帝很重视闽南籍大臣的培养，安溪人李光地，漳浦人蔡世远、蔡新，是清代福建仅有的三名进入内阁的宰相级大臣。可以说，在清代初期和中期，闽南人在朝廷中枢都占有一定位置。这一转变，使闽南人与清朝的利益渐趋一致，而清朝对海洋的政策也不能不考虑他们的利益，在施琅的建议下，清朝决定在台湾建立郡县制，发展经济，从而使台湾的发展进入了一个新的阶段。在海洋政策方面，康熙皇帝决定撤销海禁，允许民众对外贸易，在很大程度上是受闽南籍诸臣的影响。值得注意的是，康熙二十三年（1684年）海禁的废除，最早群臣们的方案是有条件的开放，而康熙皇帝认为，这样做仅有利于个别人，不如完全开放，允

① 江日昇：《台湾外志》卷二二，第 344 页。
② 《清圣祖实录》卷八十，第 25 页。
③ 《清圣祖实录》卷八三，第 9 – 10 页。
④ 参见《福建通志·列传》。

许百姓自由到海外贸易。因此，康熙初年，中国的海洋政策进入一个新时代，万里海疆成为沿海民众自由往来的地方，从而在中国沿海出现了一批对现代中国有重要意义的港口，如上海、大连、营口、烟台、汕头，那些老港口如广州、宁波、福州、厦门、天津也都获得很大的发展。这一切都与闽南海商的海上斗争有关。清代对外通商也有发展，福建商人可以从厦门、上海等港口驾船到海外贸易，这些贸易不再是特权，而是民众自有的权利。当然，康熙初年的开放也有其局限性，那就是台湾被视为海疆要害地带，官府限制台湾的港口开放，仅留安平港与厦门港交通，不过，这一限制也许是闽籍官员自行造成的，它导致闽商长期垄断在台湾的商业。

小　结

明清之际纵横东亚的海商集团是中国历史上的一朵奇葩，他们的出现，是东南海洋经济发达的表现。明清鼎革之际，郑氏海商集团陷入巨大的矛盾之中。首先隆武政权的建立，给予郑芝龙等人改变自己身份的机会，他们从福建官府的下级上升到福建官府的上级，从而摆脱了来自官府的敲诈。然而，又一个苦恼缠绕着他们：来自传统士大夫的讥笑让其无所适从。除了从小受到良好教育的郑成功之外，他们无法融入士大夫集团。这是明郑集团与隆武政权发生矛盾的原因。郑芝龙降清是一个结局很惨的故事，当年郑芝龙之所以做出这样的选择，是因为他的基本地盘在海洋，面对荷兰人的巨大压力，他一直需要来自大陆力量的支持。可是，当时的清朝统治者还无法理解中国东南的海上力量，他们将郑芝龙骗到北京后，将其软禁，导致郑氏集团对清朝心冷，大都选择抗清的立场，于是，一场旷日持久的战争在东南延续下去。然而，正是在这一背景下，郑成功领导的郑氏海商集团发展成为一支强大的海上力量，并使盘踞台湾的荷兰人感到畏惧。最终，郑成功击败荷兰人收复台湾，完全统治东亚海上交通枢纽——台湾海峡。不幸的是，郑成功在驱逐荷兰人之后不久病逝，遂使其征服菲律宾的计划胎死腹中，而在马尼拉屠杀华人的西班牙人逃过一劫。

郑成功是闽商最杰出的代表，如果将郑成功比作同时代的欧洲巨星，可以说一点不逊色。他和欧洲人一样，热衷于开拓海外世界，将发展贸易当做自己主要的事业。若以黄仁宇对资本主义的定义来看郑成功及其子孙的政权，可以发现，郑氏政权反映了那一时代资本主义的本质：国家组织的商业化！不过，割据台湾的郑氏海商与大陆有千丝万缕的关系，当年台湾的存在，完全依靠大陆的物资，台湾不仅需要大陆生产的日用品，更需要大陆生产的可供出口的生丝、瓷器、茶叶、白糖等商品，没有这些商品，郑氏海商就无法在海外市场上谋利。因此，郑氏海商虽然在台湾开拓了一片天地，仍然面向大陆，时时参与大陆的政治。一旦"三藩之乱"爆发，他们不是寻找机会独立，而是马上回到大陆，打出一片天下。在"三藩之乱"基本失败后，他们仍然不肯退出大陆，固执地在厦门一带作战，其原因也是为了保持在大陆的贸易据点。从经济而言，对台湾来说，没有大陆，台湾无以自存。

　　台湾郑氏集团的最终失败，其原因在于清朝对郑氏集团采取了招安分化的政策，这一政策实行数年后，东南的清军到处都是郑氏集团的降官，他们的经济利益受到尊重，从而使台湾郑氏集团的抵抗显得毫无意义。站在历史的高点，我们看到郑氏集团是通过招安的方式成为清朝的官员，从而解决了东南的矛盾，朝廷的海洋政策也随之变化，从海禁到开放，满足了东南民众的基本要求。这样，闽台商缘就进入了一个新的时代。

第八章　清代前期的闽台商人与贸易

清代前期中国的统一及沿海航行自由化，使中国传统商品经济较快恢复并有较大的发展。尤其是东南沿海区域的沿海贸易及对外贸易，发展很快。其中，福建省的小商品发展又是东南诸省中最为出色的。大陆经济的发展，使台湾商品有了广阔的市场，因此，清代前期台湾的发展极快，短短两百年间，台湾成长为中国商品经济最发达的区域。在清代开发过程中，福建省对台湾的经济拉动最为重要。

第一节　清代前期东南的经济形势和台湾的开发

自从清朝结束海禁政策之后，中国沿海经济大发展，工商业的兴起和农民的转行，使东南沿海各地都出现了缺粮现象，加上民众对台湾糖的喜好，都使台湾面临绝佳的发展机会。

一　清代前期的经济大势与台湾开发背景

清代前期是中国经济走出明清更替的动乱及破坏进入又一个繁荣期的时代。清朝和明朝海洋政策的不同点在于：明朝完全不允许欧美列国的商人进入中国，多数地区、多数时间实行海禁；清朝的海洋政策最值得肯定的一点是实现国内开放，也就是说，允许国内船只进行沿海港口贸易，并允许福建和广东两省的民众到海外贸易。在对待欧美诸国的态度上，清朝最初开放了广州、厦门、宁波、云台山（后改上海）四个口岸，而后将对欧美诸国的贸易集中于广州口岸，这一海洋政策的调整，对中国沿海影响极大。

首先，在明朝实行海禁政策的时代，中国北方诸港基本被冻结，北方诸省的沿海经济远不如内陆经济发达。清朝政策调整，来自福建的商船到北方诸港寻求贸易机会，逐步带动了北方诸港活跃起来，渐渐形成中国沿海商业网络，其中北方重新恢复活力的重要港口为：营口、大连、锦州、山海关、天津海港、烟台、云台山诸港，这些港口与南方的上海、宁波、温州、福州、泉州、厦门、汕头、广州等海港之间，有着频繁的船舶往来，这张海上贸易网络的发展，使中国经济重心进一步东移。

明代中国主要城市分布于长江与运河沿线，尤其是长江及运河交界处的南京、扬州、苏州和杭州发展最好。清代这些城市继续繁荣，但上海等沿海城市的崛起已经不可忽视。笔者认为：这些城市的崛起，导致中国经济重心进一步向东转移，并为晚清以后中国沿海大发展奠定了基础。[①]

清代前期东南沿海的发展有一个共同特点就是：本地商品经济发达，大量农民放弃粮食种植而经营小商品经济，导致东南沿海出现大面积的缺粮现象，例如福建的泉州、福州、厦门、漳州，广东的广州、潮汕，浙江的宁波、温州、杭州，江苏的苏州、上海都是这类地区。[②] 对这些区域来说，维持经济运转的基本是粮食的输入，这就使来自东北和台湾的粮食有了很大的市场。

清代中国东部的开发，最为显著的是东北和台湾，这两个区域开发的共同特点是商品经济先行。东北三省的口岸中，山海关、锦州、营口、大连逐步成为海上贸易的港口，来自东北的大豆、食油、豆饼成为沿海诸港最畅销的商品；来自台湾的商品则是大米和红白糖。由于大陆的市场广大，台湾的商品多数时间是不足供应，这就拉动了台湾经济的发展。事实上，这也是清代前期台湾经济大发展的动因。

清朝统一台湾之后，在当地设县管理。其时台湾对闽粤民众吸引力很大。"台郡当初辟之区，地广人稀，菽粟有余，原称产米之地。自数十年以来，土著之生齿既繁，闽广之梯航日众；综稽簿籍，每岁以十数万计。"[③] 迨至嘉庆十六年（1811 年），台湾总人口达到 200 余万人。就人口密度而言，这时台湾的人口已经接近中国东部发达区域。清代的台湾是福建的一个府，在其开发之初，掌管台湾的福建水师提督施琅："申海禁，不许惠潮

---

① 徐晓望：《明清东南海洋经济史研究》，"自序"，中国文史出版社，2014，第 1 页。
② 徐晓望：《试论清代东南区域的粮食生产与商品经济关系问题》，《中国农史》1994 年第 3 期。
③ 周元文：《申请严禁偷贩米谷详稿》，高拱乾纂辑、周元文继修：康熙《台湾府志》卷十《艺文志》，远流出版公司，2004，第 422 页。

之人人台，故多漳、泉人。"① 清代人一般认为，台湾人口中，来自漳泉的闽南人约占八成，来自潮汕的广东人约占二成，因此，福建人后裔在台湾占据绝对优势，这也是清代前期福建对台湾影响极大的原因。

二　清代前期福建海洋经济及其对台湾的拉动

海洋经济发展的最高点，在于该地经济与海洋连为一体，休戚相关。中国传统的农业经济是自然经济，农人手中只要有一把锄头、一片土地，他们就可以耕地生存；海洋经济则建立在"耕海"基础上，他们的主要经济来源与大海有关，海洋给他们带来利润与食物，没有海洋，他们固有的生存方式就无法延续下去。

古代闽南区域发展起来的是一种以海上商业为前驱的海洋经济。早在唐宋之际，泉州人"每岁造舟通异域"，开拓了闽南通向西亚北非的"海上丝绸"之路。明清时代，闽南生产的各种瓷器和陶器，是东南亚各地最常见的日用品。闽南的白糖，更是受到欧洲国家的欢迎。因月港成为晚明对外贸易的主要港口，漳泉潮一带的丝织业也发展起来。② 明清时代福建海上贸易的发达，改变了闽南人的经济结构。自从明代中叶开始，泉州沿海就出现了城镇化的倾向③；这一趋势同样出现于漳州与潮州。陈全之在嘉靖十九年至嘉靖三十年期间撰写《蓬窗日录》的时候，"漳之龙溪县海沙（沧？）、月港者，夷货毕集，人烟数万。"④ 明末泉州的安平镇（又名安海镇）已经是著名的海港城市，"安平一镇在郡东南陬，濒于海上，人户且十余万，诗书冠绅，等一大邑。"⑤ 明代大厦门湾周边市镇的发展，最终导致厦门城的崛起。⑥

闽南经济结构的变化同样出现于农村。例如，这一时代泉州农村，不再以粮食生产为其主要产业，而是发展在市场上可以取得较高价值的商业性农业。万历年间的《泉南杂志》记载："甘蔗，干小而长，居民磨以煮

---

① 连横：《台湾通史》卷七《户役志》，第115、118页。
② 徐晓望：《明代福建丝织业考略》，《福建史志》2004年1期。
③ 徐晓望：《论晚明泉州区域市场发展的瓶颈》，《福建论坛》（文史哲版）2009年第8期。
④ 陈全之：《蓬窗日录》，上海书店出版社，2009，第40页。
⑤ 何乔远：《镜山全集》卷五二《杨郡丞安平镇海汛碑》，日本内阁文库藏明刊本，转引自安海志修编小组新编《安海志》，1983年自刊本，第136页。
⑥ 徐晓望：《论明代厦门湾周边港市的发展》，《福建论坛》（文史哲版）2008年第7期；徐晓望：《论晚明泉州区域市场发展的瓶颈》，《福建论坛》（文史哲版）2009年第8期。

糖，泛海售焉。其地为稻利薄，蔗利厚，往往有改稻田种蔗者。故稻米益乏。"① 这条史料说明当地人种蔗业的规模已经影响了粮食生产，于是，他们的粮食消费主要靠海上贸易通道进口。② 这种状况在晚明愈演愈烈，明代的《泉州府志》记载："且近年以来，生齿日繁，山穷于樵采，泽竭于罟网，仰哺海艘，犹呼庚癸。非家给人足之时。顾物力甚绌。""封疆逼狭，物产硗瘠，桑蚕不登于筐茧，田亩不足于耕耘。稻米菽麦，丝缕绵絮，由来皆仰资吴浙。惟鱼虾蠃蛤之利稍稍称饶。"③ 当地物资的缺乏，迫使本地从外地进口各种消费品，"泉地斥卤而硗确，资食于海外，资衣于吴越，资器用于交广，物力所出，盖甚微矣。"④

漳州农村的变化也不亚于泉州，清初的龙溪县农民"惟种蔗及烟草，其获利倍，故多夺五谷之地以与之。田渐少，而粟弥匮乏，几何其不枵腹耶？"⑤ 康熙年间的《漳州府志》记载："烟草，相思草也。甲于天下，货于吴、于越、于广、于楚汉，其利亦较田数倍。"⑥ 讲闽南话的龙岩也是著名的烟草产地。龙岩烟商走遍全国各地开设烟厂。⑦

闽南人更为突出的是下南洋贸易，乃至在海外形成了华侨社会。例如在印度尼西亚，漳州人王大海所著《海岛逸志》云："闽广之人，扬帆而往者，自明初迄今，四百余载，留寓长子孙，奚止十万之众。"⑧ 他们下南洋谋生，为南洋诸国开辟了一个又一个的城镇，为东道国工商经济的发展奠定了基础。"窃谓海者，闽人之田也。闽地狭窄，又无河道可通舟楫，以贸易迁江浙两京间，惟有贩海一路，是其生业"⑨。

明清时代，朝廷屡行海禁，而闽南人数次出面反对海禁，这是因为他们的生活已经离不开海洋。"东南滨海之地，以贩海为生，其来已久，而闽为甚。闽之福兴泉漳，襟山带海，田不足耕，非市舶无以助衣食；其民恬

---

① 陈懋仁：《泉南杂志》卷上，丛书集成初编第3161册，第7页。
② 徐晓望：《福建通史·明清卷》，福建人民出版社，2006，第347～349页。
③ 阳思谦：万历《泉州府志》卷三《风俗》，泉州市编纂委员会1985年影印明万历刊本，第55页。
④ 怀荫布等：《泉州府志》卷十九《物产志》，光绪重刊乾隆二十八年本，第1页。
⑤ 吴宜燮等：乾隆《龙溪县志》卷十《风俗志》，乾隆二十七年刊本，第2页。
⑥ 蔡世远等：康熙《漳州府志》卷二十六《民风》，1984年福建省图书馆抄本，第13页。
⑦ 林仁川：《明清福建烟草的生产与贸易》，《中国社会经济史研究》1999年第3期。
⑧ 王大海：《海岛逸志》，载王锡祺编《小方壶舆地丛钞》第十帙，光绪年刊本，第479页。
⑨ 何乔远：《镜山全集》卷二四《开洋海议》（崇祯三年在南都作），第13页。

波涛而轻生死，亦其习使然，而漳为甚。"①"查得漳属龙溪、海澄二县地临滨海，半系斥卤之区，多赖海市为业。"②"闽中事体，与各处顿殊，其地滨于斥卤，表里皆山。即思末耜而力耕，常苦无一夫之亩。以是涉涛而远贩，聊以赡八口之供。"③"闽广人稠地狭，田园不足于耕，望海谋生，十居五六。内地贱菲无足重轻之物，载至番境，皆同珍贝。是以沿海居民，造作小巧技艺，以及女红针黹，皆于洋船行销。岁收诸岛银钱货物百十万，入我中土，所关为不细矣。"一旦实行海禁，对他们的影响极大，"南洋未禁之先，闽广家给人足，游手无赖，亦为欲富所驱，尽入番岛，鲜有在家饥寒，窃劫为非之患。既禁以后，百货不通，民生日蹙，居者苦艺能之罔用，行者叹致远之无方。"④从当时闽粤二省沿海区域对海洋的依赖性来看，可以承认其为海洋型经济。

闽南海洋经济对台湾的影响。在研究海洋经济时，笔者注意到一个问题：台湾与海南同为中国的两个大岛，地理条件相似，但海南商品经济的发展却远远落后于台湾，其中的原因是什么？笔者认为与闽南人在岛内所占比例以及明清闽南人的经济导向有关。由泉州人、漳州人、潮州人构成的闽南人，是中国最擅长经商的一批人，他们不论到什么地方，都会在当地经营各类生意，形成商业社会。海南岛上的闽南人数量不多，他们大多在南宋时期移民海南，虽然他们也经营商业，但因人数较少，未能形成相当的商业规模。前赴台湾的闽南人，多来自明清之际的闽粤，这一时期的闽粤，已经是商品经济较发达的区域。乾隆时郭起元论福建："闽地二千余里，原隰饶沃，山田有泉滋润，力耕之，原足给全闽之食。无如始辟地者，多植茶、蜡、麻、苎、蓝靛、糖蔗、离枝、柑橘、青子、荔奴之属，耗地已三之一。其物犹足供食用也。今则烟草之植，耗地十之六七。……闽田既去七、八，所种杭稻、菽、麦，亦寥寥耳，由是仰食江、浙、台湾、建延"⑤。由此可见，当时福建主要是靠各种小商品的输出，换取粮食、布匹的输入，从而形成了可观的商品流通。在闽南人的故乡，即有发达的渔

---

① 许孚远：《敬和堂集·疏通海禁疏》，日本东尊经阁藏明刊本，第26页。
② 许孚远：《敬和堂集·疏通海禁疏》，第20页。
③ 许孚远：《敬和堂集·疏通海禁疏》，第21页。
④ 蓝鼎元：《鹿洲全集·论南洋事宜书》，厦门大学出版社，1995，第55页。
⑤ 郭起元：《论闽省务本节用书》，录自贺长龄《清经世文编》卷36，中华书局1992年影印本，第20页。

业①、蔗糖业②、制茶业③和种稻业④，他们来到台湾，便将这些产业带到台湾，刺激了当地商品经济的发展。

以渔业来说，闽南人很早就进入台南的港口捕鱼，明代中晚期，每年都有数百艘闽南的渔船到台湾南部海场捕鱼。⑤渔民将捕获的鱼制成鱼干或是咸鱼，运到大陆市场出售。这是早期台湾经济的重要内容。闽南人进入台湾内地后，稻米种植成为他们的主业，他们最早在台南附近开垦农田，被迫向荷兰人缴税。这里要说明的是，即使是在荷兰人占据台湾时期，在台湾从事各项产业的也是居住在城堡之外市镇上的闽南人，而居住于城堡之内的荷兰人，大多是荷兰东印度公司的雇员，他们多为士兵及军官，并有少数会计人员和牧师，所以，荷据时期的台湾产业，是以闽南人为基础的。荷兰人也从事商业，但他们所经营的内容，主要是以中国生产的丝绸、瓷器、蔗糖换取日本的白银⑥，所以，这一时期的台湾，实为中国商品的转运站。⑦台湾经济的主体是闽南人。随着台湾政权的更替，闽南人对台湾的统治巩固，闽南农民逐步向台湾南北各地挺进，台湾西部平原成为田连阡陌的良田。迄至清代中叶，台湾东北的宜兰也成为粮食产地。因台湾商品经济发达，台湾的稻米向福建等缺粮省份输出。"台湾一府地方宽阔，近来田土开辟日广，天时和暖，四季皆可种植，与内地迥不相同，产谷最饶。不特漳泉一带藉以接济民食，即内地兵糈眷米，亦赖台米散给养膳。"⑧清代中叶，台湾运到福建的大米很多，"复又兵米、眷米、及拨运福兴漳泉平粜之谷，以及商船定例所带之米，通计不下八九十万。"⑨吴振强估计，清代台湾输出的大米，最盛时每年有100万石⑩，林仁川、陈杰中的估计也差

---

① 徐晓望主编《福建通史·明清卷》，福建人民出版社，2006，第247页。

② 徐晓望：《福建古代的制糖术与制糖业》，《海交史研究》1992年第1期。

③ 徐晓望：《清代福建武夷茶生产考证》，《中国农史》1988年第2期。

④ 徐晓望：《论宋元明福建的粮食复种问题》，《中国农史》1999年第1期。

⑤ 曹永和：《明代台湾渔业志略》，《台湾早期历史研究》，联经出版事业公司，1979，第165页；徐晓望：《论明代台湾北港的崛起》，《台湾研究》2006年第2期。

⑥ 〔日〕中村孝志：《荷兰时代的台湾史研究·上卷·概说·产业》，稻乡出版社，1997。

⑦ 徐晓望：《论荷据时期台湾市镇的性质》，载王碧秀主编《五缘文化与两岸关系》，同济大学出版社，2010。

⑧ 德福：《闽政领要》卷中《兵眷米谷》，第85页。

⑨ 陈寿祺：道光《福建通志》卷五一《仓储》，台湾华文书局影印本同治十年刊本，第15页。

⑩ 吴振强：《厦门的兴起》，新加坡大学出版社，1983，第131页。

不多。[1] 清乾隆年间，台湾人口不过 100 多万，人均输出一石粮食，是当时商品化程度较高的区域。

如果台湾人只种粮食，台湾社会将是一个自然经济的共同体。台湾早期的府志论述台湾："田园皆平原沃野，岁仅一熟；非凶年，可以无饥。"[2]"台湾地气和暖，无胼手胝足之劳，而禾易长亩，较内地之终岁勤劳者，其劳逸太异，此台农之足乐也。"[3] 可见，若非大陆市场对台湾大米及蔗糖的巨大需求，台湾民众本可过着牧歌式的田园生活。但是，日益扩大的大陆市场对民众产生巨大的吸引力，康熙年间高拱乾的《台湾府志》感慨地说，"不谓尔民弗计于此，偶见上年糖价稍长，惟利是趋；旧岁种蔗，已三倍于往昔；今岁种蔗，竟十倍于旧年。"[4] 寥寥数语，生动地反映了台湾蔗田的迅猛发展。清初的台湾、凤山、诸罗"三县每岁所出蔗糖约六十余万篓，每篓一百七、八十勫；乌糖百勫价银八、九钱，白糖百勫价银一两三、四钱。全台仰望资生，四方奔趋图息，莫此为甚。糖勫未出，客人先行定买；糖一入手，即便装载。每篓到苏，船价二钱有零。"[5] 这条史料说明，当时的台湾糖已经向江南的苏州等城市出口。其时，台湾糖在日本市场上也大受欢迎。自 1637 年至 1683 年，中国船只输往日本的砂糖数量，平均每年达 169 万斤。[6] 这些蔗糖，主要来自福建与台湾。

台湾米糖的出口，使台湾可以进口大陆各地生产的日用品。"海船多漳、泉商贾，贸易于漳州，则载丝线、漳纱、剪绒、纸料、烟、布、草席、砖瓦、小杉料、鼎铛、雨伞、柑、柚、青果、橘饼、柿饼；泉州则载瓷器、纸张，兴化则载杉板、砖瓦，福州则载大小杉料、干笋、香菰，建宁则载茶；回时载米、麦、菽、豆、黑白糖、锡、番薯、鹿肉售于厦门诸海口，或载糖、靛、鱼翅至上海。小艇拨运姑苏行市，船回则载布匹、纱缎、枲

---

① 林仁川、陈杰中：《清代台湾与全国的贸易结构》，《中国社会经济史研究》1983 年第 1 期，第 33 页。

② 周元文：《详请台属修理战船捐俸就省修造以苏民困初详文稿》，高拱乾纂辑、周元文继修：康熙《台湾府志》卷十《艺文志》，第 427 页。

③ 高拱乾：《初至台湾晓谕兵民示》，高拱乾纂辑、周元文继修：康熙《台湾府志》卷十《艺文志》，第 427 页。

④ 高拱乾：《禁饬插蔗并力种田示》，康熙《台湾府志》卷十《艺文志》，中华书局 1985 年影印本，第 1064 页。

⑤ 黄叔璥：《台海使槎录》卷一《赤嵌笔谈》，文渊阁四库全书本，第 29 页。

⑥〔日〕岩生成一：《关于近世日中贸易数量的考察》，日本《史学杂志》第六十二编，第十一号，第 30～34 页；转引自曹永和《从荷兰文献谈郑成功研究》，《台湾文献》第 12 卷，第 1 期。

绵、凉暖帽子、牛油、金腿、包酒、惠泉酒；至浙江则载绫罗、绵绸、绉纱、湖帕、绒线；宁波则载棉花、草席；至山东贩卖粗细碗碟、杉枋、糖、纸、胡椒、苏木，回日则载白蜡、紫草、药材、茧绸、麦、豆、盐、肉、红枣、核桃、柿饼；关东贩卖乌茶、黄茶、绸缎、布匹、碗、纸、糖、面、胡椒、苏木，回日则载药材、瓜子、松子、榛子、海参、银鱼、蛏干。海壖弹丸，商旅辐辏，器物流通，实有资于内地。"① 台湾米、糖的出口，使台湾可以进口大陆各地生产的日用品，于是，两岸经济在循环中获得发展。归根究底，清初台湾的出口贸易，是其经济欣欣向荣的根本原因。相形而言，清初海南岛虽然也能出口一些大米和蔗糖，但其生产规模远远不如台湾，因而海南的经济发展步伐逐渐落后于台湾。

清代台湾的开发，其实有赖于闽南人的海上网络。当时出发于厦门港、蚶江港、汕头港的闽南商人，驾驶大船来到台湾，从台湾购取乌白糖和大米，销售闽南生产的各种日用品；然后，他们从台湾出发，驾驶大帆船到北中国海的各个港口，在上海、烟台、天津、大连、营口等城市出售产自福建的茶叶、纸张、糖。回程时，他们载运东北的大豆、上海的棉布、浙江的丝绸。这种三角贸易使闽南沿海民众富裕起来，也使台湾的各种产品得以销售。台湾，正是在闽南人的商业网络中发展起来的。②

清代中叶，台湾的大米及蔗糖出口都受到影响，"查商船之所以日少者，其故亦有二，台湾所产，只有糖米二种。近来粤省产糖充旺，纷纷外贩。至台地北贩之糖获利较薄。米谷一项，又以生齿日繁，致本地价亦增昂。漳泉一带船户赴台，常虞亏本。因而裹足不前。"③ 道光年间，台湾经济发展一度迟滞，是因为它可供出口的商品减少了，取得的利润也下降了，可见，当时台湾经济的繁荣完全依赖于大陆市场。鸦片战争前，台湾的商品经济已经很发达，姚莹的《东槎纪略》说："台湾，海外一郡耳，悬绝万里，而糖米之货利天下。帆樯所至，南尽粤闽、两浙，东过江南、山东，先抵天津，以极沈阳，旬月之间可达也。"

晚清时期，台湾又发展起茶叶、樟脑两大商品经济，尤其是大规模的

① 黄叔璥：《台海使槎录》卷二《商贩》，第35～36页。
② 傅衣凌：《明清时代商人及商业资本》，《明代福建海商》，人民出版社，1956；陈国栋：《清代中叶厦门的海上贸易》，载吴剑雄主编《中国海洋发展史论文集》第四辑，台湾中研院，1991；徐晓望：《妈祖的子民——闽台海洋文化研究》，学林出版社，1999。
③ 《道光十一年八月二十七日闽浙总督程祖洛奏》，载百吉等编《台案汇录丙集》，台湾文献丛刊第135种，第201～204页。

乌龙茶生产，成为晚清台湾的经济支柱。① 但这两项产业都是福建省的传统产业，早在五代时期，闽国进贡的土产中便有了"白龙脑"这一物品②，而乌龙茶，则是清初福建武夷山的发明③，并由泉州安溪人将其扩种到福建各地，并带到台湾。④ 因此，台湾的乌龙茶及樟脑业，也可看成是福建特产经济的转移和发展。换句话说，明清时期台湾的海洋经济，是福建明清以来形成的海洋经济的移植。

台湾作为闽人海洋网络的一个枢纽，从其海洋经济发生的一开始，就受到福建海洋经济巨大的影响。明清时代闽人的重商文化，培育了清代闽台的商人阶层；而闽东南沿海以出口为导向的海洋经济移植，是台湾海洋经济产生的原因，也是台湾经济能够迅速走在中国前列的根本因素。⑤

第二节　闽台港市与台湾的发展

清代前期，福建船帮在国内有很大的影响，不论是上海、天津、宁波等港市的船只，大都属于福建商人所有。因此，这一时期的对台湾贸易，大都由福建商船垄断。由于清廷对台湾港口的限制，使台湾对大陆诸港的贸易，大都集中于福建沿海港口，因此，福建与台湾的港口每每相对发展。例如，厦门带动了台湾府城（今台南市）的发展，泉州蚶江等港口带动了鹿港的发展，而台湾北部艋舺的发展也和福州、厦门、泉州等城市有关。

一　厦门港与台湾府城的发展

清朝统一台湾之初，将台湾当作边防重点，严格限制大陆的商船到台湾。其时，大陆与台湾对渡最为密切的城市是厦门和台湾府城，因此，清代早期的两岸商缘主要表现为厦门与台湾府城之间的来往。

清代厦门是对外贸易的重要港口之一，康熙二十三年，清朝在厦门设

---

① 林满红：《茶、糖、樟脑业与台湾之社会经济变迁》，联经出版事业公司，1997。林满红的这部著作最早写于 1976 年，后经修改，多次再版。该书是台湾学者研究台湾晚清经济史的代表性著作。
② 王钦若、杨亿等编纂：《册府元龟》卷一六九《帝王部·纳贡献》，中华书局 1960 年影印本，第 2036～2037 页。
③ 徐晓望：《清代福建武夷茶生产考证》，《中国农史》1988 年第 2 期。
④ 连横：《台湾通史》卷二十七《农业志》，第 460～461 页。
⑤ 徐晓望、徐思远：《论明清闽粤海洋文化与台湾海洋经济的形成》，《福州大学学报》2013 年第 1 期。

置"闽海关厦门衙署"。此后的厦门成为清朝对外贸易的主要港口之一，英国、西班牙等欧洲国家的船只也来到厦门贸易。林仁川据马士《东印度公司对华贸易编年史》的记载统计：从1684年到1735年（雍正十三年），共有35艘次欧洲船只到厦门贸易。其载重量从200吨～500吨不等，采购了茶叶、生丝、樟脑等商品。① 外来商船来自英国、西班牙、暹罗等地。

清代初年，厦门还是闽南商人去东南亚贸易的主要口岸。清代福建与东南亚的关系密切。"闽广人稠地狭，田园不足于耕，望海谋生，十居五六。内地贱菲无足重轻之物，载至番境，皆同珍贝。是以沿海居民，造作小巧技艺，以及女红针黹，皆于洋船行销。岁收诸岛银钱货物百十万，入我中土，所关为不细矣。"② 当时的闽人多从厦门出海，到东南亚谋生。据《厦门志》的记载：清初，"粤省澳门定例，准番船入口贸易，厦门准内地之船，往南洋贸易"③。由此可见，当时闽粤二省的不同在于：广东是允许外国商船来华贸易，而福建的特点则是允许当地商人去海外贸易。因此，清代前期，去东南亚的福建人要比广东多。清代中叶，广东方面也允许广东商人去海外贸易。不过，由于福建商人在海外有更长的历史，造成清初海外中国商人多为闽人，而厦门正是他们出发的口岸。

清初厦门的商业网络造成厦门海洋经济的发展。当时的厦门"服贾者以贩海为利薮，视汪洋巨浸如衽席，北至宁波、上海、天津、锦州，南至粤东，对渡台湾，一岁往来数次；外至吕宋、苏禄、实力、噶喇巴，冬去夏回，一年一次。初则获利数倍至数十倍不等，故有倾产造船者。然骤富骤贫，容易起落。舵水人等藉此为活者以万计。"④ 可见，清代的厦门是一个与海上贸易密切相关的城市。清代中叶，厦门有不少漳泉籍的闽南商人。"厦门故海上一都会，以资自雄者不啻十数家。"⑤ 弃儒经商成为常态，"（林某）弃儒习贾业，比壮有余积，主海舶为业。曰商行。"⑥ 在厦门一向有进行外贸的"十三行"传说，傅衣凌先生对此有专门研究。⑦ 其后，新加

① 林仁川：《福建对外贸易与海关史》，鹭江出版社，1991，第171、172页。
② 蓝鼎元：《鹿洲全集·论南洋事宜书》，厦门大学出版社，1995，第55页。
③ 周凯等：《厦门志》卷五《船政》，鹭江出版社，1996；转引自傅衣凌《明清时代商人及商业资本》，中华书局，2007，第199页。
④ 周凯等：《厦门志》卷十五《风俗记》，鹭江出版社，1996，重刊道光十二年刊本，第512页。
⑤ 周凯：《内自讼斋文集》卷十《吴宜人寿序》，清道光二十年爱吾庐刻本。
⑥ 周凯：《内自讼斋文集》卷七《林君墓志铭》。
⑦ 傅衣凌：《明清时代商人及商业资本》，第188～205页。

坡学者吴振强及台湾学者陈国栋的相关研究也颇有成绩。[1]

清代厦门城市也有了进一步的发展。据乾隆三十四年的《鹭江志》记载，厦门"稽查烟户计共一万六千一百余户"。若每户以5人计算，其时厦门人口约80500人，在当时已是一个有一定规模的商业城市。迄至道光十二年，厦门"查照门牌甲册，除僧、尼、道领县牒照仍归县造并无屯丁灶丁外，核实土著居民大小男女共十四万四千八百九十三名口。内男丁八万三千二百二十九丁，女六万一千六百六十四口"[2]。可见，几十年内，厦门的人口几乎增长了一倍。"百余年来，生齿日繁。阛阓民居，不下数万户。俨然东南一都会焉。"[3] 陈化成论厦门："厦门东抗台、澎，北通两浙，南连百粤，人烟辐辏，梯航云屯，岂非东南海疆一大都会哉！"[4] 厦门的繁华也闻名于东南："厦防厅为吾闽第一优缺，海舶麇集，市廛殷赈（赡？）。官廨尤极豪奢。大堂左右设自鸣钟两架，高与人齐，内署称是。署中蓄梨园两班，除国忌外，无日不演唱。"[5] 总之，迄至清代中后期，厦门已经是一个有14万人口的港口城市。

清代初年，朝廷将台湾归入台厦道管辖，并规定厦门为唯一的对台通商港口，一直到乾隆四十九年（1784年），才增添了泉州蚶江作为对台贸易港口。从清朝统一台湾的康熙二十二年（1683年），到蚶江通商，约有100年为厦门垄断对外贸易的时期。

在这一时期，清朝限定台湾与大陆交通的港口是台湾府城外围凤山县的安平镇。安平镇原为荷兰人所建的热兰遮城，郑成功入台之后，将行政中心设于赤嵌，并将热兰遮城改名为安平镇，以纪念在战争中被毁的晋江名镇安平。安平镇建立后，又成为凤山县的所在地，此地附近的鹿耳门便成为与厦门对渡的主要台湾港道。厦门来的船只进入鹿耳门之后就是"台江内海"，渡过台江内海即为赤嵌妈祖庙下的台湾府城港口。当时的台湾府城直接命名为台湾，林谦光说台湾县附近的情况：

"台湾为海中孤岛，地在东隅形似弯弓，中属台湾市，市以外皆海。由

① 吴振强：《厦门的沿海贸易网》，李金明译，《厦门方志通讯》1986年第2期；陈国栋：《清代中叶厦门的海上贸易》，载吴剑雄主编《中国海洋发展史论文集》第四辑，台湾中研院，1991。
② 周凯：《厦门志》卷七《关略志》，第176~177页。
③ 黎攀镠：《叙》，载周凯《厦门志》，第3页。
④ 陈化成：《厦门志序》，载周凯《厦门志》，第4页。
⑤ 梁恭辰：《劝戒录·续编》卷二《纨绔子弟》，清同治六年刻本，第11~12页。

上而北至淡水、鸡笼城界，与福建相近。其东则大琉球也。离湾稍远。由下而南，至加洛堂、郎桥止。其西则小琉球也。与东港相对，由中而入，一望平原，三十余里，层峦耸翠，树木蓊茂即台湾澳之所也。而澳外复有沙堤，名为崑身，自大崑身至七崑身止，起伏相生，状如龙蛇，复有北线尾，鹿耳门，为湾澳之门户。大线头海翁窟为台城之外障，船之往来，由鹿耳，今设官盘验云"①。

当时的台湾县城有一定规模，林谦光说："台湾县居中，其所辖有……大街、横街、新街、禾寮港街、濑口街、大井头、岭后、油桁、柴市等街"。"赤嵌城亦红毛所筑，在台湾海边，与安平镇相向，其城方围不过半里"。

对于安平镇，林谦光说："安平镇城在一崑身之上，东抵湾街渡头，西畔沙坡抵大海，南至二崑身，北有海门，原红毛夹板船出入之处，按，一崑身周围四五里，红毛筑城用大砖、桐油灰，其捣而成。城基入地丈余，深广亦一二丈，城墙各垛俱用铁钉钉之，方围一里，坚固不坏，东畔设屋宇市肆，听民贸易。城内曲屈如楼台"。②

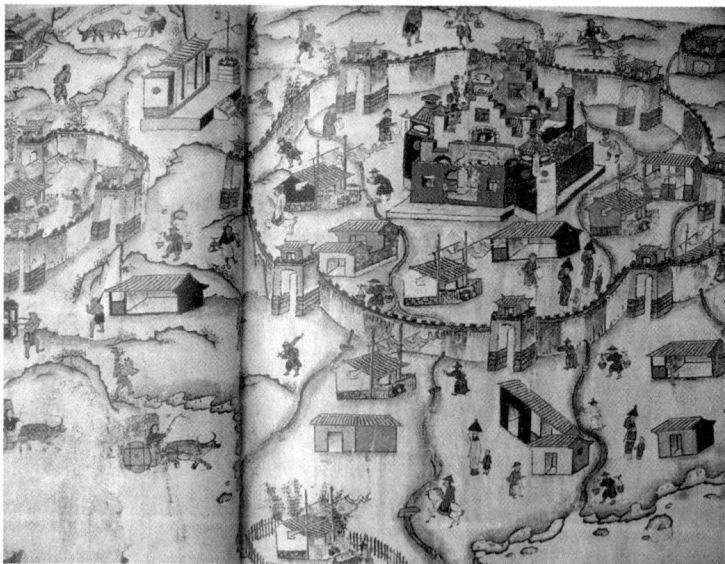

图8-1　清代中期的台南市区图

资料来源：高贤治等《纵览台江——大员四百年地舆图》，台南市台江公园管理处，2012，第32页。

---

① 林谦光：康熙庚午《台湾府纪略》，四库全书存目丛书，史部214册，第270页。
② 林谦光：康熙庚午《台湾府纪略·城郭》，第270~274页。

以上记载说明清初的台湾府城规模较小，但因台湾与厦门之间的贸易逐渐旺盛，台湾府城很快发展起来。康熙五十四年（1715年）游访台湾的外国人称赞道："被称为台湾府的首府，以人口稠密、道路优美与贸易发达见称，实足与许多中国人口最稠密的壮丽都市相匹敌，凡是人们所欢喜的任何东西都可以在那里买到。此岛本身所能供给者为米、糖果、烟草、盐及中国人嗜食之熏鹿肉。各种果实、衣料、羊毛、木棉、麻及一种树皮类似苧麻的植物及各种药草——大部分是欧洲所不知道的。又由外国输入者如……印度的棉纺织品、丝织品、漆器、陶器及欧洲的手工业品。""各街两旁几全是商店，很像样地罗列着丝织品、陶瓷器、漆器及其他商品，中国人长于此道。这些街道具有壮丽的走廊，设道路平坦，人不拥挤。"① 康熙后期的《台湾府志》论当地风俗："间或侈靡成风，如居山不以鹿豕为礼，居海不以鱼鳖为礼，家无余贮而衣服丽都。"② 总之，康熙年间的台湾府城是一个小而热闹、商业发达的城市。它的发展，主要得益于融汇台湾土产及其与厦门的交通。

厦门港与安平镇的对渡，基本维持明末闽台对渡的格局。这一状态的形成，与清代早期台湾的开发主要集中于南部有关。在明代大员港的基础上，当时福建移民多来到大员附近开垦田地，台湾主要的出口商品稻米与蔗糖，也都生产于南部，所以，清廷开放安平镇与厦门港对渡是合理的，也是符合当时闽台贸易实际的。这一时代，闽南商人从台湾运送稻米与蔗糖到厦门港，其中稻米在厦门出售；而白糖则被商人运到上海、宁波二港出售，运回棉花与布匹在福建销售；由厦门开往台湾的船只，则运去闽南生产的一切日用品，其中包括从江南运来的丝绸等商品。当时的台湾人口较少，消费量也少，台湾发展起来的城市只能是台湾府城。

二 清代中叶厦门、蚶江与台湾鹿耳门、鹿仔港的对渡

清代前期，台湾的开发主要集中于南部，中北部相当荒凉。如鹿仔港在《福建沿海图》上是这样记载的："要紧地方，无民人居住。无屯粮。有汲无樵。港澳南北风可以泊艍船。""笨港属诸罗县辖，紧要地方，离海二里。有民居屯粮。汲樵。港澳南北风可以泊艍船。"鹿仔港与笨港都是台湾

---

① Mailla：《台湾访问记》（1715），载《台湾经济史五集》，收入《台湾研究丛刊》第44种，第125～126页；转引自黄福才《台湾商业史》，第103页。
② 高拱乾纂辑、周元文继修：康熙《台湾府志》卷七《风土志》，第317页。

中部著名的港口，当时二港如此荒凉，即使在这里设对渡港口也是没有意义的。以故，当时仅限于安平镇与厦门港对渡是合适的。

但是，随着台湾经济的发展，南部可开垦的良田基本开发完毕，新移民便向台湾中北部挺进。台湾中北部的稻米与蔗糖的产量逐渐超过南部，这样，仅限于安平镇通航厦门就觉得不合适了。在台湾中部的鹿仔港一带，兴起了走私贸易。这一地方的商船直接航行到泉州的蚶江，形成较大规模的贸易。朱景英云："（台湾）郡境地通海之处，各有港澳。定例只许厦门、鹿耳门（即安平镇港）商船往来。此外台湾县有大港，凤山县有加藤港、打鼓港、东港，诸罗县有蛤港、笨港、猴树港，彰化县有海丰港、三林港、鹿仔港、水里港，淡水厅有蓬山港、中港、后垄港、竹堑港、南嵌港、八里坌港，凡十有七港，均为郡境地小船出入贩运其中，各设官守之。笨港列肆颇盛，土人有南港、北港之称，大船间有至者。鹿仔港则烟火数千家，帆樯鳞集，牙侩居奇，竟成通津矣。中港而上，皆可泊巨舟，八里坌港尤伙。大率笨港、海丰、三林三港为油糖所出；鹿仔港以北，则贩运米粟者越其间"①。这条材料说明当时台湾北部已经出现了一些具备作为通商港口的地方，诸如鹿仔港与笨港还相当兴盛。虽说这些贸易主要限于台湾沿海，但也有一些走私船从事对渡贸易。不过，要说明的是：据康熙年间的台湾港口图，台湾西部缺少良港，除了八里坌港与安平镇鹿耳门港可以泊大船外，其他唯有鹿仔港、笨港可以泊中等船只。所以，真正具备对渡条件的台湾中部港口，也就是鹿港与笨港了。

为了适应新形势的变化，乾隆四十九年（1784年）清政府调整了口岸开放政策，增补台湾中部的鹿港与泉州的蚶江对渡。立于蚶江的《新建蚶江海防官署碑记》云："蚶江为泉州总口，与台湾之鹿仔港对渡。上襟崇武、獭窟，下带祥芝、永宁，以日湖为门户，以大小坠山为藩篱，内则洛阳、浦内、法石诸港，直通双江，大小商渔往来利涉。其视鹿仔港，直户庭耳。利之所在，群趋若鹜，于是，揽载商越，弊窦滋焉。岁甲辰，当事者条其利弊上诸朝，议设正口。乃移福宁府通判于蚶江青莲，挂验、巡防、督催台运，暨近辖词讼，而以鹧鸪巡检改隶辖焉"。自此以后，台湾彰化县的鹿仔港与泉州府晋江县的蚶江港成为对渡港口。

随着蚶江与鹿港对渡的开放，清朝为了管理的方便，一度宣令所有渡

---

① 朱景英：《海东札记》，中国方志丛刊影印乾隆刊本，第8页。

图8-2　泉州市蚶江的《新建蚶江海防官署碑记》

台船只都要走蚶江与鹿港，这给厦门商人带来很大的不便。于是，在福建政界颇有影响的儒生郑光策为他们请愿："缘漳泉田土歉薄，向须台米接济。而台湾之海口，在府城则为鹿耳门，彰化则为鹿仔港，南北两处皆船户往来停泊之区。但南路多产糖油，北路多产米谷，南路仅有凤山台湾二县，货物所出有限；而北路则诸罗、彰化、淡水三处，幅员既长，货产亦伙。而鹿港地处适中，夫脚不费，是以台湾商贾，聚于鹿港者更多。至内地往台贸易者皆系厦门之船，盖亦以厦门为海路冲衢，各省舟船所总汇，内则漳泉各属溪港可通，买卖转输销售较易。故台地以鹿港为重，内地以厦门为重。厦船不可不往鹿港，而鹿港之船亦不得不归厦门。自因蚶江多偷渡之船，遂定议另开一口，凡厦门之船，只许配往府城，而欲往鹿港者，则必须转折至蚶江，由蚶江挂验，方许出口，否则即为违例。揆定例之意，初以蚶江与鹿港相对，比之厦门，为地较近。且各口船户，归各口挂验，亦易于稽查。诚为法良意美。顾未思海洋情势，但论风信之顺道，不论地形之远近。商贾趋利之法，亦止论货卖之难易，而不计程途之短长。一自设口，限定分途，其不便之弊端，实有数种。一则自厦门往鹿港，地形斜对，凡得南风、西风，皆可借势以达者，必由蚶江挂验，则自厦门当候正南风，然后可以转折至蚶江，既挂验后，又须守候正西风，然后可以直过鹿港。海中候风最难如意，待两风之艰辛，自不如待一风之简捷，其为不便一也。至鹿港既揽载后，又不得径归厦门，例须先收蚶江挂验，然后可以转舵归厦。其候风之苦，既已如前，若径归蚶江卸货，则彼处地僻一隅，止通泉州府城一路，且已有本地贩运之船，足资使用。所有客货，销售无几，即使幸而得售，而彼地又无他货可以揽贩重载，其情势不得不复归厦门。往返迂回，耽延时日，其不便二也。且厦门所有船户，半属漳州之龙溪、海澄及泉之同安等处，原有熟识行户出入保结，今若将厦船移泊蚶江，则舍近就远，舍故就新，既非人情所宜，且人地生疏，到彼求觅牙保，必被掯勒，其不便三也。……故近年往鹿港各船户往往停舟废业，而两地货物亦渐涌贵。盖由商贾艰于往来故也。"① 在郑光策的要求下，乾隆五十五年（1790 年），闽浙总督伍拉纳上奏：允许厦门的艍船直接到鹿仔港贸易，而不要经过蚶江。这样，闽台对渡的港口便从一对对渡口岸发展到两对对渡口岸。而且，厦门与台湾两个港口都可以通航。

鹿仔港或简称鹿港，它在乾隆年间逐渐成长为台湾中部的一个集市。此地距泉州较近，从泉州沿海的蚶江等港口直航鹿仔港，可以不要经过澎湖，直接便当。在清廷正式开放鹿港之前，当地常有泉州人的船舶自行前来贸易。正式对大陆通商之后，就发展更快了。《海东札记》记载："鹿仔港则烟火数千家，帆樯麇集，牙侩居奇，竟成通津矣。""大率笨港、海丰、三林三港为油糖所出。"② 这说明台湾中部的鹿仔港和笨港都有很大的发展。与其对渡的大陆一侧的通商口岸是泉州的蚶江以及周边的崇武、獭窟、祥芝、永宁、日湖等港口，在这一时期也有较大发展。就物产而言，清代的福州、泉州是福建的手工业基地，福建特产木材、纸张、武夷茶出自福州港，而棉布出自泉州一带，而厦门的背后，只有一个漳州城市，虽说漳州盛产烟草等商品，但其手工业规模不如福州和泉州，因此，在双口对渡时期，泉州蚶江对台商业潜力比厦门更大。这是泉州商人在台湾崛起的背景。

鹿港的繁荣大致也有 100 年，乾隆、嘉庆、道光三朝，鹿港遐迩知名。《彰化县志》记载："鹿仔港，烟火万家，舟车辐辏，为北路一大市镇。西

---

① 郑光策：《西霞文抄》卷下《与吴云衣先生书》，清刊本，第 49～51 页。
② 朱景英：《海东札记》卷一《记岩壑》，台湾文献丛刊第 19 种，第 8 页。

望重洋，风帆争飞，万幅在目，波澜壮阔，接天无际，真巨观也。"①"鹿港大街，街衢纵横皆有，大街长三里许，泉、厦郊商居多，舟车辐辏，百货充盈。台自郡城而外，各处货市，当以鹿港为最。港中街名甚多，总以鹿港街概之"②。道光后期，鹿港逐渐淤塞，港口的发展逐渐停滞。作为海港的鹿港兴盛时期大约从乾隆中期到道光末期的一百来年间。

图 8-3　台湾鹿港的日茂行

图 8-4　鹿港龙山寺的铁钟，有本地商行捐纳银钱的字样

---

① 周玺：道光《彰化县志》卷一《封域志》，台湾文献丛刊第 156 种，第 21 页。
② 周玺：道光《彰化县志》卷二《规制志》，第 40 页。

三 台湾北部港口的开放与发展

清代中叶以后，大陆商品经济有很大发展，尤其是沿海一带的港口崛起，从北到南有：营口、锦州、大连、山海关、天津、烟台、上海、宁波、温州、福州、厦门、汕头、广州，这和明代东部主要城市集中于大运河一线是不一样的。清代沿海城市群最缺乏的是粮食，最欢迎的食物，大概是产于台湾的红白糖。然而，台湾南部米糖的产量有限，于是，台北的发展逐渐展开。而台湾北部的对外贸易日益重要。

闽台对渡进入双口岸时期后，两岸限渡政策引起了各方面的思考。正如郑光策提出的那样："即如厦门各船或上往天津，或上海、宁、台、福州，下至潮、惠、琼、广、安南，随时往来贸易，未尝有禁，何以独往台湾偏划成此疆尔界，丝毫不相假借？"① 因此，以后的闽台对渡政策越来越宽松，乾隆五十七年，朝廷允许台湾北部的八里坌港口与福州的五虎门港对渡，嘉庆十五年（1810 年）又允许厦门、泉州的船只可以到八里坌贸易，这对台北的发展是一个刺激。然而，闽台六口对渡仍然无法满足民众的需要，也使朝廷感到管理方面的麻烦。盖因当时的船只常以遭风为由，任意航行到自己愿意去的港口进行买卖。官府反而感到不好收税。经过一番讨论后，朝廷终于允许闽台六个港口之间，可以任意对渡。这是嘉庆十五年（1810 年）的事情。

当开放成为一股潮流之后，台湾方面开放的港口越来越多，其后，由于宜兰高原的开发，地方官要求开放当地的乌石港与福建贸易，又因为鹿港的淤塞，人们要求开放附近的海丰港。于是，道光六年（1826 年），闽浙总督孙尔准向朝廷奏准乌石与海丰二港的开放，与福建口岸对渡。② 从而形成台湾历史上的"五口通商"。道光二十三年，朝廷许可江南的港口可与台湾港口直接通商。这些事实都表明，台湾经济的发展，使它的地位越来越重要。因此，它需要与全国其他口岸的交通，以发展自身经济，加强两岸循环。③ 其中，清代中叶台湾北部的发展最为突出。

---

① 郑光策：《西霞文抄》卷下《与吴云衣先生书》，第 51 页。

② 孙尔准奏稿：《台案汇录丙集》卷七，户部"为内阁抄出闽浙总督孙尔准奏"移会，台湾文献丛刊第 176 种，第 284～286 页。

③ 徐晓望：《贸易导向与闽台交通的历史回顾》，本文原名《贸易导向与闽台地缘关系发展》，原是为 2000 年高雄港市学术研讨会准备的论文，后该会因故未开，论文载吕良弼主编《海峡两岸五缘论》，方志出版社，2003。

台湾北部港口的发展与福建城市有关。其中，福州的影响是潜在的。福州在清代前期已经是东南名城，来自闽西北山区的木材、纸张、茶叶、香菇、笋干等商品汇聚于福州的南台港，再转运中国沿海港口，从而成为东南贸易中心。① 台湾有不少物产都来自福州。康熙年间周元文谈到台湾造船业时说："台郡僻在海外，百物不产，一切木料以及钉铁、油、蔴、风帆、棕、丝等项，尽须远办于福州，纡回重洋，脚价浩繁，又有遭风之虞。"② 可见，台湾对福州有相当的需求。不过，当时对台贸易主要掌握在泉州、漳州商人手中，所以，去八里坌贸易的商船主要来自泉州蚶江及厦门二港。他们从台湾北部运出大米和蔗糖，运入各种手工业品，从而带动了台北的经济。

图 8－5　清初荷兰人所绘福州城市，近处为闽江边的南台市区

注：清初荷兰使者进入福州，与福建官府探讨合作问题，本图为荷兰使者团中的专职画家所绘。台北故宫博物院发现此图后，按原图重新绘制。

资料来源：转引自陈怡行《明代的福州：一个传统省城的变迁（1368－1644）》，暨南国际大学历史系，硕士学位论文，2004。

台湾北部的开发迟于台湾南部，但在乾隆年间，已经初具规模。除了

---

① 福建社会科学院历史研究所、福州台江区政府：《福州台江与东南海陆商业网络研究》，海峡书局，2011。

② 高拱乾纂辑、周元文继修：康熙《台湾府志》卷十《艺文志》，第427页。

台北盆地基本开发之外，台湾东北部的宜兰也进入开发时期。台北的兴盛吸引了新时期的投资方向。台湾民谣："一府二鹿三艋舺"，这是说，台湾的发展，以台湾府城（即安平镇）为先，其后是鹿港，再后是艋舺。

台湾北部最早发展起来的也是大米生产，而后蔗糖生产也有一定规模。在清代中期，随着板桥林家等垦殖大户的成功，台北平原渐成田连阡陌的富庶区域，因而可有大量的粮食和蔗糖输出，于是，台北的港口应运而生。

八里坌港位于台湾北部淡水河的出海口。淡水河是台湾第一大河，它的下游水量丰富，海船可以深入内河数十公里。在八里坌港内腹有一个名为"艋舺"的地方，艋舺是原住民乘坐的一种小船，又称"蟒甲"，乾隆初年的《重修福建台湾府志》记载，当地有大澳，"番民往来，俱用蟒甲者，刳独木以为舟。澳内可泊数百；至此载五谷、鹿脯货物。内地商船，间亦到此。"① 这说明，此地原来是当地土著贸易的一个集散点，随着台湾北部的开发，艋舺逐渐成为一个较大型的集市。从艋舺寺庙的建设来看，乾隆五年（1740 年），当地旧街附近出现了龙山寺，而后寺的周边形成新店街和龙山寺街；乾隆十一年，艋舺又出现了天后宫与福德宫，而天后宫街和土地后街相应形成。这说明乾隆前期，艋舺已经初具规模。乾隆五十七年，清廷允许八里坌港对大陆通商，厦门及泉州的商人纷纷来到当地贸易，但因八里坌位于淡水河口的南部，随着河流沙洲的变化，八里坌港逐渐淤塞，于是，厦泉商人的商船直接驶向淡水河深处的艋舺，导致艋舺港市的发展。丁绍仪云："八里坌距艋舺止三十里，商贾之辐辏，昔推八里坌，今推艋舺云。"② 道光年间任职于台湾的姚莹说："艋舺居民铺户约四五千家，外即八里坌口，商船聚集，阛阓最盛，淡水仓在焉。同知岁中半居此，盖民富而事繁也。"③ 同知是府级官员，是知府的助手，将其派驻艋舺，表明官府对艋舺的重视。当地泉州人擅长经商。如"洪腾云，字合乐，亦晋江人。道光四年，随父入台，居淡水之艋舺，年十三。及长习贾，为米郊。淡为产米之地，艋舺适扼其口，帆船贸易，以此出入。而腾云工筹算，与泉厦互市，数年之间，产乃日殖"④。台湾北部的其他地方也有发展。如基隆港，"惟鸡笼一区，以建县治，则其所辖之地不足；而通商以后，竟成都会，且

---

① 林呈蓉主编《台北县史料汇编·淡水编》，佛光人文社会学院编译出版中心，2001，第15 页。

② 丁绍仪：《东瀛识略》卷一《建置》，台湾文献丛刊第 2 种，第 6 页。

③ 姚莹：《台北道里记》，载林呈蓉主编《台北县史料汇编·淡水篇》，第 215 页。

④ 连横：《台湾通史》卷三十五《列传七》，第 698～699 页。

煤务方兴，末技之民四集，海防既重，讼事尤繁"①。竹堑一带，"数万余家之烟火"，当地民众已经感到有筑城的需要。道光六年，竹堑林长青等26户商铺倡议修竹堑城，并为此捐助3万元番银。②

总的来说，台湾经济在清代初年被卷入大陆沿海商圈，导致田园式的发展在台湾结束，并走上商品经济较快发展的道路。换一个角度来说，正是清代大陆沿海商品经济的发展，给予台湾经济极大的发展空间。台湾正是在这一背景下高速成长。如果说清初的台湾还是蛮荒区域，清代中叶，台湾已经成为中国东南经济文化较发达的区域，其成功的原因在于：闽南人海洋经济在台湾较成功的移植。

第三节　福建商人与闽台商人集团

清代前期海禁废除之后，福建海商获得了很好的发展机会。他们在东亚重建福建人的商业网络，并在中国沿海各港形成了很大的势力。清代的台湾作为福建的一个府，泉州和厦门商人前去贸易，建立了和大陆港口对应的商业网络，台湾商人集团逐步成长。

一　清代的闽南商人集团

福建海商集团在晚明时期有很大的发展，并在南明时期形成强大的海上军事集团。清朝招安闽商军事集团之后，以施琅为首的闽南海商集团在清政府中仍有很大的影响。由于明清海禁实行多年，福建以北的海面几乎没有商人自有的船队，广东境内，由于清初持续三十多年的战争及海禁，广东的私人海上贸易也受到极大的打击，因此，清初的海上商业成为福建人独霸的领域。早在郑成功时代，闽人的船只就到长江及华北沿海区域搜集情报，漫游于中国沿海。随着清朝开放海上航行的禁令，福建商船大举北上、南下，在中国沿海各个港口都安下了自己的据点。他们的到来刺激了当地固有的海洋文化，被唤醒的当地居民纷纷出海航行，使中国沿海各港重新有一支庞大的船队。不过，由于福建人在航海方面的传统，早期各港主要船队都掌握在福建人手中。福建商人擅长计算，每到一地都赚到盆盈钵满，因而被称为"东方的犹太人"，又因闽粤帆船在南海上穿梭往返，

① 唐赞衮：光绪《台阳闻见录》卷上《台北府》，第15页。
② 郑用锡等：《淡水厅筑城案卷》，台湾文献丛刊第171种，第1～5页。

他们又被称为可以与荷兰人相比的"海上马车夫"。清代的《闽政领要》论述漳州府："府人民原有三等,上等者以贩洋为事业,下等者以出海采捕驾船挑脚为生计,惟中等者力农度日,故各属不患米贵,只患无米"①。可见,不论贫富,闽南人都与海洋贸易息息相关。清代中叶,漳泉籍商人大都在厦门有自己的商行。"厦门故海上一都会,以资自雄者不啻十数家。"② 据梁嘉彬的《广东十三行考》,嘉庆、道光年间广州的行商,多从厦门移去,他们多为漳州籍和泉州籍的商人。因此,英国人来到东方后,对厦门商人十分敬重,鸦片战争前夕,一个英国人曾这样评价闽南商人:

> 厦门的港口是优良的……当地人民似乎是天生的商人与水手。由于他们家乡的贫瘠,多数人无业可就,但是更主要的是他们的性格驱使他们离乡背井,到台湾、到中华帝国的各个主要商业中心,或者到印度洋群岛,或者到他们本土沿岸的渔场去。无论他们到什么地方,就很少再贫困下去,相反地,他们往往变得富裕起来。由于他们资金多,人又勤劳和擅长经营,他们于是支配着全岛和全省的贸易。他们的家乡观念很重,每当他们获得少量财产,不是立即回家,就是把大笔款项汇回来……难怪,大部分的中国船只属于厦门商人所有,大部分投入沿岸贸易的资金也是他们的财产。③

100多年前的英国号称"日不落帝国",英国商人经营的商业遍布世界每一个角落,然而,偏是英国人给予闽南商人如此之高的评价!对于闽南商人的历史地位,其实不需要再多费笔墨。

说到厦门商人,笔者要指出的是:尽管厦门是原属于泉州的一个海岛,但它位于九龙江出海口,历史上它与几十里水程之外的漳州联系更多。厦门人消费的商品多从九龙江上游运来,现龙海县治所在地石码镇原来就是一个物资转运地,从漳州及九龙江上游运来的各种商品汇集于此地,然后运到厦门港。这条水路商业的兴盛,也使漳州商人纷纷到厦门开设商埠,所以,明清时代的漳州人视厦门为自己的港口。笔者在厦门大学读书的时

---

① 德福等:《闽政领要》卷中《岁产米谷》,台湾文献汇刊第4辑第15册,九州出版社、厦门大学出版社,2004,第84~85页。
② 周凯:《内自讼斋文集》卷十《吴宜人寿序》。
③ 〔英〕胡夏米:《"阿美士德"号中国北部口岸航行报告》,载福建师范大学历史系福建地方史研究室主编《鸦片战争在闽台史料选编》,福建人民出版社,1982,第97~98页。

候，当地的同学告诉笔者：厦门话更接近于漳州话，大约七成属于漳州话，三成属于泉州话。原来笔者不明白为何历史上作为泉州属地的厦门，泉州话反而不如漳州话？随着对漳州商人研究的深入，笔者渐渐认识到：厦门港的商人集团以漳州人后裔为多，他们与当地同安人混合，形成漳州及同安人的商业集团，这个集团与泉州商人集团的核心：晋江、南安、惠安三邑有所差异，因而会有矛盾和斗争，但总的来说，他们的共同利益比矛盾要大。

二　闽南商人对台湾的开发

清代前期，闽南商人大量进入清朝官僚机构，泉州安溪人李光地和漳州漳浦人蔡世远、蔡新相继进入内阁，成为中央朝廷的决策人物。而东南诸省都有一大批闽籍官员，尤其是清朝驻守台湾的水师将领，也多由闽南人担任。所以，尽管台湾有明清朝代的更替，但闽南人对台湾的控制没有任何变化。台湾府成立后，又隶属于台厦道管辖，台厦道长驻泉州府属的厦门，这也造成漳泉人在台湾的特殊地位。"台民皆徙自闽之漳州、泉州，粤之潮州、嘉应州。其起居、服食、祀祭、婚丧，悉本土风，与内地无甚殊异。"[1] 官府承认："汝等客民，与漳、泉各处之人，同自内地出来，同属天涯海外离乡背井之客。"[2] "窃以台湾民鲜土著，半系籍隶漳、泉。"[3] 这使闽南人在台湾有较大的优势。"台湾弹丸，外区为逋逃渊薮。近地多漳泉人，外多系土番"[4]。

闽南商人也随着移民的步伐进入台湾。泉州的《玉山林氏宗谱》记载：康熙二十四年（1685 年），晋江石壁村的林诒祥刚满 16 岁，出游台湾，在台设立"泉源行"，"以为托迹之所，招商为贾，贸易生计，一家衣食，无忧不给，即此谋始。"又如他的同宗亲戚林诒铉当兵到台湾，后"辞役革职，营谋生路，在台关帝庙口开张糖行，财源颇聚"[5]。大量闽南商人进入台湾诸港，建立了遍及各处的商业网络。

① 丁绍仪：《东瀛志略》卷三《习尚》，台湾文献丛刊本，第 32 页。
② 蓝鼎元：《东征集》卷五《谕闽粤民人》，《鹿洲全集》，厦门大学出版社，1995，第 586 ~ 587 页。
③ 丁曰健《治台必告录》卷七《统军到彰督剿余匪折》，台湾文献丛刊第 17 种，第509 页。
④ 林谦光：康熙庚午《台湾府纪略·风俗》，第 278 页。
⑤ 庄为玑、王连茂：《闽台关系族谱资料分析》，载庄为玑、王连茂编《闽台关系族谱资料选编》，第 17 ~ 18 页。

台湾学者研究台湾的郊行取得了较大的成绩。大致说来，清代前期台湾府城的商人组成了三个郊：南郊、泉郊、北郊，南郊所辖商户主要从事台南与厦门港、漳州东山港等福建南部诸港的贸易；泉郊主要从事台南与泉州沿海蚶江诸港的贸易；而北郊从事福州以北诸港的贸易。他们从台湾运来的货物多集中于厦门港和泉州的深沪等港口，然后与福建商品一道载运江南及华北各地。所以，台南的商户多为厦门及泉州商号的分支。乾隆年间，鹿港及艋舺二港相继通商，台南的郊商也发展到鹿港及艋舺等港口。例如，鹿港有八大郊行，其核心仍是泉郊、厦郊、南郊，其他是专营各种商品的郊行。不过，鹿港没有北郊而多了一个厦门郊，这是因为，鹿港的商品多是运回泉州、深沪等港口，再转运北方各地，所以鹿港不需要北郊。艋舺的三大郊则是泉郊、厦郊、北郊，泉厦如前，而其北郊一般只到宁波一带，多数与泉厦商人共同经营。台湾的台南、鹿港、艋舺三港市所拥有的各个郊行组织，控制了台湾的主要贸易。

闽南人在台湾主要有两大商人集团，其一为晋江、南安、惠安人组成的泉州商人集团。他们大多是从蚶江或是深沪渡海到台湾，行前多要去晋江的安海镇祭拜龙山寺的观音。他们到台湾后，也会建造龙山寺作为自己活动的主要据点。在台湾各地，共有数百座龙山寺，位于台南、鹿港、台北艋舺的三大龙山寺都建于清代前期，规模雄壮，反映了泉州商人的实力。

漳州海商大都在厦门开设分行，他们与当地的同安人关系密切，因而组成了厦门帮海商集团。其成员主要来自漳州的龙溪县、海澄县及隶属于泉州的同安县。他们的特色信仰是保生大帝。保生大帝又称大道公、吴真人，其祖庙有两个：二庙分别坐落于青礁和白礁。在历史上，海沧的青礁曾属于漳州，而今划归厦门市，白礁历史上属于同安，而今划入漳州市，行政上的互换反映了两地间密切的关系。在厦门市，保生大帝与妈祖同是受到最多崇拜的境主神。因此，厦门商人不论到什么地方，都会带着保生大帝和妈祖的香火。保生大帝在台湾的分香也很多，反映了厦门人及海澄人和部分龙溪人在台湾的开发步履。

泉州和漳州的其他各县也有商人和小贩进入台湾做生意，其中最为著名的是安溪人和漳浦人。安溪人以做茶出名，他们在台湾山地的势力较大，会在各处茶叶产地建造清水祖师庙。今天的台湾，清水祖师庙是最多的庙宇之一，反映了安溪人后裔在台湾的影响。不过，台湾茶业主要发展于

1860 年之后，所以，安溪茶商要在清代后期才发挥出重要影响。漳浦曾是漳州面积最大的县，后从该县分出平和、东山、诏安等县。大漳浦人最崇拜的东山关帝庙和平和县的三坪祖师。他们所到之处，都会带上二者的香火。

从总体而论，在闽南人中得到公众普遍信仰的是关帝、观音、妈祖三尊神，其中又以妈祖能够体现福建的地方特色，而领受闽南人最多的香火。在闽南人建造的庙宇体系中，这三尊神都是少不了的，如果没有场所，他们会在很狭小的空间里摆上三尊神：观音、妈祖、关帝。许多闽南人的会馆就是这样设计的。换句话说，看到三神并祀，那就很可能是闽南人（包括广东潮汕人）的庙宇了。①

台湾本地商人的成长。泉漳商人在台湾的活动对本地商人也是一个示范。清代前期的台湾人"负贩贸易，颇似泉漳"②，事实上，有不少在台湾生长的土著民众开始从事商业。"（台湾）三邑之民，务本之外，牵车服贾而已，扬帆济渡而已。"③ 他们有些人参加对大陆的贸易，成为闽南商人集团的一员。我们看到，在宁波的福建商馆中，已经有台湾人的影响。乾隆六十年"兴泉漳台众商仝住僧沛泉公立"的《闽商在甬建设会馆碑》记载：清代宁波的闽商会馆始建于康熙三十五年，康熙五十七年完工。乾隆六十年重修。这条碑文的关键在于：在闽商集团中，台湾作为与兴化、泉州、漳州并列的一个商人来源地出现了！那么，他们组成了自己的商团了吗？当地还有一块同治年间的碑刻，这块《重修福建老会馆碑》记载："闽之商于宁者，有八闽会馆，兴、泉、漳、台之人尤多。""台湾自国朝始通版籍，兹馆也，台人与焉，其在康熙二十四年开关以后无疑。"这表明当时确实有了台湾商人，而且，撰碑文者将台湾商人的出现推前至康熙中期。不过，该碑最后所署各帮捐钱数量很有意思，其文曰：

温陵糖帮捐银四百拾壹圆；

兴化帮捐银贰百圆；

厦门帮捐银叁百圆；

深沪帮捐银壹百圆；

① 徐晓望：《福建民间信仰源流》，福建教育出版社，1993。
② 周玺：道光《彰化县志》卷九《风俗·商贾》，第 290 页。
③ 高拱乾纂辑、周元文继修：康熙《台湾府志》卷七《风俗志》，第 317 页。

淡水帮捐银壹百圆；

同治九年庚午九月

翰林院庶吉士晋江王寿国记并书

兴泉漳台诸同人勒石①

宁波是福建商人北上的第一个重要港口，因此，当时经营江南及华北贸易的福建商人都会在此留下足迹，其重要性不言而喻。在这块碑文上记载福建商帮的组合发人深省。首先，文中提到漳州商人，但具体捐银名单中，只有厦门帮，没有漳州帮，这证明笔者的说法：厦门帮主要由漳州人与同安人组成。其次，泉州商人有两个帮派，其一为温陵糖帮，其二为深沪帮。温陵是泉州的古称，所以，所谓温陵糖帮，即为泉州糖帮。深沪是位于泉州的一个港口，对渡台湾的蚶江港就在附近。"南风时，蚶江、獭窟船来鹿，必至磁头、深沪方放洋。"②清代深沪因对台贸易有很大发展。朱正元说："深沪以滨海一隅之地，居民多至数千户，或云万户。合计民财多至千万，或云数千万。洵海滨乐土。"③再次，此文中真正的台湾帮只有淡水帮，淡水位于淡水出海口的北岸，在清代中叶，淡水的出海口是在南岸的八里坌港，而淡水成为对外贸易的主要港口，大致在道光后期，所以，淡水帮的兴起较迟，在清代中叶是不会有淡水帮的。其时淡水帮仅捐钱一百圆，说明它是一个新兴的帮派。那么，清中叶以前有独立的台湾商帮吗？通过以上分析，可以知其没有！当时在宁波的台籍商人应是附属于泉州帮，或是厦门帮。泉州帮中又有两派，温陵糖帮中应有台湾人，深沪位于蚶江附近，在蚶江口岸及鹿港之间对渡的台湾商人也可附属于这个帮派，所以，清中叶以前做台湾以北大陆生意的台湾商人应是附属于闽南商人的三个帮派：温陵糖帮、深沪帮、厦门帮。

"温陵糖帮"之名也说明当时台湾的糖业主要掌握在泉州帮手中，而泉州糖商多在鹿港开设自己的分号。道光《彰化县志》记载："鹿港、泉、厦郊船户，欲上北者，虽由鹿港聚载，必仍回内地各本澳，然后沿海而上。

---

① 以上宁波碑刻引自章国庆《天一阁明州碑林集录》，上海古籍出版社，2008，第214～216页。

② 周玺：道光《彰化县志》卷一《封域志》，第22页。

③ 朱正元：《福建沿海图说》，第166页。

由崇武而至莆田，湄洲至平海，可泊百船。"这证明了泉州商人在鹿港采购蔗糖后，首先是回到泉州蚶江一带，然后再北上。鹿港也有本地商人，"鹿港向无北郊，船户贩糖者，仅到宁波、上海。"① 他们应是依附于泉州糖帮。

　　那么，清代前期为何独立的台湾商人较难见到？这是因为，在台湾开发之初，闽南人已经形成强大的商帮势力，一旦台湾开发，无处不在的闽南商人便深入台湾各港，创设自己的分号，从而掌握了台湾的贸易。较大的商人，则多源自内地，因而有"海船多漳、泉商贾"之说。② 台湾的彰化县是鹿港所在地，道光《彰化县志》记载："远贾以舟楫运载米、粟、糖、油，行郊商皆内地殷户之人，出赀遣伙来鹿港，正对渡于蚶江、深沪、獭窟、崇武者曰泉郊，斜对渡于厦门曰厦郊，间有糖船直透天津、上海等处者，未及郡治北郊之多。"③ 当时经营对台贸易的商人，大都要将在台湾采购的商品运到厦门、蚶江等港口之后再北上江南及渤海的港口，这是因为，驻台商人多是厦门及蚶江商人的代表。清代中叶以前，其实没有严格的台湾商人。台湾多数商号，都是泉州蚶江及厦门商号的分支，来往于两地港口的商人，在台湾，也许可以称为台湾商人，在大陆，他们不是以泉州商人自称，就是以厦门商人为荣，个别商人的籍贯，则是在漳州等地。由于漳泉紧密不分的关系，晚清以前，在大陆各个重要港口，只有泉漳会馆或漳泉会馆，从来没有台湾商人自己的会馆。

　　台湾商人组成自己的帮会，应是在同治年间宁波福建会馆捐款名单中所显示的淡水帮。晚清以后，台湾的茶业、樟脑业大发展，经济繁荣，更胜于福建，于是，台湾商人渐渐自立。1875 年台湾建省之后，台湾人在北京有了自己的会馆，开始有了自己的商帮组织，但他们与福建商帮的关系密切。

　　明清时期，中国的海上贸易网络实际上是由闽南（漳泉潮）人控制的，所以，台湾商人与漳泉的密切关系，意味着加入闽南人在东亚的商业网络。其实，台湾正是闽南人商业网络的一部分。从台湾商人发展史来看，他们原为闽南商帮的一个分支，而后成为一个独立的群体。台湾的重商文化起源于闽南，也可以说，它是闽南海洋文化的一个组成部分。

---

① 周玺：道光《彰化县志》卷一《封域志》，第 23 页。
② 黄叔璥：《台海使槎录》卷二《商贩》，文渊阁四库全书本，第 35 页。
③ 周玺：道光《彰化县志》卷九《风俗·商贾》，第 290 页。

小　结

　　自从明末清初闽南人开发台湾以来，海上贸易就成为台湾经济发展的导向，只有在海外市场上取得较高利润的商品，才会成为台湾经济的支柱。这种经济，可以称为海洋经济，它是海洋文化的一个组成部分，也可说是台湾海洋文化的经济基础。但是，台湾的海洋经济并非凭空而来，它是闽南人上千年海洋经济的结果，闽南人自五代两宋以来，逐步形成了依赖海洋的谋生方式，他们的生产、贸易、分配、消费诸环节都与海洋有关，在明末清初已经发展为成熟的海洋经济形式。闽南人历来感到本土的发展受到地理条件限制，他们的理想是寻找一片更有利于发展的土地。从南宋以来，闽南人迁居岭南与南洋，都成为当地经济发展的主动力之一。从后世的角度看，台湾是闽南人再造福建的成功典范。他们将家乡的经济制度与习惯带到台湾这片未开发的土地上，在台湾实现了闽南社会的重现。由于台湾属于新开发的区域，地旷土沃，闽南人的生活方式在台湾得到全面的发挥，因此，我们可以说清代台湾是闽南高层次海洋经济的移植。事实上，它是在闽南人的海洋商业网络中成长，并作为其中的一个组成部分而获得发展。因此，清代前期台湾的成功，应当看作闽南人海洋经济的成果。

　　清代前期的台湾，与大陆市场的关系密切。除了少数糖品由上海转运日本外，台湾其他商品大都销售于大陆市场，尤其是福建市场。清代福建沿海城市化程度略高，农民主要经营经济作物，这造成沿海城乡缺粮严重，食油、染料、燃料对外需求量较大。清代台湾的开发刚好可以填补这个空白；对台湾而言，这个新开发的区域，手工业生产缺乏基础，各种日用品、纺织品都要从福建运来，而海峡西侧的福州、泉州、漳州、厦门等城市都是手工业发达的地方，因此，随着台湾的开发，闽南商人往来于两地之间，从福建运去各种手工业商品，从台湾运来粮食、花生油、靛青等商品。福建和台湾生产的糖是国内市场最受欢迎的商品之一，闽南商人的糖船每年都从厦门、泉州等港口出发，将糖品远销江南、华北、东北诸城市，又从北方运来大豆、棉花等商品，于是在台湾海峡形成了台湾、福建、北方之间的三角贸易，这类三角贸易每运转一次，都给闽台商人带来很大的利润，海峡两岸的城市也因而发展起来。清代前期台湾的三个港市——台湾府城、鹿港、艋舺，都是这样发展起来。

　　由于清代前期闽南商人完全控制了闽台贸易，应当说，这是闽台商缘的鼎盛时代，不论从哪一个角度来看，清代前期都是闽台商缘最密切的时期。不过，随着闽台形势的变化，1840 年后外国经济势力入侵台湾海峡，这使闽台经济关系面临新的考验。

第九章　晚清闽台商缘的发展

五口通商以后，欧美诸国的商业势力侵入中国的通商港口，闽台诸港纷纷对外开放，与世界市场的联系大大加强了，从而造成晚清福建与台湾经济的大发展。闽台经济圈由福建一极为主的发展为闽台并峙。由于历史与地理的因素，晚清福建与台湾的经济联系加强，双方相互促进，互为市场，携手在国际市场上闯出一片天下。

第一节　晚清福建经济的雄飞

福建历来是一个对外贸易兴盛的省份，晚清闽台港口的开放，使福建经济跃升到一个新的高度；在福建经济的带动下，台湾的海洋经济也有很大发展，而后台湾建省，形成以出口茶叶、蔗糖、樟脑为主的经济结构，闽台两省终于站在一个相互平等的平台上对话。然而，由于欧美诸国经济势力的侵入，在闽台贸易中出现了新的竞争角色，在复杂的局势下，闽台商人联手，重新控制了闽台贸易的主导权。

一　学术界对晚清闽台经济关系研究及存在的问题

晚清是台湾经济史上的一个重要阶段，台湾经济正是在这一阶段步入近代化路程。然而，随着外国航运势力和经济势力介入台湾海峡经济圈，这一时期的两岸经济联系是加强了还是衰退了？这是一个不好回答的问题。多数学者都同意清代前中期两岸经济关系十分密切，而日据时代，由于政治方面的因素，两岸经济联系消退，夹于二者之间的晚清阶段两岸经济关系如何，则是不好处理的学术难题。因为，晚清台湾与国际市场的联系确实加强了，从台湾输出的茶、糖、樟脑等商品虽然要经过大陆港口转运，但其终端市场是在海外而不是国内。不过，仅仅因此就说大陆与台湾的经济联系减弱了，则又会遇到更多的问题，因为，随着交通条件的改善，晚清台湾与大陆各港口的联系日益密切，两岸人员往来更为频繁，在这一背景下，要说台湾与大陆的经济联系消减，似乎与事实不符。这也是学界各家对这一问题较难表态的原因。

晚清台湾经济史曾是台湾学术界研究的一个热点，学界成果颇多。东嘉生、叶振辉、戴宝村、林满红、林仁川、黄富才、薛化元、黄富三、李祖基、卓克华等人都有研究专著问世，但是，对这一时期闽台经济关系是加强还是衰退的问题，诸家的回答各有不同。

对晚清闽台经济关系持积极态度的学者，可以林满红、林仁川等人为代表。林满红在 1994 年出版的《四百年来的两岸分合》① 一书中，用了1000 多字概述了晚清的两岸关系。林满红提出，虽然晚清台湾与外国的经济联系加强了，但这并不意味着台湾与大陆的关系相应衰落。林满红认为：由于台湾诸港无法停靠大船，台湾与大陆之间大多由中小帆船运输。台湾输出的主要商品多要集中到厦门、香港转运。频繁的两岸贸易促进了两岸航运业的繁荣，迄至 1896 年日本据台之初，每年仍有 2800 艘中国帆船出入台海两岸港口，其数量不少于清初的一二千艘。海关统计数据表明，晚清台湾进口的大陆货，比台湾设海关之初增加 3.27 倍，虽然比不上洋货的增为 6 倍的速度，但也十分可观。台湾进口的"洋货"，同样是由厦门、香港等港口转运入台，因此，台湾对外贸易的增长，反而加大了台湾与大陆港口的联系。以稻米的贸易来说，晚清台湾由于茶、樟脑等经济作物增加，台湾北部粮食生产减少，从每年出口 20 多万担大米到对岸，逐渐变成需由对岸进口大米 20 多万担。台湾中部的情况与之相反，每年都要输往对岸 50 万担大米，保持着开港前的输出规模。台湾开港后，台湾出口华中、华南的糖，维持在开港之初的水平，每年在 20 万担至 30 万担之间。……人口增加率不及大陆商品进口台湾的增加率，人均消费大陆商品的数量是增加了。② 不过，由于篇幅的关系，林满红未能展开论述她的论点。

台湾学术界也有不少人持相反观点。叶振辉认为，表面上晚清台湾的进出口依赖于大陆港口，实际上，台湾出口到香港和厦门的货物，大半只是转口而已，台湾出口货的最后消费地大多不在大陆。认真说，台湾与外

---

① 林满红：《四百年来的两岸分合》，自立晚报文化出版部，1994，第 109 页。
② 林满红：《四百年来的两岸分合》，1994。

国的经贸势力在台湾，是超过与中国大陆的。[①]

在大陆学术界，两种观点同样存在。有的人主要强调晚清台湾经济的外向性，认为清末的台湾对国际市场的依赖性大大加强了，两岸经济联系因而衰退。也有的人赞赏林满红的观点，并在此基础上有所发展。例如，林仁川认为："五口通商以后，闽台两岸的商业贸易并没有迅速衰败下去，而是继续保持旺盛的势头。当然由于历史条件的变化，晚清两岸的商业贸易往来也出现新的特点"，"出现了以厦门为主的转口贸易，大量的洋货如棉布、鸦片经过厦门转运输入台湾，台湾出产的茶叶运到厦门，经过加工包装，再销往美国和欧亚诸国。"[②]

由台湾学者薛化元主持编纂的《台湾贸易史》对两方的观点似有一个折中，主要强调台湾在晚清对外贸易的发展，使其"回到以国际贸易为主轴的型态"[③]。尽管这一态度有倾向性，但他并没有正面回答晚清两岸经济关系的进退。

无可否认：甲午战争之前的晚清55年是闽台经济关系变化的重要时期，清代中叶，闽台经济关系密切是没有争议的，但清朝开放台湾港口前后，先是允许国内各地商人到台湾贸易，再是批准外国商人到台湾贸易，台湾与国际市场的联系加强。在这一新形势之下，闽台之间的经济联系是加强了，还是减弱了？我们认为光看贸易市场还是不够的，因为，这一时代，中国沿海港口与国际市场联系加强是普遍性的趋势，上海与国际市场的联系肯定超过台湾，但这一趋势不是削弱了上海与内地的联系，反而是加强了上海作为内地出口港的地位。晚清台湾对外贸易的高速增长与东南区域的普遍趋势是一致的，应当在这一趋势中看台湾与大陆的关系，尤其是台湾与福建的经济联系。只有将台湾经济放入闽台经济大发展的背景下，才能得出台湾经济异军突起的真正原因。

二　晚清福建经济的快速增长

对于晚清福建经济，福建史学界的研究成果颇多。最早是郑学檬主编的《福建经济发展简史》，该书用了相当大篇幅论述近代福建经济的各个

---

① 叶振辉：《台海两岸经贸财政关系1865－1895》，网上论文；叶振辉：《清季台湾开埠之研究》，台湾师范大学历史研究所，1985。

② 林仁川：《晚清闽台的商业贸易往来》，载李祖基主编《台湾研究25年精粹·历史篇》，九州出版社，2005，第200页。

③ 薛化元：《台湾贸易史》，台北外贸协会，2008，第192页。

领域①；林仁川《福建对外贸易与海关史》② 一书对近代福建外贸史的研究相当全面；由林庆元主编的《福建近代经济史》③ 涉及晚清经济的也有数十万字；戴一峰对近代福建史的研究集合为专题：《区域性经济发展与社会变迁》④；《福建通史》的第五卷是近代史专卷，涉及晚清福建经济的也有十余万字。⑤ 以上研究也有两种倾向，其中占据主流的方式是批判外国资本主义对中国经济的掠夺，另一些人则看到近代福州、厦门的通商，也给福建经济带来机会，因而刺激了近代福建经济的成长。⑥ 我们认为：五口通商之后，英国商人在福州、厦门等港口采购武夷茶是福建经济的积极因素，不能简单地将其归类："帝国主义掠夺中国的工业原料"，因为，武夷茶是消费品。英美诸国到福建采购武夷茶的性质与某些国际商人推销鸦片是不同的。应当说，武夷茶贸易发展了近代福建经济。

明清时代，福建的海洋经济发达，很早就形成了出口茶叶、瓷器、蔗糖、水果、烟草，输入粮食与纺织品的经济结构。⑦ 不过，在清代前期，福建省的主要贸易对象是江浙及北洋沿岸区域，国内贸易强于国际贸易。以厦门为口岸的福建对外贸易对象是南洋诸国，出口商品是瓷器、雨伞等价值较低的商品，贸易量不是太大。作为福建对外贸易主力的武夷茶都是转运广州出口，对福建经济的贡献有限。从一些史料来看，道光年间的福建，由于鸦片进口造成白银大量流失，造成银根紧张。陈池养说："今银价大昂，福建每两易钱二千有奇，北省每两易钱二千四百有奇，较嘉庆年间已逾一倍。是以关税亏缺，盐商倒塌，输将艰难，军车之费，更十分支绌也……乃每岁漏卮不下二三千万。鸦片之来源源不绝，金银之去滔滔不归，其势不竭中国之银不止。"⑧ 缺乏银两使商品经济陷于困境，福建沿海各城市的状况不是太好。这也是福州人林则徐大力禁烟的原因之一。

---

① 厦门大学历史研究所中国社会经济史研究室编著《福建经济发展简史》，厦门大学出版社，1989。

② 林仁川：《福建对外贸易与海关史》，鹭江出版社，1991。

③ 林庆元主编《福建近代经济史》，福建教育出版社，2001。

④ 戴一峰：《区域性经济发展与社会变迁》，岳麓书社，2004。

⑤ 徐晓望主编《福建通史·近代卷》，福建人民出版社，2006。

⑥ 徐晓望：《论近代福建经济演变的趋势——兼论近代福建经济落后的原因》，《福建论坛》1990 年第 2 期。

⑦ 苏文菁主编《闽商发展史》，厦门大学出版社，2013；徐晓望：《福建经济史考证》，澳门出版社，2009。

⑧ 陈池养：《慎余书屋文集》卷一《银价论》，清同治九年刊本。

　　五口通商之后，东亚贸易圈发生极大的变化。对于这一变化，中国史学界评价不一。往年，许多学者认为：鸦片战争是中国半殖民地化的开始，此后，中国日益卷入世界市场，逐步沦为欧美列强的原料基地。这一观点不错。但从另一面来说，中国加入世界市场之初，传统商品也获得了许多机会。对福州、厦门等沿海港口来说，海上航行禁令的彻底取消，本土帆船可以自由地航行于中国沿海及东亚、东南亚港口，福建海上贸易繁荣起来，这是晚清福建经济大发展的基础。

　　福州、厦门对外通商的禁令废除之后，武夷茶贸易回归福建。[①] 中国生产茶叶的历史悠久，不过，早期的茶叶都是绿茶，其外销量很少。明代后期，武夷山出现了半发酵的乌龙茶和全发酵的红茶[②]，清代初年，武夷茶生产技术成熟，开始引起欧洲人的兴趣。[③] 荷兰人最早进口中国茶叶，但英国人消费的茶叶最多。英国东印度公司于1669年在爪哇万丹购得中国茶叶1456磅运回英国，后来，英国商人追寻茶叶来到厦门港，1689年（康熙二十八年），英国人在厦门购得数量较大的茶叶运回英国，从此开启了中国与英国之间的茶叶贸易。武夷茶最早的消费者为英国绅士。随着英国人生活水平的提高，在英国，喝下午茶成为一种风气。英国人喝茶的方式是在热茶中加入牛奶，他们所喜欢的中国茶叶是生产于武夷山的红茶，这种红茶芳香扑鼻，没有绿茶的苦涩味，深受英国人的欢迎。此外，俄罗斯人于乾隆年间开始大量进口武夷茶，美国人的饮茶习俗受英国人的影响，爱喝福建的红茶与乌龙茶，引起美国革命的波士顿倾茶事件，其不吭声的主角应为武夷茶。此外，澳大利亚、印度都有相当数量的武夷茶消费。[④]

　　清代武夷茶的输出逐年增长。"在整个十八世纪，（远东）输西欧茶叶应值1.8亿两白银。"[⑤] 其中英国人消费的武夷茶占一半以上。鸦片战争前，中国每年输出欧洲的茶叶已经达到40223866磅，约合30.2万担[⑥]。清代广

---

①　厦门大学历史研究所中国社会经济史研究室编著《福建经济发展简史》，第209页。

②　徐晓望：《明代闽北茶业考证》，《福建经济史考证》，第325页。

③　徐晓望：《清代福建武夷茶生产考证》，《中国农史》1988年第2期。

④　侯厚培：《华茶贸易史》，《国际贸易导报》第一卷，第二号，1934年；转引自程镇芳《清代的茶叶贸易与资本原始积累》，载福建师范大学近现代史教研室编《中国近现代论丛》，社会科学文献出版社，2012，第92~93页。

⑤　庄国土：《18世纪中国与西欧的茶叶贸易》，《中国社会经济史研究》1992年第3期，第94页。

⑥　担，清代重量单位，一担约等于133磅，或120.66市斤、1.2066市担。

图 9 - 1　晚清福州使用的揉茶机

州口岸出口的茶叶约有 2/3 是武夷山出产的红茶，仅武夷茶贸易值每年有
1000 多万银圆。[①] 清初武夷茶分别由厦门、广州两个口岸出口，然而，乾隆
二十二年（1757 年），清朝规定广州为接待来自欧美（除西班牙之外）商
船的唯一港口，武夷茶贸易的重心就此转到广州。大量的茶叶利润流入广
东，广州城市因而繁荣起来。

　　不过，由于英国人为武夷茶付出的白银太多，英国商人总在盘算怎样
减少采购武夷茶的开支。鸦片战争前夕，英国人调查了中国的对外贸易港
口，发现福州是距离武夷山最近的沿海港口。"茶船由（武夷山）星村开到
福州市只需 4 天，即使在航运不便利的时候，也不超过 8 天或 10 天，根据
航运情况，每担运费由 600 文至 1000 文不等。一位茶商告诉我说，在福州
最好的红茶，最便宜时每 100 斤只售 20000 文，而最高的价格为此数的 4
倍，好的红茶每斤零售价为 400 文。"[②] 因此，英国人竭力要求开放福州港。
中英《南京条约》谈判时，中方已答应广州、厦门、宁波、上海四口开放，
但英国人坚持要加上福州，而且坚决不让步，其目的就是便于采购红茶。
在这一背景下，五口通商之后，英国人马上到福州及厦门来寻找贸易机会，

① 徐晓望：《清代福建武夷茶生产考证》，《中国农史》1988 年第 2 期。
② 姚贤镐编《中国近代对外贸易史资料（1840 - 1895）》，中华书局，1962，第 595 ~ 597 页。

但因福建士绅的抵制，英国商人屡遭挫折。然而，太平天国运动发生后，情况开始变化。太平天国军队于 1853 年进入江西，切断了武夷茶通往广州的运输线，英美商人在广州无法采购到武夷茶，心急火燎。以伍氏茶商为背景的美国旗昌洋行（Russel & co.）率先到福州采购茶叶成功，其后，英国的怡和洋行（Jardine Matheson & co.）、宝顺洋行（Dent & co.）、莱士洋行（Reis & co.）、太平洋行（Gilman & co.）、捷逊洋行（Reis & co.）以及美国的隆顺洋行（Heard & co.）相继来到福州采购武夷茶。1854 年，"为了运输这些茶叶，五十五艘船开来福州，其中三十七艘是英国的，十四艘是美国的。"[1] 1869 年福州港有 21 家洋行。福州因而成为广州、上海之后晚清的重要茶市，茶叶出口量逐年上升（见图 9 - 2）。

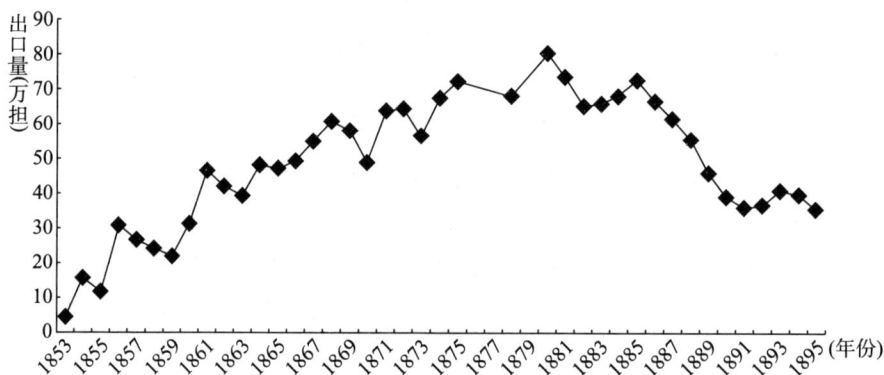

图 9 - 2　福州港茶叶出口量（1853～1895 年）

注：其中 1876 年、1877 年与 1879 年的出口量为缺失值。

资料来源：该表主要数据出自各年份的福州海关统计报告，见吴亚敏、邹尔光编《近代福州及闽东地区社会经济概况》，华艺出版社，1992。其中 1853 - 1856 年的数据取自彭泽益先生根据马士（Hosea Ballou Morse）等人著作的整理，见彭泽益编《中国近代手工业史资料》第一卷，中华书局，1962，第 490 页。该图表由徐思远博士制作。

图 9 - 2 说明，福州口岸的茶叶输出增长很快，19 世纪 50 年代，每年可输出 20 万至 30 万担；60 年代，福州港每年输出茶叶 50 万至 60 万担；而到了 70 年代，这一数字上升至 70 万至 80 万担。1880 年之后，福州港的

---

[1]　F. E. Wilkinson, C. M. G：*The Early Days of the Treaty Port of Foochow*；卫京生（1918 年英国驻福州领事）：《福州开辟为通商口岸早期的情况》，刘玉苍译，载中国人民政治协商会议福建省委员会文史资料编辑室编《福建文史资料》（选辑）第一辑，福建人民出版社，1962，第 137～166 页。

茶叶输出开始下降，但在 1888 年以前，保持在 55 万担以上。[1]

　　福州茶叶输出在国内占有重要地位。据彭泽益的研究，福州茶叶出口在 1860 年前后已经达到中国茶叶出口总量的30%～40%。晚清前 20 年的三大茶叶贸易港为上海、广州、福州，随着福州茶港的兴起，广州的武夷茶输出下降，在福州成为茶市后的七八年中，广州输出茶叶大约占中国茶叶总出口的 20%，仅为福州茶叶输出量的一半左右。[2] 这表明武夷茶贸易的主流逐渐回归福建。如果说上海茶市早期出口的茶叶主要是产自浙江的绿茶，而福州出口的武夷茶主要是红茶和乌龙茶之类的发酵茶。因为国际市场上茶叶的主要消费者英国人爱喝武夷山的红茶，所以，福州茶市很快成为中国沿海最兴旺的一个茶市。

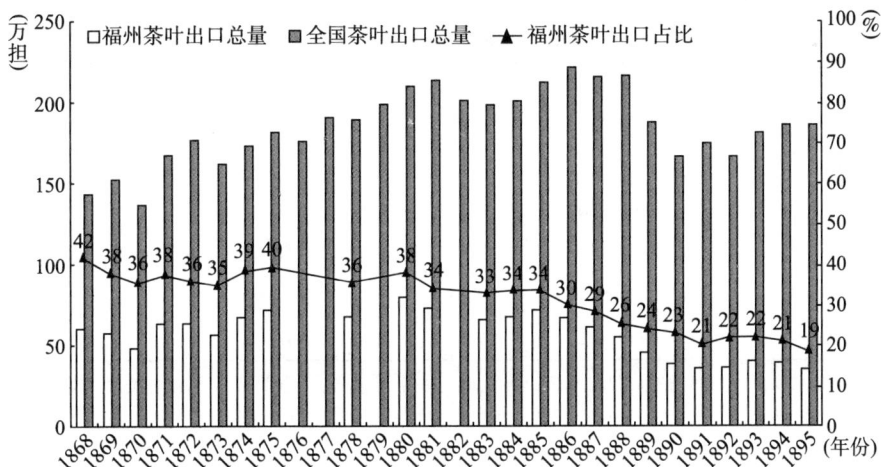

图 9 - 3　福州茶叶出口量及其占比（1868～1895 年）

注：其中 1876 年、1877 年、1879 年与 1882 年的福州茶叶出口量为缺失值。

资料来源：本图全国茶叶出口数据录自杨端六、侯厚培等编《六十五年来中国国际贸易统计》第八表《重要出口货量值统计表》，中央研究院社会科学研究所专刊第四号，1931，第 34～35 页。本图福州茶叶出口数据录自闽海关报告的相关篇章，载吴亚敏、邹尔光编《近代福州及闽东地区社会经济概况》，第 48、79、80、91、101 页。该图表由徐思远博士制作。

　　图 9 - 3 说明，在 1880 年之前，福建茶叶输出量占全国的 36%～42%，

①　按，很早就有人对福州港输出茶叶数据作出统计，例如马士等人的著作，又如近人郑元钦等人的《福州港史》（人民交通出版社，1996）。但因晚清海关使用的计量单位复杂，早期原始数据相互矛盾，因此，各家对福州港输出茶叶数量的统计略有差异，此处统计力图精确，但毕竟为一家之言。

②　彭泽益编《中国近代手工业史资料》第一卷，第 490 页。

其后略有下降，但在 1887 年以前的 19 世纪 80 年代，福建茶叶占比为 1/3 左右。武夷茶贸易的重要性于此可见。

福州茶市初开阶段，利润颇高。"自开海禁以来，闽茶之利，较从前不啻倍蓰。盖自上游运省，由海贩往各处，一水可通，节省运费税银不少，是以商利愈厚。"[①] 当时的好茶价格每担为 30～40 银元[②]，中外商人在茶叶贸易中赚取巨额利润。"以 1865 年为例，出口额为五十万七千担，价值是四百万英镑[③]，估计这里的商人除了支出就可获利百分之四十到五十。"[④] 出于这个原因，福州茶市越来越红火，出口量越来越大。就输出值而言，18 世纪 70 年代，福州茶市每年出口 60 多万担茶叶，价值 1600 万～2000 万银圆，在国内居于首位（见表 9-1）。

表 9-1   福州港茶叶输出值及占比（1868～1875 年）

年份	福州茶叶输出值（银圆）	全国茶叶输出值（银圆）	占比（%）
1870	11400000	41591053	27.4
1871	16000000	55384591	28.9
1872	16003800	61522985	26.0
1873	17398729	53974581	32.2
1874	19700045	63014589	31.3
1875	19702342	56147193	35.1

资料来源：该表福州茶叶出口总值出自《闽海关十年报告》，载吴亚敏、邹尔光编《近代福州及闽东地区社会经济概况》。晚清全国茶叶出口数据出自杨端六、侯厚培等编《六十五年来中国国际贸易统计》，中央研究院社会科学研究所专刊第四号，1931。

表 9-1 说明，在 19 世纪 70 年代，福州茶叶的输出值约占全国茶叶输出总值的 1/3，个别年份超过这一比例。福州茶叶输出最多的是 1880 年，共计 10612 万磅，折合 801110 担，价值 265 万英镑[⑤]，为福建省和中国赚取大量外汇。

---

① 吕佺孙：《闽省征收运销茶税》，载求自强斋主人《皇朝经济文编》卷五四，第 3 页；彭泽益编《中国近代手工业史资料》第一卷，第 480 页。

② 合 20～25 海关两。

③ 按照当时的汇价，1 英镑约合 4.6153 银圆。

④ F. E. Wilkinson, C. M. G：*The Early Days of the Treaty Port of Foochow*；卫京生（1918 年英国驻福州领事）：《福州开辟为通商口岸早期的情况》，刘玉苍译，载中国人民政治协商会议福建省委员会文史资料编辑室编《福建文史资料》（选辑）第一辑，第 160 页。

⑤ F. E. Wilkinson, C. M. G：*The Early Days of the Treaty Port of Foochow*；卫京生（1918 年英国驻福州领事）：《福州开辟为通商口岸早期的情况》，刘玉苍译，载中国人民政治协商会议福建省委员会文史资料编辑室编《福建文史资料》（选辑）第一辑，第 159 页。

　　厦门口岸。《南京条约》签订之后，厦门与福州一起开辟为通商口岸，这对厦门经济影响是巨大的。厦门港其实是最早的武夷茶输出口岸，清代中叶厦门失去这一贸易，"口务遂绌"①。五口通商之后，茶叶贸易回归福建。其时武夷茶主要分为红茶及乌龙茶两大类，闽北的红茶主要从福州出口，而闽南的乌龙茶则从厦门出口。1864 年，厦门口岸出口的茶叶为53632担，1865 年为 43742 担。1866 年回升到 59308 担，1867 年为 60795 担。②若以每担 32 元而计，厦门每年茶叶输出额在 200 万银圆上下。乌龙茶贸易给厦门带来繁荣。朱正元《福建沿海图说》记载："厦门自通商以来，沿岸一带，华洋杂处，市面极盛。"③ "厦门市的人口估计只有 15 万，拥有的商船（本土帆船）数目却是重要的省会城市福州的三倍。"④ 此外要说的是，厦门商帮在福州茶市贸易中占有重要位置。衷幹的《茶市杂咏》云："下

图 9-4　19 世纪 60 年代英国人摄影机下的福州

　　资料来源：中国国家图书馆、大英图书馆编《1860－1930：英国藏中国历史照片》，北京图书馆出版社，2008。

府帮籍晋江、南安、厦门等处，而以厦门为盛。汕头属潮州帮，广州帮则

①　周凯：道光《厦门志》卷五《船政志》，第 141 页。

②　厦门市志编纂委员会、《厦门海关志》编委会编《近代厦门社会经济概况》，鹭江出版社，1990，第 3、10、19 页。

③　朱正元：《福建沿海图说》，光绪二十八年刊本，中国华东文献丛书第三辑，华东史地文献第 35 卷，第 174 页。

④　〔英〕施美夫：《五口通商城市游记》，温时幸译，北京图书馆出版社，2007，第 382 页。

统香港而言。首春由福州结伴溯江而上，所带资本，辄数十万。"① 可见，厦门茶帮在福州茶界地位甚高。

晚清福建出口总值在国内占重要地位。据统计，1871～1873年，中国平均每年出口值为11000万元，其中茶叶出口值为5797万元，占52.7%。而福州口岸输出的茶叶价值又占全国茶叶的35%至44%，也就是说，福州仅茶叶出口一项，就占当时全国出口总值的20%上下。②

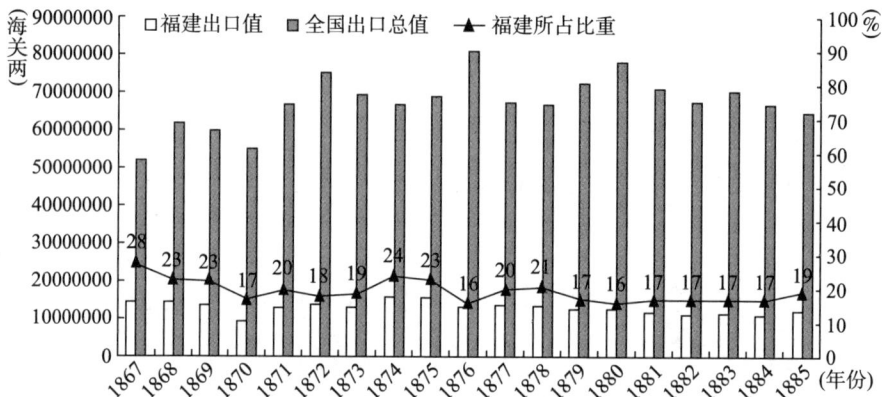

图9-5 晚清福建对外贸易出口值与占比（不计台湾）（1867～1885年）

资料来源：本文所引的晚清出口数据和福州、厦门出口的统计数据出自姚贤镐编《中国近代对外贸易史资料（1840-1895）》，第1616、1610页。该图表由徐思远博士制作。

图9-5表明，由于武夷茶的带动，晚清福建省的商品出口值在全国出口商品总值中占有相当的比重。从海关统计数据来看，在1887年之前，福建的对外贸易出口在国内占有重要地位。前10年占全国的21.1%，第二个10年占全国的17.8%。此前福建的对外贸易地位可能更高。1867年海关统计数据表明，当年福建输出达1149万海关两，占全国出口的28%。此前没有海关统计数据，但从1867年的数字来看，1853年到1866年，仍然是福建外贸的最好时期。总的来说，从1853年到1885年的33年间，是福建对外贸易的黄金时代，其时福建的出口占全国的1/5到1/4。由于福建的对外贸易发达，福州是中国不多的出口超过进口的港口。在左宗棠及福建士大夫的支持下，马尾船政开办。在晚清数十年里，马尾船厂共制造40艘近代化的轮船和军舰，在国内洋务运动中占重要地位。更为重要的是，马尾船政引进

① 彭泽益编《中国近代手工业史资料》第一卷，第480页。
② 徐晓望：《论近代福建经济演变的趋势》，《福建论坛》1990年第2期。

西方造船技术，从而将西方工程技术引进中国，为中国发展近代经济奠定了基础。总之，在1885年前的45年里，福建经济在国内占有重要地位。

三　晚清福州的城市经济

福州城始建于闽越王无诸称王的时代，迄今已有2200多年的历史。福州的城市自晚唐开始大有发展，迨至明清时代，已经是东南沿海著名的工商城市。从清初荷兰人所绘福州地图来看，清代福州城区北至屏山，南达闽江的南台，已经具备了20世纪福州城的基本规模。清代福州城十分繁华，鼓山住持道霈为霖说："福州为八闽省会，人物殷盛，车马骈阗。"[1] 清代中叶林雨化说福州，其城区人口"不下数十万家"[2]。乾隆年间林希五说："附省居民，不下数十万家，加以四方往来杂处之众。"[3] 这些史料都说明福州有数十万人口。晚清的中国沿海城市，上海有待兴起，大连与烟台、青岛都在发展中，宁波、汕头只是小城市，东南沿海城市以广州最大，福州其次，上海超越各城市后，福州排在第三位，可见，当时英国人将其列为五个开放城市之一，是有其原因的。

福州商业区主要在南台。潘思榘的《江南桥记》记载："南台为福之贾区，鱼盐百货之辏，万室若栉，人烟浩穰，赤马余皇，估舶商舶，鱼蜃之艇，交维于其下；而别部司马之治，権吏之廨，舌人象胥蕃客之馆在焉，日往来二桥者，大波汪然，缟縠其口，肩靡趾错，利涉并赖。"[4] 清代的南台熙熙攘攘，外地游客许旭说："福州自城南还珠门抵南台二十里，百货填集，珍奇充轫，触目灿烂。比之阊门，何啻几十倍！闽中子女玉帛，羽毛、齿革，无不甲于天下。""闽中千家万户，烟火相望，庶富如此。"[5] 文中的阊门是苏州最繁华的地方，许旭在这里说，当时福州的南台要比苏州还要热闹。当然，这是个别观点。清代前期郑开禧的诗中提到："城南十里台江路。"[6] 梁上国的《南台十咏》："江上居人三万户，同

① 道霈为霖：《河口万寿桥碑记》，此碑现立于福州于山王天君庙内。
② 海外散人：《榕城纪闻》，载中国社会科学院历史研究所清史研究室编《清史资料》第一辑，中华书局，1980，第4页。
③ 林雨化：《林希五诗文集》卷上《上杨蘅圃方伯书》，清道光十年刻本，第4页。
④ 潘思榘：《江南桥记》，道光《福建通志》卷二九《津梁》，清同治十年刊本，第5页。
⑤ 许旭：《闽中纪略》，清道光吴江沈氏刻本，第24、27页。
⑥ 郑开禧：《南台杂诗》，载福州市台江区政协文史资料委员会编《台江文史资料（第1~12辑合订本）》，福州市台江区政协文史资料委员会，2006，第259页。

时敲彻玉堂宫。""三桥暝色罩层江，万点灯光簇钓艘。"① 吴玉麟的《钓龙台登高》："士女如云集，笙歌送日斜。"② 南台的节日尤其热闹："南台神庙之盛，过于会城。元宵，乡人醵金设宴赛会，名曰乐神，又曰伴夜。烟火连天，笙歌达旦。""五保三街浑热闹。"③ 从这些古人的诗文中，可以想见南台市区的繁荣。

构成福州市区核心力量的是各类商行，以牛皮行来说，据《闽产录异》一书，福州的皮革、角器、骨器都有自己的商行。"福州南台牛皮为一行、鞞鼓为一行、马革为一行、皮箱为一行、角器为一行、牛骨为一行、骨货为一行"，这些商行以统一价格批发各种产品，福州行商将它们运销各地，其中，牛角梳"盘运最广。"南台的行商常能控制全市乃至全省的行业。以皮箱业来说，福州皮箱历来有名，"市集向在市中心杨桥巷，有'十万家皮箱店'之称，其牌号多用'万字'，有'万福兴'、'万源'、'万全'、'万宝'、'万利'、'万成全'、'万福利'等十家。……别有'瑞华'、'成兴'、'茂实'、'金华昌'诸家，多世其业者。"④ 这些皮箱所需原料，由南台的牛皮行从台湾购取，而其销售至外省外府，也由南台的皮箱行负责。南台的义洲为木行聚集之地，晚清著名的"林太和木行"即发迹于此。随着木材业的发展，民国初年，义洲的木行已经有 20 多家。⑤ 行商的经济实力雄厚。《闽都别记》记载了台江的大行商吴光，他从国外输入无数的珍宝，仅一条船上即载有："奇楠香五百斤、人参六百斤、燕窝一千斤、珍珠大小三斛、珊瑚长短二十四树，其余珍奇珠宝无数。"⑥

近代福州最著名的行商还是属于茶叶、纸张、木材、笋干、干果等五大领域。1853 年以后，广州茶市转到福州，"海禁既开，茶业日盛，洋商采买，辐集福州。"⑦ "自开海禁以来，闽茶之利，较从前不啻倍蓰。盖自上游运省，由海贩往各处，一水可通，节省运费税银不少，是以商利愈厚。"⑧

① 梁上国：《南台十咏》，《台江文史资料（第 1～12 辑合订本）》，第 256 页。
② 吴玉麟：《钓龙台登高》，《台江文史资料（第 1～12 辑合订本）》，第 257 页。
③ 吴玉麟：《南台上元夜竹枝词十二首》，《台江文史资料（第 1～12 辑合订本）》，第 257～259 页。
④ 郑丽生：《闽中广记·珍品特艺》，《郑丽生文史丛稿》，海风出版社，2009，第 255 页。
⑤ 张萧：《福州木帮公会概述》，《台江文史资料（第 1～12 辑合订本）》，第 9 页。
⑥ 里人何求：《闽都别记》（上），福建人民出版社，1987，第 333 页。
⑦ 罗应辰等：民国《建阳县志》卷七，民国十八年刊本，第 66 页。
⑧ 吕佺孙：《闽省征收运销茶税》，载求自强斋主人《皇朝经济文编》卷五四，第 3 页；彭泽益编《中国近代手工业史资料》第一卷，第 480 页。

"福州之南台地方，为省会精华之区，洋行茶行，密如栉比。其买办多广东人，自道咸以来，操是术者，皆起家巨万。"① 英美商人纷纷到福州设置洋行采购茶叶，最早的七大行是：美国旗昌洋行（Russel & co.）、隆顺洋行（Heard & co.）；英国的怡和洋行（Jardine Matheson & co.）、宝顺洋行（Dent & co.）莱士洋行（Reis & co.）、太平洋行（Gilman & co.）、捷逊洋行（Reis & co.）。1869 年的福州有 15 家英国洋行，3 家美国商行，2 家德国商行，1 家布律吉商行，3 家银行，2 家货栈和 1 个印刷局。中国商人开的茶庄也不少。"福州的本地银号有 90 家，20 家在城内，70 家在城外，资金最大的据说有 45000 两。城外 70 家中有 12 家大银号，每家拥有资金150000 至 200000 两，其余均系小银号。"② 衷幹的《茶市杂咏》："下府帮籍晋江、南安、厦门等处，而以厦门为盛。汕头属潮州帮，广州帮则统香港而言。首春由福州结伴溯江而上，所带资本，辄数十万。"③

由于福州茶业的盛行，使其成为中国不多的出超港口，每年流进福州购茶的白银从数百万到上千万元不等。例如，1865 年从香港等地注入福州的白银达 6987837 元，1866 年为 10606943 元。④ 从 1855 年至 1885 年的 30年里，每年数百万银圆的出超，使福建成为全国资金最富裕的区域之一。清政府在福州设置耗资巨大的马尾船政，其经费主要由福建省自行承担，晚清官府在台湾的建设，其资金也多来自福建。而福建的财政收入，主要仰赖茶税。茶叶贸易使福州在东南城市中的地位大大提高。见表 9-2。

表 9-2　晚清重要海关进出口税额表

单位：万海关两

年份	上海	排名	福州	排名	汉口	排名	广州	排名	全国总计
1863 年	253	1	170	2	107	3	95	4	851
1864 年	208	1	160	2	100	3	73	4	785
1865 年	217	1	164	2	93	3	84	4	829
1866 年	216	1	154	2	105	3	89	4	878
1867 年	231	1	171	2	100	3	94	4	886

① 《申报》光绪六年十二月十一日，彭泽益编《中国近代手工业史资料》第一卷，第 480 页。
② 吴亚敏、邹尔光编《近代福州及闽东地区社会经济概况》，第 60 页。
③ 彭泽益编《中国近代手工业史资料》第一卷，第 480 页。
④ 闽海关代理税务司布兰：《闽海关年度贸易报告》（1867 年 1 月 31 日于福州），载吴亚敏、邹尔光编《近代福州及闽东地区社会经济概况》，第 28 页。

续表

年份	上海	排名	福州	排名	汉口	排名	广州	排名	全国总计
1868 年	251	1	182	2	125	3	87	4	945
1869 年	277	1	178	2	133	3	87	4	988
1870 年	273	1	149	2	126	3	82	4	954
1871 年	321	1	184	2	158	3	101	4	1122
1872 年	330	1	186	2	156	3	106	4	1168
1873 年	322	1	166	2	150	3	94	4	1098
1874 年	325	1	189	2	146	3	92	4	1150
1875 年	337	1	198	2	161	3	99	4	1197
1876 年	347	1	169	3	180	3	98	4	1215
1877 年	327	1	182	2	169	3	100	4	1206
1878 年	350	1	203	2	155	3	99	4	1248
1879 年	402	1	196	2	177	3	109	4	1353
1880 年	423	1	217	2	200	3	94	4	1426
1881 年	437	1	202	3	205	2	105	4	1469
1882 年	418	1	201	2	187	3	110	4	1409
1883 年	365	1	181	3	183	2	114	4	1329
1884 年	367	1	183	3	187	2	105	4	1351
1885 年	424	1	199	2	184	3	109	4	1447
1886 年	435	1	202	2	202	2	120	4	1514
1887 年	533	1	225	2	206	3	190	4	2054
1888 年	617	1	226	3	210	4	251	2	2317
1889 年	568	1	192	4	210	3	240	2	2182
1890 年	586	1	172	4	186	3	233	2	2199
1891 年	683	1	165	4	183	3	248	2	2352
1892 年	637	1	169	4	190	3	234	2	2269
1893 年	588	1	177	4	221	2	203	3	2199
1894 年	647	1	168	4	210	2	185	3	2252
1895 年	618	1	153	4	214	2	175	3	2139

*按照清代同治、光绪初年的汇率，一海关两约值 1.53 银圆，或 1.114 两白银。

资料来源：此表内上海、福州、汉口、广州诸关税收数据录自杨端六、侯厚培等编《六十五年来中国国际贸易统计》第十七表《全国各关税收统计表》，中央研究院社会科学研究所专刊第四号，1931，第 124～127 页。

表 9 - 2 说明：从海关具有统计数据的同治二年（1863 年）开始，一直到光绪十三年（1887 年）共计 25 年内，福州口岸上纳的税收仅次于上海（其中只有 1881 年和 1883 年落后于汉口），长期排在国内诸港的第二位！其他如汉口、广州、天津诸名城所纳税收都排在福州之后。那么，福州为何会取得如此成就？这与当时的形势有关。

以广州来说，广州是岭南广东、广西两省的口岸，在五口通商以前，广州还是中国唯一和英国、美国、法国等国通商的港市。在道光年间，广州已经是百万人口的大城。但在第二次鸦片战争中，广州成为英法联军侵略中国的主战场之一，战争结束后，广州又发生了官府与民间武装之间的对抗，一时民不聊生。广州的武夷茶贸易因而转移至福州。表 9 - 2 数据表明，广州在 1887 年之前，其海关上纳税收数量远远落后于福州。

五口通商之后，中国沿海城市及长江沿岸城市逐渐兴起。不过，在内战和列强入侵的战争中，南京、苏州、广州、天津、宁波、汉口、九江等城市都受到很大的破坏，福州在这一背景下成为南方沿海仅次于上海的大城市。从开始有海关数据的 1863 年到 1886 年，福州上纳税收长期排在第二位充分说明了这一点。

从城市规模来说，清代的福州有 40 万～50 万人口，号称东南名城。大约在 1885 年之前，福州是东南仅次于广州、上海的城市，不过，1885 年之后，福州在中法战争中受破坏较大，武夷茶贸易衰退，福州的发展速度就比不上其他城市了。以汉口来说，它是明清时期国内有名的四大镇，道光年间约有数万人口。第二次鸦片战争之后，汉口被列为通商口岸，因其腹地有湖北、湖南、四川、贵州诸省，所以发展极快。清末，汉口与上海、天津一道成为百万人口以上的大城市，其规模远远超过福州。不过，在晚清的前半期，汉口正在成长中，其城市工商业发展水平长期落后于福州。一直到 1888 年之后，汉口上纳的税收数量才超过福州，渐渐成为中国名城。可见，在晚清中国城市化的进程中，福州曾经领先一步，但到了清末，许多城镇的发展都超过福州。

晚清福州经济的繁荣是其对台湾产生巨大影响的原因。

第二节　晚清两岸交通的发展和变更

晚清是台湾海峡两岸交通巨变的时代，不论是港口重心的变化，还是从帆船到轮船的过渡，都给两岸交通带来巨变。闽台经济正是在这一背景下加强往来，获得了共同的发展。

一　台湾海峡港口的兴废

台湾是一个海岛，其地势东高西低，在台湾的闽粤移民主要居住在西部的平原和低山地带，因此，台湾对外贸易的港口主要在西部。然而，由于清代移民大量开垦农田，大片丛林被改为耕地，晚清台湾的山地水土流失严重，台湾中部的河流大都化为浊水河，流失的泥土逐步堵塞沿海的港口，导致许多港口变浅，不可通行。

台湾最早开发的港口台南市的鹿耳门港，此地水道狭窄，状如鹿耳，故有鹿耳门之称。进入鹿耳门是一大片被海岬包围的海域，清代称之为"台江内海"，它的东侧是赤嵌楼下的海港。明清之际，台江内海港阔水深，可以停泊大船，海外的海岬保护着内海的船只，可以抵御台风的侵袭，所以，清代前期和中期，台江内海都是台湾最重要的港口。台湾最早的城市正是在台江内海的东侧成长起来，清代称之为台湾府城，后为台南市所在地。道光二十三年（1843年），一场暴雨过后，溪流冲来的泥沙淤积鹿耳门航道，其后大船无法通过鹿耳门，台江内海逐渐成为湖泊陆地，台南因而失去了台湾第一大港的地位。第二次鸦片战争时，西方人根据《天津条约》开放安平港的规定考察台南的港口，发现此港无法通行大船，只好另外要求开放打狗港等港口。台南海关报告："如果内陆的货物外运，则由牛车拖至台南，或至其他小的港口，然后由本国的小帆船自海上运出。如果外来的货物欲到内地，其运输的方法也是如此。这些牛车都很笨重。"[①] 艰难的运输使其对外贸易大受影响。台湾的首府最终从台南转移到台北，与这一点有关。由于台南港口的淤塞，大船无法进入，台南的郊商利润越来越少，许多郊商破产或转移到其他通商港口。所以，许多人以为晚清台湾郊商衰败了，其实，在台湾其他重要港口，闽台商人的势力还是很大的，此起彼落，本是正常的趋势。

鹿港是台湾中部的港口，鹿港与泉州蚶江对渡，使其逐渐成长为台湾

---

① 　孟国美（P. H. S. Montgomery）：《1882～1891年台湾台南海关报告书》，谦祥译，载台湾银行经济研究室编《台湾经济史六集》，台湾银行1957年原刊，古亭书屋1979年影印本，第108页。

第二大港市。清代有"一府二鹿三艋舺"之谣，说明当时鹿港的地位。然而，清代中叶，鹿港开始淤塞，道光年间，商船到鹿港已经感到困难。刊于道光十九年的《厦门志》记载："鹿耳门沙线改易，南风不能泊，多失事。"① 《彰化县志稿》记载："咸丰年间，浊水溪大泛滥，溪口被淤塞后，三十至四十吨船只，入港已感困难。"② 其后鹿港在海边10多里的地方发展新港，其港口条件已经不如旧港，中等船只难以进入鹿港。因此，19世纪60年代，台湾开放港口对外通商，鹿港落选，它已经成为一个地方性的小港。在鹿港经营的郊商大都衰落或外迁，这一趋势与台南鹿耳门港是一样的。当然，这时仍有来自泉州一带的小商船访问港口。

打狗港位于台湾南端，地岬环抱海湾，海水较深，具有发展为大港的潜力。但打狗港内有许多礁石，打狗港之外，有一片天然沙垣，妨碍了船舶的通行。因此，打狗港的通行条件不好，大船进入港内，无法直泊码头，要用小船转驳，十分麻烦。由于这一原因，打狗港虽然很早就开发，但一直未能成为台湾南部的主要港口。然而，台南安平港的堰塞却使打狗港得到了机会。1858年清廷与英法等国签订的《天津条约》原是规定台湾开放台南的港口，而后英国人发现台南安平港不良于行，于是，要求除台南安平港之外，再增加打狗港。打狗港其实也有遗憾，但当时在台湾南部已经找不到好的港口了。打狗港开通后，时有大中型船只入港，但因港口的原因，人们不太爱到打狗港贸易。台南海关报告："现在由于安平之邻近台南府，实际上整个入口贸易以及大部出口贸易皆于该地进行。同时，经常从香港开出经汕头和厦门的轮船也以该地为终点。结果，商人们十几年来皆以安平为大本营，仅于糖季偶尔去打狗照顾货物或他们委托转运的船只。"至于到打狗港贸易的船只，每到夏季都要到澎湖避风数月。"台湾南部在这种环境下的贸易一年必须进行五个月左右，因此浪费了许多金钱和时间。"③ 于是，打狗港渐渐成为中小船只适航的港口。当地的货物多由中小木船运载厦门转驳，这对台南经济形成制约。晚清台南经济不如台北，没有好的港口是重要原因。

鸡笼港位于台湾北部。港口三面环山，港口之外是鸡笼屿挡住外海的

---

① 周凯：《厦门志》卷五《商船》，第134页。

② 叶大沛：《鹿港发展史》，左洋出版社，1997，第633页。

③ 孟国美（P. H. S. Montgomery）：《1882～1891年台湾台南海关报告书》，谦祥译，载《台湾经济史六集》，第109页。

风浪，港口条件良好，因此，早在明代末年，福建商人就经常出没鸡笼港，以后西班牙人也在这里驻兵。鸡笼港的缺点是港湾道路条件较差，鸡笼与台北之间的陆上道路隔着几重山，要将货物从鸡笼运到台北，在铁路未修之前十分困难。刘铭传到台湾之后，定首府于台北，大举建设鸡笼港，但因铁路修建缓慢，鸡笼港的作用没有很好发挥。晚清的鸡笼港一直未能成为主要港口。它的大发展是在 20 世纪。

淡水港。淡水港位于台湾最大河流的下游，河流上溯，可与台湾北部的艋舺、大稻埕相连。淡水河下游开阔，可以停泊较多的船只，早在晚明就成为台湾北部的主要海港，常有福建商人往来。西班牙人也曾选择此地驻屯，与福建通商。清代台湾北部开发，清朝批准淡水河口的八里坌为对渡福建的港口，来自泉州和福州的商人常到此地贸易。晚清时期，随着台北乌龙茶经济的发展，淡水港成为台湾北部对外贸易的主要港口，也是晚清台湾第一大港。不过，因淡水港是一个河口港，河流带来的泥沙对港道影响很大，大船无法直接靠岸驳运。泉州与福州的商人多用中小帆船到淡水港运载商品，而后转运福州、泉州、厦门诸港。

总的来说，晚清台湾缺少良港，原来最重要的安平港和鹿港堰塞之后，新兴的淡水港和打狗港只能停泊中小船只，这使台湾的商品只能先用中小商船运到大陆的深水港，然后再换装大船转运其他地方。这一特点对晚清台湾的发展影响颇大。

海峡西岸的港口是另一种情况，福建是一个多山多港湾的省份，从南到北，拥有数十个深水港，不冻不淤，是其最大的优点。宋代泉州港成为东方第一大贸易港，明清之际，月港和厦门港兴起，是其时代中国最大的对外贸易港之一。至于福州南台港和马尾港都是江港，位于闽江下游的优势，使其可以汇纳闽江上游诸县的物产，以供输出。因此，和福建其他港口屡有兴废不同，福州南台港自建城 2000 年来，都是福建最重要的港口之一。晚清福州的茶市兴盛，福州港汇聚了来自欧美诸国的船舶。不过，自1888 年武夷茶出口衰退后，福州的茶市转移到香港，福州自身成为一个主要进行国内贸易的港口，晚清这里的大船行驶宁波、上海、青岛、大连、香港诸港。台北的许多商船都将货物运到福州港出售。

厦门港港阔水深，历来是福建对外贸易中心，历史上与海外的联系更多一些，也常有大船到东南亚诸国通商。五口通商之后，海外各国的大船大都停靠于厦门港，载运福建货物。因此，厦门港成为晚清闽南和台湾商品的集散中心，"厦门与福尔摩萨之间存在着相当规模的贸易，商船从福尔摩萨运来一船船的大米、食糖、食油和落花生。"① 来自台湾各港的商品被运到厦门港之后，搭载外商的大船输往世界各地。

泉州港群。泉州港在历史上曾是福建最大的港口，但在明清时期，晋江和洛阳江带来的泥沙，逐渐使泉州湾内港淤塞，泉州的海船纷纷停靠晋江半岛外围的港口，其中著名的港口是蚶江、祥芝、深沪、围头、安海。此地的泉州人是中国航海业的霸主，在清代中国沿海航行的船只，大都属于他们所有。晚清泉州诸港与台湾保持密切联系，在淡水的外国人有一日调查了港口停泊的 13 艘中国帆船，其中来自泉州的有 5 艘，来自福州的有 4 艘，来自厦门的有 1 艘，而来自宁波的仅有 1 艘。其他两艘应是台湾的帆船。究其航行方向，驶往泉州有 6 艘，驶往福州及厦门的各 1 艘，而驶往宁波和温州的，分别有 3 艘和 2 艘。由此可见，在淡水港与大陆港口之间的船只，以福建船为主，并以泉州船最多。②

以上考察晚清台湾海峡的海港，值得注意的有两点：其一，清代前期台湾对外通商主要有三大港口：台南安平港、鹿港、淡水八里坌港，但到了晚清时期，安平港和鹿港渐渐淤塞，台湾对外运输转至淡水港和安平港、打狗港，鸡笼港在晚清时期尚未发挥内在的潜力。其二，晚清台湾的港口条件不佳，多数港口不能通行大船，台湾诸港的对外贸易，不得不用小船运输，因此，晚清台湾诸港大都成为福建及香港的支港，当地货物多要运到福州、厦门等港口，才能转运香港、上海，再输出其他国家。这一状况使晚清台湾的对外贸易，大都成为福建诸港转运的贸易。因此，晚清台湾对外贸易的发展，使台湾与福建的往来更加频繁。

二 晚清闽台运输的发展

晚清台湾海峡的运输业处于一个急剧变化的时代，海外势力入侵，轮船运输业兴起，这都改变了晚清台湾海峡的传统运输业。日渐发达的运输业，构成闽台经济发展的基础。

台湾海峡轮船运输业的发展。晚清五口通商在欧美市场上产生巨大影响，以英国、法国、德国、美国为首的西方国家纷纷到东方来寻找贸易机

---

① 〔英〕施美夫：《五口通商城市游记》，温时幸译，第 382 页。
② 马士（H. B. Mosre）：《1882 - 1891 年台湾淡水海关报告书》，谦祥译，载《台湾经济史六集》，第 104 页。

会。他们驾驶着飞剪船等帆船来到台湾海峡的港口,进行猖獗的走私贸易,待清朝于 19 世纪 60 年代同意开放台湾的数个港口,欧美的帆船纷纷到台湾寻找贸易机会,对中国传统帆船业产生了巨大的冲击。不过,欧美商船的到来,也给闽台商港带来巨大的贸易机会,因为欧美商船与欧洲及美洲港口都有联系,从此闽台商品可以直接进入欧美市场,而不是要靠广州港转运,这是晚清闽台对外贸易发展的重要原因。

晚清是欧美工业大发展的时代,用蒸汽机驱动的轮船(当时称为汽船)渐渐成为闽台运输的主力军。"同治十年,英船海轮始定台湾航路,以往来安平、淡水、厦门、汕头、香港,每两星期一回。其船尚小,载重仅二百七十七吨,而货客繁伙,获利厚。乃设得忌利公司,以'爹利士'航行香、汕、厦、安,'科摩沙'、'海龙'、'海门'行于汕、厦、淡水,而台湾航业遂为所揽矣。"① 据统计,当时进入台湾诸港的汽船平均每艘载货量为547.3 吨,而帆船只有 293.3 吨。相对传统的帆船而言,汽船的优势是明显的。② 据福州海关的统计,1873 年至 1880 年 8 年中福州进出口的欧美帆艇、轮船总吨位逐步增加,从 1873 年的近 16 万吨增长至 1880 年的 24 万吨。③

汽船带来丰厚的利润引起大家的注意。光绪七年(1881 年),福建巡抚岑毓英拨出"琛航""永保"两艘汽轮行驶于福州与台湾的基隆、淡水之间,在为官府传送文件与装备、饷银之外,也进入商运领域。"其搭客自安平至厦门,或自基隆、沪尾、艋舺至福州,每人三圆,自安平至福州及由台北至厦门者五圆。"次年,福建官方又加派了"海镜""万年清"两艘商轮加入航线。定期轮船的出现,大大加强了两岸的经济联系。台湾建省之后,首任巡抚刘铭传感到要靠福建支持台湾,因此进一步增派汽轮,加强闽台之间的交通。④ 其后,运营于两岸之间的英商"德忌利士(Douglas)"公司也增加了多艘汽船,所以,甲午战争前,闽台之间的轮船航运业较为发达,两岸人员往来方便了不少。

如果说欧美帆船的意义在于将环球国际航线延伸到中国,那么,以蒸汽为动力的轮船进入闽台航线,则具有革命性的意义。传统的帆船无风不能行驶,若是风停了,渡台的船只往往抛锚半途,进退两难。朱士玠的

---

① 连横:《台湾通史》卷十九《邮传志》,第 374 页。
② 薛化元等:《台湾贸易史》,第 126 页。
③ 吴亚敏、邹尔光编《近代福州及闽东地区社会经济概况》,第 120 页。
④ 吴亚敏、邹尔光编《近代福州及闽东地区社会经济概况》,第 120 页。

《小琉球漫志》记载，他于五月二十九日从厦门口岸的小担屿出发，前程是顺风，后在半途风停了，船舶无法前进，顺海流漂泊。一直到六月初七日，他的船只才进了鹿耳门。① 这趟行程，他用了 9 天。看清代的游记，常有旅客乘船渡台，半路受阻于逆风，船舶被风浪送回原地。本来乘帆船渡台，若是顺风，只需两三天，但若遇到逆风或是无风，船只不得不停靠于半路的港口候风，一次渡台，若是加上候风时间，往往要行走十几天。与其相比，以蒸汽机为动力的轮船不论有风、无风都可以行驶，这就使船只不再受风向的影响，不论是什么季节，都可以行驶于两岸。此外，随着轮船的输入，欧洲人还将固定航线的概念引进中国。闽台之间的港口，从此有了轮船定期往还，往来于两岸的人们从此可以预先制订出行计划。最为重要的是，轮船运输安全性大大提高，过去人们渡台，不得不乘民间的帆船，而民间帆船常有盗匪混入，他们常在半途抢劫乘客，得手后常将乘客随意抛在无人的岸上，造成大量死亡。因此，闽台民间过去有《渡台悲歌》流行，这首歌讲的就是乘帆船渡台的危险性。轮船进入闽台航线后，乘客的安全获得保障，往来台湾的积极性就提高了。光绪十九年厦门海关记载："旅客。上年华客之数虽忽为减少，而本年来往之多，实从来所未见。计总数十六万一千八百余名，各口俱有加增，惟台湾一地异常之多，计有三万六千名，而上年只一万七千名。当此年景不佳，因淡水船减价揽客，冀佣工之人到彼工作，又本年为凤山寺五年两会进香之期，琼台人搭船赴香会而祈福者，实不乏人，缘广泽尊王之灵感庇佑远人，使本关册籍旅客之数亦因之增益也。"② 可见，轮船进入台湾海峡对两岸人员流通是极为重要的，它给中国航运业带来革命，大大提高了运输效率和安全性。

晚清闽台传统帆船运输业的延续。关于晚清中国沿海运输业的研究，学界有个相当大的错误：以为晚清沿海随着轮船的使用，中国民船迅速减少。其实，这是对海关史料的误会。1853 年之后，清朝雇佣洋员在沿海各个重要港口建立海关，对进出船只收税，从而留下了极为丰富的史料。据这些史料记载，晚清闽台各港口出现了轮船取代帆船的趋势，且有统计资

---

① 朱士玠：《小琉球漫志》卷一《泛海纪程》，台湾文献丛刊本，第 6 ~ 12 页。

② 厦门关署理税务司贾雅格：《光绪十九年厦门口华洋贸易情形论略》，载《光绪十九年通商各关华洋贸易总册》，光绪二十年四月印，第 89 页。

料证明。许多人以为这说明了中国商船业的衰退和外国轮船业的兴起。其实，这些由外籍雇员所组成的海关，从一开始，其主要任务就是确认欧美来船给清廷缴纳的税收，因此，晚清早期海关所统计的商船主要是外国商船。许多中国民间的帆船不在海关的统计中。例如，福州海关1874年的报告中说：往来于福州的中国商船越来越多，乃至抢了轮船的生意。"如果有可能统计中国民船所经营的贸易数字的话，我认为将足以解释通过本关的最近三四年来的土货进出口额的下降。"① 琢磨这句话，可知当时福州海关没有统计民船进出数量！近年"中国旧海关史料"丛书问世，从其保存下的晚清海关原始资料来看，当时洋人把持的海关确实没有或是很少向华人船只征税。例如：1883年的《通商各关征收各项税钞分别（华洋）船完纳总数》② 一表记载了福建各口岸华商船只所纳税额。其中福州港1883年华商给海关所纳税收是："423.043两"，厦门港是："10532.593两"，淡水港是"14.793两"，以上三港华商纳税最多的是厦门港，也不过是一万多两。同年洋商在厦门所纳税额是10.9万多银两，约为华商所纳的10倍。至于福州港华商所纳423两余，淡水港华商所纳不足15两，聊胜于无，而打狗港的华商所纳税收之下，干脆标明"无"。这些史料充分说明当时主持海关的洋雇员主要是向外商所驾驶的商船征税，一般不向中国传统商船征税。其中少数华商所纳的税收并非来自中国传统民船，而是来自华商购买的外籍商船，这是以往相关研究很少注意的一点。如厦门海关记载："华船虽不归本关管理，然本年查悉进口者共一百三十六只，出口一百四十九只，计由台南来一百二十四只，由宁波来九只，漳州来二只，淡水一只，出口往台南一百三十二只，往漳州一只，淡水一只，澎湖、温州各一只，其余十三只尚未出口。"③ 可见，厦门与台湾之间的帆船贸易十分发达，并没有衰落。

那么，为什么海关同时会有汽船盛而帆船衰的记载呢？笔者的体会是：这是指欧美船只。这一时期的欧洲商船处在一个从帆船过渡到轮船的阶段，早期那些从欧洲、美洲到中国运输茶叶的商船，大多是帆船，而不是轮船。

---

① 吴亚敏、邹尔光编《近代福州及闽东地区社会经济概况》，第87页。

② 《通商各关华洋贸易总册》，光绪十年三月印，第14页，转引自《中国旧海关史料》编辑委员会编《中国旧海关史料（1883－1884）》，京华出版社，2001。

③ 厦门关署理税务司贾雅格：《光绪十九年厦门口华洋贸易情形论略》，载《光绪十九年通商各关华洋贸易总册》，光绪二十年四月印，第88～89页。

不过，随着轮船技术的成熟，晚清中后期，以蒸汽驱动的木壳轮船开始在世界主要航道上取代传统帆船。反映在晚清的海关记录中，就是轮船取代帆船的记载。1880年，闽海关税务司官员说："5年后，由帆艇运载本口的进出口贸易将会完全消失，全部由轮船取代。"① 这主要是指欧美诸国的商船。所以，使用这些数据并不能说明晚清台海两岸传统帆船的消失。② 因此，我们有必要深入分析晚清闽台两岸的传统航运业。

必须承认的是，晚清轮船航运的增长，使闽台传统的帆船市场占有额持续下降。朱正元的《福建沿海图说》记载泉州的重要港口："深沪，大商船二十余号，福州、厦门两处未通商之前，本处大商船多至百余号，近年生意多为轮船所夺。"③ 1866年，闽海关税务英桂奏报："咸丰十一年（1861年），福州口本地商船尚有五十九号，逐年报销，至今仅存二十五号。厦门口商船四十号，亦存十七号。泉州口商船一百七号，今存六十五号。涵江口商船十六号，今存五号。宁德口只有商船二号，铜山口只有商船三号。"④ 在短短的五年内，福建各港的商船就减少了一半多。

不过，在证明五口通商之后闽台各港口传统商船减少的同时，我们还要指出：其一，19世纪60年代是太平天国战争期间，在这一期间，天津、上海、宁波、苏州、南京等东部城市都受到很大影响，沿海贸易总量削减，这一背景下，福建商船业受影响是正常的，并非完全是外国轮船入侵的结果。其二，太平天国战争结束后，清朝进入一个长达30年的经济增长周期，在这一周期，清朝的沿海贸易和对外贸易都有很大增长。尽管这些贸易很多都被欧美船只占有，但民营木帆船还有很大的生存空间。闽台之间许多运输都是由木帆船进行的。以厦门港来说，1866年，该港的商船仅剩17只，随着晚清航运业的繁荣，清末厦门港有30艘大商船、200艘中型商船，还有1000余艘小木船。⑤ 1891年厦门海关报告："每年进入厦门港口的民船，载重量大约是200000担或11900吨。民船有4种。其名称是：祥芝

---

① 吴亚敏、邹尔光编《近代福州及闽东地区社会经济概况》，第120页。
② 实际上，1978年至1985年笔者在厦门大学读书时，还看到厦门港有许多木帆船行驶，这说明福建传统帆船业一直延续到20世纪后期。
③ 朱正元：《福建沿海图说》，第166页。
④ 姚贤镐编《中国近代对外贸易史资料（1840－1895）》，第1408~1409页。
⑤ 朱正元：《福建沿海图说》，光绪二十八年刊本，中国华东文献丛书第三辑，华东史地文献第35卷。

北、大北、小北和驳仔。据悉,大约总数的 77% 被用于厦门和台南间的航运;5% 用于厦门和澎湖列岛间的航运;5% 用于厦门和泉州间的航运;剩下的 5% 用于厦门、南澳岛和汕头间的航运。""来往于厦门和台南间的民船大多经过泉州,运载两边一般货物。往来一趟,大约需两个月时间。1890 年以前,散装货的平均进口税大约是每担 0.30 元,包装货则为每包 0.35 元。自 1890 年起,关税重新调整,因此,包装货大包的每包征收 0.30 到 0.40 元。征税率的高低依据民船在季风中航行是顺风还是逆风。对出口货物征收的税,低于同等规格的进口货约 25%。我认为,关税的修改是由于船的吨位的下降,但我无法证实这点。不过我确信,在过去的七年里,船的数量和吨位都下降了。"① 这些帆船的生存之道在于:它的成本较少,不需要煤炭之类的燃料,以及蒸汽机等设备的费用。帆船大都自有港口,有些港口十分偏远,海关官员无法向其主人征税,因此,这些船只可以较为低廉的费用从事运输。

据朱正元光绪二十八年(1902 年)出版的《福建沿海图说》,晚清福建仍然保持一支强大的帆船船队,具体情况见表 9-3。

表 9-3　福建沿海各港商渔船统计

单位:艘

港名	商船数量	渔船数量	商渔合计
福鼎沙埕港	约 1000	约 100(小)	约 1100
福鼎秦屿港	——	约 100(小)	约 100
霞浦三沙港	——	5(大)、100 余(小)	约 105
霞浦松山港	——	数十	约 50
霞浦东冲港	约 8(中)、1000(小)	50~60	1058~1068
宁德三都港	数十(小)	——	60
罗源北茭港	10(小)	10(大)、数十(小)	约 70
连江长门港	13(中)、130(小)	30 多(小)	173
连江东岱港	6(中)、10(小)	200	216
长乐广石港	10	——	10
长乐梅花港	20 多(小)	数十	70
长乐松下港	3(渡船)	17	20

---

① 厦门市志编纂委员会、《厦门海关志》编委会编《近代厦门社会经济概况》,第 284~285 页。

续表

港名	商船数量	渔船数量	商渔合计
闽侯闽安港	6 - 7（大）、100 多（小）	——	106.5
闽侯马尾港	6 - 7（大）、100 多（小）	——	106.5
福清镇东港	2（渡船）	50 多	52
福清万安港		10 余	10
福清海坛港	——	70（大）、500（小）	570
莆田南日港	20 多（大）	300 多（大）、200（小）多	520
莆田江口港	6 - 7（大）、20 多（小）	30 - 40	26.5
莆田平海港	10 多（中）	20 多（大）、40 ~ 50（小）	75
莆田湄洲港	——	100 多	100
惠安崇武港	——	60 - 70（大）、100 ~ 200（小）	215
晋江永宁港	2	7、70（小）	79
晋江深沪港	20（大）、数十（小）	100（大）、50 ~ 60（小）	175
晋江围头港	——	8（大）、80 ~ 90（小）	93
晋江东石港	10（大）、20（小）	——	30
同安厦门港	30（大）、200（中）、1000（小）	300（大）、250（小）	1780
同安金门港	5（小）	100（小）	150
漳浦陆鳌港	3 - 4（小）	10 多	13.5
漳浦将军澳	2 - 3	10 余	
漳浦宫口港	11（大）	10 余	
诏安铜山港	30	150（大）、200（小）	350
漳浦古雷头	2 ~ 3（中）	10（小）	12.5
南澳港 （闽粤分界处）	30 ~ 40	800	835
福建总计	3953	4527	8480

　　资料来源：该表史料出自朱正元《福建沿海图说》，光绪二十八年刊本，中国华东文献丛书第三辑，华东史地文献第 35 卷。

　　如上所记，清末光绪二十八年（1902 年）前后，福建尚有 8480 艘商渔船。其中大小商船有 3953 艘，这说明直到清末，福建尚有一支强大的木帆船船队。可见，在外国轮船最初的冲击过后，传统帆船航运重又发展起来。其中有不少船只运行于福建与台湾诸港之间。淡水海关统计："本国船舶贸易之统计，总是难以收集，同时，我所可以自由支配的时间也不够用来获得许多此一地区帆船贸易的资料。据估计每年大约有 400 艘跑海洋的帆船进入沪尾口（淡水），其中约有 100 艘是载重量 3000 石~5000 石（200~300吨）的大船，300 艘为载重量 1000~2000 石的小船；如果再加上进入基隆及其他小海口的船只，则此一地区的总数可能为 700 艘。"①

实际上，淡水与福州、泉州之间的商船往来只是整体的一部分，台湾还有很多不出名的港口，同样福建也有不少中小港口，航行于中小港口之间的商船为了避税，往往自行装卸货物，海关无从统计。日据时代统计，从 1897 年 2 月到 1898 年 9 月 10 日的 19 个月间，进入大稻埕港（淡水港的上游）的福建商船有 1649 艘次。② 林满红依《旧惯调查会经济资料调查报告》统计，1896 年前后，每年仍有 2800~4000 艘的帆船川航于两岸之间。③ 其间虽然包括了日本帆船，但扣除这一部分，大陆商船的总量也是可观的。总之，晚清闽台之间仍然有传统帆船往来于两岸之间，而且运输量不小。晚清被轮船占据的主要是人员和乌龙茶的运输，至于货物运输方面，传统帆船还有很大的地盘。总的来说，晚清两岸运输业大发展，不仅有传统的帆船运输，还引进了安全可靠的轮船运输业，这使两岸往来大大加强。

第三节　晚清闽台的贸易往来

晚清闽台之间的贸易趋势发生很大变化，海外资本介入两岸交通和贸易，江浙诸省对台贸易发达，厦门成为台湾商品输出的主要中转港，闽台之间小港贸易发达，这都使晚清的闽台贸易呈现出新的特点。

一　厦门港与闽台之间的转口贸易

厦门港港阔水深，是远东最佳良港之一，晚清台湾对外贸易发展，但又缺乏深水港发展直接的对外运输，因此，台湾的对外贸易大都要经过厦门和香港等深水港转运，基于这一原因，厦门港在台湾的对外贸易中占据极为重要的地位。④ 厦门海关报告说："台湾的所有商行都是厦门商行的分行，在每年的一定时期，鸦片和棉织品运到台湾，以便获得资金购买诸如

---

① 马士（H. B. Mosre）：《1882-1891 年台湾淡水海关报告书》，谦祥译，载《台湾经济史六集》，第 103 页。
② 〔日〕松浦章：《清代台湾海运发展史》，卞凤奎译，博扬文化事业有限公司，2002，第 41 页。
③ 林满红：《四百年来的两岸分合》，第 109 页。
④ 林仁川：《晚清闽台的商业贸易往来》，载李祖基主编《台湾研究 25 年精粹·历史篇》。

打狗以及淡水府的糖和淡水的茶叶、樟脑。"① 实际上，这里有洋行与郊行之分，厦门洋商经营的洋行在台湾淡水、打狗两港开放后，在台湾这两个港口设置了许多分行，而厦门原有的郊行也将运营的重点从台南、鹿港等城市转移到了台北。在洋行和郊行的共同促进下，晚清厦门与台湾的贸易有很大发展。

鸦片是晚清台湾进口最多的"洋货"之一。1871 年有个外国商人谈到厦门港的贸易："目前，台湾的一些口岸对外国商人开放。每年大约有 2000 箱鸦片……从香港和厦门运入台湾。"② 1872 年，通过海关从厦门输入台湾的鸦片总计 1704.09 担，价值 1001213 元。③ 1877 年厦门转出口台湾的海外鸦片达 2898.62 担，1878 年为 2661 担。④ 据台湾方面的资料，鸦片是台湾付出最多的商品，每年有四五百万两白银被鸦片商人赚去，给台湾社会带来极大的危害。但在两次鸦片战争之后，鸦片贸易在清朝已经合法化，清朝官方已经无力阻挡外籍商人的鸦片经营，只好看着白银外流。

19 世纪 80 年代之后，外来的鸦片遭到本土鸦片的狙击。由厦门转口的台湾鸦片输入越来越少。淡水海关报告说："外国鸦片的输入，在这 10 年的末尾，刚刚到达上一个 10 年的末尾的数字。约在 1881 年，鸦片输入达到一个最高的程度；在 1882 年数额锐减，这种情形在以后的四年间一直继续下来。"⑤ 关于外国鸦片输入减少的原因，淡水海关的外国人员也进行过研究，其结论是："现在只剩下第三个理由——本国产鸦片之输入的增加。我相信真实的解答恐怕必须要从这件事情来寻求。本国产的鸦片被从温州和同安（泉州的属县，今隶厦门市）用民船运来，这是一项已知的事实，但是运来的数量多少，则不得而知——甚至关于有多少数量付了厘金的传闻证据，多少数量逃避了厘金税的谣传，也付阙如。但是，大量的本国产的毒品被运进台湾，用以与外国产品混合起来，乃是毫无疑问的事。"据温州海关的估计，当地年产鸦片约 3500 担，大约有 2000 担"都被以民船运出，

---

① 厦门市志编纂委员会、《厦门海关志》编委会编《近代厦门社会经济概况》，第 88 页。
② 厦门市志编纂委员会、《厦门海关志》编委会编《近代厦门社会经济概况》，第 75 页。
③ 厦门市志编纂委员会、《厦门海关志》编委会编《近代厦门社会经济概况》，第 86 页。
④ 厦门市志编纂委员会、《厦门海关志》编委会编《近代厦门社会经济概况》，第 185、191 页。
⑤ 马士（H. B. Mosre）：《1882–1891 年台湾淡水海关报告书》，谦祥译，载《台湾经济史六集》，第 93 页。

主要的对象是台湾北部"①。厦门海关资料说："土药出数若干，原无查考。然据采访诸说，所种之地，递年加广，可知不但川土畅销也。计附近厦门种烟之地有七州县，曰：安溪、永春、长泰、漳浦、南安、龙岩，本年约共可出一千四百六十担，用地三十六方里。论本年底出数及所种之地必有加增，断不止于此数。有一明悉商人函称，现在土药为乡人之一项大出息，本少利多，所费者人工而已。比之种麦，利多两倍。查种烟之举，创始于同安县乡人，故该处出产为最多，其价每百斤约值三百七十元至四百五十元。又厦门近处现在试种烟子较早两个月。"② 这些土产鸦片大量运入台湾。厦门海关资料说："1882 年厦门和汕头两个口岸进口的波斯土鸦片总量为2060 担，1890 年仅剩 550 担，相差 1510 担。我倾向于认为，差额部分已由土产鸦片补上。"③ 如其计算，同安等地的土产鸦片至少有 1510 担。由此可见，厦门与台湾之间的鸦片贸易，在 19 世纪 80 年代之后便开始走下坡路，从外国输入的鸦片越来越少，本国生产的越来越多。本国生产的鸦片多由小港口民船运载到台湾，所以，经厦门口岸转运的越来越少，就台湾消费的外来鸦片而言，1894 年左右，应当还在一年 200 万两白银之上。

台湾的纺织业不甚发达，在清代前期，台湾消费的棉布主要来自福建和江南。晚清台湾口岸开放，每年有 6 万~7 万匹的英国棉布从香港和厦门运入台湾。④ 据 1870 年厦门海关统计："棉布进口量有了明显的增加。其数额为 171016 匹，而 1869 年为 107914 匹。相差 63102 匹。然而，看看复出口，我们便发现这些货物有很大一部分被再次运出口岸，几乎完全是运往台湾的。1870 年厦门复出口棉布为 61663 匹。"⑤ 可见，当时台湾每年消费外来棉布有 6 万多匹。不过，随着民众生活水平的提高，进口量的增加，台湾棉布市场的竞争越来越激烈，来自上海、浙江以及泉州的棉布，都在台湾有很大的市场。清末，日本棉布也出现在台湾市场，不过，不论是日本的还是江浙的棉布，都直接运到台北的淡水港，不经过厦门港转运。只有

---

① 马士（H. B. Mosre）：《1882－1891 年台湾淡水海关报告书》，谦祥译，载《台湾经济史六集》，第 94 页。

② 厦门关署理税务司贾雅格：《光绪十九年厦门口华洋贸易情形论略》，载《光绪十九年通商各关华洋贸易总册》，光绪二十年四月印，第 90 页。

③ 厦门市志编纂委员会、《厦门海关志》编委会编《近代厦门社会经济概况》，第 269 页。

④ 厦门市志编纂委员会、《厦门海关志》编委会编《近代厦门社会经济概况》，第 75 页。

⑤ 厦门市志编纂委员会、《厦门海关志》编委会编《近代厦门社会经济概况》，第 41～42 页。

英国棉布，主要从厦门转运，也有从香港直运台湾的。所以，以台湾的棉布输入而论，厦门港早期扮演了转运港的角色，后期则未必了。

　　清同治、光绪年间，台湾北部的乌龙茶生产日益兴盛。淡水海关报告："在淡水的商业中，最关重要的因素是出口贸易，特别是茶叶的输出。在这10年里面，输出贸易的价值额超过输入贸易的价值额达50%以上，而在出口贸易（在1882～1892年这10年中出口贸易的未经校正的总价值额是29713764海关两）的价值额中，茶叶占94%，樟脑占1.5%，煤占2%。其他出口在数量和价值上都是无关轻重的。淡水现虽在一年中输出约135000担茶叶，但是在茶市场中并没有独立的地位。在另一方面，茶固然是此地出产的（淡水的输出在1891年差不多有厦门原始输出的6倍），但是茶业商人都在厦门设有总店，生意都是在那里作的。"① 这条史料说明，台湾所产茶叶大都要运到厦门加工后再输出。1875年前后，厦门海关报告说："总数85981.49担的乌龙茶中，有45026.27担是来自台湾的。"② 来自台湾的乌龙茶越来越多，1881年，经厦门转口的台湾乌龙茶价值达203万海关两。③ 以1894年的数字来说，当年淡水输出土货总值为4884461海关两，但是由淡水海关直接对外输出的贸易值仅为614617海关两④，这表明台湾输出的商品由其他港转运的货值达4269844海关两。换句话说，台湾直接输出的货值仅占总数的1/8，其他7/8都是由大陆港口转运的。为台湾转运商品的主要是厦门港。台北的淡水港与厦门港之间，常年有轮船往来，台湾的茶叶运到厦门后，经过茶店的精加工，然后包装运往海外市场。晚清乌龙茶的主要市场是美国和南洋。厦门海关报告说："1889年，至少有24艘，总计54302吨的横渡太平洋的班船抵达本口岸，装载了50000担以上、价值超过1500000元的茶叶，主要运往纽约市场。"清末经厦门港转运美国的乌龙茶在13万～15万担之间。

　　晚清台湾港口，除了北部的淡水和鸡笼之外，台湾南部有台南港和打狗港。台南海关记载了台南港口（安平港、打狗港）与其他港口的贸易情况（见表9－4）。

---

①　马士（H. B. Mosre）：《1882－1891年台湾淡水海关报告书》，谦祥译，载《台湾经济史六集》，第88页。

②　厦门市志编纂委员会、《厦门海关志》编委会编《近代厦门社会经济概况》，第160～161页。

③　厦门市志编纂委员会、《厦门海关志》编委会编《近代厦门社会经济概况》，第244页。

④　姚贤镐编《中国近代对外贸易史资料（1840－1895）》，第1616页。

表 9 - 4　1882 年至 1891 年台南港口与各港贸易情况

港口或国家	进口 (海关两)	出口 (海关两)
厦　门	1775090	3103288
福　州	17126	66774
香　港	1626131	1248823
宁　波	785	—
上　海	24322	17310
汕　头	2029	238118
淡　水	33936	242915
日　本	109963	—
总　计	3583982	4917228
厦门港在台南贸易中所占地位 (%)	49.3	63.1

资料来源：孟国美 (P. H. S. Montgomery)：《1882～1891 年台湾台南海关报告书》，谦祥译，载《台湾经济史六集》，第 121 页。

表 9 - 4 说明，在与台南港贸易的诸港中，厦门港和香港最为重要，其中又以厦门港占绝对优势。台南进口货物 (含本国商品) 的 49.3%、出口货物的 63.1% (含本国商品) 都是通过厦门港转运的。

以下再看厦门港的数据。

表 9 - 5　1890 年至 1895 年厦门港的土货出口

年份	直接对外贸易出口总额 (海关两)	土货出口 (海关两)	土货占出口比例 (%)
1890	3515619	2229603	63
1891	4509220	2336539	52
1892	4856802	2238545	46
1893	5349940	2307669	43
1894	6637484	2650020	40

资料来源：姚贤镐编《中国近代对外贸易史资料 (18401895)》第 1616、1625 页。

表 9 - 5 说明，厦门港自身的土货出口仅占总出口额的 40%～60%，其余的出口值来自转口贸易，应当主要是台湾乌龙茶贸易造成的。

以上资料表明，晚清台湾与厦门港是相互依存的关系。台湾进出口贸易主要依靠厦门港转运，而厦门港的繁荣，主要依赖台湾市场的进出口贸易。

　　总的来看，厦门港与台湾两港的贸易可以分两个阶段来谈。第一个阶段是 1840 年至 1869 年，这一阶段，台湾的商品生产尚待发展，可供出口的东西不多，有一些商品可直接运往江南，例如蔗糖，所以，台湾出口经厦门转运的不多。厦门海关统计："1870 年，本口岸的进口洋货几乎全是曼彻斯特的产品和鸦片，复出口到台湾的总计达 1240946 元，厦门产品出口到台湾的则为 19350 元，合计为 1296577 元。而 1869 年同类货物复出口和出口到台湾的总值为 1031375 元。"① 台湾输出厦门的商品不多。"1870 年，厦门进口的台湾产品总值为 290207 元，而 1869 年为 405245 元。"② 由此可见，1869 年厦门港在与台湾的贸易中出超 60 多万元。1870 年，厦门港在与台湾诸港贸易中出超 100 多万元。但其出超多由英国土布及波斯、印度的鸦片造成。而台湾出口厦门的商品中，以乌龙茶价值最高，达 126630 元。其数量不大。

　　从 1870 年到 1895 年，这是厦门港与台湾贸易的第二个阶段。在这个阶段，台湾乌龙茶及樟脑的出口日益增多，加上传统的蔗糖生产，台湾经济日益繁荣。台湾的茶业多由厦门人和安溪人主持，因此，台湾乌龙茶多由厦门港转运，每年数百万银圆的输入，使厦门市面日益繁荣。在晚清厦台贸易的 55 年里，厦门的繁荣，主要依赖本港与台湾的贸易。

　　另一个要注意的是，据海关统计，台湾与大陆的贸易中，每年都有大量出超（见表 9 – 6）。

表 9 – 6　1882～1891 年台湾经海关进出口贸易统计

单位：海关两

年份	打狗港与台南港进口值*	淡水港进口值（含土货）**	台　湾进口总值	打狗港与台南港出口值***	淡水港输出值（含土货）****	台　湾出口总值	台湾贸易出超值
1882	1524717	1449004	2937721	1719944	2533413	4253357	1315616
1883	1289953	1191287	2481240	2014913	2343734	4358647	1877407
1884	1213277	1229722	2442999	2036132	2400657	4436789	1993790
1885	1288194	1757956	3046150	1245240	2741299	3986539	940389
1886	1391785	2022518	3414303	1215074	3411945	4627019	1212716
1887	1448510	2233370	3681880	1367739	3371436	4739175	1057295
1888	1267740	2607080	3874820	1703176	3059324	4762500	887680

① 厦门市志编纂委员会、《厦门海关志》编委会编《近代厦门社会经济概况》，第 50 页。
② 厦门市志编纂委员会、《厦门海关志》编委会编《近代厦门社会经济概况》，第 54 页。

续表

年份	打狗港与台南港进口值 *	淡水港进口值（含土货）**	台湾进口总值	打狗港与台南港出口值***	淡水港输出值（含土货）****	台湾出口总值	台湾贸易出超值
1889	1305620	2179333	3484953	1516195	3085671	4601866	1116913
1890	1491605	2220685	3712290	2209362	3302570	5511932	1799642
1891	1375793	2199308	3575101	1850618	3101366	4951984	1376883
总计	13597194			16878393			13578331

* 孟国美（P. H. S. Montgomery）：《1882～1891年台湾台南海关报告书》，谦祥译，载《台湾经济史六集》，第123～124页。

** 表中台湾淡水港海关进出口数字来自姚贤镐编《中国近代对外贸易史资料（1840－1895）》，第1630页。

*** 孟国美（P. H. S. Montgomery）：《1882～1891年台湾台南海关报告书》，谦祥译，载《台湾经济史六集》，第123～124页。

**** 表中台湾淡水港海关进出口数字来自姚贤镐编《中国近代对外贸易史资料（1840－1895）》，第1630页。

表9－6表明，从1882年到1991年的10年间，台湾进出口贸易出超达13578331海关两，平均每年出超136万海关两。对当时贸易值仅为数百万海关两的厦门港和台湾诸港来说，这会造成福建的白银滚滚流向台湾。但在当年有关史料中，我们感觉真实的情况是台湾的白银滚滚流向福建！那么，这一差距是怎么形成的？这是因为：晚清台湾海峡诸港的海关主要统计外国商船（包括轮船与外籍帆船），对中国帆船的贸易，他们无法征税，也无从统计。闽南一带，良港甚多，泉州和漳州的商人各自发展对台贸易，他们从福建将本地土特产输出台湾，再将台湾土特产输入福建，二者的差距填补了经海关统计的贸易差距，并有剩余，导致台湾的白银流入福建。这表明，晚清由泉州、漳州两地民间帆船主导的闽台贸易还有相当的规模，只是很少有人研究过。

二 福建与台湾传统商品贸易

历来研究晚清台湾的贸易，都是偏重台湾海关的记录，应当说，这些数字是十分重要的。但这些数字所反映的闽台贸易额并非双方贸易的全部，因为，在海关统计之外，还有大量的民船贸易。

实际上，近代闽台贸易商品除了少数项目外，多由两岸之间的帆船载运。英国人掌管的厦门海关在1873年说：除了棉制品、鸦片之外，"本口岸出口的其他土货，外国商人一般不太感兴趣，其出口贸易经营几乎完全局限于中国商人。"① 这表明，清以来福建对台湾的传统贸易仍在进行，只是因为其数量不大，英国等外籍商人不想涉及而已。据厦门海关的统计，1872 年厦门港输出台湾的传统商品有：砖瓦、棉花、陶瓷、咸鱼、铁器、南京布、丝线、油纸、药材、纸张、蜜饯、红花染料、茶垫、烟丝、咸萝卜、面线。② 这些商品多的为几万元，少的为几千元，琐碎而价值量不大，难怪外籍商人对其不感兴趣了。不过，对我们而言，对这些商品的分析使我们知道，那种以为海外商品入侵之后，闽台互补贸易全面解体的观点是不正确的，英国等外籍商人所注意的仅是少数商品，如鸦片、纺织品的输入，乌龙茶、蔗糖、樟脑的输出，对闽台之间的其他商品无暇问津。另一点要注意的是，随着晚清台湾经济的飞速发展，台湾各项建设的展开，台湾对福建建筑材料的需求大幅度增长；台湾人富裕起来后，对福建生产的日用品需求量更大，所以，晚清闽台之间的贸易还在发展中。如上所述，晚清闽台之间有大量的民间帆船往来，基隆港税务司人员记载，1874 年从福建诸港到基隆的船只计有 403 只，占内地帆船总数 469 只的 86%。可见，这些民营船只主要来自福建。③ 因当时的海关制度，这些民船所载商品不在海关的统计数据中，那么，这些船只运载什么？这是值得研究的。

　　人们都知道，五口通商之后，洋货大举入侵闽台市场，笔者并不否认这一事实。不过，换一个角度看晚清的闽台贸易，就会发现，外国商品所侵占的台湾传统市场主要是棉布和纺织品市场，带来的新物品是鸦片、毛织品、煤油、火柴，此外台湾消费的大量日用品，仍然是来自福建，或是大陆的其他地区。晚清厦门海关统计传统商品数量较少，是因为厦门与淡水之间的运输主要由外商开办的轮船公司垄断，民间帆船很少走这一条线。除此之外，淡水、鸡笼与福州、泉州诸港之间，都有兴盛的帆船贸易，台南诸港与厦门及泉州、漳州诸港之间也有民船往来。据淡水港的海关数据统计，1874 年来自泉州的商船有 234 艘，从淡水到泉州的船只有 215 艘，进出共计 449 艘次，1875 年淡水港进出的泉州船只为 473 艘次，1876 年为 388 艘次。福州出入淡水的商船也不少，1874 年为 315 艘次，1875 年为 284 艘次，1876 年为 320 艘次。④ 实际上，晚清闽台之间的商品运输除了茶叶和

① 厦门市志编纂委员会、《厦门海关志》编委会编《近代厦门社会经济概况》，第 92~93 页。
② 厦门市志编纂委员会、《厦门海关志》编委会编《近代厦门社会经济概况》，第 86~87 页。
③ 〔日〕滨下武志：《中国近代经济史研究——清末海关财政与通商口岸市场圈》，高淑娟、孙彬译，江苏人民出版社，2006，第 249~250 页。
④ 〔日〕松浦章：《清代台湾海运发展史》，卞凤奎译，第 20 页。

樟脑之外，主要由民间帆船运输。由于海关无法统计这些民船贸易，而且外国人对台湾人所需的大陆商品不太清楚，所以，他们往往低估闽台民船贸易的价值。淡水海关报告估计，在 19 世纪 90 年代，淡水海关不统计的民船贸易带来的中国传统商品进口为 75 万 ~ 100 万海关两[1]，合 110 万 ~ 150 万银圆。其实，如果了解晚清台湾鸦片的走私，就可知道，晚清鸦片主要来自同安和温州，仅鸦片一项的价值就肯定超过 150 万银圆。

怎样估计晚清闽台之间的贸易量是一个困难的问题。前引史料也证明，到淡水一带的民间帆船主要来自福州、泉州等港口。福州海关统计："开往台湾的船叫'台湾船'，约有七艘。它们运进食糖、樟木、牛皮、煤、鹿皮和西药，运走原木、厚木板、纸张、笋和柴火。每艘载货物价值约 2 万元。"[2] 这类船，应是航行于闽台之间的大型帆船。其时出入淡水港的民船约有 700 艘次，若其中有 1/10 是大型商船，而每艘商船平均载 2 万元的商货，每次往返是 4 万元，每年往来于福州、泉州及淡水港之间大型民船载运的商货计有 280 万 ~ 320 万银圆。假设其他 630 艘中小商船的总载货量与其相等，淡水民船与福建的商货往来总值就是 560 万 ~ 640 万银圆，平均为 600 万银圆。

鸡笼港与福建贸易的商船情况为：1874 年入港 445 艘次，出港 436 艘次；1875 年入港 571 艘次，出港 789 艘次；1876 年入港为 363 艘次，出港 472 艘次，平均每年入港 460 艘次，出港 566 艘次。平均出入为 513 艘次。[3] 按照以上算法，大船为 51.3 艘，每艘次来回 4 万元，其他商船合计与大船等值，总计 410.4 万元。

在台南，晚清后期的台南海关记载："在 1890 年中，经安平本国海关的帆船为 185 艘。它们输入的货物主要的是软木板、木柱、生棉、砖、瓦、陶器、瓷器、香纸、线香、南京棉布以及少数的外国布匹。"[4] 厦门与安平之间的运输船只较小，中法战争时，有 7 艘从厦门到台南安平港的商船被击

[1] 马士（H. B. Mosre）:《1882 - 1891 年台湾淡水海关报告书》，谦祥译，载《台湾经济史六集》，第 97 页。
[2] 〔英〕李华达:《闽海关十年报（1892 - 1901 年）》，载吴亚敏、邹尔光等编《近代福州及闽东地区社会经济概况》，第 400 页。
[3] 〔日〕松浦章:《清代台湾海运发展史》，卞凤奎译，第 21 页。
[4] 孟国美（P. H. S. Montgomery）:《1882 ~ 1891 年台湾台南海关报告书》，谦祥译，载《台湾经济史六集》，第 126 页。

沉，货物价值 10 万元，平均每艘货物价值 1.43 万元，^① 一个来回是 2.86 万元。1890 年进入台南安平海关的 185 艘民间帆船，其中若有 1/10 是标准船，其他小商船的总载货量与其相当，总运输值应为 105.8 万元。在打狗港，每年进出的帆船有 200 艘，"这些船的积载量为 400～1000 担不等"，大于进入安平港的船只，若将其等同于福州进出淡水港的商船，每艘船往来价值为 4 万元，200 艘中 20 艘是大船，其他小商船的总载货量与其相当，就是 160 万元。台南两港合计，约为 265.8 万元。

以上将福建诸港与台湾诸港民船贸易统计，淡水港为 600 万元，鸡笼港为 410.4 万元，台南两港为 265.8 万元，合计为 1276.2 万元。这是一个很粗略的估计，从港口而言，未将海丰港等台湾小港与大陆之间的贸易帆船统计进来；从运载率而言，以上统计是船舶的满载量货物估计，通常情况下，这些船只不可能满载，若能有 60%～70% 的载货量就算很高了。两种因素正负相抵，得出晚清闽台贸易年均 1276.2 万元的数字，这一数据只是一种估计，学者对其可靠性肯定会有争议，不过，仁者见仁，智者见智，就将其作为未来学者深入研究的一个起点吧。

从商品而言，晚清福建输台的主要商品是鸦片、纸张、砖瓦、陶瓷、木材等。

在台湾历史上，来自福建的"福州杉"是重要建材。台湾也是森林密布的区域，为什么不能自采自伐呢？这是因为，台湾的溪流短促，从山里流下的溪流不能行驶木排和小船。福建的木材采伐后，工人将其编成木排顺流而下，一直运到福州的洪山、南台码头，转运出口。而台湾的溪流礁石太多，上流漂下的木材会被山石挡住，无法运输。因此，台湾不能像福建一样发展山地的森林采伐业。一个外国人说："台湾的内部虽然有大规模的原始森林，而到现在为止，木材很不够用；台湾本地的建筑，也要向厦门定购木材。"^② 据《台湾日日新报》记载："台北山林，本不产杉材，皆仰给于对岸福州者居多。"随着台湾城市的发展，对木料的需求越来越大："台北城厢，及淡水、基隆等处，内地商家，聚集最盛，而苦本岛屋宇洞暗，不通风气。殊为郁朦，现在各处建房屋，均照内地风气规式，希图

① 孟国美（P. H. S. Montgomery）：《1882～1891 年台湾台南海关报告书》，谦祥译，载《台湾经济史六集》，第 110 页。
② Atbrecht Wirth：《台湾之历史》，周学仆译，载《台湾经济史六集》，第 81 页。

敞亮,四面通气。"① 福州海关报告:"台湾船航行于台北与福州之间,它们装走软质原木,运来大米和食糖。"② 其中所谓"软质原木",即为产于福州上游的杉木,它是晚清福州输出最多的商品之一。当时台湾的建筑多为砖木结构,杉木主要用于栋梁、地板、窗户,用量很大。晚清台湾巨绅多以贩木发家,例如艋舺的黄阿禄家便是如此,他在江边甚至有自己的卸木码头。不过,如前所述,当时的木材贸易多由民船运输,不论是福州海关还是台湾的一些海关,都没有留下民船载运木材的可靠数字。从晚清台湾城市大规模建设来看,19 世纪 90 年代,福建每年输台的木材应有 80 万银圆。

再以纸张来说,福建是国内主要的产纸省份,它主要生产于福建的西部山区,并且主要由福州和汕头两个港口输出。台湾诸港离福州、汕头不远,其市场皆为福建纸占有。当时国内虽然已经有道林纸输入,但使用毛笔的传统文人,还是要用福建的毛边纸和连史纸,晚清台湾文人所用纸张,应主要来自福建。福建生产的另一种纸类是祈福及卫生方便时用的"草纸"。这类纸在用作祈祷时,往往会在纸上贴一块金纸或银纸,其中银纸是用锡膜制成的,所以,这类纸张又称"锡纸"。老百姓在给祖先上坟时,都要烧一通"锡纸",以示给祖先奉上在冥间所用的金钱。烧纸习俗使福建的锡纸输出市场扩大,从福建海关的统计数据来看,每年输出的锡纸及草纸贸易额,不亚于书写用的高端纸。晚清福建输出的纸类不下 1000 万银元,估计台湾每年消费的纸张约 30 万银元。

砖瓦。如前几章所述,自荷据时代以来,台湾就从福建运入富有闽南特色的红砖红瓦,这一趋势一直持续到清代末年。当时福建输台湾的货物中,砖瓦一直占有重要地位。台湾是一个多雨多台风的地区,来自闽南地区厚实的红瓦,最适应台湾的气候。台湾的建筑宁可用泥砖制墙,也要用红瓦盖顶。早在荷兰人时代,西人所绘的台湾建筑都是红瓦民房,这是地理气候决定的。晚清台湾大举建设,泥墙改为砖头,红瓦用量更多。福建输往台湾的红砖红瓦,每年应有 30 万银圆。

陶瓷。陶瓷、瓷碗是中国人家庭消费的重要商品。福建是南方重要瓷器产地之一,产自闽清、宁德的粗瓷器,一向畅销于中国南北诸港。福建细瓷市场属于景德镇和德化,景德镇瓷器在福建沿海有很大的销量,它可

---

① 〔日〕松浦章:《清代台湾海运发展史》,卞凤奎译,第 50 页。
② 吴亚敏、邹尔光等编《近代福州及闽东地区社会经济概况》,第 376 页。

以转运台湾。泉州德化瓷器的特点是制造桌上的摆件，以白瓷为主，在东南诸省有很大的销量。台湾的制瓷业一直要到光绪年间才逐渐发展起来，而且，其产量有限。因此，在很长的时间内，台湾的瓷器市场主要是大陆商品。其上层人物用一些景德镇瓷器和德化瓷摆件，多数民众消费的粗瓷陶瓷都来自福建。估计晚清台湾消费的陶瓷器，每年应有30万银圆。

　　台湾进口的商品中，以鸦片数值最大，每年耗银"四五百万两"。从海关进口的鸦片每年为5000箱上下。[①] 台南海关统计，台南进口的外国鸦片从1882年的118.5万海关两降至1891年的94.7万海关两[②]，呈现逐步减少的趋势。这些鸦片早期多来自海外的波斯及土耳其诸国，以后，福建沿海一带开始试种罂粟、制造鸦片。1870年的厦门海关资料显示："厦门附近地区生产数量可观的鸦片。现在，除了其他地方外，在同安，每年生产的鸦片数量据说是300～500箱，但我倾向于加倍。"[③] 后来，鸦片种植越来越广泛。记者报道莆田、仙游二县的土地，"有百分之七十至百分之九十都是种的鸦片……鸦片排挤着小麦。"[④] 同安所种鸦片的"质量"越来越好。"1887年的烟台条约实施不久，土产鸦片的种植便开始增多。而1893年的产量估计是1460担，1900年，这一数字上升到7784担。""主要产地是同安"，"部分地是由于该地区的土适宜种植罂粟"，"种植者逐年改良毒品的质量。现在，它已超过来自任何其他省份的鸦片。精制土鸦片的产量比四川或云南所产的多10%"。[⑤] 由此可见，清末福建沿海已经成为鸦片的主要产地之一。闽产鸦片过去是凭着价格低廉与海外烟土竞争，现在质量提高，可想而知，福建等地的鸦片市场逐渐被土产鸦片占据。厦门海关资料说："1882年厦门和汕头两个口岸进口的波斯土鸦片总量为2060担，1890年仅剩550担，相差1510担。我倾向于认为，差额部分已由土产鸦片补上。"[⑥] 关于国内土产鸦片输台，淡水海关估计："国产鸦片输入的最低数字是每年1000担，而在某些年份一定会高达1500担；输入全台湾的数额大概至少有

①　连横：《台湾通史》卷十八《榷卖志》，第359～360页。
②　孟国美（P. H. S. Montgomery）：《1882～1891年台湾台南海关报告书》，谦祥译，载《台湾经济史六集》，第115页。
③　厦门高明志编纂委员会、《厦门海关志》编委会编《近代厦门社会经济概况》，第45页。
④　章有义编《中国近代农业史资料》第二辑，中华书局，1961，第215页。
⑤　厦门市志编纂委员会、《厦门海关志》编委会编《近代厦门社会经济概况》，第313页。
⑥　厦门市志编纂委员会、《厦门海关志》编委会编《近代厦门社会经济概况》，第269页。

这些数字的两倍。"① 由此可知，晚清台湾的鸦片市场主要被福建和浙江的土产鸦片占据，晚清台湾进口的鸦片以 500 万两白银为计，其中 200 万两为外国输入的鸦片，另 300 万两为大陆输来的鸦片。估计台北部分地区为温州鸦片市场，台湾南部为同安鸦片市场，各有 150 万两白银的市场占有量，那么，台湾每年从福建同安附近输入的鸦片约为 150 万两白银，折算银圆为225 万元。

烟草的输入。清代中国人吸食烟草有旱烟和水烟二种，海外输入的纸烟尚未在福建和台湾流行。由于福建是最早引进烟草的地方，清代有许多人都相信建烟是最好的。"烟草，今各省皆尚之。外省亦有种者。然惟漳烟称最，声价甲天下，漳又长泰最胜。人多种之，利甚多。"② 松江府青圃人陈琮说："黄烟，吾郡多食淡黄烟，亦产于闽中，俗称抖丝，最上者为上印，至有千钱易烟半斤者。"③晚清"泉州和台湾间有着广泛的贸易往来，主要的出口货是南京布、烟草和瓷器"④。其中烟草排在第二位。台南海关记录："烟草系来自福州、厦门及香港。1882 年烟草的输入值为 45047 海关两，1891 年仅为 15661 海关两。实际上这个地区内所消耗的烟草都是自外输入的，主要的由帆船输入，山间的野人虽然种有一些烟草，却为他们自己吸食用的。"⑤ 清代台湾人大都抽烟，其消费量十分可观，其时漳泉都有自行赴台湾的船只，所以，海关无法统计。毛估晚清台湾人每年消费的福建烟草为 100 万银圆。

棉布。清代台湾是福建纺织品的传统市场，这是因为，清代福建东南沿海一带，棉布生产极盛。五口通商之后，英国货大举冲击福建的港口市场，一度产生很大影响。"在本口岸未向外国人开放之前，大量土布从这里运往台湾。由于外国棉布的竞争，现在则仅剩 2/10 了。"⑥ 但是，人们很快就发现，洋布外表好看，实际上不如中国传统的棉布耐用。当时福建与台湾农民生活水平低下，一生中，他们难得做几套新衣服，因此，经久耐用

---

① 马士（H. B. Mosre）:《1882 – 1891 年台湾淡水海关报告书》，谦祥译，载《台湾经济史六集》，第 94 页。
② 蔡世远等：康熙《漳州府志》卷二七《物产》，第 4 页。
③ 陈琮：《烟草谱》卷一《黄烟》，嘉庆二十年刻本，第 9 页。
④ 厦门市志编纂委员会、《厦门海关志》编委会编《近代厦门社会经济概况》，第 34 页。
⑤ 孟国美（P. H. S. Montgomery）:《1882 ~ 1891 年台湾台南海关报告书》，谦祥译，载《台湾经济史六集》，第 116 页。
⑥ 厦门市志编纂委员会、《厦门海关志》编委会编《近代厦门社会经济概况》，第 75 页。

是他们选择消费品的主要标准。英国兰开夏的棉布虽然好看，但在洗衣女的棒槌下，很快变成一堆烂布条。只有中国传统的手织棉布，才经得起岁月的考验。此外，棉布的花式一直有很强的民族特点，万里之外的英国人是很难生产出福建妇女喜欢的花样的。因此，英国棉布在福建市场上一度红火之后，很快又停滞不前。福建的土布在福建和台湾仍然有很大的市场，产量也很大。光绪十九年，福州从汉口输入"水靛计一万二千余担"，"比去年几增一倍。推究其原，谓由土织之布局面扩充销用不少，审是则将来土布之兴衰不难于斯靛进口之盈亏测之矣。"①

晚清闽南一带棉纺织业发达。"同安县地方，乡村妇女，专以纺织为业，每人纺织，著月可得工资二三金，使可籍资家计，惟所织布帛，销售台地为最多。"②1869 年的厦门海关报告说："每年在东北季风时期从宁波运来大约 10000 包原棉，去年的平均价格为每担 24 元。几乎没有洋纱进口。家家都置有纺车，将棉花纺成纱，随后又织成布。这些活几乎仅由妇女和孩子们承担。去年泉州土纱的平均价格为每担 31 元，而最便宜的洋纱——孟买的棉纱，在厦门的售价也不会低于每担 36 元。""泉州城是土产棉布在南方的最大贸易中心，我发现有许多仓库堆满了土布。""泉州和台湾间有着广泛的贸易往来，主要的出口货是南京布、烟草和瓷器。"③ 这里所说的"南京布"，即是泉州所生产的土布，晚清冠名"南京布"的泉州土布大量输出台湾。厦门海关的史料又说："大量土布出口肯定是由民船运出的。这种土布在本口岸附近的石码、漳州、同安、安海、灌口及其他地方大量生产。据估计，每年的供应量不会少于 88000 捆，每捆 20 或 25 匹。每匹布 28 市尺长，宽为 1.8 尺至 1.4 尺，重量从 1.6 斤到 1.4 斤。其价格依照重量，从 85 分到 65 分不等。一匹布足够做一件短夹克和一条裤子。""本地和台湾有许多人并不看重土布的耐用，而是因它比外国布便宜而喜欢它。"④ 总之，泉州一带的布匹多经过泉州港的木帆船运到台湾的中小港口，所以，海关所见的福建对台湾布匹出口不是很多。由于江浙棉布与英国棉布、日本棉布在台湾都很有市场，粗估晚清台湾消费的闽南土布及麻布，每年应有 100 万银圆。

---

① 闽海关署理税务司爱格尔：《光绪十九年福州口华洋贸易情形论略》，载《光绪十九年通商各关华洋贸易总册》，光绪二十年四月印，第 78 页。
② 〔日〕松浦章：《清代台湾海运发展史》，卞凤奎译，第 53 页。
③ 厦门市志编纂委员会、《厦门海关志》编委会编《近代厦门社会经济概况》，第 34 页。
④ 厦门市志编纂委员会、《厦门海关志》编委会编《近代厦门社会经济概况》，第 56～57 页。

福建劳务输出也可带来大量的收入。淡水海关估计，每年由福建到台湾打工的茶叶工人，经过半年劳动之后，可以带回总计 150 万银圆。[①]

以上估计福建输出台湾的商品：杉木 80 万元，纸张 30 万元，砖瓦 30 万元，陶瓷 30 万元，鸦片 225 万元，烟草 100 万元，棉布 100 万元，共计 595 万元，加上劳务输出的 150 万元，应有 745 万银圆之巨。加上其他杂货，总数应可接近 1000 万银圆。

台湾对福建输出的商品有大米、煤炭、硫黄、麻丝等等。

对于清代前期台湾大米的输出，人们研究较多。至于晚清的情况，则各有说法。这是因为，台湾北部和台湾南部的情况是不同的。从淡水海关的记载来看，1872 年前后，台北输出的粮食每年尚有数万担；1873 年至 1881 年，淡水海关的粮食输出基本停滞，1882 年至 1891 年则为输入期，每年约输入数万石粮食。王世庆发现，台南的情况与台北完全不同。台南各口岸，每年要向福建等地输出 50 万至 70 万石粮食。光绪十九年（1893 年），台湾因上年旱灾，生怕本地粮食不够吃，知府下令禁止稻米输出，这给依赖台湾供应的泉州带来问题。泉州知府紧急向台湾方面要求开放米禁。[②] 台南海关报告："据估计，台湾一年所产的米足够全岛人口三年的需要。然而，由于米的贸易完全控制在中国人手中并且限于本国船只的运输，故不使外人感到兴趣。"[③] 可见，当时洋人所掌握的海关不太可能统计台湾的稻米输出。晚清台湾为什么会出现台北输入粮食而台南输出粮食的情况？王世庆认为，这是台湾南北交通不便的缘故。笔者认为另一方面的原因是经营台湾与江浙贸易的商船可从江南带往台湾的商品太少，台湾输出的重物是蔗糖，可从江浙输入的商品其实不多，因此，顺便带一些价格低廉的粮食，对川走于台北与江浙港口之间的商船是有必要的。

至于福建南部，历来是沿海最严重的缺粮区，粮价最高。当地商人经常往来于两岸贸易、投资。台湾南部的许多良田，都是泉州人的产业，每年光是地租就会有数百万石。这些租粮除了供其台湾的族人食外，也会运回晋江等地，供应在泉州老家的族人。1870 年的海关资料说："台湾是福

① 马士（H. B. Mosre）：《1882～1891 年台湾淡水海关报告书》，谦祥译，载《台湾经济史六集》，第 97 页。

② 王世庆：《清代台湾的米产与外销》，《清代台湾社会经济》，联经出版事业公司，1994，第 115 页。

③ 孟国美（P. H. S. Montgomery）：《1882～1891 年台湾台南海关报告书》，谦祥译，载《台湾经济史六集》，第 117 页。

建的粮仓，它的港口与厦门间整个都有着极其大量的商业往来。"① 福建方面的史料证明，晚清泉州府的沿海五县惠安、晋江、南安、同安、厦门都是严重缺粮区。晋江县"稻米菽麦，今皆取给台湾"②。晚清台南对福建的大米输出估计为60万担左右，若再加上台中诸港的输出，总计应有75万担左右。一担大米以3元计算，共计225万银圆。

台湾向福建输出的还有煤和硫黄等矿产，不过，当时福建的机器工业不发达，因林产丰富，民间燃料多用木柴，因此，福建消费的煤数量较少，从海关数据看，不过数千元到数万元而已。

台湾输出福建的杂货有纻麻等产品。淡水海关报告："在麻与麻皮项下的纤维质，在1872年前输出达960石；1882年输出量为407石；1891年达2106石。这些数字尚未将由帆船输出的大量纤维包括在内，不过帆船的运输量可能也会同时增加的。"③ 可见，其总值也不过数万元而已。

台湾平衡福建的传统商品，主要靠茶叶、蔗糖、樟脑对厦门的出口，但这些物资在福建都有生产，产品质量也差不多，所以，当时台湾输出福建的乌龙茶、蔗糖、樟脑，很少在福建市场上出售，而是转运出口至美国与欧洲。所以，晚清福建在对台贸易中大量出超。据日本占领台湾之后的统计，1897年的台海两岸贸易总额为1724.2万元。④ 晚清两岸贸易之繁荣于此可见一斑。

通过对闽台传统贸易的分析可以发现：晚清台湾对外贸易的发展，并未削弱闽台之间的经济联系，首先，由于台湾的富裕，民众对商品消费欲望的增加，使福建传统商品在台湾的销售量大增。其次，晚清台湾对外贸易的发达，在很大程度上掌握在闽台商人手中。晚清台湾经济的发展，使其消费的福建传统商品大幅度增加。福建商人得以采购传统商品输出台湾，再从台湾带入可供出口的商品从厦门转运至欧美市场，从而形成了福建、台湾、欧美三大市场之间的商品流转模式。这一贸易是成功的，每一次流转都为闽台二省带来极大的收入。晚清的闽台是互惠互利，共同发展的。

---

① 厦门市志编纂委员会、《厦门海关志》编委会编《近代厦门社会经济概况》，第50页。
② 朱升元等：乾隆《晋江县志》卷一《风俗》，民国三十四年重刊本，第51页。
③ 马士（H. B. Mosre）：《1882-1891年台湾淡水海关报告书》，谦祥译，载《台湾经济史六集》，第107页。
④ 转引自林仁川、黄福才《台湾社会经济史研究》，厦门大学出版社，2001，第207页。

第四节　晚清闽台产业互动与台湾的崛起

清代台湾经济的高速发展，对福建商人产生极大的吸引力。他们纷纷到台湾寻找工作与投资的机会，从而成为晚清台湾经济发展的一支重要力量。与此同时，台湾的商人和人工也开始进入大陆沿海各港，形成两岸资金相互融通及人员相互往来的热闹情况。

一　闽商与台湾乌龙茶制造业的兴起

乌龙茶是一种半发酵茶，它是青茶的一种。青茶制造术最早出现于武夷山，而后传播于各地，形成多种青茶，乌龙茶和铁观音都是青茶。乌龙茶最早出现于道光年间的沙县一带，其制造者多为安溪人。在 1939 年广州输出的茶叶中，已经出现了乌龙茶的名字。咸丰六年（1856 年）施鸿保的《闽杂记》说："近来则尚沙县所出一种乌龙，谓在名种之上。"[1] 不过，当年向中国购取武夷茶的英国人主要喜欢产自武夷山的红茶，所以，乌龙茶对外贸易量不大。1853 年之后，福州成为中国最大的茶市，世界各国商人云集福州购取武夷茶，乌龙茶是广义武夷茶中的一种，在安溪人的主导下，晚清早期乌龙茶主要从厦门出口。例如，1867 年，厦门有九艘茶船前往美国，而只有一艘茶船从厦门出发到英国。[2] 因美国人喜欢乌龙茶，厦门输出的乌龙茶越来越多，这对台湾的影响很大。

台湾在鸦片战争前已经引进了武夷茶："嘉庆时，有柯朝者归自福建，始以武夷之茶，植于鲩鱼坑，发育甚佳。既以茶子二斗播之，收成亦丰。遂互相传植。……其始销本地，道光间运往福州。"[3] 晚清福州茶市兴盛，台湾的武夷茶种植推广，《台阳见闻录》记载："查台北淡水地方，出产茶叶，由来已久。咸丰年间，由商船运往福州销售，俱系未拣毛茶；就南台大桥卡口完厘，系在省城茶叶包办四卡口之内，每年不过数百石或数千余石，为数无多。自同治二年起，淡水沪尾、鸡笼二口，与外国通商，就地买茶，从此鲜运福州。"[4] 同治年间茶叶贸易出现的变化与厦门洋行有关。

---

[1]　施鸿保：《闽杂记》卷十《建茶名品》，第 152 页。
[2]　厦门市志编纂委员会、《厦门海关志》编委会编《近代厦门社会经济概况》，第 19～20 页。
[3]　连横：《台湾通史》卷二十七《农业志》，第 460 页。
[4]　唐赞衮：光绪《台阳闻见录》卷上《洋务·茶厘》，第 71 页。

"时英人德克（John Dodd）来设德记洋行，贩运阿片、樟脑，深知茶业有利，四年，乃自安溪配至茶种，劝农分植，而贷其费。收成之时，悉为采买，运售海外。"① 经德克的经营，台湾乌龙茶在美国打开市场，销售日益增长。当时台湾的茶叶运到福州销售，每担要缴纳两元入口税，而厦门洋行将乌龙茶运回厦门，税收较少，因此，台湾乌龙茶都运到厦门销售。厦门海关资料记载："淡水乌龙茶，1871 年为 11369 担，1876 年为 44951 担，1879 年升到 97372 担，而 1880 年是 86613 担。"② 可见，在 19 世纪 70 年代，厦门出口的台湾淡水茶增长很快。其后，制茶业成为台湾的主要产业，为台湾带来极大的利润。③ 为了采购茶叶，厦门的各洋行纷纷在台北大稻埕设立洋行，这五大洋行是宝顺、德记、和记、水陆、爱士利。台湾北部的乌龙茶制造具有相当规模。"淡水地方，向多种植靛树；参天黛色，一望如染。顾居人之艺此者，其利虽溥，然较之栽种龙团、雀舌者，诚未若也。兹者该境人心慕业茶之利，而又审厥风土甚宜于茶，乃改植茶树；凡高垅平壤，多艺此焉。今该境生理渐广于前，实由此巨宗之所致也。"④ 丁绍仪的《东瀛志略》记载："自咸丰初请由闽洋出运，茶利益溥。福建延、建、邵诸郡种植殆遍，比闻台北居民亦多以茶为业，新辟埔地，所植尤繁，其味不减武夷，无齿及水沙连者矣。"⑤ 可见，乌龙茶兴盛后，许多本地的小资本家纷纷投资茶园，台湾的许多蔗田和稻田都改成种植茶树；厦门的部分民众也搬迁到台湾，以茶谋生。厦门海关报告中说："无疑地，厦门茶区的大批劳动力已转移到台湾北部"。⑥

台湾的乌龙茶输出美国虽由英国洋行开其头，贸易发展起来后，英国人渐渐无法控制台湾的茶叶生产。连横《台湾通史》的"李春生传"记载："李春生，福建厦门人。少入乡塾，家贫不能卒业，改习经纪。年十五，随父入耶稣教，信道甚笃，遂学英语，为英人役。间读报纸，因得以知外国大势。同治四年（1865 年）来台，为淡水宝顺洋行买办。淡水为台北互市之埠，出口之货以煤、脑、米、茶为大宗，而入口则煤油、布匹，春生懋

---

① 连横：《台湾通史》卷二十七《农业志》，第 460～461 页。

② 厦门市志编纂委员会、《厦门海关志》编委会编《近代厦门社会经济概况》，第 229 页。

③ 林满红：《茶、糖、樟脑业与台湾之社会经济变迁》，联经出版事业公司，1997。

④ 佚名：《清季申报台湾纪事辑录》，同治十一年五月十九日，载林呈蓉主编《台北县史料汇编·淡水篇》，第 221 页。

⑤ 丁绍仪：《东瀛志略》，文听阁图书有限公司，2007，第 16 页。

⑥ 厦门市志编纂委员会、《厦门海关志》编委会编《近代厦门社会经济概况》，第 261 页。

迁其间,商务日进。先是,英人德克以淡水之地宜茶,劝农违禁栽种,教以焙制之法,以是台北之茶闻内外,春生实辅之。"据李春生传的记载,英商德克在台北发展乌龙茶的成功,与李春生做中介有关。但李春生并没有长久做买办,其后自行做生意。"既而自营其业,贩运南洋、美国,岁卒数万担,获利多。"①与此同时,厦门的一些商人,包括华商和洋商也看到了台茶的出口价值,纷纷赴台设立茶行,收购茶叶。1876年,在台北大稻埕,华人所有的茶行有33家,其中有19家是本地人开设的,14家是厦门人开设的。由于当时的乌龙茶出口多在厦门,许多厦门、汕头商人自行进入台北购茶。如连横所说:"自是以来,茶业大兴,岁可值银二百数十万圆。厦汕商人之来者,设茶行二三十家。茶工亦多安溪人,春至冬返。"②如其所云,当时厦门与汕头的茶商纷纷投资台北,安溪人远赴台北做茶,在福建沿海兴起了到台湾谋生的热潮。迄至1895年,据日本人调查,当时的台北,从事茶叶精制、运销的洋行有6家,台湾本地茶商131家,雇佣制茶工2000余人,采茶女10000余人,制茶箱工、铅叶工、施彩工1000余人,茶叶鉴定师约200人,加上书记、助手等,从事制茶业者总计约为20000人。除了采茶工为台湾女性外,其余大都从闽南、福州一带渡海而来,大致每年3000余人。可见,台北茶工主体为福建人。③

安溪人在台湾还发明了"包种茶"。包种茶是一种低发酵的安溪茶,属于青茶类,用福建生产的毛边纸包成四两一袋。相传由安溪人王义程创造于嘉庆年间。早期台湾生产的包种茶会被运到福州加入茉莉花窨制,芳香浓郁,在南洋诸国有很好的销路。1873年,台湾的乌龙茶价格过高,台北五洋行不肯收购,当地商人只好将乌龙茶运至福州,由福州茶师将其窨制成包种茶,再转销南洋。当时福州称其茶为"花香茶"。久而久之,福建茶商感到台湾乌龙茶价格偏高,利润有限,于是,有些茶商就到台北去发展包种茶。例如,1881年,同安籍茶商吴福源自带制茶工到台北设立茶厂,名为"源隆号"。此后又有安溪茶商王安定、张元魁等带茶工到台湾合创"建成号",制作茶叶。④光绪十一年(1885年),安溪西坪人王水锦、魏静相继入台,在台北的南港研制包种茶,后被台湾当局聘为讲师,在台湾各

---

① 连横:《台湾通史》卷三十五《货殖传》,第706~761页。
② 连横:《台湾通史》卷二十七《农业志》,第461页。
③ 吴文星:《日据时期台湾"华侨"研究》,学生书局,1991,第8页;转引自陈小冲《日据时期台湾与大陆关系史研究(1895–1945)》,九州出版社,2013,第9页。
④ 林馥泉:《乌龙茶与包种茶制造学》,1956年刊本。

地巡回讲解包种茶的做法，对包种茶的推广起了很大作用。① 安溪人谢冰与其家人在安溪石竹岩制作"白毛猴茶"，首先在台南销售获得成功，而后在台南开茶庄，资产数百万。相传他先后从台湾运回安溪的白银有 53 担。② 总之，许多闽商在经营台湾的乌龙茶贸易中致富，他们所得利润每每运回家乡，支持家乡各项公共事业的发展。谢冰在闽台各地都有很多产业，其中许多资本是来自台湾的。

从总体而论，晚清乌龙茶贸易原由厦门及台北的五大洋行掌握，但因洋员不懂制茶事务，所以，洋行后来退出茶叶的直接经营。"仅有一小部分茶叶由外国人在淡水收购，而大多数则由中国人拥有，随后由厦门的外国商人收购和装船运走。"③ 厦门与台北直接经营茶叶的茶馆、茶行大都是同安人，而种植茶树及制茶的多为安溪人。据安溪县的资料，随着乌龙茶种植遍及台湾南北，安溪人在台湾越来越多。1890 年安溪籍的台湾人达 100 万，是为台湾最大的乡缘族群。清末洋行主要经营闽台与欧美之间的贸易，其间的利润空间仍然很大。因此，台湾有些茶商想发展直接到美国与欧洲的贸易线路。这是后话。

二　闽商与台湾的糖业、樟脑业

由福建外国洋行到台湾采购的还有樟脑。樟脑以樟树根木熬制，樟树喜欢潮湿多雨的气候，福建北部盛产樟树，很早就有了樟脑制造。台湾北部气候类似闽北，樟树较多，来到当地的福建人很早就将樟脑制造业带到当地。康熙末年的《诸罗县志》已经有出产樟脑的记载。清代道光年间，前来贩卖鸦片的英国人在台北的淡水用鸦片换取樟脑。五口通商之后，英国人在福州设立了怡和洋行等商栈。1855 年，怡和洋行到台湾采购樟脑。④ 台北的樟脑输出渐成台湾的一大产业。其时，因福州的关系，台北成为樟脑贸易中心。"每石樟脑，计成本九元，连同运费折耗，合价十元。台北售价，每石十三元上下，亦视香港销路如何，亦无一定价值。"⑤ 其时，因樟

---

① 政协泉州市委员会编《泉州与台湾关系文物史迹》，厦门大学出版社，2005，第 188 页。
② 政协泉州市委员会编《泉州与台湾关系文物史迹》，第 192～193 页。
③ 厦门市志编纂委员会、《厦门海关志》编委会编《近代厦门社会经济概况》，第 261～262 页。
④ 黄富三：《台湾农商连体经济的兴起和蜕变》，载林玉茹主编《比较视野下的台湾商业传统》，中研院台湾史研究所，2012，第 18～19 页。
⑤ 唐赞衮：光绪《台阳闻见录》卷上《商贾》，第 24 页。

脑贸易利润较大，不论是外商还是台湾官方，都想垄断樟脑贸易，双方的争执引发过著名的"樟脑战争"。最后，无论外商还是台湾官府都无法达成樟脑业的垄断。晚清后期，闽台商人多有从事樟脑业的。例如：安溪商人沈鸿杰对樟脑业发生兴趣。"集集为彰西内山，自匪乱后，脑业久废。先生知其可为，入山相度，建篝募工，教以熬脑。既成，配欧洲，岁出数万担，大启其利。"台北黄南球也经营樟脑，"已复伐木熬脑，售之海外，产乃日殖，而番地亦日辟矣。"① 闽台商人经营成功，扭转了樟脑业掌握在洋行手中的情况。海关英国人说："该项贸易已几乎完全落入中国人手中。他们用大型民船从台湾沿海将樟脑运往香港。"② 艋舺的黄阿禄等家族因经营樟脑而成为北台湾巨富。③ 台中的林朝栋一度享有樟脑专营权，因此成为巨富。光绪十九年的台湾，"出口土货，其往香港转运外洋者，统计估值关平银六十一万两，较去年多二十七万两，樟脑已居其九。本年出口之脑二万七千担，较去年多一万四千担，较至旺之年亦多一万担。全台出口约三万三千担。其多之故，实因香港价昂，港价之昂，亦因金水腾贵，日本产少，香港脑价去年不过三十九元，本年正二月间竟有五十五元，即三月以后亦有四十四元，盖香港台脑价增亦因日脑少到，日脑之价，去年比台脑已高一成，本年则高至三成。台脑熬炼，究属未佳，必得讲求善法，使成上品，方能善价畅销。盖脑之种类有二，一，初熬成之原脑，一再制炼之清脑。脑之为用，亦有三，一，印度用以烧香，年中可销八千余担，此原脑可也；二，西国用于白纸与脑压成色流来德，可以伪玉或珊瑚、玳瑁、象牙等质，此亦原脑可也；三，西国用以合药，或作辟虫之药，或制无烟火药，此必须再制之清脑方可为也。台脑向不单用，以制清脑必合日脑为之。近西国脑厂将台脑试行独炼，亦可成功。但工本太贵耳。"④ 1895 年，台湾的樟脑输出达 357 万银圆。

台湾的糖业也与福建有关。闽南自古以来是中国的糖业生产基地。⑤ 明

---

① 连横：《台湾通史》卷三十五《列传七》，第 707 页。

② 厦门市志编纂委员会、《厦门海关志》编委会编《近代厦门社会经济概况》，第 53 页。

③ 黄富三：《台湾农商连体经济的兴起和蜕变》，载林玉茹主编《比较视野下的台湾商业传统》，第 21～22 页。

④ 淡水关署理税务司马士：《光绪十九年淡水口华洋贸易情形论略》，载《光绪十九年通商各关华洋贸易总册》，光绪二十年四月印，第 81 页。

⑤ 徐晓望：《福建古代制糖术与制糖业》，《海交史研究》1992 年第 1 期；又见徐晓望《福建经济史考证》，澳门出版社，2009。

清之际，闽南人移民台湾，也将糖业移入台湾。清朝统治台湾两百多年，糖业一直是次于稻米的主干产业之一。不过，在台湾的糖业商人一直与福建商人保持密切的联系，福建商人赖以称雄的糖货，大都来自台湾。台湾港口对外通商后，"外国人可以参与糖的出口贸易，在过去十年间已与鸦片的入口贸易相匹敌。往时，此地的糖可以输至欧洲，美洲以及澳洲殖民地，每年所产的糖大部分皆被此港的外国公司或厦门的外国公司借商以挂账或委托的方式购去。然而在过去数年内，由于台湾的糖在亚洲以外的市场上已无牟利的机会，故外国人在此项贸易中所占的地位已不太重要了，只有在中国人租借外国船只运糖时做做代理人。"① 按，在 19 世纪 80 年代的后半叶，欧洲的甜菜制糖业大发展，进口的台湾糖越来越少，在东亚，印尼的糖业也有很大发展，所以，台糖在东亚只剩下华北及日本市场。此时经营糖业的多为闽台世商。安溪沈德墨，在台湾经营多年。"初，台湾产糖多，制法未善，乃自德国购机器，择地新营庄，而试办焉。"台湾凤山籍巨商陈福谦，早年在台南南部贩米，后以糖业发家。"又数年得数百金，兼贩糖。籴贱粜贵，善相机宜。与人交，持以信，以是生意日大。设顺和行于旗后（打狗港附近），以经营之。凤山产糖多，配至香港、上海，转贩东西洋，其利每为外人所握，而运费亦繁。福谦以日本销糖巨，派人查之，知有利。同治九年，自配至横滨，与日商直接贸易。十三年，设栈于此，以张贩路。其糖分销东京等处，岁约五万担，台糖之直配日本自福谦始。已又分栈于长崎、神户，郡治及东港、盐水港亦各有其业。兼贩布匹、五谷、阿片。当是时，通商口岸，轮船尚少，乃自赁夹板以行，不为外商所牵制。嗣以白糖三万担贩英京，台糖之直配西洋自福谦始。福谦既富，拥资百数十万，凡中国新设公司，皆认巨股，故其产日殖。"② 又如戴国辉所说："台湾的糖商在日本横滨开它的分行是远在 1873 年（清同治十二年）"。③ 大致而言，台湾商人很早就掌握了台糖贸易的主动权。

总的来说，尽管外国商人曾经在台湾糖业和樟脑业两大产业中占据重要位置，但在激烈竞争之下，这些产业逐渐落到闽台商人手中。闽台工商界人士的互动，是晚清台湾经济高速发展的原因之一。

---

① 孟国美（P. H. S. Montgomery）：《1882～1891 年台湾台南海关报告书》，谦祥译，载《台湾经济史六集》，第 118 页。
② 连横：《台湾通史》卷三十五《货殖传》，第 706～707 页。
③ 戴国辉：《台湾史研究——回顾与探索》，远流出版公司，1985，第 13 页。

三 福建官府协饷与台湾近代化建设

在 1885 年台湾建省之前，台湾是福建下属的府，早期是台湾府，后期
有台湾府和台北府。因台湾孤悬海外，易受侵略，清朝上下都很注意台湾
的建设。晚清福建的财政收入有限，但为了支持台湾，资助了大量的金钱，
这对台湾的建设具有重要意义。

图 9-6 台南市郑成功后花园的沈葆桢塑像

晚清福建因茶业利润较高，很早就建立了近代工业，即马尾船政。马
尾船政系统地引进了欧洲的工程学与其他学科，前后造成军舰 40 艘，是一
个较为成功的洋务企业。马尾船政对台湾经济的影响，首先表现在台湾煤
矿的开采上。台湾的鸡笼港附近有煤矿，民间开采多年，但产量不大。而
马尾船政开工后，不论是工厂动力蒸汽机还是轮船，都需要大量的动力煤。
这对鸡笼附近的煤矿是个很大的刺激，民营矿业发展迅速。当地煤矿发展
到一定的水平，吸引了中外轮船到鸡笼港购煤，这使鸡笼煤矿成为中国南

方主要煤产地。光绪元年（1875 年），沈葆桢与丁日昌倡开官营的鸡笼煤矿，次年，马尾船政的学生池贞铨等人被派到台湾参与筹办鸡笼煤矿，光绪三年，福建官府购得采煤机器投入鸡笼煤矿使用，后委托马尾船政管理鸡笼煤矿。中法战争中，鸡笼煤矿遭到摧毁，战争结束后，"巡抚刘铭传奏设煤务局，委张鸿实禄办之，投资四十余万，新置机器，又聘外国矿师，招工开采。至十三年，每日出煤可百吨。"① 鸡笼煤矿盛时，雇工达 2000人，年产煤四五万吨。

台湾航运业的发展与马尾船政有关。马尾船政造出的军舰及运输船，首先被用于跨越台湾海峡的航线。马尾船政第一艘军用运输舰"万年清"造成后，首先被用于闽台之间的军粮运输和邮政传递。自光绪七年（1881年）始，琛航号、永保号轮船常年往来海峡两岸港口之间，载客运货，建立了福州到基隆、厦门到台南安平港的两条航线，五日一往返。这两条航线在民间反映很好。② 刘铭传任福建台湾巡抚后，又增派船只，建立闽台港口与南洋诸港的常年航线。

台湾电报业的建设也与马尾船政有关。光绪元年，丁日昌接任福建巡抚后，设置台湾电报局，建成台湾府城（台南）至安平镇及打狗港的电报线。这是中国第一条电报线。为了发展电报业，丁日昌早在光绪二年就在马尾船政设置了电报学堂，其不少学生成为台湾电报局员工。光绪十三年（1887 年），福州至台北的电报接通。光绪十四年，台北基隆、沪尾至台南的电报贯通。刘铭传任福建台湾巡抚后，于光绪十三年在台湾设立电报学堂。

除了与马尾船政有关的项目外，福建官府在支持台湾建设方面，应当说是尽力而为的。沈葆桢巡台时，曾派出马尾船政的学生到台湾诸港进行科学测量，这对台湾未来的发展有重要意义。沈葆桢在台湾建造恒春县城、安平炮台、东港炮台、打狗炮台，投资近百万两白银。沈葆桢发现台湾有石油之后，在他促动下，光绪四年，福建省购买机器并聘请美国工程师到台湾开采石油。刘铭传到台湾后又设立煤油局采油。

在财政方面，福建省一向支持台湾。据第一任台湾巡抚刘铭传所言："从前闽省岁资台饷六十万，积欠至三百余万之多。"③ 站在今人的立场上

---

① 连横：《台湾通史》卷十八《榷卖志》，第 353～354 页。
② 林开明主编《福建航运史·古近代部分》，人民交通出版社，1994，第 283 页。
③ 刘铭传：《刘壮襄公奏议》卷六"陈请销假到闽会商分省协款情形折"。

看，福建并非江苏之类的财政大省，每年要拨 60 万两白银，并非那么容易。所以，虽有积欠，也不可过于苛求。刘铭传履任后，发现台湾每年开支浩繁，要求各省协饷 80 万两，支持台湾财政。光绪十二年，刘铭传与福建方面商定：每年协饷 44 万两。然而，其他各省所摊经费大都没有着落，只有福建省的协饷每年都到位。迨至光绪十七年刘铭传辞职为止，福建省共协饷 220 万两。来自福建的协饷在早期台湾省财政中所占比例接近 1/5[①]，对台湾的建设起了重要作用。

台湾铁路的建设，由刘铭传派人到新加坡、西贡等地募集商股 70 万两白银创建。这些新加坡与西贡的华商，多为闽商。戴国煇认为："原来台湾的股户大多是来自福建，其一家在彼而店在此……利用同乡关系往来于东南亚地区。刘铭传即利用上述关系……进而对南洋的闽商积极展开民间商务合作的劝诱工作。"[②] 所以说，来自南洋的投资，可以间接看作闽商的投资。迨至刘铭传离任，共建成铁路 185 里。它将台北诸城：鸡笼、大稻埕、艋舺、新竹连为一体，加强了台北的商业。不过，因铁路创办时管理不善，最终由官府收购，改为官办。当时"由福建藩库借拨一百零四万两"，这是一笔巨大的款项，也是福建财政对台湾的支持。[③]

总的来说，福建省对台湾的财政支持可分为两个阶段。在台湾建省之前，台湾隶属于福建管辖，因其地位重要，福建省投入台湾的经费颇多，一度达到每年 60 万两白银左右。这些经费除了支付在台湾的驻军之外，还要支持台湾的建设。例如鸡笼官办煤矿的建立，恒春诸城的修筑，电报事业的早期投入，来往福建与台湾之间的航运事业等等。台湾建省之后，福建协饷共达 220 万两，台湾许多建设都与这笔款项有关，如鸡笼煤矿的重建、电报事业的延续、台北城的修建等等。最后，台湾铁路收归国有，还由福建财政垫付了 104 万两白银。大致而言，台湾近代化建设，由福建财政承担了相当大的比重，台湾在晚清创造的"中国第一"，如第一条电报线、第一条铁路等项目，都与福建省有关。而且，其中有许多项目首先出于台湾，福建类似建设往往落后。

---

① 邓孔昭：《台湾建省初期的福建协饷》，《台湾研究集刊》1994 年第 4 期。
② 戴国煇：《台湾史研究——回顾与探索》，第 72 页。
③ 连横：《台湾通史》卷十九《邮传志》，第 370 页。

四　晚清台湾经济的崛起

清朝统一台湾之初，台湾除了少数地方外，尚是蛮荒之地。其后，福建移民大量进入台湾，带去先进的技术和熟练劳动力，引导台湾经济高速发展。迄至清道光二十年（1840 年）前后，台湾已经有 200 万人口，其人口与实力已经不输福建沿海诸府。晚清台湾发展更快，1893 年台湾人口达到 255 万人，耕地由清初的 1.8 万甲（1684 年）激增为 75 万甲。还有与之相称的糖、茶、樟脑经济。[①]

晚清台湾进入一个新的贸易时代。新的贸易机会首先出现在蔗糖输出上。在清代前期，台湾已经形成以稻米和蔗糖为主的外向型海洋经济，台湾稻米和蔗糖的输出，是台湾经济发展的原因。然而，在五口通商之前的几十年内，台湾经济遇到一些问题：其一，台湾人口的增长，使台湾自身消费的稻米增加，可供出口的稻米越来越少，台米在国内市场上也遇到了来自南洋稻米的强烈竞争；其二，在国内市场上，台湾糖遇到广东糖业的强烈竞争，价格下降，糖业的利润减少。为了应对台湾的变化，在五口通商前后，清廷逐步开放台湾所有的港口，允许这些港口与国内其他港口自由贸易，江浙一带的商人从上海、宁波等港直航台湾贸易，扩大了台湾商品的市场。[②] 晚清海关统计数据表明，从 1868 年至 1895 年间，大陆港口共输入台糖 718 万担。[③] 晚清闽台港口陆续开放，与国际市场的联系加强了。19 世纪中叶，国际市场上的蔗糖价格上涨，台湾糖在国际市场上颇受欢迎。英美商人到台湾采购蔗糖，输出欧美市场。在亚洲，台湾糖进一步开拓了日本市场。由于地理位置的关系，日本不能生产蔗糖，或者说，日本生产的蔗糖数量极少。从明末清初开始，日本人就吃台湾的砂糖。清代商人的对日本贸易，糖是出口的主要品种之一。不过，当时的日本实行锁国政策，限制清朝赴日本船只的数量，所以，台糖在日本的出口有限。1853 年日本结束锁国政策之后，中日贸易飞速发展，福建商人在日本的长崎建立贸易据点。从长崎福建会馆山后成百上千的唐人墓地看，多数都是死于咸丰之

①　戴国辉：《台湾史研究——回顾与探索》，第 35～36 页。
②　黄国盛：《清代闽台"三通"及其历史影响》，载福建师范大学中国近现代史教研室编《中国近现代史论丛》，社会科学文献出版社，2012，第 109 页。
③　林满红：《茶、糖、樟脑业与台湾之社会经济变迁（1860－1895）》，第 27 页。

后的福建同安人、长乐人、福清人，这一事实证明了福建人在对日本贸易中的地位。台湾糖也在这一时期畅销于日本。到了19世纪最后20年，国际市场上的蔗糖价格缓慢下跌，英美商人逐步退出台湾糖业，只有日本还是台糖的市场。1868年日本进口台糖总量仅为数千担，而后逐年增长，1894年已经达到31万担。从1868年至1895年间，日本共输入台糖619万担。[①]日本每年进口商品中，台糖要占25%。[②]总的来说，糖业兴盛，是晚清台湾繁荣的重要原因之一。1894年，台湾出口的糖总计价值1897968海关两。[③]

茶业是晚清台湾繁荣的第二个原因。如果说英国人喜欢的是武夷山出产的工夫茶的话，那么，爱与英国人闹别扭的美国人在这一时代爱上了乌龙茶。乌龙茶与工夫茶之分在于发酵的程度不同，工夫茶是完全发酵的红茶，开水浸泡下的武夷茶，呈现红宝石一样的颜色。英国女王将其招待客人，从而引发了整个英国的红茶热。乌龙茶是一种半发酵茶，泡出的茶水是金黄色，香味醇厚而隽永。乌龙茶流行于晚清的福建与广东，出口市场主要在美国。随着美国经济的发展，民众消费的茶叶越来越多，乌龙茶在美国可以较高的价格出售。台湾是乌龙茶生产的主要基地，为台湾带来很大的利润。19世纪90年代，台湾出口的乌龙茶在13万担至15万担之间[④]，若每担价值20海关两，总计260万至300万海关两。连横说："夫乌龙茶为台北独得风味，售之美国，销途日广。自是以来，茶业大兴，岁可值银二百数十万圆。"[⑤]

樟脑业是台湾第三个重要产业。樟脑又称白龙脑，是福建具有悠久历史的土产，约在宋代初年，晋江王留从效（906～962）给宋朝进贡的贡品中，就出现了"白龙脑"之名。樟脑以樟树的枝根煎熬而成，化学成分复杂。19世纪欧美化工的发展，发现樟脑有很大的功用，国际市场上樟脑的价格节节上升，导致闽台两省的樟脑业大发展。1894年，台湾樟脑输出达833243海关两，输出总量可观。

除了糖、樟脑、茶叶三大产业之外，台湾的产业还有稻米、花生、番薯、靛青等传统农作物构成的传统农业。稻米原为台湾输出的最大宗商品，

---

① 林满红：《茶、糖、樟脑业与台湾之社会经济变迁（1860-1895）》，第30页。
② 戴国煇：《台湾史研究——回顾与探索》，第13、43页。
③ 林满红：《茶、糖、樟脑业与台湾之社会经济变迁（1860-1895）》，第3页。
④ 林满红：《茶、糖、樟脑业与台湾之社会经济变迁（1860-1895）》，第22页。
⑤ 连横：《台湾通史》卷二十七《农业志》，第461页。

图 9 - 7　台湾三峡古镇的清水祖师庙，其主要信众为泉州安溪籍的制茶师

但在晚清时期，台湾稻米的输出减少了。不过，在指出这点时笔者也要说，晚清台湾的稻米产业看起来不太显著，其实，台湾多数农民还是靠种植稻米养活自己。种稻业才是晚清台湾最大的产业，它对晚清台湾的重要性不是其他产业可以比的。只是台湾在稻米上的自给自足，使这一产业不太显著而已。晚清台湾板桥的林维源以富闻名天下，他的主要经济来源就是佃户所上缴的米租。晚清台湾新政几乎都少不了林维源的捐献。来自稻米产业的资金，实际上是台湾近代化的重要来源。除了上述产业之外，晚清台湾也有一些产业是衰退的。例如，靛青是台湾的传统输出商品之一，但在19世纪后期，欧洲人发明的洋靛开始倾销中国，中国各省的土靛生产衰退，台湾也不例外。大致而言，自同治年间台湾的淡水港、打狗港通商之后，台湾较深地卷入世界市场，在东亚市场的竞争中，台湾有得有失，总体而言，得大于失，因此，台湾的总体经济呈现发展的趋势。从海关统计数据来看，1868 年台湾出口商品总额不过是 882752 海关两①，迨至 1891 年，台湾出口额达 4951984 海关两，23 年间增长了 4 倍多，这种发展速度是很少见的。

---

① 林满红：《茶、糖、樟脑业与台湾之社会经济变迁（1860 - 1895）》，第 3 页。

　　晚清台湾茶、糖、樟脑诸项产业的崛起，启动了台湾的工业化并加快了台湾的城市化进程。以基隆来说，此地原为一个荒凉的港口，后来发现煤矿，基隆煤矿的发展成为台湾工业化的先声。不久，在基隆与台北之间，开始修建中国第一条铁路。再以台北而论，此地最早的市区是在艋舺，晚清台湾的乌龙茶主要在台湾北部一带兴起，离艋舺不远的大稻埕成为乌龙茶贸易的中心，乌龙茶带来的利润使大稻埕的城市逐步扩张，后来，台湾官府决定在大稻埕与艋舺之间建设台北城，台北迅速成长为台湾最大的城市。此外，打狗港因成为台湾南部的主要港口，打狗港市逐渐繁荣，为其成为台湾第二大城市打下基础。

　　总的来说，晚清是台湾经济飞跃发展的一个时代。笔者认为清代台湾的发展可以分为三个阶段，从康熙到雍正年间，是台湾经济初步开发阶段，在整体上落后于福建沿海区域；从乾隆到道光年间，台湾的开发加深，尤其是道光、咸丰年间，台湾开发程度接近福建沿海区域，闽台经济区开始变得名副其实。晚清的同治、光绪年间是台湾经济迅猛发展的时代，茶、糖、樟脑诸项产业的繁荣，使台湾商品化程度高于福建沿海区域。依据晚清的海关统计数据，笔者制定了表9-7、9-8。

表 9-7　1868~1872 年福建、台湾经海关统计人均海上贸易值[*]

年份	福建海上贸易总值[**]（万海关两）	福建人均[***]海上贸易值（海关两）	台湾海上贸易总值[****]（万海关两）	台湾人均[*****]海上贸易值（海关两）
1868	2682	2.24	204	0.82
1869	2591	2.16	231	0.92
1870	1959	1.63	310	1.24
1871	2314	1.93	348	1.39
1872	2436	2.03	365	1.46

　　[*] 福建海上贸易总值为福州与厦门的洋货进口总值、土货进口值、土货出口值相加；台湾的海上贸易总值即淡水海关、打狗海关统计的进出口总值。

　　[**] 据海关统计数据换算为海关两。数据原出姚贤镐编《中国近代对外贸易史资料（1840-1895）》，第1612、1621页。

　　[***] 晚清福建人口为1200万上下。

　　[****] 林满红：《茶、糖、樟脑业与台湾之社会经济变迁（1860-1895）》，第181页。

　　[*****] 晚清台湾人口为250万上下。

　　表9-7说明：清同治年间，台湾的人均贸易值虽然不如福建，但已经接近。20年后，台湾的人均贸易值便超过了福建（见表9-8）。

表 9 - 8　1887～1891 年福建、台湾经海关统计的人均海上贸易值比较

单位：海关两

年份	福建海上贸易总值*	福建人均** 海上贸易值	台湾海上贸易总值***	台湾人均**** 贸易总值
1887	28645659	2.39	8421055	3.37
1888	31636898	2.63	8637220	3.39
1889	26973668	2.25	8086819	3.23
1890	24907592	2.08	9224222	3.62
1891	25218480	2.10	8527085	3.34

　* 福州、厦门海关进出口数字来自姚贤镐编《中国近代对外贸易史资料（1840 - 1895）》，第1623、1612、1625 页。

　** 晚清福建人口为 1200 万上下。

　*** 表中台湾淡水港海关进出口数字来自姚贤镐编《中国近代对外贸易史资料（1840 - 1895）》，第 1630 页；打狗港、台南港的进出口总值来自孟国美（P. H. S. Montgomery）《1882～1891 年台湾台南海关报告书》，谢祥译，载《台湾经济史文集》，第 123～124 页。

　**** 清末台湾人口约为 255 万。

　　表 9 - 8 说明：晚清时期福建的出口总量其实远超台湾，以上选取的两个年代中，第一个五年（1868 - 1872），福建出口总量为台湾的 7～11 倍，第二个五年（1887 - 1891），福建出口总量为台湾的 3 倍，但台湾有后发优势和人口较少的优势。晚清福建人口约 1200 万，台湾人口，同治及光绪初年约 250 万，光绪中期为 255 万，台湾人口仅为福建的 1/4。但是，晚清台湾乌龙茶、蔗糖、樟脑的输出增长很快，早期台湾的人均年贸易值不足 1 海关两，福建为 2 海关两；后期台湾为 3.5 海关两，福建仍为 2 海关两，仅仅20 年，台湾已经超越了福建！晚清台湾经济发展之快，于此可见。

　　和台湾相比，晚清福建经济出现了多元化的倾向，对外出口并非福建经济的全部，福建除了与台湾共同的茶叶、蔗糖、樟脑三项生产外，其他重要商品生产还有木材、纸张、烟草、干果等，这是台湾所不具备的。不过，由于这些商品多由木帆船运往外省，海关无以统计。此外，晚清福建人大举下南洋打工经商，每年都有侨汇数百万至上千万元汇入家乡，这也是台湾所不见的。所以说，这时期闽台的商品经济程度大致相当。若不算侨汇经济以及对内输出，就闽台对外贸易来说，1891 年，福建海上贸易总值为 2305 万海关两，台湾为 853 万海关两，闽台海上贸易总值为 3158 万海关两，人均海上贸易总值为 2.17 海关两。这时闽台经济区的发达程度可与长江三角洲及珠江三角洲并列，同为中国经济最发达区域。

　　晚清海峡两岸经济的迅猛发展，使两岸经济日益对等，实际上，闽台

经济是在这一基础上开始了平等对话。可惜的是，这一时段并不太长。在清代前期和中期，福建经济远胜于台湾经济，当代的台湾经济超过福建数倍，也是不可否认的事实。在历史上，只有晚清时期两岸经济是对等的。不过，详细分析晚清的闽台经济，也可发现闽台经济发展同中有异。晚清台湾的经济结构简单而有效，由茶叶、蔗糖、樟脑带来的海外贸易日益发展，外向型经济在加强中。相对而言，晚清福建经济结构较为复杂，虽然茶叶、蔗糖、樟脑在福建都有生产，但是，除了茶叶生产之外，福建沿海的蔗糖生产受到台湾糖业的压力，产量不太大。樟脑贸易对福建而言，如一场来去匆匆的风暴。构成晚清福建经济支柱的是茶业、造纸业和伐木业，造纸业和伐木业的市场多在国内。其时福建的涉外经济主要体现于侨汇，清末民初，由南洋华侨、华人每年汇回福建老家的侨汇近千万银圆。劳务输出成为近代福建经济的支柱，这与台湾经济是不同的。

第五节　晚清闽台贸易和城市化进程

茶叶、樟脑及台湾传统的蔗糖制造，使台湾经济从农业经济开始向初级工业经济转型。在晚清台湾城市的发展过程中，福建工商人员大量进入台湾是重要的因素。此外，台湾经济的发展，对厦门城市的发展也起了重要作用。

一　福建手工业与台湾城市的发展

中国传统城市的特点是在城市的核心区域有许多手工业店铺，这些商店亦工亦商，给城市带来繁荣的景象。晚清台湾城市的特点是：各类手工业店铺都与福建师傅有关。事实上，晚清"去台湾生理"成为厦门及闽南一带的流行语。除了去台湾做茶的安溪人之外，许多福建师傅被"台湾钱，淹脚目"的民谣所惑，纷纷到台湾谋生。这对台湾各项产业的发展起了很大作用。

陶瓷业。清代台湾的陶瓷制品乃至砖瓦，多仰赖福建供应。下层平民，无力购砖瓦，多用土坯砖。连横云："乡村建屋，范土长方，厚约二寸，曝日极干，垒球以为壁，坚若砖，谓之土墼，费省数倍。"晚清台湾开始引进陶瓷业。"光绪十五年，有兴化人来（台?）南，居于米市街，范土作器，以售后市上，而规模甚少，未久而止。"① 又如，台北县的莺歌是台湾陶瓷

① 连横：《台湾通史》卷二十六《工艺志》，第453页。

业兴盛之地，清嘉庆九年（1804年），晋江磁灶的吴敦等陶工在此地开设窑厂，从此开创了莺歌的陶瓷业。清代，当地的陶瓷师傅多从泉州和福州聘请，例如，莺歌人制造陶缸方法有福州式和泉州式，用手挤出陶泥坯，这是福州式，适宜做大缸；而泉州做陶的方式是拉坯，适宜做小件的碗盘。莺歌渐成台湾制瓷中心，台北消费的杯盘碗盆，不再全是大陆商品，开始有了本地产品。[①] 福州陶师李二妹在当地传播陶艺技术，对莺歌陶业发展起了重要作用。不过，直至清末，台湾所需要的陶瓷，多由福建沿海窑口供应。

再以皮箱业来说，福州以制皮为特色的工业一向很发达。从清朝到民国，牛皮箱成为许多时髦人士出门的基本配备。据郭柏苍的《闽产录异》一书，清代福州即以皮箱业闻名，而其原料牛皮，多来自台湾。如《海东札记》对台湾的记载："内山多野牛，千百为群。欲取之，先置木城，一面开门，驱之急则皆入，入则扃而馁之，然后徐施羁靮，豢之以刍，驯则役同家畜矣。其革制衣箧甚坚，台物以此为最。"[②] 野牛多，是台湾盛产牛皮的原因。随着台湾城市的发展，一些福州师傅来到台湾制作牛皮箱，竹堑市内多了皮箱店，正是福州师傅在当地发展的表现。清末，台湾皮箱业大发展，"台南郡治之皮箱，制之极牢，髹漆亦固，积水不濡。次为鹿港。售之外省，称曰台箱。"[③]

台湾服务业。台湾民间有一句俗语："福州伯，三把刀"，或作"福州师，三把刀"，是说福州人在台湾城市的三大行业里的垄断地位。这里所说的三大行业，即福州人擅长的三大服务业：以剪刀为主的福州裁缝业，以剃刀为主的福州理发业，以菜刀为主的福州厨师业。以笔者的体会，一直到数十年前，福州人在福建城镇的这些行业中，都占有统治地位。例如，厦门是一个闽南人的城市，但其理发业的老师傅多为福州人。此外，厦门裁缝、厨师两大行业，曾经也是福州人的天下。理解这一背景，我们就会知道，为何福州人会到台湾谋生。因为，既然厦门等闽南城市的裁缝、厨师、剃头三大行业都由福州人掌握，清代台湾的三大服务业，自然也会由厦门人介绍的福州师傅到台湾去。迄今为止，来自福建的三大行业仍然深深地影响台湾的各个行业。福州人做菜放糖，因此，福州菜以甜为特征。在台南的福州师爷将福州厨子带到当地，影响了当地的制菜方式，迄今为

① 陈新上：《莺歌福州陶师李二妹》，《台湾文献》2010年第6期。
② 朱景英：《海东札记》卷三，台湾省文献委员会，1996，第43页。
③ 连横：《台湾通史》卷二十六《工艺志》，第454页。

止，台南菜在台湾各地的菜式当中，仍以甘甜闻名，说明它保持了较为浓郁的福州菜风格。① 众所周知，台南是一个以小吃闻名世界的城市，福州厨师在这样一个城市居于食物加工的顶端，其地位可想而知。事实上，台南的"意面""鼎边锉"都是著名的小吃，而追根究底，它都是属于福州风格点心。在台湾其他地方，福州小吃也很流行，台湾人云："鱼丸、燕丸，扁肉燕，男女老少吃不厌。" 福州制作肉燕的同利老店至今在台湾还有影响。而福州人爱吃的光饼，最后在台湾发展成胡椒饼等多种光饼。

三大行业之外，台湾还有许多行业与福州师傅有关。2004 年，笔者在台南大学做兼职教授，有一次在街头看到打着"福州师傅"牌子的一家刺绣店。两下聊起来，才知道店主的刺绣技术传自福州师傅，因此，当他知道笔者来自福州，对笔者十分热情，介绍了该店的成就，以及他们在台湾多次得奖的情况。后来知道，台湾人所讲的"福州师傅"，或是简称"福州伯"，即指手工艺十分精巧的师傅。这家刺绣店以"福州师傅"为招牌，等于向路人宣示：本店是技术高超的刺绣店，流传正宗的福州师傅手艺，因而会有最好的产品。《台湾通史》记载："台湾妇女不事纺织，而善刺绣。刺绣之巧，几迈苏杭，名媛相见，竞夸女红。"② 台湾的神庙会挂刺绣的匾额、条幅，所以，刺绣店的生意不错，从清代一直繁荣至今。除了刺绣之外，福州其他行业在台南市发展亦好，所以，台南市的老市区多有福州老店。今台南市东部，尚有属于福州人的墓地，当地学者言，仅这片墓地就有上千个福州人的坟冢。各地工匠来到台南，促成台南市面的繁荣："匠作冶金范银，钗笄钏珥之属，制极工巧。凡鬻冠服履袜者，各成街市，哄然五都，奢可知已。"③ 福建师傅在台南成功后，又向台北等其他城市发展，事实上，台湾旧城市的核心多为福建人开的商店区。

二 福建商人与台北的城市化进程

清代漳泉沿海以富裕闻名。一个外国人说："厦门仅仅是更为重要的漳州和泉州的一个外港。那些生意成功、赚得大量钱财的当地商人，大多住在漳州、泉州，享受着财富带来的优雅和奢侈。厦门与漳州的关系，就像

---

① 徐晓望：《台南看福州》，《福州晚报》2007 年 10 月 29 日，A27 版。
② 连横：《台湾通史》卷二十六《工艺志》，第 452 页。
③ 朱景英：《海东札记》卷三，台湾省文献委员会，1996，第 28 页。

上海与苏州那样。"① 漳州"这座城市曾经是中国这一地区的骄傲和巨大的贸易中心"，可惜的是，在 19 世纪 60 年代，漳州饱受战争的蹂躏。"1863 年，漳州城市和郊区人口 200 万人，而如今，城内仅有 2 万人，所有郊区人口也不超过 4 万人。"② "当漳州城被起义军占领时，有 60~70 万人被杀害和被疾病夺去生命。价值 20000000 元的金银被劫走，其中大约 1/3 在帝国收复该城时尚留存当地。在遭受损坏和毁坏的财产和房屋中，约有 2/3 留存下来。当地居民总共约损失 40000000 元。如今何以能企望一个兴旺的商务呢？所有富有阶层的人如今都陷入穷困境地。"③ 泉州躲过这场战争灾害，沿海经济仍很繁荣。"深沪以滨海一隅之地，居民多至数千户，或云万户。合计民财多至千万，或云数千万。洵海滨乐土。"④ 晚清对台湾商业投资多来自泉州，与这一背景有关。

晚清台湾大发展，吸引了泉商投资台湾。晋江东石的蔡章凉在嘉义县沿海大邱堡投资鱼埕成功，后转投商业，开办了振盈号及广盈号商行，从事笨港与泉州之间的贸易。以后发展出捷顺号、瑞记、长兴号、玉成、广利等商号。在东石镇，蔡氏办起了"源利"总号，经营台海商业，下辖海船多艘，有瑞玉、瑞瑛、瑞裕、瑞隆、瑞琨、瑞丰、同昌、长庆、广裕、廉成、胜发、复吉、复安、复庆、复顺、复发、复益、复青、金湖发、金顺利等船号，这些商船北走东北、河北、上海、宁波诸港，东走台湾，赢利相当丰厚。⑤ 这类商号在晋江沿海还有很多。如东石蔡氏二房的"玉记"，深沪港陈氏的"益源号"，都有强大的商业实力，并经营对台湾的贸易，在台湾有产业。⑥ 又如"丁克家，福建晋江丹棣乡人。年十三，来台省父，父贾于鹿港……遂居焉"。"李锡金，字谦光，泉之晋江人，年十四来台，居淡水之竹堑，佣于某商家……洎长，与昆弟营生，家渐裕。""张首芳字瑞山，泉之同安人，为厦门巨商司记室。……兄及两弟皆贾大洋洲，久不归。……父没后，来台，居艋舺，嗣移旧港，以商起家。"⑦ 艋舺巨富黄禄亦为晋江人，于道光年间随父赴台湾经商。他最初从事樟脑生意，后开设万

---

① 〔英〕施美夫:《五口通商城市游记》，温时幸译，第 384 页。
② 厦门市志编纂委员会、《厦门海关志》编委会编《近代厦门社会经济概况》，第 23 页。
③ 厦门市志编纂委员会、《厦门海关志》编委会编《近代厦门社会经济概况》，第 74 页。
④ 朱正元:《福建沿海图说》，第 166 页。
⑤ 粘良图:《晋江海港琐记》，厦门大学出版社，2010，第 179~180 页。
⑥ 粘良图:《晋江海港琐记》，第 182~189 页。
⑦ 连横:《台湾通史》卷三十五《列传七》，第 695~700 页。

顺料馆，从福州采购杉木，售于台湾，并将台湾的樟脑及樟木售于福州。闽台贸易使其成为艋舺巨富之一。黄禄死后，其妻继续经营，艋舺三座码头之一属于黄家所有，专门从事木材批发贸易。这些人或是在台湾投资，或是在台湾经营成功，他们的活动，对晚清台湾商品经济的发展，起过重要作用。

北台湾诸地工商业的繁荣，导致台湾城镇化进程展开。台北的城市萌芽于艋舺，在乾隆年间已经有"一府二鹿三艋舺"之称。淡水和沪尾夹淡江南北相望，淡水镇："口内北岸六七里许有已废红毛楼尚存。背楼临水旧建大炮台一座，颇雄壮，台基可容千人，水师守备一员，本汛兵五百八十名驻此。循北岸东行二里许，居民街约二三百家，即沪尾街也。由此东行，水程三十里，及至艋舺，为淡水最大村镇。巨商富户，皆萃于此。艋舺参将兼辖水师营在焉。"① 艋舺的发展尤为突出。"台地自办商务以来，不及两载，市面渐繁。盖从前府衙一带，田地十居其八；刻下起造房屋，各项贸易栉比星罗，非复旧日荒凉气象。而艋舺为货物聚集，规模宏敞，不减申江。"② 此处的申江是指上海的黄浦江，晚清黄浦江的繁荣闻名于海外，将艋舺所在的江面与黄浦江相比，艋舺的繁荣由此可知。其时，艋舺的商人每每为艋舺及台北的公共建设捐资。"光绪七年，巡抚岑毓英议建大甲桥，命各属绅裔输助。腾云捐工七十名，桥成，大府嘉之。局面捐建艋舺义仓，置义冢，遇有灾害，则出以赈。台北初建，新筑考棚，腾云献地，并捐经费。"③

晚清，艋舺的河道逐渐淤塞，其下游的大稻埕发展起来。大稻埕开发者的领袖为同安人林右藻。他幼年时受过儒学教育，道光年间从商，随父亲来到艋舺八甲庄经商。咸丰三年（1853 年），同安人在与艋舺泉州三邑人（晋江、南安、惠安）的械斗中失利，被迫离开八甲庄到大稻埕一带谋生。林右藻率同安乡亲在大稻埕修建复振、复源、复兴三家商号。1863 年淡口被设为通商口岸之后，林右藻欢迎洋行到大稻埕做生意，当地很快成为台湾乌龙茶贸易中心，市井繁盛，更胜于艋舺。林右藻率同安人组成名为"金同顺"的厦郊，后又和艋舺三邑人的泉郊、北郊合并，成立新的"金泉顺"商号联合体，实现了台北泉厦商人的联合。大稻埕不久成为台湾北部的茶叶贸易中心，集中茶行 150 多家。其后，刘铭传在大稻埕与艋舺之间建造台北城。《台湾通史》的"李春生传"云："光绪十三年，台湾建省，巡

---

① 佚名：《台湾十七口设防状》，载林呈蓉主编《台北县史料汇编·淡水篇》，第 216～217 页。
② 唐赞衮：光绪《台阳闻见录》卷上《洋务·商务》，第 44～45 页。
③ 连横：《台湾通史》卷三十五《列传七》，第 699 页。

抚刘铭传暂驻台北，乃于城外大稻埕，新辟市廛，而规模未备。""（李）春生与富绅林维源合筑千秋、建昌二街，略仿西式，为民倡，洋商多僦此以居。"①《台湾通史·商务志》也谈到刘铭传在建台北时的决策："乃以城外之大稻埕为商埠，濒河而居，可通航运，遂说富户林维源、李春生合建千秋、建昌二街，为市廛。内外茶商多僦之，其后日盛。十三年，邀江浙商人集资五万两设兴市公司，创建城内之石舫、西门、新起诸街，以栖商贾，治大路，行马车。聘日本人凿井，曰自来水，汲者便之。翌年，设电汽灯，燃煤为之，凡巡抚、布政各署、机器局及大街均点之。而大稻埕铁桥亦以是年成，费款七万余圆，上利行人，而下通船舶，设机为纽，可以启闭。当是时，省会初建，冠盖云集，江浙闽粤之人，多来贸易，而糖、脑、茶、金出产日盛，收厘愈多。"②

光绪元年，官府决定在台北设立郡治，其地以艋舺及大稻埕为核心。"查台北自光绪初年分设郡治，仅将城垣、文庙、试院、府署陆续营建，其余地方因民力不逮，多未兴办。其时，城内尽属水田，不特屋宇无多，并无舆马可通之路。先经饬据淡水县勘购民田，按折方论丈给价，砌筑横直官道。一面招商盖造铺面，阛阓渐兴。"③ 迨至清末，台北人口有七八千户，是个规模可观的城市。④ 一个外国人评价台北："在 1888 年，大稻埕外国房屋前面沿着河岸的那片广大的地方都被填起，并由中国的资本家投资兴建房屋，现在这片地方已经布满房屋，其中最显眼的是一个宏敞的外国人俱乐部，其余的房屋则大抵都是作烘焙或包装茶叶之用的。从大稻埕通到台北的道路，以及台北城里的道路，都已大为改善，巡抚刘铭传开始采用人力车。"⑤ 可见，台北的城市化顺利。

三　晚清闽台贸易与厦门港市的成长

厦门港港阔水深，是远东最佳良港之一，自明末郑成功开港以来，一

① 连横：《台湾通史》"李春生传"，第 706 页。
② 连横：《台湾通史》卷二十五《商务志》，第 445～446 页。
③ 唐赞衮：光绪《台阳闻见录》卷上《台北工程》，台湾省文献委员会，1996 年点校本，第 4 页。
④ 日本占据台湾之初，佐仓孙三云："今夫台北市者，城之内外，户不下七、八千，而旅馆甚少。"〔日〕佐仓孙三：《台风杂记》，引自林美容编释《白话图说台风杂记》，台湾书房出版有限公司，2007，第 154 页。
⑤ 马士（H. B. Mosre）：《1882－1891 年台湾淡水海关报告书》，谦祥译，载《台湾经济史六集》，第 99 页。

直是福建主要输出港口。清代厦门港是福建台厦道衙门驻地，台厦道台在此管辖厦门岛、澎湖列岛及台湾岛的民政事务。因此，厦门与台湾的渊源极深。晚清，一个自然因素又加强了台湾与厦门的联系。由于洪水的冲刷，台南的鹿仔港及台中的鹿港相继淤塞，附近的港口只能通行中小船；而台北的基隆港与艋舺、大稻埕之间隔着丘陵山地，台南的打狗港（今高雄港）外，有沙丘亘梗，大船无法入港。于是，晚清对外运输不得不依赖厦门港，多数出口商品由中小船只从台北的淡水港及台南的港口运出，在厦门或香港换装大船，再销往各地。台湾进口的商品同样要先运到厦门，然后再分运台湾各港。税务司官员说："厦门几乎垄断了台南和台北的所有贸易"。[1]1890年的厦门海关报告说："查台湾以厦门口为外府，各货悉藉资转运。本口复出之贸易，半多与彼处经营。"[2] 随着19世纪环球海运船只的大型化，厦门港在台湾对外运输业中的地位越来越重要。[3] 台南海关记载了台南港口（安平港、打狗港）与其他港口的贸易情况（见表9-9）。

表9-9　台南港口与各港贸易情况（1882—1891年）

港口或国家	进口（海关两）	出口（海关两）
厦　门	1775090	3103288
福　州	17126	66774
香　港	1626131	1248823
宁　波	785	缺失
上　海	24322	17310
汕　头	2029	238118
淡　水	33936	242915
日　本	109963	缺失
总　计	3583982	4917228
厦门港在台南贸易中占比	49.3%	63.1%

资料来源：孟国美（P. H. S. Montgomery）：《1882～1891年台湾台南海关报告书》，谦祥译，载《台湾经济史六集》，第121页。

---

[1]　吴亚敏、邹尔光编《近代福州及闽东地区社会经济概况》，第42页。
[2]　许妥玛：《光绪十六年厦门口岸华洋贸易情形论略》，载《光绪十六年通商各关贸易总册》，光绪十七年四月印，第88页下。
[3]　林仁川：《晚清闽台的商业贸易往来》，载李祖基主编《台湾研究25年精粹·历史篇》，2005。

表9-9说明：在与台南港贸易的诸港中，厦门港和香港最为重要，其中又以厦门港占绝对优势。台南进口货物（含本国商品）的49.3%、出口货物的63.1%（含本国商品）都是通过厦门港转运的。

厦门在台湾海上运输业中的地位决定了它在台湾贸易中的地位。事实上，台湾许多贸易都是由厦门的商行（洋行）运营的。厦门海关报告说："台湾的所有商行都是厦门商行的分行，在每年的一定时期，鸦片和棉织品运到台湾，以便获得资金购买诸如打狗以及淡水府的糖和淡水的茶叶、樟脑。"① 以1894年的数字来说，当年淡水输出土货总值为4884461海关两，但是由淡水海关直接对外输出的贸易值仅为614617海关两②，这表明台湾输出的商品由其他港转运的货值达4269884海关两。换句话说，台湾直接输出的货值仅占总数的1/8，其他7/8都是由厦门等港口转运的。台湾输出的商品中，最为重要的是乌龙茶。台湾乌龙茶主要生产于台湾北部，由淡水港输出。淡水海关报告："在出口贸易（在1882~92年这10年中出口贸易的未经校正的总价值额是29713764海关两）的价值额中，茶叶占94%，樟脑占1.5%，煤占2%。其他出口在数量和价值上都是无关轻重的。淡水现虽在一年中输出约135000担茶叶，但是在茶市场中并没有独立的地位。在另一方面，茶固然是此地出产的，但是茶业商人都在厦门设有总店，生意都是在那里作的。"③ 这条史料说明：台湾所产茶叶大都要运到厦门加工后再输出。1875年前后，厦门海关报告说："总数85981.49担的乌龙茶中，有45026.27担是来自台湾的。"④ 厦门市场上的台湾乌龙茶已经居于多数。来自台湾的乌龙茶越来越多，1881年，经厦门转口的台湾乌龙茶价值达203万海关两。⑤ 1889年，厦门自身的土茶出口仅2507800斤，而台湾淡水乌龙茶经厦门出口的数量达13494400斤。厦门乌龙茶仅为台湾乌龙的两成不足。⑥ 1891年淡水输出乌龙茶差不多是厦门乌龙

---

① 厦门市志编纂委员会、《厦门海关志》编委会编《近代厦门社会经济概况》，第88页。
② 姚贤镐编《中国近代对外贸易史资料（1840-1895）》，第1616页。
③ 马士（H. B. Mosre）：《1882-1891年台湾淡水海关报告书》，谦祥译，载《台湾经济史六集》，第88页。
④ 厦门市志编纂委员会、《厦门海关志》编委会编《近代厦门社会经济概况》，第160~161页。
⑤ 厦门市志编纂委员会、《厦门海关志》编委会编《近代厦门社会经济概况》，第244页。
⑥ 许妥玛：《光绪十五年厦门口岸华洋贸易情形论略》，载《光绪十五年通商各关华洋贸易总册》，光绪十六年五月印，第84页。

输出的 6 倍。① 可见，在甲午战争之前，厦门的乌龙茶出口完全靠台湾乌龙茶在支撑着。

早期厦门与台湾的贸易中，厦门长期出超。厦门海关统计："1870 年，本口岸的进口洋货几乎全是曼彻斯特的产品和鸦片，复出口到台湾的总计达 1240946 元，厦门产品出口到台湾的则为 19350 元，合计为 1296577 元。而 1869 年同类货物复出口和出口到台湾的总值为 1031375 元。"② 台湾输出厦门的商品不多。"1870 年，厦门进口的台湾产品总值为 290207 元，而 1869 年为 405245 元。"③ 由此可见，1869 年厦门港在与台湾的贸易中出超近 60 多万元。1870 年，厦门港在与台湾诸港贸易中出超 100 多万元。出超意味着台湾的白银流入厦门，成为厦门城市发展的动力。

随着台湾茶叶、蔗糖、樟脑等三项产业的发展，台湾的输出渐渐超过了进口。林满红认为："根据《海关报告》，1878 年以前台湾的出口值与进口值仍然互有高低，但 1878 年以后，台湾的出口一直多于进口。"尤其是 1890 年至 1894 年，台湾进出口贸易值对冲之后，台湾每年盈余 104 万至 180 万银圆。台湾进出口总值大有增加。1868 年，台湾进出口总值仅有 203 万海关两，迄至 1894 年，台湾进出口总值为 1270 万海关两。④ 如此巨大的进出口货物主要由厦门港转运，成为厦门城市发展的动力。表 9 – 10 为厦门港的数据。

表 9 – 10　厦门港直接对外贸易出口（1890—1894 年）

年份	直接对外贸易出口总额（海关两）	土货出口（海关两）	土货占出口比例（%）
1890	3515619	2229603	63
1891	4509220	2336539	52
1892	4856802	2238545	46
1893	5349940	2307669	43
1894	6637484	2650020	40

资料来源：姚贤镐编《中国近代对外贸易史资料（1840 – 1895）》，第 1616、1625 页。

表 9 – 10 说明：厦门港自身的土货出口仅占总出口额的 40% ~ 60%，其余的出口值来自转口贸易，应当主要是台湾乌龙茶贸易造成的。这也说

① 马士（H. B. Mosre）：《1882 – 1891 年台湾淡水海关报告书》，谦祥译，载《台湾经济史六集》，第88 页。
② 厦门市志编纂委员会、《厦门海关志》编委会编《近代厦门社会经济概况》，第 50 页。
③ 厦门市志编纂委员会、《厦门海关志》编委会编《近代厦门社会经济概况》，第 54 页。
④ 林满红：《茶、糖、樟脑业与台湾之社会经济变迁》，第 155 ~ 156 页。

明：晚清台湾与厦门港是相互依存的关系。台湾进出口贸易主要依靠厦门港转运，由此带来每年数百万银圆在厦门港进出，使厦门市面日益繁荣。厦门的周边有泉州市和漳州市，这两个城市都有海港进行直接的对外贸易，因此，厦门的内地市场较小，历史上厦门的繁荣，主要依赖本港与其他港口转口贸易，其中厦门与台湾市场的关系最为重要。

　　因1885年之后，福建红茶在国际市场上遭受挫折，在英国市场上的份额被新生的印度、锡兰红茶取代，红茶出口大幅度降低；清末福建茶业仅靠乌龙茶出口在美国市场上占有一定份额。而清末乌龙茶主要产于台湾，经厦门出口。于是，相关图表显示：清末福州的出口额逐渐降低，而厦门出口额逐步上升，迄至1894年，厦门出口额已经超过福州190万海关两。据朱正元光绪二十八年出版的《福建沿海图说》，1902年厦门港拥有30艘大商船，200艘中型商船，还有1000艘小商船行驶于厦门港与周边小港之间。[①]厦门人的经商热情可以从以下事实中窥见一斑，"厦门市的人口估计只有15万，拥有的商船数目却是重要的省会城市福州的三倍。"[②]茶叶贸易使厦门再次繁荣起来。《福建沿海图说》记载："厦门自通商以来，沿岸一带，华洋杂处，市面极盛。"[③]总的来说，在清末福建红茶出口遭受重挫的背景下，是台湾乌龙茶的输出让厦门市继续保持繁荣。可见台湾乌龙茶输出对福建的重要性。

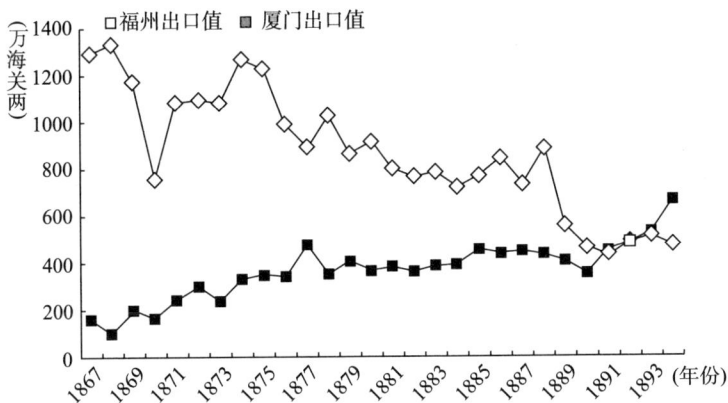

图 9-8　晚清福州、厦门出口值比较（1867—1894年）

资料来源：姚贤镐编《中国近代对外贸易史资料（1840-1895）》，第1616页。

---

①　朱正元：《福建沿海图说》，光绪二十八年刊本，中国华东文献丛书第三辑，华东史地文献第35卷。

②　〔英〕施美夫：《五口通商城市游记》，温时幸译，第382页。

③　朱正元：《福建沿海图说》，第174页。

小 结

晚清闽台贸易受到洋货的强大冲击，从海外输入的棉布、鸦片、煤油、火柴等商品，在闽台两省的市场上都占据相当的份额；不过，福建在对外贸易方面有悠久的传统，晚清福建的茶叶出口激活了本土经济，从而使福建成为国内少数几个出超的省份。台湾在闽台商民的努力下，对外贸易发展很快，台湾所生产的茶叶、蔗糖、樟脑，在国际市场上十分畅销，台湾迅速成为中国对外贸易最发达的省份。

在经济发展的基础上，闽台商人与洋商进行了激烈的竞争，早期台湾的茶叶、糖业、樟脑的输出都掌握在洋商手里，但经历几次危机之后，海峡两岸的洋行倒闭不少，这些主要产业大都转入闽台商团手中。洋行最后所起的作用仅是将闽台商人采购的商品转运欧美市场，当然，这一贸易还是有很大的利润空间。从商业的角度而言，这是一个共赢的格局。闽台商团度过危机并获得发展的原因在于：当时的茶叶、蔗糖、樟脑制造都是福建的传统产业，其生产技术主要掌握在福建人手中。因此，闽台商人最终能够胜出。晚清由于台湾经济发展的前景看好，福建商人大举投资台湾；福建的官府，因台湾地位重要，也给台湾拨去了巨额资金，这都成为台湾经济发展的要素。台湾经济的崛起、人民的富裕，使其消费的福建传统商品日益增长，因而闽台贸易也有很大的发展，并且福建长期处在出超的地位。这使晚清福建在对台贸易中获取较大的利益。以厦门港为例，晚清的厦门主要依靠台湾的转口贸易繁荣起来。台湾在闽台贸易和对外贸易中获得大发展，城市化进程初具规模。综上所述，晚清闽台商缘是在发展过程中。

第十章　1895 年以来闽台商缘的变化

1895 年的甲午战争使中国痛失台湾。日本占领台湾之后，殖民政府先是着力割断两岸之间的经济联系，而后又将台湾作为侵略中国大陆的根据地，这都使传统的两岸贸易受到打击。日据时期的闽台贸易有两个趋势值得注意，其一，台湾与日本的贸易渐渐超过台湾与大陆的贸易；其二，在台湾对大陆贸易中，福建省所占地位逐步下降，逐渐落后于江浙与东北等地。1945 年，台湾光复，闽台商缘一度发展。然而，1949 年之后，台湾海峡国共对立的战争态势形成，闽台商缘被人为切断，不绝如缕。新的转折发生在 1978 年之后。其时大陆改革开放，双方释放善意，海峡军事对峙悄然瓦解，闽台商缘再续。可以说，自 1895 年以来 100 多年的闽台商缘一直随着两岸政治关系的变化而转化，但在两岸"三通"之后，闽台商缘渐有回归历史常态的趋势。

第一节　清末闽台贸易估计 (1895～1911 年)

从 1895 年到 1911 年的清代末期，闽台经济都遭受了重大的挫折。福建经济在武夷茶贸易由盛转衰的背景下，虽有发展，步履艰难。台湾在被日本占领之后，经济形势一度混乱，过了十多年后才走出停滞。在这一背景下，两岸贸易仍在继续，只是盛况不如晚清时期。从统计学角度而言，由于日本占领台湾后对大陆商船的税收遍及往来两岸的帆船，这使后人较完整地掌握闽台贸易的数据，分析这些数据，可使我们知道当时闽台贸易的全貌。

一　晚清福建经济的挫折和发展

晚清福建经济与武夷茶贸易有很大的关系，在 1888 年以前，英国人消费的红茶主要来自武夷山区，福建经济因而红火起来，尤其是以武夷茶为主的出口在国内占有重要地位。1888 年之后，英国人改喝产于印度和锡兰的阿萨姆红茶，福建茶叶的出口一下掉了 2/3，这使福建经济遭受重大打击（见表 10 - 1）。

表 10 - 1   晚清福建各港直接对外贸易出口值（不计台湾）（1867 - 1894 年）

年份	福州出口总值（海关两）	厦门出口总值（海关两）	福建出口总值（海关两）	全国出口总值（海关两）	福建出口值占全国的比重（%）
1867	12903811	1588335	14492146	52158300	28
1868	13252114	1009181	14261295	61826275	23
1869	11678920	1998824	13677744	60139237	23
1870	7562620	1647285	9209905	55294866	17
1871	10814587	2418436	13233023	66853861	20
1872	10921951	2992577	13914528	75288125	18
1873	10821260	2374011	13195271	69451277	19
1874	12652942	3296822	15949764	66712868	24
1875	12228517	3472437	15700954	68912929	23
1876	9884683	3438666	13323349	80850512	16
1877	8894362	4765033	13659395	67445012	20
1878	10261745	3516739	13778484	67172179	21
1879	8621284	4038123	12659407	72281262	17
1880	9133521	3638288	12771809	77883587	16
1881	7997821	3829238	11827059	71452974	17
1882	7688694	3631729	11320423	67336846	17
1883	7844329	3879195	11723524	70197693	17
1884	7253215	3927756	11180971	67147680	17
1885	7739531	4530529	12270060	65005711	19
1886	8431633	4405697	12837312	77206568	17
1887	7313443	4466348	11779791	85860208	14
1888	8841818	4355012	13196830	92401067	14
1889	5565359	4077115	9642474	96947832	10
1890	4645597	3515619	8161216	87144480	9.3
1891	4358845	4509200	8868045	100947849	8.7
1892	4913870	4856802	9770672	102583525	9.5

续表

年份	福州出口总值 （海关两）	厦门出口总值 （海关两）	福建出口总值 （海关两）	全国出口总值 （海关两）	福建出口值占 全国的比重（%）
1893	5157018	5349940	10506958	116632311	9.0
1894	4765719	6637484	11403203	128104522	8.9

资料来源：该表中的全国出口数据和福州、厦门出口的统计数据出自姚贤镐编《中国近代对外贸易史资料（1840－1895）》，第 1616、1610 页。

然而，晚清福建经济对武夷茶过于依赖，在 19 世纪 80 年代也遭受了重大挫折。1885 年中法战争之中，马尾船政遭受重大打击，与此同时，武夷茶的出口也遇到问题。这是因为英国人在锡兰及印度发展起来的茶园兴盛，对福建红茶形成竞争（见表 10－2）。

表 10－2　福建与印度、锡兰红茶出口量的比较

单位：磅

年份	1886	1887	1888	1889
福建红茶	98116464	79273588	75632083	58161531
印度红茶	54666864	67204236	71584113	80509995
锡兰红茶	5207290	8409700	15454946	26099840

资料来源：福州海关《1889 年福州贸易报告》。

表 10－2 说明，在 19 世纪 80 年代后期，福建红茶在国际市场上的销售发生根本性的扭转，从绝对优势渐渐下落至不及印度、锡兰红茶的一半！因此，福建茶商发生大面积的亏损。1886 年福州的中国茶商亏损达 250 万两白银。1888 年亏损 125 万美元，1889 年亏损达 300 万美元（当时 1 美元稍不足九八规元 1 两）。[①] 从 1886 年到 1894 年 9 年内，福建对外贸易出口值从全国的 17% 降至 9%。其原因在于：清代福建对外贸易主要依靠茶叶，茶叶出口盛，福建对外贸易就盛，一旦茶叶出口下降，福建对外贸易值就下降。反观其他诸省，1885 年之后，上海、广州与天津的输出大增，福建逐步落后。

1901－1903 年，全国年平均进出口总值为 78400 万元，同期福建年平均进出口总值约为 4000 万元，在全国所占比重为 5%。更重要的是福建从长期出超变为长期入超，19 世纪 90 年代，福建省从出超几百万元逐渐下降

---

① 戴一峰：《论近代闽江上游山区商品经济发展的制约因素》，《中国社会经济史研究》1987 年第 3 期。

到入超 1000 多万元，20 世纪的前 10 年，福建省每年入超一千多万元，最高的年份达到 2000 万元，外贸情况日益恶化。①

不过，经过一番调整，福建经济很快重新振作起来。民间用武夷茶贸易挣来的钱转投于纸张、樟脑②和木材生产。以纸业来说，光泽县为产纸地，"北乡白联纸，本境销不满万，余皆由陆路出云际关，运销河口、天津、湖广、上海等处，每岁约十余万担；其草纸、皮纸、竹简纸多在本地销售。"③ 可见，福建山区各县的纸产品，竟能占据大都会市场，这不能不使人对福建的造纸业刮目相看。清末南洋各地以及我国东北经济都获得较明显的发展，这二大市场的开拓，使福建纸业的前景一片光明。《闽县乡土志》记载福州土纸售往北方："据商家报告，光绪二十一年出口二万余担，三十二年增至五万余担，得银二百二十七万两有奇。"④ 据福建省统计处的《福建历年对外贸易统计》及《福建之纸》等书，在 19 世纪 70 年代，福建每年经海关输出纸品为一二百万元，至 1899 年上升为 500 万元（含汕头输出值），1905 年再次跃升为 1000 万元。从以上记载可以看出：福建纸业的大发展主要是在武夷茶贸易中衰之后，当时经营武夷茶失败的商人纷纷改营纸业，导致大量资金转入纸业市场，从而促进了福建纸业的发展。

武夷茶重振后在英国仍有一定市场。光绪十九年的福州，"出口土货。查大宗各货多有起色，茶叶一项……本年为茶市回春之兆。……除新金山与南阿非利加洲外，各销场均有加增，茶末一项，于俄国销场亦见增广。计赢四百十八担。推是今昔之景悬殊，外洋之汇水增涨，又为出口茶务之一大关键，不无有裨。值此金贵银贱难遇之机，各洋商允宜，更占汇水之益，厚利可收。乃以华商早烛机先，胸有成算，稔知外洋金价之贵，其市价亦即随之而增，是以华商反见大受其益。由此观之，明年更有鹬蚌相持之日，第未知谁是渔人也。中国好茶销场均为印度、锡兰二产所占，只以彼处仅关价值低贱弗计茶品高低，各处市面咸谓如斯。……查中国茶厘税虽重，若种植成本尚可与印锡争衡，彼轻而此更轻，在种之者亦非无利可

---

① 徐晓望：《论近代福建经济演变的趋势——兼论近代福建经济落后的原因》，《福建论坛》1990 年第 2 期。

② 清末，福建每年输出 200 万元左右的樟脑，1907 年达 260 万元。参见徐晓望《近代福建传统手工业》，载厦门大学历史研究所中国社会经济史研究室编著《福建经济发展简史》，第 203 页。

③ 邱豫鼎编光绪《光泽乡土志》，"商务"，光绪三十二年（1906 年）排印本，第 46~47 页。

④ 朱景星：《闽县乡土志·商务·杂述》。第 346 页。

收。……是又在艺植者之不可粗心太忽，仍须勤求加功，庶收桑榆之利，仍获如愿而偿。"①

福建商人对北方市场的开拓渐有起色。福州"杉木乃多由帆船运北，价值比上年较赢三万一千余两。茶计二万四千余担。亦较赢四千五百余担，即砖茶亦赢一千五百余担"②。福州的木材市场在宁波、上海、天津。1895年前后，福州出口的木材值银 170 万两，③ 产自汀州府的木材多由广东汕头转销，市场在岭南及南洋。长汀县"杉木一项，昔时运售潮汕佛广者，年以十数万计"④。总之，木材是居于茶叶、纸张之后福建第三项主要产业。

由于以往的统计多是进出口贸易，而清末福建的特色在于对内贸易也很强大，以下统计福建经海关记录的对内对外贸易总值，笔者称之为"海上贸易总值"，这一算法较为复杂，请看表 10 - 3、10 - 4、10 - 5。

表 10 - 3　1887 ~ 1891 年福州海上贸易总值

单位：海关两

年份	福州洋货进口总值	福州土货进口总值	福州土货出口总值	福州进出口总值
1887	3569485	1916536	9000548	14486569
1888	4310807	2336430	10514518	17161755
1889	3990107	1923788	7141225	13055120
1890	3520468	1828942	6469713	11819123
1891	4148523	1578530	6293027	12020080

资料来源：该表中福州进出口统计数据出自姚贤镐编《中国近代对外贸易史资料（1840 - 1895）》，第 1621 页。

表 10 - 4　1887 ~ 1891 年厦门海上贸易总值

单位：海关两

年份	厦门进口总值 *	厦门土货进口净值 **	厦门出口值 ***	厦门进出口总值
1887	6072983	3619759	4466348	14159090
1888	6501811	3618320	4355012	14475143

---

① 闽海关署理税务司爱格尔：《光绪十九年福州口华洋贸易情形论略》，载《光绪十九年通商各关华洋贸易总册》，光绪二十年四月印，第 77 ~ 78 页。

② 闽海关署理税务司爱格尔：《光绪十九年福州口华洋贸易情形论略》，载《光绪十九年通商各关华洋贸易总册》，光绪二十年四月印，第 78 页。

③ 朱景星：《闽县乡土志·商务·杂述》，第 346 页。

④ 丘复等：民国《长汀县志》卷十八《实业志》，民国三十年刊本，第 2 页。

续表

年份	厦门进口总值*	厦门土货进口净值**	厦门出口值***	厦门进出口总值
1889	6129688	3711745	4077115	13918548
1890	6121468	3451382	3515619	13088469
1891	5430439	3258766	4509200	13198400

* 该列数据出自姚贤镐编《中国近代对外贸易史资料（1840 - 1895）》，第 1612 页。

** 该列数字出自姚贤镐编《中国近代对外贸易史资料（1840 - 1895）》，第 1625 页。

*** 该列数字出自姚贤镐编《中国近代对外贸易史资料（1840 - 1895）》，第 1616 页。

表 10 - 5　晚清福建经海关统计人均海上贸易值

单位：海关两

年份	福州进出口总值	厦门进出口总值	福建进出口贸易总值	福建人均海上贸易值*
1887	14486569	14159090	28645659	2.39
1888	17161755	14475143	31636898	2.63
1889	13055120	13918548	26973668	2.25
1890	11819123	13088469	24907592	2.08
1891	12020080	13198400	25218480	2.10

* 晚清福建人口为 1200 万上下。

资料来源：该表中福州、厦门进出口统计数据出自姚贤镐编《中国近代对外贸易史资料（1840 - 1895）》，第 1612、1621 页。

1891 年，福建对外出口下降，人均出口值仅为 0.74 海关两，不过，加上与国内诸港贸易额之后，福建的海上贸易额还能达到人均 2.10 海关两。其时，国内对外贸易额人均不及 1 两。

在外贸方面，清末闽商重新开辟了美国的乌龙茶市场及非洲的绿茶市场，茶叶生产重新成为福建的经济支柱。

乌龙茶是青茶的一种，是介于绿茶与红茶之间的半发酵茶。青茶最早出现于武夷山，而乌龙茶则是道光年间出现于沙县的一种茶叶。沙县"内有富口、通门两处山皆种茶，商民辐辏，故汛弁春夏移巡，冬日乃回"[1]。当地县志载："茶，吕峰山、草洋乡者良。"[2] 当地传说，大名鼎鼎的乌龙茶树种原产于该地，因茶树上常盘有黑蛇，所以叫黑蛇茶，后被雅化为"乌龙茶"。从这则传说看，沙县很早就引进了青茶制造法，以后发明了乌龙茶。所以，咸丰六年（1856 年）施鸿保的《闽杂记》才会有："近来则尚

[1]　卞宝第：《闽峤辅轩录》卷一，清光绪间刻本，第 27 页。

[2]　徐逢盛等：道光《沙县志》卷十六《物产》，第 12 页。

沙县所出一种乌龙，谓在名种之上。"① 不过，从乌龙茶制造一向以安溪人
为主这一点来看，沙县的乌龙茶应当也是控制在安溪人手中的。

晚清，乌龙茶逐步引起美国人的兴趣，销售量越来越多，于是，乌龙
茶与红茶并列，成为福建茶叶输出最大宗的商品之一。在福建茶业的鼎盛
时代，武夷山红茶从福州出口，安溪县的乌龙茶从厦门出口。如前所述，
而后英国商人德克和厦门商人将福建的乌龙茶种植引至台湾北部，引起台
湾乌龙茶种植业的大发展。很少人知道的是：其时安溪人还将乌龙茶在闽
北推广，其种植规模更大于台湾！《建瓯县志》记载："乌龙茶叶厚而色浓，
味香而远，凡高旷之地，种植皆宜。其种传自泉州安溪县，制法与水仙略
同。清光绪初，工夫茶就衰，逐渐发明。至光绪中叶，遂大发展。近今广
潮帮来采办者，不下数十号"②。其时，建瓯县为福建生产乌龙茶最多的县，
其中又以安溪人詹金圃开办的茶庄最有名。该茶庄在香港茶市注册，拥有
香港颁发的相应证件。每年香港茶市开盘，首先要给詹金圃茶庄的茶叶定
价，然后依次给其他乌龙茶定价，詹金圃茶庄成为福建乌龙茶生产的龙头
企业。清末仅建瓯一县的茶叶年产值为 500 万元。从清末福建、台湾的出口
数字来看，台湾每年输出的乌龙茶在 14 万担左右，然而，晚清福建每年输
出的茶叶在 20 万至 40 万担之间，其中主力为乌龙茶，其次为输往非洲的
绿茶。

清末福建近代工业开始发展，除了官府所建马尾船厂外，民间试办了
电厂、焙茶厂、火柴厂和纺织厂。不过，焙茶厂的茶砖主要以俄罗斯为销
售对象，在遭到俄商的抵制后，闽商的茶厂只好闭门。火柴厂和棉织厂在
省内较有市场，发展稳定。此外，福建的水果加工业开始发展，不论是福
州还是厦门，都有罐头厂问世。从发展趋势而言，福建的纺织业和食品加
工业大有前途。③ 福建最大的问题是机械工业发展落后。晚清的马尾造船厂
本是先进企业。但该厂作为中国海军造船厂，在民国时期的命运改变。由
于经费有限，民国海军着重发展江南造船厂，马尾船厂的人员、设备而后
都移到上海，民国时代的马尾造船厂只剩下一个空壳，十分虚弱。缺少机
械工业的支持，福建现代工业发展前景受限制。

---

① 施鸿保：《闽杂记》卷十《建茶名品》，第 152 页。
② 蔡振坚等：民国《建瓯县志》卷二五《实业志》，第 2 页。
③ 李国祁：《中国现代化的区域研究：闽浙台地区 1860－1916》，中研院近代史研究所 1985
年刊本。

清末福建对外贸易输出多元化。以樟脑来说，清末樟脑的化学特性受到重视，国际市场上樟脑价格飞升。于是，樟脑生产席卷台湾的同时，也席卷了福建。1895 年以前，中国出口的樟脑每年约有 1 万担，每担产地价为 10 元，在香港市场为 16 元，主要产地在台湾。1895 年台湾被日本割占。在日本政府的支持下，日本商人哄抬樟脑价格，并到福建采购樟脑。福建民间引起一股砍树熬脑之风，古田县樟树"大者每株可售千金，小者亦可售数十金"[1]。霞浦县"樟脑盛行，炊斫数十寮，历十余年不尽"[2]。建安县"大樟树制油及脑，每年约有万余斤，各处至县，由溪载船，转运至省，装轮船运出口外及香港等处，省垣销售至上海，香港多销外洋，较广"[3]。清末，福建每年输出 200 万元左右的樟脑，1907 年达 260 万元。[4]

此外，福建还有传统的对东南亚出口，如瓷器、雨伞等日用品，都是东南亚民众喜欢的商品。清末福建在中国外贸中仍然占有一席之地。所以，清末福建经济尚可。1894 年，国内进出口贸易总值为 29374 万海关两，而福建省的进出口贸易总值有 2218 万海关两，在全国所占比重为 7.5%。[5] 此外，这一时期，闽南人开始了下南洋谋生的时期，每年都有数以万计的闽南人到南洋各国谋生，福建的侨汇骤增，每年有数百万至上千万银圆。"厦门税务司费妥玛（T. H. Fergason）在 1893 年的贸易报告中说，他估计来自在外国的闽南居民的汇款，每年大约在 16000000 海关两和 18000000 海关两之间。在我看来，到这 10 年末，这些数字又有了提高。"[6] 所以，这一时期的福建经济在国内仍有一定地位。[7]

二　清末台湾经济的停滞与改变

1895 年日本通过甲午战争迫使清朝将台湾割让给日本，消息传出后，

---

① 余钟英等：［民国］《古田县志》，第 20 卷，震文江记印务局 1942 年排印本。

② 徐友梧等：［民国］《霞浦县志》下册，《实业志》，第 18 卷。

③ 王宗猛：《建安乡土志·商务》。

④ 徐晓望：《近代福建传统手工业》，载厦门大学历史研究所中国社会经济史研究室编著《福建经济发展简史》，第 203 页。

⑤ 徐晓望：《论近代福建经济演变的趋势——兼论近代福建经济落后的原因》，《福建论坛》1990 年第 2 期。

⑥ 厦门市志编纂委员会、《厦门海关志》编委会编《近代厦门社会经济概况》，第 362 页。

⑦ 大致而言，近代福建经济虽有挫折，仍然保持逐年发展的势头，海上贸易总量增加。近代福建经济的最高点是 1929 年，其后，由于国内战争的影响，福建经济开始走下坡路，因而落后于沿海诸省。

台湾舆情鼎沸，掀起了轰轰烈烈的反抗斗争。一年后，反抗军主力在日军镇压之下大都失败，民间反抗势力转入游击战，此起彼伏的游击战持续十来年，让日本殖民当局头痛不已。长期的战争影响了台湾经济。所以，日本统治台湾之初，台湾传统经济没有起色。以台湾传统出口贸易来说，乌龙茶贸易保持晚清的水平，每年输出在 14 万 ~ 15 万担，而糖品生产，其市场主要在日本本土。唯有樟脑的输出大有增长，价格有所提高，但其总值不大。

　　日本占领台湾后，力图将台湾纳入日本市场。因此，1896 年，日本一度在台湾实施日本国内的税收政策，大大提高了台湾的海关税收。若这一政策完全落实，福建对台湾的输出将走上衰落之路。不过，日本的这一政策引起了英美政府的抗议，因为英美商人在台湾有较大的利益，许多商行仍在台湾运作，高税收使他们的经营遇到很大困难。当时的日本刚刚崛起，很多方面有求于欧美国家，所以，很快恢复了清末台湾的海关税率，这使日本与英美在台湾的冲突有所缓和。不过，日本殖民者将台湾当作禁脔，不允许他人染指，他们对英美在台湾的势力采取迂回打击的策略。例如，在台海航运方面，晚清时期，以英商资本为主的德忌利士公司（Donglas）①长期垄断台湾海峡的贸易航线，共有 55 艘商船来往于海峡各港。但在日据台湾时期，德忌利士公司面临日本航运公司的廉价竞争。日本在台湾的殖民当局为了霸占海峡航线，命令日本本土的大阪商船公司及日本邮船公司经营台湾海峡的航线，并给予大量补助，例如 1911 年日商经营台湾航线的收入中，竟有 31.7% 的收入来自政府补助。②巨额补助使大阪商船公司可以大幅度降低船价，德忌利士公司苦不堪言，不得不放弃一条又一条本来有利可图的航线，并于 1904 年关闭在台湾淡水的办事处，结束在台湾的业务。③最后，除了香港到福州的航线维持较久外，台湾海峡的相关航线，大多被日本公司垄断。

　　日本在 1905 年战胜俄国之后，在国际上的地位提高，这也使欧美国家对日本的影响越来越弱。1914 年至 1918 年的世界大战期间，英美为了争取日本的支持，对日本多方纵容，又使日本趁机扩张在东方的势力。日本占

---

①　有些文章将 Donglas 公司译成"道格拉斯"公司。

②　刘素芬：《日治初期台湾的海运政策与对外贸易（1895 - 1914）》，载汤熙勇主编《中国海洋发展史论文集》第七辑，下册，中研院人文社会科学研究中心，2005，第 641 页。

③　陈小冲：《日据时期台湾与大陆关系史研究（1985 ~ 1945）》，第 130 ~ 131 页。

据台湾后，逐渐实行鸦片、樟脑、盐、酒等重要商品的专卖，实现对台湾经济的垄断，而欧美在台湾的各种商行企业，逐渐被日本挤出台湾。从大势而言，英美诸国扶植起来的日本，最后成为自己的对手，这是从台湾事件开始的。而后英美的东亚政策转弯，开始支持中国对抗日本。日本与英美诸国的关系，从盟友变成竞争关系，而后又成为敌对关系，可以说，日本在台湾的所作所为为自己的失败埋下了种子。

如果说清末日本对欧美还有所顾忌，那么它对清朝的策略完全不同。日俄战争之后，日本以"强国"自居，开始全面渗透中国，对台湾的殖民政策日益加强。清代末年，日本在台湾的总督府对从大陆输入商品的税率逐年增加，1899年以后，日本大幅度提高台湾的输入税，将从香港输入台湾的商品排挤出台湾市场，而日本货趁机占领之。这一时期，在台湾的中国大陆商品也受到沉重打击。① 1910年，日本废除台湾的出口税和输往日本的出港税，其后，台湾商品输出日本可以免税，而输出中国大陆仍要纳税，一增一减，极大地影响了台湾的贸易取向。

20世纪初，贯穿台湾南北铁路的修成以及基隆港、高雄港的兴起，对台湾经济影响很大。清代末年台湾的传统贸易港口中，鹿港和鹿耳门港早已淤塞，淡水港吃水不深，难以进入大船，而打狗港的出海口横梗着一片沙滩，成为船只进出的障碍。日据台湾初期，打狗港完成前期的疏浚工作，可以进入较大型的轮船。其后，改名高雄的打狗港经过不断建设成为台湾两大港口之一，也成为台湾工业发展的基地。台湾北部的基隆港（鸡笼港）一直是一个优良的港口，其缺点是：它的位置虽然靠近台北，但与台北之间有数十里山路，交通困难，所以，基隆港的优越性一直不能发挥。清代晚期，刘铭传等台湾巡抚在台湾修建铁路，从鸡笼到台北大稻埕的路线基本通车。日本占领台湾后，接手铁路工程，不仅完善了台北与基隆之间的铁路，而且将其一直修到南部的打狗港。从1902年基隆港初期修缮工程完成开始，台北的主要商品乌龙茶就开始从基隆港输出，形成了基隆到神户再到旧金山的航路，这使传统淡水至厦门的海上运输相应减少。1908年台湾纵贯铁路完工后，台湾形成了一路二港的布局，台湾经济的格局由此大变。过去，台湾输出商品主要是从山地到海边的港口，然后运向福建等港口，贸易路线是东西向的。铁路修通后，打狗和基隆（鸡笼）二港成为台

---

① 薛化元等：《台湾贸易史》，第168页。

湾商品的主要出口港，台湾商品输出改成南北走向。许多商品过去是由淡水港运到厦门，现在是在基隆港装船，直接运向日本了。1909 年始，乌龙茶在淡水和厦门港的转运都被放弃了。此外，基隆港的开通，也使其成为日本商品的输入港，日本生产的各种日用品进入台湾，将大陆商品挤出台湾市场。可见，在日本占据台湾之后，经过十多年的殖民统治，开始扭转台湾与大陆贸易的主基调，台湾对日本贸易开始多于对大陆贸易，当然，这一变化是渐进的，清末台湾与大陆贸易还有相当的数量。

三　清末福建与台湾贸易统计

研究晚清时期的中国经济，较可信的数据是海关的统计，但若以为晚清的海关可以说明中国经济的全貌，则会犯另一个以偏概全的错误，因为，在多数海关边上，还有一两个不显眼的关口，习惯上称之为"常关"。例如，福州的闽海关设于南台，该海关下辖涵江总关、沙埕总关、三沙总关，这都是常关。晚清通过常关的贸易额也十分可观，研究中国沿海贸易，不考虑常关是不行的。

常关之设，其实是明清以来的传统。早在明代，国内沿海及沿江要港，都有税关之设，清朝沿袭了这一制度，早在清代初年，国内沿海各港都有税关，负责向过往船只征税。它是一种常设海关，所以被称为"常关"。

和常关相比，晚清海关倒是一个新事物。它的设置，与欧美航运势力有关。自从欧美国家与清朝展开贸易，就一直对清朝海关官员的索贿十分厌恶。1853 年，太平天国战争波及江南，上海发生了小刀会起义，道台被赶出上海城，大权旁落。在上海港的欧美商人趁机组织起来，自行为清朝收税，同时商定了较低的税率。其目的是杜绝清朝官员的索贿，方便西方商品的输入。但这一制度实行后，清朝发现：这类新式海关所纳税收可以完整地上缴朝廷，不会被官员中饱私囊，其后，总理衙门事务的李鸿章委托英国人罗伯特·赫德（Robert Hart）在全国推行海关制度，从而使海关成为晚清最可靠的财税来源。由于新海关所征收的对象是西方商人，因此，新海关确立之后，其征收目标仍是进出海关的外国商人和他们的船只。至于中国商人经营的传统帆船，一向由常关征收，新式海关无权问及，除非他们也雇佣洋船。[①]

---

① 〔日〕滨下武志：《中国近代经济史研究——清末海关财政与通商口岸市场圈》，高淑娟、孙彬译，第 198 页。

常关与海关的分立，对中国传统帆船来说是个机会。因为明清时代的中国传统税率很轻，如果说海关的税率常年是5%，常关的税率常在3%以下。而且，常关的官员常会收受船主的贿赂，进一步减少该征税收。因此，虽说晚清中国沿海已经引入轮船等新式船只，但是，中国传统帆船却能够凭着税轻的优势生存下去，而且在清代后期有较大发展。一开始，海关对常关不屑一顾，而后随着中国帆船队规模的增大，海关觉得自己漏过了一块肥肉。① 于是，海关方面有统一税收的要求。他们的主张一直到1901年有个终结，该年，清朝廷为了赔偿义和团运动后的巨额赔款，不仅抵押了海关的收入，而且将海关附近的常关也抵押给债权国。由英国人赫德管理的海关趁机将常关纳入辖下，沿海税收完全统一。②

以上对常关历史的回顾使我们知道，在1901年以前，海关数据不能反映各港口贸易的全貌。尤其是在闽台贸易方面，海关只能反映闽台贸易的一个方面，常关贸易量是没有统计在内的。如果只凭海关数字研究晚清的闽台贸易，肯定会低估闽台贸易真实数量，这也是目前学术界的一个问题。在前一章，我们费力地推算晚清闽台贸易额，其原因也在于不掌握晚清的常关数据。不过，日本占据台湾之后，开始重新确定税收。他们自然不会放过由福建驶向台湾的帆船。据台湾方面的史料，日本在台湾最早开放基隆、淡水、安平、打狗四个清朝规定对外开放的港口，但民间反应强烈，事实上大陆船只在台湾传统港口走私也很频繁，于是，日本在台湾的殖民当局又开放了八个特别港，允许当地与大陆之间的帆船贸易照常进行。关于日据初期台湾对大陆开放的港口，刘素芬根据史料制成表10-6。

表 10-6 日据时期台湾诸港中式帆船对大陆贸易之口岸

台湾口岸	大陆口岸
基隆	宁波、温州、福州、泉州
淡水	宁波、温州、福州、泉州
旧港	泉州、各港
后龙	泉州、福州
涂葛窟（梧栖）	泉州

① 清末有不少海关官员在其报告中讨论了这一问题。
② 参见〔日〕滨下武志《中国近代经济史研究——清末海关财政与通商口岸市场圈》，高淑娟、孙彬译，第193页。

续表

台湾口岸	大陆口岸
鹿港	泉州、汕头、柘林、厦门、温州、福州
北港溪（下湖口）	泉州
东石	泉州
安平	厦门、汕头、柘林、泉州
打狗	汕头、柘林、泉州、厦门
东港	泉州、汕头、柘林
妈宫（澎湖）	厦门、泉州、福州、汕头

资料来源：刘素芬《日治初期台湾的海运政策与对外贸易（1895－1914）》，载汤熙勇主编《中国海洋发展史论文集》第七辑，下册，第 677 页。

另外，日本的轮船公司一直从事台湾与大陆之间贸易往来。据台湾学者蔡昇璋的统计，1902 年台湾与中国大陆各口岸贸易比重为：厦门 43.8%、福州 24.2%、汕头 14.7%、温州 8.3%、泉州 7.0%、宁波 1.4%、兴化 0.6%。[1] 其中福建口岸共占有 75.6%，毫无疑问，福建港口在对台贸易中占有绝对优势。所以说，当时的陆台贸易主要是闽台贸易。

表 10－7　1896 年到 1899 年台湾对大陆进出口贸易帆船统计

年份	台湾至中国大陆		中国大陆至台湾		往来总计	
	艘次	吨数	艘次	吨数	艘次	吨数
1896	2778	54116	2967	57319	5745	111435
1897	2178	45199	2325	48926	4503	94125
1898	1796	43021	1875	44982	3671	88003
1899	1002	27300	1001	26311	2003	53611
1900	1158	33030	1219	36251	2377	69281

资料来源：台湾省行政长官公署统计室编《台湾省五十一年来统计提要》第十三类，"商业"，表 332 "历年进出口各国籍贸易帆船艘数及吨数"，1946 年刊本，第 978～979 页。

表 10－7 说明，清代末期，台湾与大陆之间往来的商船还不少，每年有 2000 至 5700 多艘次。这些船只的平均载重为 20 吨位左右，也就是传统计量单位的 400 市担，亦即 270 清担，可见，这些船只载重量与明清时期台湾

---

[1]　蔡昇璋：《日治时期台湾 "特别输出入港" 之研究》，硕士学位论文，中央大学，2008，第 194 页。

海峡最常见的木船差不多。每年由这些船只载运的商品在 5 万吨至 11 万吨之间。英国在淡水的领事馆也有相关统计。从 1896 年到 1902 年，中式帆船进出台湾北部淡水、基隆二港的的吨位最低为 1899 年的 2.24 万吨，最高为 1898 年的 4.18 万吨，平均每年为 3.2 万吨，在那个时代，这是一个可观的数量。台北的轮船运输因日军的调动曾经有个较大的数量，但自 1898 年之后，台湾诸口运输业回归常态，淡水和基隆两港口的轮船运输量每年为八九万吨，其间中国帆船的年运输量为 3 万吨左右，所以，在台北的两个口岸，中国帆船每年运输量为总量的 25% 至 30%。[①] 可见，清末民船经营的台湾与大陆的贸易商品总量不少。这些商品主要反映福建与台湾之间的民间贸易。

　　除了民间贸易外，台湾与大陆之间，还有英国等国轮船公司经营的闽台港口贸易，台湾出口的乌龙茶等商品仍由厦门港转运，所以，清末闽台贸易的总量可观（见表 10 - 8）。

表 10 - 8　日据初期台湾对大陆进出口贸易值统计（香港另计）

单位：台币元

年份	台湾进口大陆商品值	台湾出口大陆商品值	进出口总值
1897	7363551	9878584	17242135
1898	10099671	10872781	20972452
1899	6299751	8692467	14992218
1990	5995494	7792384	13787878
1901	5656169	7483722	13139891
1902	5156865	8759779	13916644
1903	5741745	6275181	12016926
1904	5811972	7175202	12987174
1905	5312762	5032874	10345656
1906	6163567	4946903	11110470
年均值	6360154	7690988	14051142

　　资料来源：台湾省行政长官公署统计室编《台湾省五十一年来统计提要》第十三类，商业，表 328 "历年输出货物价值按国别之分配"，表 329 "历年输入货物价值按国别之分配"，1946 年刊本，第 962、966 页。

---

① 上引数字参见刘素芬《日治初期台湾的海运政策与对外贸易（1895 - 1914）》，载汤熙勇主编《中国海洋发展史论文集》第七辑，下册，第 670 页。

表 10-8 说明，在 1897 年至 1906 年的 10 年间，大陆（除香港）每年对台贸易总值约 1405 万元台币，大陆对台湾输出约为 636 万元台币，而台湾输出大陆约为 769 万元台币，台湾每年可获利 130 万元台币以上，其数量不大。这一利润应当主要来自乌龙茶在厦门的转运。从福建的角度而言，厦门转运的乌龙茶最后销售于美国市场，福建人饮用的台湾乌龙茶肯定不多，事实上，清末台湾生产的茶叶、蔗糖、樟脑，其市场都在欧美诸国，厦门不过是其转运港口之一。所以，扣除这些商品之后，闽台贸易中，福建应是出超！这是清末白银从台湾流入福建的原因。

从福建对台湾的输出来说，清代末年，福建的茶叶、纸张、木材输出在国内十分有名，国内沿海城市使用的纸张、建造房屋使用的木材，以及饮用的茶叶，有很大一部分来自福建。不过，福建与台湾的商品有一部分是重叠的，例如茶叶和蔗糖，所以，福建对台湾输出的主要商品应为纸张、木材、陶瓷、烟草、生猪等。

据台湾方面清末的统计数据，1901 年输入木材达 785968 元台币，1902年为 705637 元台币，1903 年为 858377 元台币，1904 年为 759971 元台币，1905 年 837901 元台币。[①] 可见，在日据之初，大陆输台木材在 80 万元台币上下。

福建之纸一直是台湾畅销的商品。民国前期，人们主要用毛笔写字，所用书写纸为福建生产的毛边纸和连史纸。民国初年，随着普及教育的展开，北京、上海诸地畅销福建生产的书写纸，台湾也不例外。其时，日本虽然也在仿制中国的书写纸，但其质量比不上福建纸。所以，台湾学童习惯用福建产的书写纸。除了书写用纸外，祭鬼神用的纸箔（又有花金等名）在台湾的销售量也很大。"在最兴旺时期，石码制造专供台湾使用的花金牌号就有 20 多家，如金吉庆、福隆、聚兴、耀丰等，此外，无牌号、制白坯出售的尚有六七十家。每月输出估计在 200 吨左右，价值约四五万两大银"[②]。日据台湾时期的海关数据表明：台湾每年进口价值数十万元的"唐纸"，日据初期台湾进口的唐纸数值见表 10-9。

---

①　台湾省行政长官公署统计室编《台湾省五十一年来统计提要》第十三类，商业，表 327"历年输入主要货物价值"，1946 年刊本，第 956 页。

②　佚名：《龙台航运与贸易》，载福建省档案馆、厦门市档案馆编《闽台关系档案资料》，鹭江出版社，1993，第 557 页。

表 10 – 9　日据台湾初期台湾从大陆进口的唐纸价值

单位：台币元

年份	1896	1897	1898	1899	1900	1897 年至 1900 年平均值
输入值	190617	449295	518625	545744	644896	539640

资料来源：台湾省行政长官公署统计室编《台湾省五十一年来统计提要》第十三类，商业，表 327 "历年输入主要货物价值"，1946 年刊本，第 960 页。

　　以上数据中，1896 年的数字偏少，可能是战争影响的缘故。而从 1897 年到 1900 年的四年中，台湾平均每年要进口价值 54 万元台币的唐纸。

　　福建输入台湾的还有其他商品。

表 10 – 10　日据台湾初期台湾从大陆进口的瓷器价值

单位：台币元

年份	1896	1897	1898	1899	1900	1897 年至 1900 年平均值
输入值	37617	122372	164772	107416	121139	129470

资料来源：台湾省行政长官公署统计室编《台湾省五十一年来统计提要》第十三类，商业，表 327 "历年输入主要货物价值"，1946 年刊本，第 960 页。

　　估计清末台湾消费的陶瓷器，每年应有 13 万元台币。

　　日据台湾初期，台湾每年从中国大陆输入烟草达数十万元台币。见表 10 – 11。

表 10 – 11　日据台湾初期台湾从大陆进口的烟草值

单位：台币元

年份	1896	1897	1898	1899	1900	1901	1902	1903
输入值	413419	802230	1372334	476240	201617	356616	318633	296849

资料来源：台湾省行政长官公署统计室编《台湾省五十一年来统计提要》第十三类，商业，表 327 "历年输入主要货物价值"，1946 年刊本，第 959 页。

　　以上福建输往台湾的烟草最高值为 1898 年，当年达 137.2 万元台币左右！不过，此后海关统计数字迅速下掉，所以，年均烟草值为 529742 元台币。

　　其后，日本人在台湾开始试制烟丝，但其原料烟叶主要来自福建。1906 年，台湾输入的烟草近 100 万日元，其中 55 万日元为烟叶。清末烟草一直是福建输往台湾的重要商品之一。[①]

　　清末台湾人食用的猪肉主要从大陆运去。《台湾日日新报》676 号报告，

---

① 福建省档案馆、厦门市档案馆编《闽台关系档案资料》，第 550 页。

1903年12月2日在一艘名为金兴发号的泉州船上载有123头猪和49捆烟草。又据海关统计，1897年，台湾共输入120773头猪，价值623372元台币。[①] 可见其销售价值不可小视。这些猪主要来自福建及浙江的温州。

清末，福建也要从台湾输入粮食和其他商品。

光绪二十六年（1900年）《东西商报》说："晋江溪谷一带之所产，不足以养殖其住民四十万口，如此，故谷类之输入，不得不仰于台湾、长江沿岸及安南。"[②] 可见，一直到清末，台湾仍是泉州主要的粮食供应地。

表10-12 清末日据台湾输出大陆大米的价值

单位：台币元

年份	1896	1897	1898	1899	1900	1897年至1900年平均值
输出值	913292	1799762	2168339	1265727	2276360	1877547

资料来源：台湾省行政长官公署统计室编《台湾省五十一年来统计提要》第十三类，商业，表327"历年输出主要货物价值"，1946年刊本，第948页。

晚清台南对福建的大米输出估计为60万担左右，若再加上台中诸港的输出，总计应有75万担左右。一担大米以3元计算，共计225万元台币。可见，大米应是清末台湾向福建输出的主要商品之一。

总的来说，台湾人以漳泉移民为多，他们习惯了原产于福建的各种食物和日用品，在日本占据台湾之后，台湾仍然要从福建进口这些传统商品，这使福建与台湾的贸易仍然保持一定水平。此外，台湾的一些商品在华商和英美商人的运作下，仍然由厦门、香港等地转口外港，这也是厦门与台湾贸易的一个重要内容。

清末台湾兴起包种茶的制造。包种茶是一种浅发酵的茶叶，它的性质介于绿茶与乌龙茶之间，为了增加茶叶的香度，往往加入茉莉花等其他香花。它最早出现于福州郊区，在华北被称为花茶，在南洋则以包种茶闻名。南洋诸国多福建移民，喜欢喝家乡的茶叶，清代后期，包种茶在南洋爪哇诸岛的销路特好，于是，包种茶制造在福建和台湾兴起，许多厦门商人在台北采购包种茶，并将其输往南洋诸岛。其时，厦门是台湾包种茶的集散地。厦门商人往往在台北茶市大稻埕设有分号。台湾银行的调查资料记载，

① 〔日〕松浦章：《清末及日治时期中国大陆产猪对台湾的移入》，《清代台湾海运发展史》，第157、158页。

② 李文治编《中国近代农业史资料》第一辑，三联书店，1957，第472页。

在日本占领台湾之际，大稻埕经营包种茶的茶商"约有十分之七来自福建的漳州、泉州，十分之三来自广东，台湾本身的茶馆只有两间而已"①。文中的漳泉商人常将总商号设于厦门，所以，所谓漳泉商人，其实就是厦门人。其后，由于形势的变化，有不少在台北的漳泉商人加入日本籍，但他们仍在厦门有其分号。1911 年日本在厦门的领事馆调查了厦门相关商号，表 10－13 是松浦章整理后的表格。

表 10－13　1911 年厦门茶号及其与台湾的关系

商号	姓名	国籍	所在地	资金	台湾联络地与货物输送地之联络关系
建兴	陈子斑	中国	水仙宫街	十万金	在台北开设建泰号、三宝垅开设振隆兴
永裕	陈玉露	日籍台人	恒胜街	十万金	在台北和三宝垅开设义裕号
锦祥	郭春秧	日籍台人	柴桥内	十万金	在台北和三宝垅开设锦祥号
瑞源	陈有志	中国	亭仔下街	十万金	在台北委托珍记号买入，并在三宝垅开设瑞源号
建成	黄清标	日籍台人	何仔墘街	十万金	在台北和三宝垅、占城、暹罗开设建成号
成记	马厥猷	西班牙（？）	庙后街	七八万金	在台北和三宝垅开设成记
寔芳	陈大珍	日籍台人	崎头宫	五万金	在台北开设珍记号，在暹罗开设仙记，在三宝垅委托瑞源贩卖
景茂	杨成哲	中国	洪本部街	五万金	在台北和占城开设景茂号
启瑞	洪天球	中国	史巷街	五万金	在台北和开设发记号，在三宝垅委托建成号买卖。
珍春	王芳稱	中国	寮仔后街	四万金	在台北和占城开设珍春号
耀记	陈辰丸	日籍台人	后路头	三万金	在台北开设辰记号，在三宝垅开设万源号
文川	洪英	中国	柴桥内		在台北开设万源号，在三宝垅与瑞和号合资营业

　　资料来源：〔日〕松浦章《清末至日治时期台湾产包种茶的海外贩运网络》，《清代台湾海运发展史》，第 177～178 页。

　　以上 12 家商人不仅在厦门设有商号，并在台北或南洋设有分号，从而构成台北——厦门——南洋诸国的商业网络，将台湾的乌龙茶运销南洋各埠。应当说，是厦门商人最早创造了这一网络。厦门海关的英国人说："厦门商人是近代中国的威尼斯商人。他们已经同南洋许多国家建立了很好的贸易联系。他们据有强大的地位，将能够利用福建和长江流域北部省份的

①　林满红：《印尼华商、台商与日本政府之间：台商东南亚贸易网络的拓展（1895－1919）》，载汤熙勇主编《中国海洋发展史论文集》第七辑，第 586 页。

产品,迅速发展起一个生气勃勃的贸易。"① 台湾华商的成功,和他们应用了厦门商人的网络有关。

表 10-13 也让我们看到,迄至民国时期,台北的许多厦门茶商已经登记为日本籍,自成一个系统。换一个角度看,台湾商人自清代前期在宁波等城市已经初露头角,在晚清得到发展,迄至日据中叶,不少在台北谋生的厦门商人迫于生活,纷纷登记为日本籍,成为台湾当地人。这表明闽南商人的加入,是台湾商人集团成长的一个重要原因。

此外,清末在台湾谋生的福建"华侨"约有数万人,每年可以汇回 200 万至 500 万海关两的劳务费。②

总的来说,日本割占台湾初期,闽台贸易延续传统,还有相当大的贸易量。由于无法掌握晚清包括帆船在内的两岸贸易数额,所以,无法比较晚清和清末的两岸贸易,研究这两段贸易后,笔者的感觉是减少了。也就是说,日本占领台湾后头 16 年的两岸贸易减少了,不过,由于两岸历史关系的维系,闽台贸易还在进行。然而,随着日本对台湾控制的加强,台湾南北铁路的修通,迨至清末,台湾的贸易重点已经转向日本,闽台贸易地位相对削弱了。这一时期的闽台商缘,更多地表现在台湾商人与闽南商人的血缘关系。台湾商人的成长是建立在融入闽南商人的基础上的。

第二节 民国建立后的闽台贸易 (1912~1945 年)

1912 年中华民国成立后,经过短暂的稳定,军阀割据演变为军阀战争,其后,不堪忍受压迫的民众也掀起了反抗斗争。连绵的战争妨碍了中国经济的发展。此外,1929 年的世界经济危机波及福建,导致福建经济的长期停滞和后退。这一背景下的福建与台湾的商业关系不是能用"盛衰"二字简单描述的。

一 民国福建经济的发展与落伍

从经济而言,民国时期是中华民族的一个苦难时代。民国初年,历经打击的中国人均国民生产总值尚在世界诸国的前 20 名之列,此后世界各国

---

① 厦门市志编纂委员会、《厦门海关志》编委会编《近代厦门社会经济概况》,第 364 页。
② 〔日〕滨下武志:《中国近代经济史研究——清末海关财政与通商口岸市场圈》,第 154 页。

大发展而中国经历了连续不断的内战外战，1949 年左右，中国的人均国民生产总值已经落到世界诸国的末尾。这一背景下福建经济的命运可想而知。

民国时期福建省的数字化管理尚在初级阶段，全省可靠的经济数字只有海关对福州、厦门、三都澳等海口的进出口统计。必须注意的是，这一时期福建可供出口的商品仍然是以茶叶为主，清末盛极一时的樟脑贸易已经衰退，福建其他出口商品只有纸伞、笋干之类的小宗商品。不过，闽商对东北、华北、江南市场的开发颇为成功，福建所生产的纸张、茶叶、木材畅销于国内市场，在一定程度上抵消了大量进口的逆差。福建在输入商品方面，由于鸦片生产本地化以及国家禁烟的努力，鸦片进口数量很少；最大宗进口商品是粮食、煤油、棉布等商品。从统计数据看，民国成立后，前八年福建的海上贸易仍然陷于停滞，从 1919 年开始有所增长，1929 年达到近代史上福建对外贸易额的最高峰，该年福建出口为 2923 万元，输入为 4677 万元，进出口贸易总额为 7600 万元。该年福建入超仍然可观，共为 1754 万元。弥补出超的应为闽南一带源源不断的华侨汇款。1929 年之后，世界经济危机波及福建，而福建本土的红白内战日趋激烈，白区对红区的封锁越来越严厉，整个福建经济也因而衰退。表现在数字上，福建进出口贸易额逐年下降，1939 年进出口贸易额仅剩 3046 万元①，比最盛期下降一半。抗战发生后，海口被封锁，福建经济遭受沉重的打击，贸易总值更低。大致来说，福建经济从 1912 年到 1929 年的 18 年内，还是有所发展的。但从 1929 年到 1945 年的 16 年，总体上是在走下坡路的，这与先进的广东、浙江等省份形成鲜明的对照。以下是各行业发展情况。

福建纸业。明清时期福建是产纸大省。民国初年，欧式机制纸张逐步打入中国市场，对福建纸业市场造成很大的冲击。但是，由于欧制纸价格昂贵，而且不适于毛笔书写，所以相当长的时间里它在中国市场占有量不高，主要用来印刷西式书籍和画报，进口量不是很多。以福建为例，据海关统计，直到民国时期，进口的所有纸张，包括普通印书纸、蜡光纸、油光纸、洋连史纸、雪光纸、图画纸、机制纸浆，以及从上海、香港等国内城市输入的机制纸、纸箱，总共每年不过数十万元，最多的 1931 年，为 144 万元，② 是同期福建纸张出口值的几分之一。这就是说，不仅省内市场

---

① 周浩等：《二十八年来福建省海关贸易统计》，福建省统计处 1941 年 7 月永安铅印本。
② 周浩等：《二十八年来福建省海关贸易统计》，第 228 页。

仍以土纸为主，就是全国各地乃至海外，都对福建土纸有大量需求。至今我们翻开民国时期的书籍，多数都是由土纸印刷的；随着民国教育的普及，读书人消耗的毛边纸、连史纸等白料纸大增。福建之纸因而畅销于国内。民国初年杨大金的《现代中国实业志》统计，全国纸产值约为 27477521元，其中福建为 7575649 元，占全国的 27．55%。在各类纸产品中，连史纸福建占 49%，毛边纸福建占 64%，粗纸福建占 27%，都居于全国前列。

海纸输出也是福建一大宗生意。民国时代，迷信之风仍然弥漫于民间，从华北到东北迄至南洋，百姓所用祀神之纸（草纸，又称海纸），大都来自福建，这就使福建土纸生产有了发展的天地。

1934 年调查，福建省制纸槽户共有 12736 家，总计纸工 62545 人。其中尤溪县最多，有槽户 2852 家，纸工 11500 人。若以产量、产值而言，全省年产量为 697990 担，价值 6519970 元法币。其中，白料纸计 176000 担，值 337 万元；海纸 272000 担，值 180 万元；甲纸 233000 余担，值 134 万余元。各县产纸以宁化、上杭二县为最多，宁化县为 27930 担，值 777000 元，上杭县产纸 98760 担，值 652800 元。[①]

福建历年纸品输出情况以 1926 年的 1314 万元为多。1929 年尚有 1050万元。1931 年日本在东北建立"满洲国"，对福建等地的商品征以高额税收，福建之纸饱受打击，每年输出量降至 600 万至 700 万上下。抗战中，海口被日军封锁，海外纸来源断绝，福建之纸重振雄风，每年产值达 2000 多万元，1941 年为 2504 万元。[②] 不过，此时的法币已经贬值了。

木材。福建是我国三大林区之一。江浙经济发达区所用木材主要来自福建。民国初年，福建木材输出逐年增长，1912 年为 274 万元，1922 年为1571 万元，1923 年达到历史上的最高峰，为 2300 万元。以后数年多在 1500万元至 2200 万元之间浮动。1929 年世界经济危机发生后，许多国家建筑业停滞，国际市场上的木材价格下落，1931 年因受美日倾销木材的影响，福建输出木材降至二三百万元。从此进入衰退期，一直到 1949 年不见有什么起色。[③] 不过，福建木材的省内市场也很大，在新中国成立前，像福州、南平这样的闽江流域城市，几乎全用木材建成，整个福建木材的自身消费量

---

①　翁礼馨：《福建主要物产之产销概况》，载福建省政府秘书处统计室编《福建经济研究》下册，福建省政府秘书处统计室，1940。

②　翁礼馨：《福建主要物产之产销概况》，载《福建经济研究》下册。

③　周浩等：《二十八年来福建省海关贸易统计》，第 84 页。

不会亚于鼎盛时期的木材输出量。

茶业。民国时期福建茶业尚有一定地位，闽东红茶输出英国，此外，包种茶在南洋、绿茶在非洲、花茶在华北都有相当的市场。据民国时期的统计，从 1912 年到 1936 年，除了个别年份外，福建经海关输出的茶叶在 20 万担至 34 万担之间浮动，每年给福建省带来的产值为 700 万银圆至 3500 万法币，这个输出量一直保持到 1938 年。① 当时福建茶叶输出在国内占有一定的地位。1936 年福建茶叶年输出值占全国的 35.3%，1937 年占 33.0%。此后，日本海军封锁中国海口，福州、厦门相继被占，福建茶叶输出骤减，1939 年仅剩 13 万担②，迨至 1948 年，福建茶叶输出再降至 4 万担。

糖业。福建在清以前是中国主要产糖基地，但自清末东南亚诸国的糖业发展以来，福建就只能靠红糖、冰糖等特产占据一定市场。1936 年时有人说："三十年前福建运往本国各省者约值六七百万两，并有输出国外销售。"③ 1905 年以后，印度、锡兰、印尼的机制洋糖大量输入中国，土制糖产量一跌再跌，1928 年福建经海关输往外省的糖仅有 28 万担，价值 42 万元。以后略有回升，1932 年达 3.8 万公担，价值 95 万元。1937 年全省由海关输出糖 3.2 万公担，价值 70 万元。抗战中农民改蔗种粮，蔗糖生产大跌。④

陶、瓷、瓦、砖类。福建的瓷器曾是国际市场上的畅销品，从 1895 年始，欧美机制瓷大量输入中国市场，福建传统瓷业一步步地衰退，德化瓷器生产年年都在减少。不过，宁德、闽清等地生产的粗瓷仍有很大销路，20 世纪 30 年代，宁德瓷器产值达 100 多万元。陶、瓦、砖类的生产和沿海建筑业的发展很有关系，沿海经济繁荣时，这些产业就发展，抗战以后沿海经济衰落，这些行业也就萧条了。

纸伞业。纸伞是一种精巧的手工产品，在洋布伞未发明之前，它在南洋一带销路很大。1911 年福建出口的纸伞共计 67 万柄，价值 21 万元；以后逐年增长，1925 年达到 187 万多柄，价值 116 万元。30 年代日本发明了洋布伞，福建纸伞的销路日益下降，到新中国成立之前，不仅退出了国际

① 翁礼馨:《福建主要物产之产销概况》，载《福建经济研究》下册。
② 唐永基、魏德端:《福建之茶》，福建省政府秘书处统计室，1941。
③ 蔡仲宣等:《中国经济年鉴（1936 年）》，商务印书馆，1936，第 1～33 页。
④ 周浩等:《二十八年来福建省海关贸易统计》，第 104、187 页。

市场，连省内的城市市场也大半被洋伞占领。

蔬菜果品类。福建的香菇、笋干、龙眼干、荔枝干、橘子等农副产品风味独特，历来受到全国各地人民的喜爱。随着近代上海等沿海城市的发展，这些农副产品在市场上的销路日益扩大，1939 年福建橘子经海关输出值达到 179 万元；香菇外销以 1933 年最高，价值 101 万元。①

樟脑。樟脑外销最盛期是在民国初年，每年约有 200 万元以上的输出量。但是，随着人工合成樟脑的出现，福建樟脑渐渐失去它的市场，1930 年的出口值仅剩 3000 元，其后海关不再作统计。②

图 10 - 1　民国时期的福州台江区，现代工业已经兴起

资料来源：陈文涛《福建近代民生地理志》，福州远东印书局，1929，第 20 ~ 21 页。

民国初年，福建民营现代工业发展较快。1913 年，福建有 187 家制丝工厂，员工 5018 名；制棉业工厂 60 家，员工 1959 名。福州与厦门的电气工业较为成功，福州的“电光刘”和他的公司在民国时期长盛不衰。然而，福建现代工业的发展不如其他省份，工厂总数为 271 家，仅占全国的 6%，职工 7229 人，占全国的 3%。③ 总的来说，福建现代工业的发展落后于沿海各省，从而造成福建省在沿海地位下降。当然，对福建这样一个传统的对

---

① 周浩等：《二十八年来福建省海关贸易统计》，福建省统计处 1941 年 7 月永安铅印本。

② 徐晓望：《论近代福建经济演变的趋势——兼论近代福建经济落后的原因》，《福建论坛》1990 年第 2 期。

③ 李国祁：《中国现代化的区域研究：闽浙台地区 1860 - 1916》，第 302 页。

外贸易大省而言，最大的问题是对外贸易的停滞和落后。自武夷茶对欧洲输出失利后，福建省一直没有找到一宗重要商品输出，眼看着其他省份的外贸输出日益增长，福建省只得相形落后。当然，外贸的落后也和福建交通不便有关系，上海和广州有庞大的内河水系，进入上海和广州的商品，可以沿着水路输往内地，福建省的大河只有闽江，而闽江流域只在福建省，而且水流峻急，难用大船航行，因此，海外商品进入福建，只能在福建本省销售，这大大限制了福建的发展。时至清末，全国都在修铁路，山东的青岛及东北的大连，都因铁路而扩大了内腹，福建修成的铁路仅是厦门嵩屿到漳州江东桥的一段盲肠式的通道，修成不久，又因抗战而拆毁，对商品输出意义不是太大。交通落后制约了福建的发展，如果说清末福建还是国内外贸的先进省份，民国时期的福建多数时候只占中国对外贸易的 4% 左右。可见，外贸和现代工业的落后，是民国时期福建省从先进转为落后省份的重要原因。

　　民国时期福建发展较为成功的是华侨经济。清末民初是东南亚国家经济大发展的时代，制糖业、橡胶园和锡矿开采都需要大量的劳动力和资金。这一时期的闽南人和福州人都掀起了下南洋谋生的浪潮，每年都有数万人下南洋，有些人在南洋投资成功，成为橡胶园主和矿主。其他人打工也能得到比国内更多的报酬。他们将在南洋的收入寄回家乡，形成了数额巨大的侨汇。"厦门的海关税务司作了如下的概算，即在马尼拉、爪哇、海峡殖民地劳动者中有 250 万厦门人，他们每年向家乡的汇款在 1000 万美元以上，1903 年从海外归乡的 66000 人，携带的现金就有 600 万美元。"[①] 民国时期，福建省每年都有巨额逆差，弥补这一逆差的，即为侨汇。"21 世纪初的东南亚华侨人数大约有 400 万人，华侨向本国的汇款额每年大约有 5700 万美元。"[②] 侨汇造成福建城市的分化，厦门市因侨汇较多，城市规模不断扩大，从 1911 年的 11.4 万人发展到 1921 年的 30 万人；而福州因侨汇较少，武夷茶贸易最盛期已过，全市人口从最高峰的 65 万人，逐渐下降到 1921 年的 32 万人。[③] 不过，侨汇经济虽然可观，但在投资福建本土之时，总是遇到各种各样的麻烦，因此，福建经济很难发展。迄今为止，福建人在外经营的

---

① 〔日〕滨下武志：《中国近代经济史研究——清末海关财政与通商口岸市场圈》，第 150 页。
② 〔日〕滨下武志：《中国近代经济史研究——清末海关财政与通商口岸市场圈》，第 152 页。
③ 〔日〕滨下武志：《中国近代经济史研究——清末海关财政与通商口岸市场圈》，第 223 页。

企业很多，本土工业一直不如其他省份。福建人不得不自嘲："门里一条虫，门外一条龙"。

总的来说，民国初期福建经济经历 18 年的增长之后，进入衰退时期，在国内的经济地位，也从"沿海先进省份"变成诸省中"吊车尾"的末流。这使其与台湾的经济关系发生很大变化。

二　民国时期台湾经济的变化

日本统治台湾 50 年，前 10 年因日本军队在台湾到处剿杀反日势力，许多田地荒废，大资本家逃往大陆避难，其时台湾经济较晚清为差。日本在台湾的最后 8 年，也因为日本发动对华侵略，物资供应日益紧张，台湾民众的生活饱受打击。不过，在民国前期，台湾经济有一个稳定的增长期，客观地说，台湾经济超越福建，闽台经济地位发生倒转，正是在这一时期。

1912 年 1 月 1 日民国成立时，日本占据台湾已经有 16 年的历史，日本在台湾推广的"日本化"的殖民政策，开始显示其各方面的影响。

日本对台湾的大量移民。日本在台湾的总督府为了维持日本在台湾的统治，从日本输入了较多的行政人员，尤其是台湾总督府采取"警察治国"的方针，在台湾的每一个村镇，都布署了大量的日籍警察。此外，许多日本人到台湾做生意，因此造成台湾日本人的增加。1936 年前后，台湾的日本人有 27 万人上下；1942 年则有 30 万。他们控制了台湾各个领域的权力，从而对台湾进行了全方位的管治。

在农业方面，日本对台湾进行了详细的土地调查，将台湾的田赋增加了一倍。在调查过程中，日本没收了许多因战争而荒废的"无主地"，并将公有的山林地纳入总督府的管辖，从而掠夺了大量的土地资源。台湾田地原有大租主和佃户之分，日本以行政势力为后台，并以极低的价格购买大租主的权力，进而掌握了台湾土地的最高权力。另一方面，日本在台湾推行"农业革命"，也就是改良稻种，大量施用化肥，提高了亩产量。不过，由于日本在台湾采购大量的稻米运回国内，所以，台湾民众常感稻米不够食用，相关调查表明：台湾农民和市民，都大量食用番薯。

日本占据台湾后，日本资本进入台湾糖业，他们引进欧美先进的榨蔗机，在总督府的配合下，很快控制了台湾的榨糖业。台湾所产糖品主要运到日本销售。可见，在产业方面的"日本化"表现在日资控制了台湾的主要产业。

图 10-2 日据台湾时期的高雄糖厂，该厂由日资控制

资料来源：2014 年 4 月作者翻拍于台南市工业展。

台湾的乌龙茶产业则在日本统治时期走向凋敝。台湾乌龙茶在民国初年也遇到了清末厦门乌龙茶同样的问题：由于茶叶价格日益下跌，茶农开始以次充好，降低成本，结果造成恶性循环，美国市场对乌龙茶的接受度降低，采购量减少。1929 年世界经济危机后，美国人消费的乌龙茶数量急剧下降，台湾乌龙茶生产不再是主要产业。此后台湾茶农更多地致力于包种茶和红茶的生产。

台湾的樟脑生产遇到同样问题。民国初年，台湾控制了世界樟脑产量的 70%，当时欧美各国生产火药等商品都需要樟脑，樟脑价格飞涨。1916年台湾的樟脑输出达 586 万台斤，价值 466 万元。不过，随着科学家发明人造樟脑，台湾樟脑价格飞泻，台湾的樟脑生产也回落了。20 世纪 30 年代，赛璐珞工业兴起，台湾樟脑有了新的市场，但其贸易量不如 20 年代。1932年，台湾输出的樟脑达 292 万台斤，出口额为 296 万元。[①]

民国时代，台湾的水果生产较有起色。最为著名的是凤梨罐头、香蕉。台湾香蕉在东亚各国都受到欢迎，农民越种越多，每年约产 300 百万笼香蕉，[②] 成为台湾主要产业之一。

---

① 薛化元：《台湾贸易史》，第 170 页。
② 薛化元：《台湾贸易史》，第 145 页。

总的来看，日据时代的台湾以农业为主，主要农产品是大米、蔗糖、香蕉。这和日本在中国东北建设重工业形成鲜明的对照。究其原因，和原有基础有关。东北在张作霖时代已经有发达的重工业，而晚清的台湾出名的商品主要是农产品，如大米、蔗糖、乌龙茶、樟脑。这是日据时期东北和台湾经济发展不同的原因。

除此之外，日本在台湾较为注重发电厂的建设和道路的修建，在纵贯台湾南北的铁道线之外，又修了许多窄轨铁路，一直伸展到森林深处以及甘蔗种植最盛的地方。台湾的公路也伸及县镇，在港口方面，基隆港和高雄港（打狗港）的建设颇有成绩。

金融方面，日本在台湾发行"台湾银行券"，经济史学家有时称之为"台币"，其实质为台湾发行的日元。它的发行，结束了清末台湾使用各式银圆的历史。由于"台湾银行券"早期发生是以银圆为参考对象，所以，它的币值与银圆相当，这与日元及后来的法币都是一样的。由于台湾银行券发行量受到控制，它的贬值幅度较小。用台湾银行券统计进出口数字，较为稳定。

图 10 - 3　福州台江星安街及街上的张真君祖殿，这里又是福州钱庄业的会所

民国建元，日本也进入了大正时期，这时日本对台湾的统治开始巩固，台湾经济也有所发展，据"二战"后台湾省统计室的统计，在民国元年以前，台湾的进出口值长期在每年三四千万元上下浮动，1908 年之后开始有较大幅度的增长，1909 年为 8460 万元，超过了福建省进出口总值。1912 年

台湾进出口总值为 12542 万元，1920 年达 38370 万元，1930 年达 40970 万元，1937 年达 76228 万元。日本发动侵华战争后，台湾对外输出一度高涨，随后大幅度跌落，1945 年仅剩 4642 万元，① 回到了清末民初的时代。

在前文说过，晚清台湾的人均进出口总值已经超越了福建，清末，台湾进出口总值也超过了福建，民国时期，福建与台湾的差距拉开了。因此，民国时期福建与台湾的商业关系也发生了变化，晚清是福建资本输出台湾，而民国时期是台湾资本输入福建。

日本发动侵华战争后，遭到中国人民的全面抵抗，日本与英美的关系逐渐紧张。由于英美对日本的封锁以及侵华战争带来巨大的开支，日本不得不加紧对台湾等殖民地的剥削。又因日本在东北的铁矿无法供应日本的战争需求，日本开始搜刮民间的一切金属，台湾富人被迫将金银首饰献给日军作军费；台湾民间一切铜铁制品，都被日本搜罗用作战争物资。对于民众的食品，日本在台湾实行配给制，每个人所摊到的食品，仅够生存的最低需要。大致而言，第二次世界大战末期，日本已经将台湾可搜刮的物资掠夺一空，台湾老百姓生活极为艰难，台湾在战后的困难与此有关。② 总之，日据时代的台湾，前 12 年和后 8 年都是很糟糕的，不过，其间有 30 年经济上是有发展的，但其利益多被日本人占据。

三　民国时期的闽台贸易

民国时期，台湾的主要贸易对象已经转向日本，台湾主要商品大米、红糖都被运到日本，而日本生产的棉布等纺织品成为台湾市场上畅销的商品。台湾乌龙茶的贸易不再由厦门转运，而是直接由基隆转销各地。不过，台湾人在日常生活中还常用到福建的产品，福建的主要产品，如纸张、杉木都在台湾有相当的销路；日本商人也希望通过台湾与福建的关系将日本商品销往福建和内地。因此，日本在台湾的总督府开放一些港口让大陆帆船前来贸易，继续发展台湾与福建之间的轮船运输。

在闽台贸易中，帆船一度占据重要地位。林满红估计，日本占据台湾之初，每年航行于陆台之间的中国帆船有 3000 艘以上，1907 年后数量大

---

① 台湾省行政长官公署统计室编《台湾省五十一年来统计提要》第十三类，商业，表 321 "历年输出入货物价值"，第 918 页。
② 戚嘉林：《台湾史》海南出版社，2011，第 320~329 页。

跌，中国帆船度过了它的黄金时代。① 由此可知，由于轮船的竞争，当时的帆船已经面临被淘汰的噩运。不过，清末民初，法国工程师发明的柴油机动力开始在船舶上用于螺旋桨的推动，于是，许多帆船被改造为机帆船，从而使老式帆船获得了新生。民国时期闽台之间的轮船航运大都有固定的船期，一月两次，或是三次，其优点是稳定，但其机动性就不如随时可以出发的机帆船了。于是，中国帆船再次活跃起来。漳州龙溪县石码镇的史料记载："清朝末年，先有惠安獭窟船民与石码船民合股，开设'谦信船务行'于新行街（今新华路），建造木帆船，专走石码——澎湖——台湾之间，经营货运业务。接着，石码人李汉也独资建造帆船 18 艘，发展运输业。之后，船头行相继开设，计有连生经营的五美行，曾开福经营的裕孚行，曾连生经营的义记行，陈茂坤经营的义发行，张义经营的协泉行等，石码与台湾的海运、贸易蓬勃发展。船头行增多，随之而来的是竞相扩充业务，介绍船号，办理托运，招揽生意，以至兼作货栈。他们或自己造有船只，如五美行拥有帆船 7 艘，或只设行店，联系船家。当时，行驶台湾的三支大桅杆的木帆船，载重在 50 吨至 70 吨的共有 110 多艘。运载出口的货物有纸箔（花金）、杉木、红糖、红料（砖瓦）、陶器（大缸）、瓷瓶等，运回的货物有白糖、糖水、樟脑、面粉、生油等。为了满足各行业商家的需要，有的船头行还采取两地挂钩对运货物的办法，如石码运出杉木的原船，可运回台湾的楠木，运出红糖的原船，可运回台湾的白糖、糖水等。""当年往返于石码、台湾之间的船只，每艘一般配备 20 余人。有'出海'，负责经营货运的接洽事宜；有老舟代具体负责航行指挥；还有'二舵'、'水手头'、'船员'等。出海船只装完货物叫满载，起航前要敬神，船头献纸，船尾叫金（鸣锣），其他船只听到叫金后，也要回金（鸣锣）。航行途中，两船相遇，都要打锣互相致意，船员穿的是'大舵衫'、'拢裤'，用土白布制成，浸染薯榔液，以防透水。在海上作业，头上要包大围巾，以减轻海风吹刮，烈日晒曝。从龙海石码顺水起航，需要在金门料罗湾停泊，如遇大风大雾，必须待气候好转后方能继续航行。如若风平浪静，晚上从金门开出，翌晨可抵澎湖东面，然后直驶台湾，一般是停泊在高雄、梧栖、鹿港等地。运载糖的大船，可载 1400 担，小船 1000 担。每航行 3 年，船只一般要作一次小检修，5 年须作一次大检修。石码与台湾之间的船运，不仅载

① 林满红：《台湾资本与两岸经贸关系（1895~1945）》，载宋光宇编《台湾经验（一）——历史经济篇》，东大图书公司，1999，第 106 页。

货，有时也违反规定暗中载人。这种航运往来，一直持续到抗日战争爆发。"[①]

表 10 – 14　民国时期台湾与大陆历年贸易帆船进出口艘次及吨数

年份	由台湾到大陆的贸易帆船数（出口）		从大陆到台湾的贸易帆船数（进口）	
	艘次	吨数	艘次	吨数
1912	709	26017	733	27270
1913	777	21847	772	28698
1914	796	28191	804	28566
1915	737	28098	765	29076
1916	902	34955	912	35656
1917	994	45166	992	44124
1918	1403	65230	1447	67230
1919	1753	75915	1749	76329
1920	1711	76139	1760	77637
1921	1416	60156	1407	59700
1922	1145	54076	1154	53867
1923	1033	56724	1032	57388
1924	1067	50480	1094	51158
1925	1104	54064	1114	54403
1926	1043	50242	1046	49804
1927	986	54041	979	54001
1928	806	42896	816	43640
1929	972	46076	964	45875
1930	867	43949	875	44063
1931	826	42639	818	41825
1932	736	27526	726	27446
1933	929	25317	931	25425
1934	1531	39108	1545	39185

[①]　佚名：《龙台航运与贸易》，载福建省档案馆、厦门市档案馆编《闽台关系档案资料》，第557～558页。

续表

年份	由台湾到大陆的贸易帆船数（出口）		从大陆到台湾的贸易帆船数（进口）	
	艘次	吨数	艘次	吨数
1935	2211	44982	2235	45824
1936	735	16799	723	15580
1937	150	4976	124	4390
1938	—	—	—	—
1939	2	123	2	123
1940	—	—		
1941	2	26		
1941	2	26	1	13
1942	1	13	2	28
1943	8	862	7	718
1944	—		—	

资料来源：台湾省行政长官公署统计室编《台湾省五十一年来统计提要》第十三类，商业，表 332 "历年进出口各国籍贸易帆船数及吨数"，1946 年刊本，第 978～979 页。

表 10 - 14 的数字表明，民国前期，在台湾与大陆之间进行穿梭贸易的主要是帆船！厦门税务司的英国人记载："福建帆船来往于沿海从事航运贸易，并越过海峡到台湾。他们怀着令人钦佩的精神，以异常的速度，运载着可获厚利的货物。"[①] 大致而言，闽台之间，少的年份有七八百艘次帆船，多的年份有两千多艘次！以载重量而论，最多的 1920 年达 77637 吨！比当年的轮船运输多 6 万吨！这表明民国前期，帆船还是闽台贸易的主力。而且，一直到 1934 年，在台海两岸穿梭的贸易帆船还有 2000 多艘次！这确实让人意外。当然，从另一面来说，其船舶数量又比不上晚清穿梭两岸有六七千艘次帆船的规模，说明日据时期闽台两岸贸易是长期停滞的。

除了帆船外，行走于两岸的轮船逐渐增长。在 1920 年以前，在两岸穿梭的轮船出乎意料地少，有些年份没有记录，让人怀疑。笔者觉得这是因为当时的轮船多是路过福建及台湾的港口，最终目的地不是福建或台湾，所以，缺少相关记载。但轮船的优越性，使其在两岸航线发挥的作用越来越大，1920 年已经形成规模，以后逐年增长（见表 10 - 15）。

---

① 厦门市志编纂委员会、《厦门海关志》编委会编《近代厦门社会经济概况》，第 388 页。

表 10 - 15 民国时期台湾与大陆历年贸易轮船进出口艘次及吨数

年份	由台湾到大陆的贸易轮船数（出口）		从大陆到台湾的贸易轮船数（进口）	
	艘次	吨数	艘次	吨数
1912	26	25506	27	26457
1913	—	—	—	—
1914	—	—	—	—
1915	—	—	—	—
1916	—	—	—	—
1917	6	3888	6	3888
1918	1	2769	1	2769
1919	3	2403	3	2403
1920	12	12465	12	12465
1921	—	—	1	12
1922	12	14689	12	14689
1923	3	3267	3	3267
1924	21	27822	22	30515
1925	21	24228	19	22386
1926	24	27769	23	27748
1927	110	90355	107	88796
1928	53	51243	57	50640
1929	61	53512	64	55337
1930	76	68569	74	66827
1931	42	55126	42	55126
1932	12	19257	13	21668
1933	67	116564	69	120696
1934	161	264382	159	260513
1935	209	359875	206	355459
1936	113	248420	114	249535
1937	174	425793	176	435394
1938	26	109200	37	106242
1939	7	27013	4	15436

年份	由台湾到大陆的贸易轮船数（出口）		从大陆到台湾的贸易轮船数（进口）	
	艘次	吨数	艘次	吨数
1940	20	42450	22	47365
1941	56	96350	55	92372
1942	9	15582	9	17582
1943	5	4881	5	4881
1944	—	—	—	—

资料来源：台湾省行政长官公署统计室编《台湾省五十一年来统计提要》第十三类，商业，表330 "历年进出口各国籍贸易帆船数及吨数"，1946 年刊本，第 970～971 页。

表 10-15 的数字表明，1927 年进出台湾港口且行走于两岸的轮船载货量已经超越帆船的总量。其后帆船运输每况愈下，在两岸运输中失去主要位置，进而让位于轮船运输。

表 10-16 民国时期经营两岸贸易船舶吨数

年份	船舶从台湾出口至大陆总吨数	船舶从大陆出口至台湾总吨数
1912	51523	53727
1913	21847	28698
1914	28191	28566
1915	28098	29076
1916	34955	35656
1917	49054	48012
1918	67999	69999
1919	78318	78732
1920	88604	90102
1921	60156	59712
1922	68765	68556
1923	59991	60655
1924	78302	81673
1925	78292	76789
1926	78011	77552
1927	144396	142797
1928	94139	94280

年份	船舶从台湾出口至大陆总吨数	船舶从大陆出口至台湾总吨数
1929	99588	101212
1930	112518	110890
1931	97765	96951
1932	6783	49114
1933	141881	146121
1934	303490	299698
1935	404857	401283
1936	265219	265115
1937	430769	439784
1938	109200	106242
1939	27136	15559
1940	42450	47365
1941	96376	92372
1942	15708	17595
1943	4894	4909
1944	——	——

资料来源：作者自制。

　　从民国时期两岸贸易船舶吨数来看，民国初年是两岸贸易的低潮，大约从清末的 7 万多吨下降到不足 3 万吨。第一次世界大战结束后，两岸运输才开始活跃起来，迨至 1926 年，达到了七八万吨的水平，恢复到清末的水平。这也就是说，自日本于 1895 年割占台湾后，台海两岸贸易经历了长达 30 年的停滞。1927 年以后，两岸贸易有一个跃升，除了个别年份外，两岸贸易船舶吨数上升到每年十几万吨，至 1935 年已经达到 40 多万吨的水平，为清末数字的 5 倍以上。可见，从 1927 年到 1937 年是两岸贸易的一个新的高峰，这一时期台海两岸的贸易量应当超越了晚清的水平！不过，这一时期福建与台湾的贸易额所占比重却在下降（见表 10-17）。

表 10-17　民国时期台湾对闽贸易历年趋势表

年份	贸易额（千日元）	指数
1912	6518	62.3
1913	5146	49.2

续表

年份	贸易额（千日元）	指数
1914	5370	51.3
1915	6287	60.1
1916	7912	75.6
1917	10505	100.3
1918	11223	107.2
1919	12612	120.5
1920	14976	144.0
1921	11753	112.3
1922	9996	95.5
1923	8027	76.6
1924	13184	125.9
1925	15122	144.9
1926	17466	166.8
1927	18409	175.8
1928	16535	157.9
1929	16568	158.2
1930	8650	82.6
1931	5924	56.6
1932	5587	53.4
1933	4035	38.5
1934	7181	68.6
1935	8569	81.8
1936	7573	72.3
1937	4709	44.1

资料来源：原出《台湾省通志》卷四"商业篇"，转引自福建省档案馆、厦门档案馆编《闽台关系档案资料》，鹭江出版社，1993，第 526～527 页。

以上数据表明，民国时期闽台贸易的高点是 20 世纪 20 年代。这 10 年内，闽台贸易额增长一倍多，个别年份约为 1912 年的两倍。不过，1929 年世界经济危机发生后，在全世界经济一片萧条的背景下，闽台贸易也大幅度跌落，回到民国元年的水平，甚至在这条线以下。

如上所说，从 1927 年到 1937 年是台湾与大陆贸易的一个新高峰时期，大致与其相当的时期，却是福建对台贸易走向低谷的时期，这就导致闽台贸易在陆台贸易中所占比例下降。从清代后期 1902 年的 78.7% 降至 1936 年 15.8%。① 以 1926 年而论，当年福建与台湾之间的进出口贸易值达 1747 万日元，同年台湾与日本之外各地的贸易值达 11132 万元台币，如果包括台湾对日本的进出口值，台湾 1926 年进出口总值为 43484 万元台币。② 台闽贸易值所占比例为 4%。闽台贸易在台湾对外贸易中的地位几乎微不足道。

总的来说，福建与台湾之间的贸易值在晚清时期有很大增长，在日本占据台湾初年，闽台贸易还占有重要地位。不过，进入民国时期之后，虽说闽台贸易还有数百万元之谱，但在各地贸易总量大增的背景下，闽台贸易的地位就不同了。闽台贸易值在台湾进出口总值中所占地位一跌再跌。这是福建在国内沿海诸省中经济地位下降的反映。

据台湾省的统计，民国时期福建对台湾输出给人留下较深印象的是纸张、木材、烟草等商品。

海关数据表明，1921 年台湾进口的唐纸价值达 1263560 元。③ 这些纸多数应来自产纸大省福建。不过，在台湾市场上，福建之纸也遇到了日本纸的激烈竞争，在日本台湾总督府的扶植下，日本纸所占市场比例越来越高，进入 20 世纪 30 年代，福建之纸对日本输出仅剩 20 万元上下。④

福建对台湾的木材输出量较大。1927 年达 206.7 万元。不过，1929 年世界经济危机发生后，台湾所需要的木材量减少，多为日本木材占据，30 年代，福建输台木材仅剩 50 万至 60 万日元。有的年份降至 20 多万元。⑤

在福建商品输台下降的同时，其他省份对台输出却有上升。其时东北三省对台湾输出的大豆、植物油等商品达数百万元，其贸易总量胜过福建。福建从台湾输入的商品则多为日本转运的棉布、火柴等工业品。厦门海关的英国人说："由于无力与价格低廉的日本布匹相竞争，漳州和泉州的所有

① 陈小冲：《日据时期台湾与大陆关系史研究（1985~1945）》，第 133 页；黄福才：《台湾商业史》，江西人民出版社，1990，第 232~233 页。
② 以上数字多来自台湾省行政长官公署统计室编《台湾省五十一年来统计提要》第十三类，商业。
③ 台湾省行政长官公署统计室编《台湾省五十一年来统计提要》第十三类，商业，表 327，"历年输入主要货物价值"，1946 年刊本，第 960 页。
④ 台湾省文献委员会编《台湾省通志》卷四《经济志·商业篇》，第二册，众文图书公司，第 180 页。
⑤ 台湾省文献委员会编《台湾省通志》卷四《经济志·商业篇》，第二册，第 179 页。

棉织布厂实际上都已被迫关闭停产了。"① 从两岸贸易商品的分析也说明，福建对台湾输出一直不能增加，是因为福建省在工业时代大大落后了，省内工业太弱，可供输出的仍然是清代留下来的各种手工业产品。

民国时期，福建与台湾经济关系令人印象较深的一面是：有许多福建人到台湾打工。日本人所写的《台湾事情》说：这些人"大部分是杂役、矿工、人力车夫、木匠、泥水工等劳工，能独立经营餐厅、杂货店、西服店的人不多，其生活水平不高"。事实上，他们当中有许多优秀手工业者。统计表明，民国前期，台湾来自大陆的"华侨"有 6 万多人，抗日战争爆发时，归国华工约 2 万人，留在台湾的有 4.5 万人左右。其后又有许多人迫于生活到台湾谋生，国府收复台湾时，这些以工人为主的"台湾华侨"有七八万人。② 他们为福建赚取了 200 多万台币的外汇。不过比起在南洋发展的华侨来说，福建人在台湾的发展受到限制太多。民国时期的南洋是福建人的财窟，"海外福建人的财产估计达 2000000000 元"。1940 年厦门的侨汇达法币 1 亿元。③ 而在台湾的"华侨"很少有挣大钱的。

民国时期，已经是日本籍的台湾人也到福建谋生，因语言的关系，他们主要在厦门及漳州、泉州一带。1917 年，在厦门的台湾人已经有 2800 余人，1936 年上升至 9000 人。④ 福建全省约有 2 万台湾人。⑤ 他们中间呈现两极化倾向，有的利用外籍人士的关系经营各种不法行当，例如贩卖鸦片等。也有的人因抗日逃到大陆谋生，日本在厦门的领事馆，就觉得在各学校从事反日活动的台籍人士不少，无法稽查。多数台籍闽南人，主要经营工商业。⑥

总之，日本占据台湾之后，以行政手段逐步切断台湾与大陆之间密切的经济关系，并将台湾经济引向日本市场，这是闽台商贸关系走下坡路的原因。不过，闽台商贸关系的下降，也有福建自身的原因。自民国以来，

---

① 厦门市志编纂委员会、《厦门海关志》编委会编《近代厦门社会经济概况》，第 413 页。
② 许雪姬：《日治时期的"台湾华侨"》，载张炎宪主编《中国海洋发展史论文集》第六辑，中研院中山人文社会科学研究所，1997，第 500～539 页。
③ 厦门市志编纂委员会、《厦门海关志》编委会编《近代厦门社会经济概况》，第 389、411 页。
④ 福建省档案馆、厦门市档案馆编《闽台关系档案资料》，第 8～14 页。
⑤ 林真：《抗战时期福建的台湾籍民问题》，《台湾研究集刊》1994 年第 2 期，第 110 页。
⑥ 福建省档案馆、厦门市档案馆编《闽台关系档案资料》，第 8～14 页。

福建战争频仍,传统手工业生产停滞,而现代工业建设的步伐落后于沿海诸省。唯一发展较好的是华侨经济。由于现代工业落后,福建可向台湾出口的新东西太少,而传统手工业产品中,茶业、糖业内容与台湾相同,不可能取得台湾市场,而福建烟草因民国时代纸烟的流行,逐渐退出台湾市场,纸做的雨伞渐被日本的洋布伞取代,台湾人喜欢的福建传统商品越来越少,这是闽台贸易长期停滞的原因。在台湾方面,台湾的基隆、高雄二港及铁路修成后,出口能力大增。轮船的应用使长途货运越来越安全,台湾商品不再需要福建港口的转运,而是直接销售大陆的其他市场,这是台湾与上海、与东北的贸易逐渐超过福建的原因。1936年,台湾对福建贸易仅占其所有出口贸易的7%,和台湾对大陆贸易的16%[1],福建历史上对台贸易的优势已经丧失。对福建与台湾之间长久的贸易关系而言,这才是历史的遗憾。很显然,两省要找回传统的优势,没有人为阻隔因素是一个前提。

第三节 台湾光复及短暂的两岸贸易繁荣

抗日战争的胜利使台湾回归祖国,但随之爆发的内战使重振经济的努力化为流水。福建虽然不是内战的主要战场,但恶劣的金融形势使闽台经济分别受挫,两岸之间规模不太大的贸易发展趋向虽好,最后却被军事形势恶化而打断。

1945年8月15日日本投降,抗战胜利。当时《大公报》的社论称中国的胜利为"惨胜",这是因为,抗战八年中,日军深入中国腹地,中国的主要经济区都受到极大破坏。福建是山区,日军只是占领沿海区域,和其他省相比,福建直接的战争损失不大,不过,福建经济向来依赖海洋,海路不通,许多福建商品无法出口,这对福建经济打击巨大。例如,由于侨汇不通,许多依赖侨汇过生活的居民断了来源,只好靠卖家具、首饰过日子。作为福建出口大户的茶叶,八年抗战内出口量极少,茶农纷纷改行。抗战结束,大家都盼着可以重振经济,但国民政府遇到了许多问题。

在艰苦卓绝的八年抗日战争中,中国人民付出了惨重的代价,军民死伤3500多万,许多城镇在战火中毁于一旦。由于日军的全面封锁,中国的

---

[1] 陈小冲:《日据时期台湾与大陆关系史研究(1985~1945)》,第133页。

出口几乎全面停顿，和平局面出现后，除了美国外，世界各国都处在物资极度匮乏的时代，人们的消费能力也受制于财力，就连英国和法国等发达国家都在减少进口、鼓励出口，在这一背景下，中国要想重建战前的市场十分困难。对中国更大的问题在于：战后以美元为中心的布雷顿森林体系建立，每一个国家都要建立以美元和贵金属为中心的自由兑换体系，其中对中国打击最大的是贵金属自由兑换。中国的法币在八年抗战期间大幅度贬值，布雷顿森林体系建立时，定法币 20 元兑换一美元，精明的投机商很快发现：用法币兑换美元、黄金去采购西药等物资，可以赚大钱，于是，人们纷纷将法币换取黄金和外汇，导致法币的汇价迅猛下跌。此时执政的国民党未能体恤人民经过八年抗战后亟待休养生息的心理，而是发动内战。大规模战争爆发后，军费开支浩大，官方只能以滥发纸币来应付，结果使中国出现历史上空前的通货膨胀，法币贬值的速度如瀑布一落千丈。因货币无法稳定，中国经济全面崩溃。这是 1945 年 9 月以后福建经济发展的大环境。

　　抗战胜利后，福建各界人士都希望重振福建传统工业，然而，由于金融破产，各方面问题多多。首先，受战争影响的诸国市场不振，例如英国限制华茶进口，每年配额为 250 万磅，分到福建的就很少了；又如法国干脆禁止华茶进口。其次，恶性通货膨胀为害匪浅。福安红茶生产成本为每担 11 万法币，而在美国市场，每磅红茶价格仅为 0.75 美元，在汇率未能及时调整的前提下，华茶很难打开国际市场。再次，抗战之后，百业待兴，各行各业都需要资金，而鉴于茶业不振，各家银行都不敢向茶业贷款，茶业恢复缺乏启动资金，举步维艰。又次，国民党政府抽税过重，税率是值百抽十，尚未恢复元气的制茶业无法承担。由于上述各原因，迄至 1949 年，福建茶叶生产一直未能重振，1946 年的年产量为 37000 担，仅及战前的 15%，以后数年，每况愈下，基本陷于停顿。[①] 福建的土法造纸业也不例外。1946 年福建土纸产量为 20 万市担，为战前的 25%。[②] 此后，内战再次爆发，恶性通货膨胀愈演愈烈，苛捐杂税名目繁多，各行各业停顿，经济崩溃，福建纸业也逃不过这一命运，基本瓦解。

　　抗战胜利后的台湾也遇到很大问题。在大战中，作为日本南进基地的台湾遭到美国飞机的地毯式轰炸，主要工业大都毁弃，港口船舶沉没，许

---

①　黄周坤：《福建茶业的今昔》，载《福建问题研究》第 1 辑。
②　张来仪：《论福建工业建设》，载《福建社会科学》第 2 卷，第 1、2 期合刊。

多人失业在家中。日本在"二战"后期面临失败的危局，物资供应十分紧张。为了确保本土，台湾总督府将一切可以运走的物资都运往日本，导致富饶的台湾也陷入缺乏食品的危机中。这一时期的台湾，就像一只被榨干柠檬汁的柠檬。其时号称粮仓的台湾所积大米仅能供应数月，日军放弃台湾之后，宣布放开在台湾的一切管制措施，大批物资涌入市场，很快消耗殆尽，外地运粮不及，导致粮荒出现。一直到陈诚在台湾发行新台币，台湾才度过战后的危机。

总之，战后闽台二地都是在相当混乱的背景下展开两岸贸易的。

战后的闽台交通。在第二次世界大战中，切断日本与南方的交通是美国的主要战略目标之一，因此，台湾的基隆港和高雄港都成为美军打击的主要目标，大量船只被击沉于海港，"计基隆港有九艘，其中逾万吨者一艘，逾五千吨者四艘。高雄港内沉船尤多，计大型者二十九艘，逾万吨者二艘，逾五千吨者十一艘，逾千吨者九艘，其余多在百吨以上。马公沉船十一艘，花莲港等沉船三艘。"① 战后台湾可使用的船舶仅机帆船 33 艘，排水量 3843 吨。幸亏战争停止后，战略轰炸停止，台湾船厂开始修复各式轮船，例如，7000 吨级的台南号和台北号客轮很快投入使用。② 据统计，1946年 1 月至 10 月基隆港的进出口货物达 544688 吨，不到该港历史上最高吞吐量的 1/4。③ 这表明台湾在战争中遭受破坏较大，交通一时不易恢复。

台湾的状况使福建船商很快看到机会。惠安船商张瑞元的船载运国民党军队抵达台湾后，从码头上无人看管的仓库里载运一船白糖回来，发了大财。"风声一动，崇武大小船只和一些失业的人争渡台湾，形成热潮，连过去一向害怕澎湖沟（穿越澎湖附近的海流）风浪的一百多只小木船，也作了冒险之行。当时民间流传一句话：'棺材枋插篾枝仔也过台湾'。航线因出发地点不同而异；自崇武起航的，驶往台中梧栖港；自福州起航的，驶达淡水或基隆；从厦门起航的，直抵布袋吞或台南安平港。运去的是中药材、副食品、烟、酒、布匹等，购回的是白糖、大米、黄金、高丽参、水果罐头，获利在几倍至几十倍之巨。""1945 年至 1949 年上半年，是崇武对台贸易的全盛时期，单大岞村的渔、商船就有 25 艘，人员达千人以上，

---

① 善后救济总署台湾分署经济技正室编《台湾省经济调查报告》，1947 年 5 月印本，第75 页。

② 善后救济总署台湾分署经济技正室编《台湾省经济调查报告》，第 72 页。

③ 善后救济总署台湾分署经济技正室编《台湾省经济调查报告》，第 74 页。

穿梭于台湾与大陆之间。"据亲历的人员回忆，当时台湾人饱受战争之苦，对大陆来客十分热情，"争着请到家中作客，煮菜备酒，盛情款待，感人至深。"大岞水手在闽台商船上历受好评。民歌云："欲与台湾通，大岞好船工；舵牙把得正，不怕当头风；暮下三屿岙，梧栖太阳红；乡亲多情义，万事可通融；君汝须在意，生意自兴隆。"①

在福州，各家轮船商人也纷纷置办轮船，进入闽台航线。有一个老者回忆："闽轮三公司亦建造了十几艘海轮。其中，仅平水公司和我自己建造的，就有同安、瑞安、吉安和大安等艘，常川航于榕台及沿海其他口岸，并联合组成'三公司海运联营处'。1946 年间，我同何树远前往台湾，商办航运事宜……得到台湾行政长官公署交通处的支持，同意将从日本接收来的十几艘小轮，编成'台交船队'，专在榕（福州）台之间行驶，福州方面的业务则委托三公司海联处代理。我又在台湾高雄购买了一艘机动船和六部轮用机器。此行对我等发展榕台航运事业，收益良多。"② 由于当时台湾对外贸易的主要港口是基隆，所以，这一时期的闽台贸易以福州与基隆的交往为主。

民间贸易最盛的还是在泉州地区。泉州人回忆："抗战胜利后，国民党当局尚未全部接管台湾，泉州也掀起了泉台贸易热潮。当时是'千帆竞渡，百舸争航'，连小小帆船也敢冒海峡风浪。从商者既有老工商业者，也有国民党大小官员乃至记者、教师，或独资或合伙，惟恐雇不到货船。其原因是，台湾当时百物匮乏，看到祖国土产到来，争购一空，而泉州人也欢迎台湾土产，货到即罄。所以泉州从商者从中获利不小。""这一时期的正规工商业者如蔡鼎常、丁子意，分别重新组建大通、捷益两船务行，陈逢辰新办晋通船行，经营泉州到台湾和其他港埠的轮船业务。"设公司于上海等地的泉州商人也进入台海航运业。"上海的福建帮商人陈泽宣、林文定等组织南洋轮船公司，购置载重 2000 吨的华德号，载重千余吨的华龙号轮船两艘，川走兴化、泉州、上海、台湾等港口。在上海经商的泉州人伍泽琪，也租用几艘电船，行驶泉州、厦门、台湾、上海间。除此以外，泉州秀途和台湾间，还有小轮船、机帆船、帆船从事客货运，每天起航多达 50 余艘，

---

① 佚名：《惠台贸易概况》，载福建省档案馆、厦门市档案馆编《闽台关系档案资料》，第 561～562 页。

② 佚名：《榕台贸易与航运》，载福建省档案馆、厦门市档案馆编《闽台关系档案资料》，第 565 页。

晋江安海和台湾间，每天达 20 艘，泉州后渚，晋江永宁、东石、深沪、惠安獭窟等港，还不计在内。"① 总的来说，台湾回归祖国后，两岸民众都以极高的热情参与两岸贸易，形成了千帆竞发的大好形势。福建地近台湾，有地利之便，进入两岸贸易的商人较多。

首任台湾省长陈仪是 1945 年 10 月接收台湾的，此后一年，两岸贸易兴隆。据台湾省统计，迄至 1946 年 10 月底，台湾计出口煤 30035 吨，糖 10265 吨，茶 100 吨，木材 474 吨，水果 395 吨，樟脑 1044671 磅，凤梨罐头 583020 罐。"各种货品 90% 以上皆运往上海；次为福州、香港、天津等地，输入之 23 种物资，数量较多者为棉布 123664 疋，肥料 8457 吨，面粉 90900 袋，汽油 265000 加仑，钢铁材料 92 吨，上项物品，多属于物物交换。其中来自上海者，约占总额 65% 以上，天津、青岛次之。"② 以上数字表明，这时期台湾对国内的贸易的主要对象是上海。在出口台湾方面，天津和青岛也排在福州之前，福建的港口，只是在消费台湾输出品方面排在前面。甚至是客运方面，福建航线上使用的多是小船，7000 吨级的台南号和台北号客轮分别被使用于台南至香港、海南的航线和基隆至青岛、大连的航线。

台湾光复后，混乱的币制成为两岸贸易的障碍。国民政府在大陆发行的法币在战争期间迅速贬值，1945 年下半年，昆明的物价指数为 1937 年的 3057 倍，重庆为 1502 倍，福州为 732 倍，后因内战的影响，法币贬值速度更是一日千里。相比之下，台湾银行券的贬值速度较小，1945 年底台湾物价指数约为 1937 年的 24 倍。③ 在这一背景下，首任台湾省长陈仪等人不敢在台湾开接受法币之口，而是在台湾银行券的背景下发行台币，这些台币只在台湾流通，大陆法币无法进入台湾，因而，大陆法币的贬值一时无法影响台湾。然而，1948 年以后，台币的防波堤已经挡不住贬值法币及金圆券的冲击。这一时期金圆券贬值达数千万倍，成为历史上最恐怖的通货膨胀事例。其时，大陆资金为了避险，纷纷进入台湾抢购物资保值，导致台币也进入疯狂贬值大潮中。1949 年 6 月台北的物价指数是 1946 年 11 月的 118371 倍。④ 在这一背景下，两岸贸易的数字都不可信任，也没有参考价

---

① 佚名：《泉台贸易概况》，载福建省档案馆、厦门市档案馆编《闽台关系档案资料》，第 553～555 页。
② 善后救济总署台湾分署经济技正室编《台湾省经济调查报告》，第 61 页。
③ 善后救济总署台湾分署经济技正室编《台湾省经济调查报告》，第 62 页。
④ 薛化元等：《台湾贸易史》，第 215 页。

值。事实上，当时多数人不敢使用纸币进行贸易，台湾与国内诸省之间的贸易大多是物物交换，台湾向福建输出大米、白糖、香蕉、水果罐头，福建向台湾输出木材、纸张、茶饼。这时的两岸贸易实为经济破产背景下的相互救济，表面的繁荣无法解决经济的根本问题。

图10-4　福州台江区上杭路上的"福州市工商联"遗址

第四节　改革开放以来闽台商缘的重续

1949年6月，解放军南下福建，8月攻占福州，而后攻略闽南各县市，在占领厦门之后，11月在攻击金门的战役中失利。其后，双方阵线趋于稳定，国民党军占据福建沿海的金门、马祖等岛屿对抗大陆。政治与军事上的对立使台湾海峡成为长期作战的前线，双方炮战打了几十年，1978年以后才正式停止。

由于福建有近30年的时间成为军事前线，福州港和厦门港的海上交通都因军事形势而关闭。这对福建这样一个自古以来就依赖海上贸易的省份打击极大。就闽台贸易而言，从明代后期开始，台湾就成为福建省的主要贸易对象之一，闽商从闽台贸易中获得相当大的利润。但在军事对峙时期，闽台贸易基本被切断，仅有少数绕道香港的土特产贸易还存在，但其数量之微，对经济不发生影响。福建成为前线更大的影响在于：由于福建随时会成为战场，中央决定不在福建投资大型项目。因此，1949年以后30年里，除了鹰潭至厦门的铁路算是一个大项目外，福建省几乎没有其他项目可向外省夸耀。这使福建的经济建设大大落后于其他省份。

军事对峙虽然对台湾也有一定的打击，但台湾的高雄、基隆等港口未被封锁，台湾仍可进行对外贸易。在战后全球贸易大发展的背景下，台湾在 20 世纪 70 年代开始了经济起飞，1976 年至 1980 年，台湾出口的年均增长率达到惊人的 32.7%；1980 到 1987 年，台湾出口的年均增长率也达到 16.9%，1987 年台湾出口值达到 187 亿美元左右。① 其时"台湾奇迹"引起世界的广泛关注，美国因台湾市场不够开放而向台湾抗议。这时的台湾不愧为"东亚四小龙"之首。1978 年前后，福建的 GDP 约为台湾的 1/4。

1978 年之后，两岸形势大为缓和，持续几十年的炮战正式停止，台湾海峡的军事封锁被解除，不仅福建的厦门、福州港重新获得活力，闽台渔民之间也开始了交往和买卖。其时，日本和台湾生产的各种商品在大陆引起了广泛的兴趣，福建渔民用各种土特产换取台湾商品，并将其运往内地各省市场。这种小额贸易越做越大，在国内产生巨大影响。其时，各省民众都喜欢到福建来旅游、开会，为的就是到福建购买各式各样的海外商品。在双方贸易最热的闽东南沿海一带，出现了晋江石狮、长乐金峰等著名贩卖海外商品的市场。而石狮从小镇迅速成长为一个县级市，成为中国著名的纺织品和小商品的批发市场。足有二三十年，不到石狮买些东西，会成为许多人的遗憾。

20 世纪最后二三十年两岸民间贸易的发展，对闽商的重新崛起有重要意义。首先，它是闽商资本的重要来源之一。许多福建人在两岸贸易中赚到了第一桶金，而后展开了各式各样的投资。他们看到了台湾日用品及香港服装在国内市场上的高额利润之后，开始试办工厂，生产各式服装、鞋帽及其他轻工业品，闽东南沿海的村镇由此开始了初级的工业化时代。由于这一时期国内市场迅猛扩张，闽商的经营十分成功，几乎每家工厂都赚得盆满钵盈。而后，他们又投资其他产业，成为许多产业的骄子。例如福清人、长乐人的建材工业、钢铁工业，晋江人、长乐人的纺织工业，莆田人、晋江人的制鞋、服装工业，德化人、南安人的制瓷业等等，都在国内有一定地位；其他如平潭人打隧道，闽侯人办超市，莆田人办医院，仙游人做红木，福清人、平潭人开设轮船公司，也在国内有名气。21 世纪初，

① 薛化元等：《台湾贸易史》，第 358 页。

随着中国加入世界贸易组织，中国的商品行销世界，那时随便办一个厂都能挣钱，闽商在这一时代将工厂开遍全国各地，从而成为国内仅次于江浙、广东的第三大商人集团。另一个要说的是，沿海民众办工厂经商的习惯很快感染了福建内地，闽北山区民众在上海、广州等地进入室内装修市场，并在木材、钢铁市场上大显身手。福建山区的制茶业作为传统产业重新崛起。说到福建制茶业，台商的推动非常重要。改革开放以后，大陆民众对台湾民众的生活文化兴趣浓厚，台湾人喝乌龙茶之风，渐渐席卷大陆，大批不喝茶的人开始喝茶，原来喝绿茶的人改喝乌龙茶，广阔的国内市场使福建的茶场纷纷扩大生产规模，从而迎来历史上又一个闽茶生产的高潮。总之，自从改革开放以来，中国的工业化浪潮从台湾卷入东南沿海，带动了东南山区，造成福建山区及沿海经济的全面繁荣，促成福建经济的高速发展。

福建省的工业化在国内开始最早，但在马尾船厂的主要骨干北迁上海江南造船厂以后，福建工业化进程长期落后于东南各省，这也是 20 世纪以来福建经济长期落后于台湾的原因。不过，因福建的起点低，在改革开放之后，福建的发展速度也快。福建与台湾的 GDP 之比，从早期的 1/40，到 20 世纪 90 年代的 1/14，再到 21 世纪初的 1/4，今天的 40%，闽台的 GDP 比例迅速改变。未来 20 年福建的目标不会局限于 GDP 总量赶上台湾，而是要在人均产值方面赶上台湾，这一切，似乎都不太遥远。

但在闽台经济关系方面，回顾改革开放 30 多年的历史，20 世纪初以来的那种尴尬——台湾作为福建的邻省，它与大陆其他各省的贸易量往往超过与福建的贸易量！再从资金的角度来说，台商在大陆的投资也以江浙与广东为主，他们在福州及厦门的投资都不太多，尽管这两个城市与台湾最近。这让福建的经济人十分纳闷。就历史过程而言，在晚清以前，福建是富裕省份，大量资金进入台湾，造成台湾经济的发展。台湾早期的制茶业、制糖业以及城市化，无不和福建的资金注入有关。但在民国以后，福建因战争持续、经济破产，不仅无力向台湾输送资金，反而成为吸收台湾资金的要地之一。这一特点在改革开放之后更为明显。由于台湾很早就成为亚洲"四小龙"，资金充沛，改革开放以来，台湾资金大量涌入大陆各省市，促进各省经济的发展，福建却得到不多。

为什么会发现这类情况？许多人将其归结于台湾对大陆三通口岸开放较迟。台湾地区领导人允许台湾民众到大陆探亲后，长时期是从香港到广州，再从广州到全国各地，因此，最早的台商投资集中于广东的东莞等地，福建虽是邻省，得到的台商投资较少。由于"三通"未能实现，从台湾到福建的商品要绕道广东，这当然抑制了台商在福建的投资，也使闽台贸易难以扩大展开。不过，即使两岸"三通"开放后，福建省的对台贸易仍然未能跑过邻省，这就有深层次的原因了。

冷静地回顾这一尴尬产生的原因，它与福建省外贸与工业化的落后有关。明清时代福建的对外贸易一度走在各省的前头，是因为武夷茶成为全世界贸易中最热的商品之一。为了茶叶税，美国发生了波士顿倾茶事件，其结果是英国失去了美利坚，美国独立。那时武夷茶在世界贸易中的重要性是不可比拟的。五口通商之后，马尾船厂的创办，也使福建走在东南诸省工业化的前头。然而，在武夷茶贸易衰败之后，福建的外贸渐渐落后于其他省份，中国的工业化中心转到江南及珠江三角洲，东北的崛起也十分引人注目。在这一背景下，台湾对大陆贸易的中心不能不转到江浙、东北及广东，这是 20 世纪前期就已经出现的情况，改革开放之后，福建省也未能扭转这一情况，这是历史的延续。

作为宋元明清时代对外贸易最发达的省份，福建省为什么在 20 世纪失去这一地位，并危及在对台贸易中的优势地位？必须说的是：明清时代福建省外贸中的独特地位与当时的政策有关。明代中国的对外贸易额不大，官府为了保障沿海的安全，禁止浙江、江苏等省的对外贸易，仅留福建月港及广东的澳门两个口岸，月港许出不许进，澳门许进不许出，这给福建许多优势。① 迫至清代，最初开放的口岸只有四个：广州、厦门、宁波、上海，而后乾隆皇帝将主要对外贸易集中于广州，连厦门、宁波、上海都受到限制，广州的垄断使国际市场上茶价大升，引起了欧美国家的不满，最终引发鸦片战争。战后，清朝被迫恢复四口岸的开放，并增加福州，构成"五口通商"。此时的福建省在五口中独占二口，加上武夷茶贸易，它在中国对外贸易中所占地位于此可见。然而，福建省的外贸优势随着武夷茶的衰落而衰落，与此同时，中国开放的港口越来越多，福建省在对外贸易中所占比重也越来越低。

更为重要的是，随着国际贸易的展开，中国沿海口岸对外贸易的发达，不再取决于本身的条件，而是取决于腹地的深广。上海以长江沿岸诸省为

---

① 徐晓望：《早期台湾海峡史研究》，海风出版社，2006。

自己的腹地，广东以珠江流域为自己的腹地，而后又有铁路延伸至湖南、湖北等地，相形之下，福建两港的腹地都只是福建本省。要突破这一地理条件的限制，只有兴建铁路和高速公路，将进出口贸易引向内地。但从 20世纪初以来，福建省的铁路建设就落在诸省之后。在沿海港口中，上海有京沪线，大连有哈大线，广州有广汉线，天津是北方铁路枢纽，铁路使交通不便的北方港口大连、青岛都有了连绵数省的腹地，从而获得大发展。然而，福建内地多山，福建商品很难进入内地的江西、湖南诸省。直到 20世纪 50 年代，福建省才修建了鹰潭至厦门的铁路线，但此时的福建海口又因战争而被封锁，鹰厦线未能产生延伸海港腹地的作用。即使在改革开放之后，福建也未能成为内地出口的主要口岸，这是因为，早年建设鹰厦线主要是为了军事目的，铁道兵修这条铁路是边设计、边修建，甚至有些路段修成后发现有地陷的可疑，被迫改线。所以，鹰厦线弯道过多，车速不快。80 年代鹰厦铁路经过几番修整扩张，每年运载量可达 1000 万吨以上。然而，这个运输量仅能满足福建省部分需要，更别谈为内地诸省出口商品了。在这一背景下，台湾商品即使登陆福建，也很难进入内地大市场。因此，闽台贸易发生虽早，但扩展速度却不如上海与广东。1987 年之后，台湾方面许可台湾人到大陆探亲，陆台贸易的重点很快转向上海与广州。台湾与上海、广东、江苏等省市的贸易量一直超过福建。

从大趋势看，随着天津、青岛、大连等北方大港的发展，福建与台湾的贸易有可能进一步落后。好在进入 21 世纪之后，从福建出发，经马祖列岛、金门岛、澎湖列岛再到台湾的"小三通"渐成规模，它不仅是一条低价的人员流通线，事实上也是低价的商品流通线，两岸之间"小三通"商品流，使福建有了一份地域优势，从而在大陆与台湾贸易中占据较前的位置，不至于被其他省份拉下太远。

福建省交通的巨变主要出现在 21 世纪。近年福建与广东、福建与浙江、福建与江西的数条铁路修成，合肥至福州的高速铁路也接近完工，这使福建与内地的交通发生巨变。江西、湖南、安徽以及浙南、粤东的商品，以后都可以走福建的海港输往台湾和世界上的其他港口，从而结束了福建海港内腹过浅的尴尬局面。福建的海港建设也突破了福州、厦门二港的局限性，湄洲湾诸港、福州沿海罗源湾各港都有发展为世界性大港的潜力。从趋势看，福建将很快成为东南诸省距离太平洋最近的地方，从而成为内地诸省出口的首选地之一。与此同时，江西、湖南诸省也成为距离福建较近

图 10 – 5　21 世纪初暮色中的厦门。民国时期的建筑
已经被周边建设中的高楼掩盖

的内地市场；有了内地的市场，福建对台商的吸引力也将提高，有可能成为新台商登陆大陆的首站基地。未来的台商将在福建至厦门的沿海城市建立伸向中国内地的商业网络基地，从而给福建带来大量的红利。此外，福建交通改善之后，两岸的合作也有了很大的潜力。事实上，台湾的高雄港也将自身的发展希望寄托在福建港口，它期盼成为台湾海峡的第一转运港，可以承接来自福建、粤东的集装箱，并将其发向世界各地。两岸的商业运输联通，对两岸工业也是一个福音。以后在台湾下单、在福建生产，或是在福建下单、在台湾生产都会成为普遍的生产模式。总之，从发展趋势看，闽台之间的海峡不会再是天堑，而是连通两岸的桥梁。倘若闽台两岸经济连成一体，发展潜力不可估量。

小　结

自 1895 年台湾被日本割占以来，闽台关系发生了根本变化。来自福建的资本在台湾受到压制，传统贸易受到限制，这使福建与台湾的贸易额长期停滞。尽管清末 17 年中，福建还是大陆各省与台湾贸易最多的省份，但其贸易总量与晚清相比没有突破，实际上是长期停滞。在这一阶段，台湾本地的商人集团成长，而滞留台湾的闽商往往被迫入籍当地，成为台商的一部分。迨至民国前期，台湾发展速度加快，而福建省在 1929 年世界性经济危机后一直未能恢复元气，闽台经济差距拉大。这时期台湾与大陆的贸易已经不是以福建为主要对象，而是以江浙、东北为主要贸易对象，陆台贸易重心从福建转到外省，从而让台湾的"老大哥"福建省十分尴尬。应当注意的是，即使是在台湾光复之后，这一局面也没有扭转。这与清末民初以来福建省经济长期处于低潮的历史有关。当中国经济重心已经转到长江及珠江流域一带，福建省在历史上处于中国对外贸易前哨的地位迟早要改变，好在福建省具有从事海上贸易的历史传统，闽商总是积极到外地寻找贸易机会，因此，福建省尚能保持一定的对外贸易及对台贸易的地位。改革开放以来，在台湾商品及台湾资金的刺激下，福建省成为东南发展速度最快的省份之一，然而，由于历史的起点低，福建经济与浙江、广东的差距还是明显的。在这一背景下，纵然福建与台湾有着密切的历史关系，但台商的主力还是在广东和江浙投资，于是，闽台之间的贸易不能不退居前几名的省份之后。当然，福建的落后也有自身的原因，运输条件不佳，使福建不能成为内地省份的主要输出港口。福建省的交通近10年来有很大变化，多条新铁路的修成，使福建海港内腹延伸到江西、湖南诸省。在这一前提下，湘赣皖等地的商品有可能选择福建海港出口海外，而福建的海港有可能与台湾的海港形成运输体系，从而发挥出巨大作用。总之，新的历史机遇已经出现，新的闽台关系也展示出了迷人的前景，至于能发展到什么水平，则要看大家的努力。

从历史的观点看，台湾海峡历来是东亚贸易的要点。此处上通中国的京津沪及韩国、日本诸地，下通广州、香港、新加坡及东南亚诸港，历来是东亚的交通枢纽。从远处看，台湾海峡还是太平洋西部最重要的海上通道，与印度洋、大西洋诸港有着重要的历史联系。历史的经验证明，在国际贸易的时代，一个地区的发展最为重要的其实不是资源，而是在世界交通线上的位置，那些位于交通枢纽的区域总会获得大发展，台湾海峡正是这样一个区域。在明代后期，它曾是世界贸易的重心，而在东亚诸国诸地大发展的今天，它不失为东亚区域的核心、世界贸易的关键之地。闽台位于台湾海峡的两岸，历史上有密切的历史关系，如果说闽台关系的早期是福建促进了台湾的发展，闽台关系的近期主要是台湾促进了福建的发展，那么，台湾海峡的未来则将是闽台互动促进两地共同发展。两岸都有必要认清这一历史机遇从而将共同发展从预测变为现实。

参考文献

一 文献古籍

《安平县杂记》，台湾文献丛刊第 52 种。

班固：《汉书》，中华书局，1962 年标点本。

毕沅撰《续资治通鉴》，中华书局，1957 年点校本。

卞永誉：《式古堂书画汇考》，文渊阁四库全书本。

蔡克恭等：万历《南靖县志》，明万历二十七年刊本胶卷。

蔡清：《四书蒙引》，文渊阁四库全书本。

蔡世远等：康熙《漳州府志》，康熙五十三年原刊，福建省图书馆藏抄本。

蔡献臣：《清白堂稿》，福建省图书馆，1980 年抄明崇祯刊本。

曹刚等修、邱景雍等纂民国《连江县志》，连江县方志委，1989 年点校民国二十二年刊本。

曹履泰：《靖海纪略》，台湾文献丛刊第 33 种。

曹学佺：《曹能始先生石仓全集》，明天启年间刊本。

陈国仕辑录《丰州集稿》，南安县志编纂委员会，1992。

陈鸿、陈邦贤：《清初莆变小乘》，载中国社会科学院历史研究所清史研究室编《清史资料》第一册，中华书局，1980。

陈懋仁：《泉南杂志》，《丛书集成初编》第 3161 册，商务印书馆，1939 年。

陈梦雷等：《古今图书集成》，中华书局、巴蜀书社影印本。

陈培桂：同治《淡水厅志》，台湾文献丛刊第 172 种。

陈寿：《三国志》，中华书局，1959 年标点本。

陈寿祺等：道光《福建通志》，华文书局影印本同治十年刊本。

陈淑均：道光《噶玛兰厅志》，台湾文献丛刊第 160 种。

陈文达：康熙《凤山县志》，康熙五十八年原刊，台湾文献丛刊第124 种。

陈文达：康熙《台湾县志》，康熙五十九年原刊，台湾文献丛刊第103 种。

陈子龙等选辑《明经世文编》，中华书局，1987。

程文海：《雪楼集》，文渊阁四库全书本。

池显方：《晃岩集》，厦门大学出版社，2009。

《崇祯长编》，"中央研究院"历史语言研究所影印本。

德福：《闽政领要》，台湾文献汇刊第 4 辑第 15 册，九州出版社、厦门大学出版社，2004。

董应举：《崇相集》，民国十七年重刊本，不分卷。

独孤及：《毗陵集》，文渊阁四库全书本。

杜佑：《通典》，光绪八年上海鸿定书局石印本。

杜臻：《粤闽巡视纪略》，文渊阁四库全书本。

范咸等：乾隆《重修台湾府志》，乾隆十二年原刊，台湾文献丛刊第105 种。

范晔：《后汉书》，中华书局，1965 年标点本。

费宏：《太保费文宪公摘稿》，《续修四库全书》第 1331 册。

费信：《星槎胜览》，载王云五主编《宋元明善本书十种》，明刊本《纪录汇编》第七册。

福建省测绘局、福建省民政厅编制《福建省地图册》，福建省地图出版社，1983。

福建省地方志编纂委员会编《福建省志·闽台关系志》，福建人民出版社，2008。

福州市马尾区方志编纂委员会编《马尾区志》，方志出版社，2002。

高拱乾等：康熙《台湾府志》，康熙三十五年原刊，中华书局，1985 年影印本。

葛洪：《神仙传》，文渊阁四库全书本。

龚用卿：《玉堂稿山居集》，福建省图书馆藏抄本。

巩珍：《西洋番国志》，中华书局，2000。

贡师泰：《玩斋集》，文渊阁四库全书本。

谷应泰等：《明史纪事本末》，中华书局，1974。

故宫博物院编《宫中档乾隆奏折》，台北故宫博物院，1982。

顾炎武：《天下郡国利病书》，上海商务印书馆四部丛刊三编。

顾瑛编《草堂雅集》，文渊阁四库全书本。

顾祖禹：《读史方舆纪要》，台湾文献丛刊本。

海外散人：《榕城纪闻》，载中国社会科学院历史研究所清史研究室编：《清史资料》第一册，中华书局，1980。

韩愈：《昌黎文集》，文渊阁四库全书本。

郝玉麟等：雍正《福建通志》，文渊阁四库全书本。

何乔远：《镜山全集》，日本内阁文库藏明刊本。

何乔远：《闽书》，福建人民出版社，1995 年点校本。

何乔远：《名山藏》（不分卷），续修四库全书本。

贺长龄：《清经世文编》，中华书局，1992 年影印本。

洪朝选：《芳洲先生文集》，华星出版社，2002。

洪希文：《续轩渠集》文渊阁四库全书本。

胡翰：《胡仲子集》，文渊阁四库全书本。

胡建伟：乾隆《澎湖纪略》，台湾文献丛刊第 109 种。

胡宗宪：《筹海图编》，文渊阁四库全书本。

黄克缵：《数马集》，江苏古籍刻印社，1997 年影印明刊本。

黄任等：乾隆《泉州府志》，光绪重刊本。

黄叔璥：《台海使槎录》，台湾文献丛刊第 4 种。

黄俣卿：《倭寇考原》，文渊阁四库全书存目丛书，史部，第 52 册。

黄仲昭：《八闽通志》，福建人民出版社，1990。

黄宗羲：《郑成功传》，清宣统三年上海时中书局铅印本。

季麒光：《东宁政事集》，香港人民出版社，2004。

季麒光：《蓉洲文稿选辑》，香港人民出版社，2004。

江日昇：《台湾外志》，上海古籍出版社，1984。

江淹：《江文通集》，文渊阁四库全书本。

蒋毓英：康熙《台湾府志》，原刊康熙二十四年，《台湾府志三种》，中华书局，1985。

柯培元：道光《噶玛兰志略》，台湾文献丛刊第 92 种。

蓝鼎元：《东征集》，台湾文献丛刊第 12 种。

蓝鼎元：《平台纪略》，台湾文献丛刊第 14 种。

乐史：《太平寰宇记》，中华书局，2000 年影印宋本，按此本福建部分有残缺，故本书又用同治十年金陵书局刊本。

李焘：《续资治通鉴长编》，中华书局，1979 年点校本。

李东阳：《怀麓堂诗话》，文渊阁四库全书本。

李昉：《太平御览》，中华书局，1960 年影印宋本。

李昉等：《太平广记》，文渊阁四库全书本。

李复：《潏水集》，文渊阁四库全书本。

李国祥、杨昶等辑《明实录类纂·福建台湾》，武汉出版社，1993。

李吉甫：《元和郡县志》，文渊阁四库全书本。

李贤等：《明一统志》，文渊阁四库全书本。

李延寿：《北史》，中华书局，1974 年标点本。

李延寿：《南史》，中华书局，1975 年标点本。

李元春：道光《台湾志略》，台湾文献丛刊第 18 种。

梁克家：《三山志》，陈叔侗校，方志出版社，2003。

林昂等纂乾隆《福清县志》卷二《地舆志》，福清县志编纂委，1987 年点校本。

林弼：《林登州集》，文渊阁四库全书本。

林大椿：《林井丹先生集》，民国重刊本。

林豪：光绪《澎湖厅志》，台湾文献丛刊第 164 种。

林焜熿、林豪：同治《金门志》，台湾文献丛刊第 80 种。

林谦光：康熙《台湾府纪略》，康熙二十九年，四库全书存目丛书，史部，第 214 册。

林绳武：《闽海海寇始末记》，台湾文献丛刊第 213 种。

林时对：《荷牐丛谈》，台湾文献丛刊第 153 种。

林烃等：万历《福州府志》，书目文献出版社，日本藏中国罕见方志丛刊，1990 年影印本。

令狐德棻等：《晋书》，中华书局，1974 年标点本。

刘芳誉等：万历《温州府志》，中国书店"稀见中国地方志汇刊"，第 18 册。

刘良璧：乾隆《重修福建台湾府志》，台湾文献丛刊第 74 种。

刘仁本：《羽庭集》，文渊阁四库全书本。

刘昫、张昭远等：《旧唐书》，中华书局，1975 年点校本。

刘恂：《岭表录异》，文渊阁四库全书本。

刘织超、温廷敬等：民国《大埔县志》，民国三十二年铅印本。

柳宗元：《柳河东集》，文渊阁四库全书本。

六十七：《番社采风图考》，台湾文献丛刊第 90 种。

陆游：《剑南诗稿》，文渊阁四库全书本。

陆游：《南唐书》，丛书集成初编本。

《明穆宗实录》，"中央研究院"历史语言研究所影印本。

《明仁宗实录》，"中央研究院"历史语言研究所影印本。

《明神宗实录》，"中央研究院"历史语言研究所影印本。

《明世宗实录》，"中央研究院"历史语言研究所影印本。

《明太宗实录》，"中央研究院"历史语言研究所影印本。

《明太祖实录》，"中央研究院"历史语言研究所影印本。

《明武宗实录》，"中央研究院"历史语言研究所影印本。

《明熹宗实录》，"中央研究院"历史语言研究所影印本。

《明宪宗实录》，"中央研究院"历史语言研究所影印本。

《明孝宗实录》，"中央研究院"历史语言研究所影印本。

《明宣宗实录》，"中央研究院"历史语言研究所影印本。

《明英宗实录》，"中央研究院"历史语言研究所影印本。

倪赞元：光绪《云林县采访册》，台湾文献丛刊第 37 种。

欧阳修等：《新唐书》，中华书局，1975 年点校本。

欧阳修等：《新五代史》，中华书局，1974 年点校本。

蒲寿宬：《心泉学诗稿》，文渊阁四库全书本。

《清高宗实录》，中华书局，1985 年影印本。

《清仁宗实录》，中华书局，1985 年影印本。

《清圣祖实录》，中华书局，1985 年影印本。

《清世宗实录》，中华书局，1985 年影印本。

《清世祖实录》，中华书局，1985 年影印本。

《清宣宗实录》，中华书局，1985 年影印本。

《全唐诗》，文渊阁四库全书本。

《全唐文》，中华书局，1982。

泉州市地方志编纂委员会编《泉州市志》，中国社会科学出版社，2005。

〔日〕川口长孺：《台湾割据志》，台湾文献丛刊本。

〔日〕川口长孺：《台湾郑氏纪事》，台湾文献丛刊本。

〔日〕大槻文彦：《琉球新志》，国书刊行会明治六年（1873年）版。

〔日〕新井白石：《南岛志》（1719年刊本），〔日〕原田禹雄译注，冲绳，榕树社，1996。

沈定均、吴联薰等：光绪《漳州府志》，清光绪三年刻本，上海书店2000年影印本。

沈廷芳等：乾隆《福建通志》，乾隆三十三年刊本。

沈演：《止止斋集》，崇祯六年刊本。

沈有容：《闽海赠言》，台湾文献丛刊第56种。

沈瑜庆、陈衍等：《福建通志》，1938年刊。

沈约：《宋书》，中华书局，1974年标点本。

施琅：《靖海纪事》，台湾省文献委员会，1995年刊本。

施锡卫等：光绪《漳浦县志》，民国十七年石印本。

释大圭：《梦观集》，文渊阁四库全书本。

司马光等：《资治通鉴》，中华书局，1956年点校本。

司马迁：《史记》，中华书局，1959年标点本。

宋濂等：《元史》，中华书局，1976年标点本。

宋敏求编《唐大诏令集》，文渊阁四库全书本。

孙承泽：《春明梦馀录》，北京古籍出版社，1992。

唐赞衮：《台阳见闻录》，台湾文献丛刊第30种。

陶谷：《清异录》，文渊阁四库全书本。

陶宗仪：《书史会要》，文渊阁四库全书本。

脱脱等：《宋史》，中华书局，1977年点校本。

万友正：乾隆《马巷厅志》，光绪十九年补刊本，《中国地方志集成·福建府县志辑》第4册，上海书店出版社，2000年影印本。

汪大渊：《岛夷志略》，中华书局，1981年校释本。

王鏊：《姑苏志》，文渊阁四库全书本。

王必昌：乾隆《重修台湾县志》，乾隆十七年原刊，台湾文献丛刊第113种。

王恭：《草泽狂歌》，文渊阁四库全书本。

王溥等编纂《唐会要》，文渊阁四库全书本；中华书局1955年刊本。

王溥等编纂《五代会要》，中华书局，1978年点校本。

王钦若、杨亿等编纂《册府元龟》，中华书局，1960年影印本。

王慎中：《遵岩集》，文渊阁四库全书本。

王象之：《舆地纪胜》，中华书局，1992年影印本。

王祎：《王忠文集》，文渊阁四库全书本。

王彝：《王常宗集》，文渊阁四库全书本。

王应山纂、王毓德编次《闽大记》，福建省社会科学院藏抄本。

王忠孝：《王忠孝公集》，江苏古籍出版社，2000。

魏收：《魏书》，中华书局，1974年标点本。

魏徵等：《隋书》，中华书局，1973年标点本。

吴海：《闻过斋集》，文渊阁四库全书本。

吴梦沂等：民国《诏安县志》，民国三十一年排印本。

吴伟业：《绥寇纪略补遗》，台湾文献丛刊第153册。

吴颖：顺治《潮州府志》，顺治十八年刊本，北京图书馆古籍珍本丛刊第40册，书目文献出版社。

吴镛、陶元藻：乾隆《同安县志》，乾隆三十二年刻本。

吴自牧：《梦粱录》，浙江人民出版社，1980。

夏琳：《闽海纪要》，福建人民出版社，2008。

夏允彝：崇祯《长乐县志》，崇祯十四年刊本。

厦门市地方志编纂委员会编《厦门市志》，方志出版社，2004。

向达注释《两种海道针经》，中华书局，2000。

萧统编《文选》，中华书局，1977年影印清胡克家校刊本。

萧子显：《南齐书》，中华书局，1972年标点本。

谢金銮：嘉庆《续修台湾县志》，嘉庆十二年原刊，台湾文献丛刊第140种。

熊禾：《勿轩集》，文渊阁四库全书本。

徐景熙等：乾隆《福州府志》，海风出版社，2001。

徐松辑《宋会要辑稿》，中华书局，1957年影印本。

徐鼒：《小腆纪年》，台湾文献丛刊本。

许孚远：《敬和堂集》，明万历三十九年刊本。

薛居正等：《旧五代史》，中华书局，1975年点校本。

薛绍元：光绪《台湾通志》，台湾文献丛刊第130种。

严从简：《殊域周知录》，余思黎点校，中华书局，1993。

阳思谦等：万历《泉州府志》，泉州市编纂委员会，1985 年影印明刊本。

杨基：《眉庵集》，文渊阁四库全书本。

杨英：《先王实录》，福建人民出版社，1981。

姚旅：《露书》，四库全书存目丛书，子部，第 111 册，齐鲁书社，1995。

姚思廉：《陈书》，中华书局，1973 年标点本。

姚思廉：《梁书》，中华书局，1973 年标点本。

姚莹：《东槎纪略》，台湾文献丛刊第 7 种。

姚莹：《东溟奏稿》，台湾文献丛刊第 49 种。

姚莹：《中复堂选集》，台湾文献丛刊第 83 种。

叶溥等：正德《福州府志》，明刊本胶卷，海风出版社，2001。

叶适：《叶适集》，中华书局，1961 年点校本。

叶向高：《苍霞草全集》，江苏广陵古籍刻印社，1997。

佚名：《嘉靖倭乱备抄》，文渊阁四库全书存目丛书，第 49 册。

佚名：《台湾郑氏始末》，台湾文献丛刊第 15 册。

佚名：《异域志》，万历丁酉嘉禾梅墟上人刻本。

胤禛：《雍正朱批谕旨》，清刊本。

余文仪：乾隆《续修台湾府志》，乾隆三十九年原刊，台湾文献丛刊第 121 种。

余飏：《莆变纪事》，载中国社会科学院历史研究所清史研究室编《清史资料》第一册，中华书局，1980。

郁永河：《裨海纪游》，台湾文献丛刊第 44 种。

袁康、吴平：《越绝书》，岳麓书社，1996。

袁枢：《通鉴纪事本末》，中华书局，1964 年点校本。

袁业泗等：万历《漳州府志》，明万历四十一刊本胶卷。

曾异：《纺授堂文集》，明崇祯刻本。

张崇根：《临海水土异物志辑校》，农业出版社，1988。

张津等：乾道《四明图经》，中华书局影印《宋元方志丛刊》本，第 5 册。

张廷玉等：《明史》，中华书局，1974 年标点本。

张燮：《东西洋考》，谢方点校，中华书局，2000。

张燮：《霏云居续集》，明万历刻本。

张燮等：崇祯《海澄县志》，书目文献出版社，《日本藏中国罕见方志丛刊》，1990 年影印本。

张之翰：《西岩集》，文渊阁四库全书本。

漳州市地方志编纂委员会编《漳州市志》，中国社会科学出版社，1999。

赵尔巽等：《清史稿》，中华书局，1977 年标点本。

赵宏恩等：《江南通志》，文渊阁四库全书本。

赵孟頫：《松雪斋集》，文渊阁四库全书本。

赵汝适：《诸蕃志》，中华书局，1996。

赵晔：《吴越春秋》，岳麓书社，1996。

真德秀：《西山文集》，文渊阁四库全书本。

郑光策：《西霞文抄》，清刊本。

郑晓：《吾学编》，文渊阁四库全书本。

周必大：《文忠集》，文渊阁四库全书本。

周凯：道光《厦门志》，台湾文献丛刊第 95 种。

周亮工：《闽小记》，福建人民出版社，1985。

周密：《癸辛杂识》续集，文渊阁四库全书本。

周硕勋：乾隆《潮州府志》，光绪十九年珠兰书屋重刊本。

周玺：光绪《彰化县志》，台湾文献丛刊第 156 种。

周婴：《远游篇·东番记》，福建师范大学藏手抄本。

周元文：康熙《重修台湾府志》，康熙五十一年原刊，台湾文献丛刊第 66 种。

周之夔：《弃草集》，江苏广陵古籍刻印社，1997。

周钟瑄：康熙《诸罗县志》，康熙五十六年原刊，台湾文献丛刊第 141 种。

朱景英：《海东札记》，中国方志丛刊影印乾隆刊本。

朱谋垔：《画史会要》，文渊阁四库全书本。

朱士玠：《小琉球漫志》，台湾文献丛刊第 75 种。

朱正元：《福建沿海图说》，光绪二十八年刊本。

祝穆：《方舆胜览》，上海古籍出版社，1991 年影印宋本。

二　文献资料汇编

鲍晓鸥：《西班牙人的台湾体验》，若那瓜译，南天书局，2008。

北京大学图书馆编《皇舆遐览——北京大学图书馆藏清代彩绘地图》，中国人民大学出版社，2008。

蔡谦、郑友揆：《中国各通商口岸对各国进出口贸易统计》，商务印书馆，1936。

《长泰文史资料》第4辑，政协长泰县委员会文史资料工作组，1982。

陈炳容：《金门碑碣玩迹》，金门县文化局，2011。

陈组绶编《皇明职方地图》，崇祯九年刊本，郑振铎辑：玄览堂丛书三集，第十一册，影印道光刻本，中央图书馆，1948。

程绍刚译注《荷兰人在福尔摩莎》，联经出版事业公司，2000。

道光朝《筹办夷务始末》，收入《续修四库全书》编纂委员会编《续修四库全书》，上海古籍出版社，2002。

《福建经济年鉴》编辑委员会编辑（历年）《福建经济年鉴》，福建人民出版社。

福建年鉴编纂委员会编纂（历年）《福建年鉴》，福建人民出版社。

福建泉州海外交通史博物馆编《泉州湾宋代海船发掘与研究》，海洋出版社，1987。

福建省档案馆、厦门市档案馆编《闽台关系档案资料》，鹭江出版社，1993。

福建师大历史系郑成功史料编辑组编《郑成功史料选编》，福建教育出版社，1982。

福建师范大学历史系福建地方史研究室编《鸦片战争在闽台史料选编》，福建人民出版社，1982。

《福建沿海航务档案》（嘉庆朝），台湾文献汇刊第5辑第10册。

郭厚安编《明实录经济史资料选编》，中国社会科学出版社，1989。

郭辉译：《巴达维亚城日记》中文版，台湾省文献委员会1970年印行，第1册。

何丙仲编《厦门碑志汇编》，中国广播电视出版社，2004。

〔荷〕威·伊·邦特库：《东印度航海记》，姚楠译，中华书局，1982。

黄典权编《台湾南部碑文集成》，台湾文献丛刊第218种，1980。

《惠安文史资料》第6辑，中国人民政治协商会议福建省惠安县委员会文史资料研究委员会，1989。

江树生译注《梅氏日记》，汉声杂志社，2003。

江树生译注《热兰遮城日志》第1册，台南市政府，2002。

林道衡监修、黄耀东编《明清台湾碑碣选集》，台湾省文献委员会，1980。

林玉茹、刘序枫编《鹿港郊商许志湖家与大陆的贸易文书（1895-1897）》，"中央研究院"台湾史研究所，2007。

刘枝万编《台湾中部碑文集成》，台湾文献丛刊第151种，1962。

《明季荷兰人侵据彭湖残档》，台湾文献丛刊第154种。

聂宝璋编《中国近代航运史资料第一辑（1840-1895）》，上海人民出版社，1983。

彭泽益编《中国近代手工业史资料》，三联书店，1962。

〔葡〕伯来拉、克路士等：《南明行纪》，何高济译，中国工人出版社，2000。

《清会典台湾事例》，台湾文献丛刊第226种。

《清季申报台湾纪事辑录》（下册），台湾文献丛刊第247种。

《泉州文史资料》第3辑，中国人民政治协商仁义福建省泉州市委员会文史资料研究委员会，1987。

盛博：《宋元古地图集成》，星球地图出版社，2008。

《石狮文史资料》第1辑，中国人民政治协商会议福建省石狮市委员会文史资料研究委员会，1992。

孙希有主编《福建省对外经贸年鉴（2011）》，福建省地图出版社，2011。

台北故宫博物院图书文献处编《宫中档乾隆朝奏折》第21辑，台北故宫博物院，1984。

台湾国学文献馆编《台湾研究资料汇编》，联经出版事业公司，1993年。

台湾省行政长官公署统计室编《台湾省五十一年来统计提要》，1946年刊本。

台湾图书馆特藏组编《日治时期的海运》，台湾图书馆印行，2010。

台湾银行经济研究室编《台湾经济史初集》，台湾银行，1954。

台湾银行经济研究室编《台湾经济史六集》，台湾银行，1957。

台湾银行经济研究室编《台湾经济史五集》，台湾银行，1957。

王铁崖编《中外旧约章汇编》第1册，三联书店，1959。

吴亚敏、邹尔光编《近代福州及闽东地区社会经济概况》，华艺出版社，1992。

夏黎明总论，王存立、胡文青编著《台湾的古地图——明清时期》，远足文化事业有限公司，2005。

厦门大学台湾研究所、中国第一历史档案馆编辑部：《康熙统一台湾档案史料选辑》，福建人民出版社，1983。

厦门大学郑成功历史调查研究组编《郑成功收复台湾史料选编》，福建人民出版社，1982。

厦门市志编纂委员会、《厦门海关志》编委会编《近代厦门社会经济概况》，鹭江出版社，1990。

徐雪姬、吴密察：《先民的足迹——古地图话台湾沧桑史》，南天书局，1991。

姚贤镐编《中国近代对外贸易史资料（1840－1895）》，中华书局，1962年。

郑鹤声、郑一钧编《郑和下西洋资料汇编》（中册），齐鲁书社，1983。

郑振满、〔美〕丁荷生编纂《福建宗教碑铭汇编·泉州府分册上》，福建人民出版社，2003。

中国测绘科学研究院编纂《中华古地图珍品选集》，哈尔滨地图出版社，1998。

中国民主建国会福建省委员会、福建省工商业联合会合编《福建工商史料》第3辑，1988。

"中央研究院"历史语言研究所编《明清史料》（戊编），第4本，中华书局，1987。

中央研究院历史语言研究所编《明清史料》（乙编），商务印书馆，1936。

庄为玑、王连茂编《闽台关系族谱资料选编》，福建人民出版社，1984。

邹爱莲、霍启昌主编《澳门历史地图精选》，华文出版社，2000。

三　著作

《安海港史》研究编辑组编《安海港史研究》，福建教育出版社，1989。

卞凤奎：《日据时期台湾籍民在大陆及东南亚活动之研究》，黄山书社，2006。

曹永和：《台湾早期历史研究》，联经出版事业公司，1979。

曹永和：《台湾早期历史研究续集》，联经出版事业公司，2000。

陈碧笙：《郑成功历史研究》，九州出版社，2000。

陈高华：《陈高华文集》，上海辞书出版社，2005。

陈高华：《元史研究论稿》，中华书局，1991。

陈国强、叶文程、吴绵吉主编《闽台考古》，厦门大学出版社，1993。

陈捷先、阎崇年：《清代台湾》，九州出版社，2009。

陈孔立：《清代台湾移民社会研究》，厦门大学出版社，1990。

陈孔立主编《台湾历史纲要》，九州出版社，1996。

陈小冲：《日本殖民统治台湾五十年史》，社会科学文献出版社，2005。

陈信雄：《宋元海外发展史研究》，甲乙出版社，1992。

陈永山、陈碧笙主编《中国人口》（台湾分册），中国财政经济出版社，1990。

陈在正：《台湾海疆史》，扬智文化事业公司，2003。

陈支平：《民间文书与台湾社会经济史》，岳麓书社，2004。

陈支平主编《林惠祥教授诞辰 100 周年纪念论文集》，厦门大学出版社，2001。

陈宗仁：《鸡笼山与淡水洋——东亚与台湾早期史研究》，联经出版事业公司，2005。

戴裔煊：《明代嘉隆年间的倭寇海盗与中国资本主义的萌芽》，中国社会科学出版社，1982。

戴裔煊：《〈明史·佛郎机传〉笺正》，中国社会科学出版社，1984。

〔德〕贡德·弗兰克：《白银资本》，刘北成译，中央编译出版社，2000。

邓孔昭：《闽粤移民与台湾社会历史发展研究》，厦门大学出版社，2011。

邓孔昭：《郑成功与明郑台湾史研究》，台海出版社，2000。

邓文金编著《漳台关系史》，厦门大学出版社，2011。

方豪：《六十至六十四自选待定稿》，作者自刊本，1974。

福建博物院编《21 世纪初福建基建考古新发现》，福建人民出版社，2009。

福建博物院编著《闽侯县昙石山遗址第八次发掘报告》，科学出版社，2004。

福建博物院、漳州市文管办、漳州市博物馆编《虎林山遗址》，海潮摄影艺术出版社，2003。

傅衣凌：《明清社会经济史论集》，中国人民大学出版社，1982。

傅衣凌：《明清时代商人及商业资本》，中国人民大学出版社，1980。

傅宗文：《宋代草市镇研究》，福建人民出版社，1991。

高贤治等：《纵览台江——大员四百年地舆图》，台南市台江公园管理处，2012。

〔荷〕包乐史、〔中〕庄国土：《〈荷使初访中国记〉研究》，厦门大学出版社，1989。

何绵山主编《闽台经济与文化》，厦门大学出版社，2001。

华松年：《台湾粮政史》，台湾商务印书馆，1984。

黄福才：《台湾商业史》，江西人民出版社，1990。

黄富三、翁佳音主编《台湾商业传统论文集》，中研院台湾所，1999。

黄秀政等：《台湾史志论丛》，五南图书出版公司，1999。

蒋伯英主编《闽台关系》，武汉出版社，2002。

金泓汎等：《闽台经济关系——历史、现状、未来》，鹭江出版社，1992。

李成武、戚嘉林：《大陆台湾六十年》，海南出版社，2009。

李东华：《泉州与我国中古的海上交通》，学生书局1986。

李非编著《海峡两岸经贸关系》，对外贸易教育出版社，1994。

李国祁：《中国现代化的区域研究：闽浙台地区1860－1916》，中研院近代史研究所，1985。

李祖基：《近代台湾地方对外贸易》，江西人民出版社，1986。

李祖基：《台湾历史研究》，台海出版社，2006。

栗建安主编《考古学视野中的闽商》，中华书局，2010。

连横：《台湾通史》，商务印书馆，1983。

连心豪：《中国海关与对外贸易》，岳麓书社，2004。

梁方仲：《梁方仲经济史论文集》，中华书局，1989。

梁方仲：《中国历代户口、田地、田赋统计》，上海人民出版社，1980。

梁嘉彬：《琉球及东南诸海岛与中国》，东海大学，1965。

林宝琴：《西海岸的神话》，荷风出版社，1991。

林呈蓉：《近代国家的摸索与觉醒——日本与台湾文明开化的进程》，台北财团法人吴三连台湾史料基金会，2005。

林惠祥著、蒋炳钊编《天风海涛室遗稿——纪念林惠祥先生百年诞辰》，鹭江出版社，2001。

林开明主编《福建航运史（古、近代部分)》，人民交通出版社，1994。

林满红：《茶、糖、樟脑业与台湾之社会经济变迁》，联经出版事业公司，1997。

林满红：《四百年来的两岸分合》，自立晚报文化出版部，1994。

林仁川：《大陆与台湾的历史渊源》，文汇出版社，1991。

林仁川：《明末清初私人海上贸易》，华东师范大学出版社，1987。

林仁川、黄福才：《台湾社会经济史研究》，厦门大学出版社，2001。

林胜义、何显荣：《台湾——人类文明原乡》，台湾飞碟学研究会，2001。

凌纯声：《中国边疆民族与环太平洋文化》，联经出版事业公司，1979。

刘益昌：《台湾的史前文化与遗址》，台湾省文献委员会，1996。

卢国能编著《漳台经贸关系》，厦门大学出版社，2011。

吕淑梅：《陆岛网络：台湾海港的兴起》，江西高校出版社，1999。

马士〔H. B. Mosre〕：《1882-1891年台湾淡水海关报告书》，谦祥译，载台湾银行经济研究室编《台湾经济史六集》，台湾银行1957年原刊，古亭书屋1979年影印本。

孟国美（P. H. S. Montgomery）：《1882~1891年台湾台南海关报告书》，谦祥译，载台湾银行经济研究室编《台湾经济史六集》，台湾银行1957年原刊，古亭书屋1979年影印本。

戚嘉林：《台湾史》，海南出版社，2011。

全汉昇：《中国经济史论丛》第1辑，香港新亚研究所。

〔日〕村上直次郎等：《荷兰时代台湾史论文集》，许贤瑶译，佛光人文社会学院，2001。

〔日〕滨下武志：《中国近代经济史研究——清代海关财政与通商口岸市场圈》，高淑娟、孙彬译，江苏人民出版社，2006。

〔日〕吉开右志太：《台湾海运史1895~1973》，黄得峰编译，台湾文献馆，2009。

〔日〕木宫正彦：《日中文化交流史》，胡锡年译，商务印书馆，1980。

〔日〕松浦章：《日治时期台湾海运发展史》，卞凤奎译，博扬文化事业有限公司，2004。

〔日〕岩生成一：《朱印船贸易史的研究》，东京，弘文堂，1958。

〔日〕中村孝志：《荷兰时代台湾史研究》（上卷），稻乡出版社，1997。

〔日〕中村孝志：《中村孝志教授论文集——日本南进政策与台湾》，卞凤奎译，稻乡出版社，2002。

石守谦等：《福尔摩沙——十七世纪的台湾·荷兰与东亚》，台北故宫博物院，2003。

苏文菁主编《闽商发展史》，厦门大学出版社，2013。

台湾省文献委员会编《台湾近代史·经济篇》，台湾省文献委员会，1995。

台湾省文献委员会编《台湾省通志》，众文图书公司，1969。

台湾银行经济研究室编《台湾交通史》，台湾银行，1955。

唐次妹：《清代台湾城镇研究》，九州出版社，2008。

唐次妹：《厦门与台湾》，鹭江出版社，2002。

王键：《日据时期台湾总督府经济政策研究1895～1945》，社会科学文献出版社，2009。

翁佳音：《荷兰时代台湾史的连续性问题》，稻乡出版社，2008。

吴春明：《中国东南土著民族历史与文化的考古学观察》，厦门大学出版社，1999。

吴文星：《日据时期在台"华侨"研究》，学生书局，1991。

吴幼雄等主编《泉州史迹研究》，厦门大学出版社，1998。

厦门大学历史系编《郑成功研究论文选》，福建人民出版社，1982。

厦门大学历史研究所中国社会经济史研究室编著《福建经济发展简史》，厦门大学出版社，1989。

徐晓望：《妈祖的子民——闽台海洋文化研究》，学林出版社，1999。

徐晓望：《闽国史》，五南图书出版公司，1997。

徐晓望：《闽南史研究》，海风出版社，2004。

徐晓望：《宋代福建史新编》，线装书局，2013。

徐晓望：《早期台湾海峡史研究》，海风出版社，2006。

徐晓望等：《福建通史》，福建人民出版社，2006。

杨彦杰：《荷据时代台湾史》，江西人民出版社，1992。

杨彦杰：《台湾历史与文化》，海峡文艺出版社，1995。

叶大沛：《鹿港发展史》，左羊出版社，1997。

〔英〕莱特：《中国关税沿革史》，姚曾廙译，三联书店，1958。

余金满主编《福建省经济开发现在与未来》，经济管理出版社，1992。

曾少聪：《东洋航路移民：明清海洋移民台湾与菲律宾的比较研究》，江西高校出版社，1998。

张崇根：《台湾历史与高山族文化》，青海人民出版社，1992。

张崇根：《台湾四百年前史》，九州出版社，2005。

张海鹏、陶文钊：《台湾简史》，凤凰出版传媒集团、凤凰出版社，2010。

张侃：《互补联动》，海风出版社，2004。

张增信：《明季东南中国的海上活动》，东吴大学，1988。

郑成功研究学术讨论会学术组编《台湾郑成功研究论文选》，福建人民出版社，1982。

郑梁生：《明代中日关系史研究》，文史哲出版社，1985。

政协泉州市委员会编《泉州与台湾关系文物史迹》，厦门大学出版社，2005。

中共龙溪地委宣传部、福建省历史学会厦门分会编辑《月港研究论文集》，自刊本，1983。

周婉窈：《台湾历史图说》，联经出版事业公司，1998。

周宪文：《清代台湾经济史》，台湾文献丛刊第 45 种。

朱维幹：《福建史稿》，福建人民出版社，1985。

庄为玑：《海上集》，厦门大学出版社，1996。

卓克华：《清代台湾行郊研究》，福建人民出版社，2006。

四　论文

蔡昇璋：《日治初期港口"郊商"与"特别输出入港"之设置》，《台湾文献》第 57 卷第 4 期。

蔡相辉：《清代北港的闽台贸易》，载海峡交通史论丛编辑委员会编《海峡交通史论丛》，海风出版社，2002。

陈国栋：《清代中叶厦门的海上贸易》，载吴剑雄主编《中国海洋发展史论文集》（第四辑），"中央研究院"中山人文社会科学研究所，1991。

陈铿：《清代台湾的开发与福建社会经济的发展》，《福建学刊》1989年第 6 期。

陈学文：《明清时期台湾蔗糖业的发展》，载万斌主编《我们与时代同行——浙江省社会科学院论文精选 1996 - 1999 年》，杭州出版社，2005。

陈支平：《清代泉州黄氏郊商与乡族特征》，《中国经济史研究》2004年第 2 期。

陈宗仁：《北港与"Pacan"地名考释：兼论十六世纪、十七世纪之际台湾西南海域贸易情势的变迁》，《汉学研究》第二十一卷第二期，总第 43

号，2003。

陈祖武等：《闽台贸易：拓展直接贸易》，《国际贸易》1996年第6期。

戴一峰：《区位、空间与城市发展：厦门个案》，《史林》2008年第2期。

戴一峰：《五口通商时期的福建对外贸易》，《福建论坛》（文史哲版），1988年第1期。

邓文金：《清前中期漳台贸易关系述论》，《漳州师范学院学报》2010年第1期。

丁玲玲：《清代前期移民台湾对泉州社会经济的影响》，《泉州师范学院学报》2004年第5期。

丁玲玲：《清代泉台郊商的善举》，《泉州师范学院学报》2008年第5期。

福建省博物馆：《福建平潭壳丘头遗址发掘简报》，《考古》1991年第7期。

福建省博物馆：《闽侯昙石山遗址第六次发掘报告》，《考古学报》1976年第1期。

傅宗文：《宋元时期的闽台交往与东洋航线》，《厦门大学学报》（哲学社会科学版）1991年第3期。

高伯文：《改革开放以来闽台经贸关系的发展及其影响》，《中国经济史研究》2003年第4期。

广东省博物馆：《广东中部低地地区新石器时代遗存》，《考古学报》1960年第2期。

广西壮族自治区文物考古训练班：《广西南宁地区新石器时代贝丘遗址》，《考古》1975年第5期。

郭志超：《中国大陆东南土著族与南岛语族》，载陈支平主编《林惠祥教授诞辰100周年纪念论文集》，厦门大学出版社，2001。

〔荷〕包乐史：《论郑芝龙的崛起》，袁冰凌译，《福建史志》1994年7月增刊。

黄福才：《略论1840—1895年闽台贸易关系》，《厦门大学学报》（哲学社会科学版）1996年第1期。

黄福才：《论清代大陆与台湾贸易各阶段的特点》，《中国经济史研究》1997年第2期。

黄福才：《论清代台湾商品市场的演变》，《中国社会经济史研究》1998年第1期。

黄国盛：《论清代前期的闽台对渡贸易政策》，《福州大学学报》2000年第2期。

黄国盛：《论清代前期的闽台对渡贸易政策》（续），《福州大学学报》2000年第3期。

黄国盛：《清代前期台湾与沿海各省的经贸往来》，《福建师范大学学报》2004年第1期。

黄华清：《清代台湾与闽南三角地区的经济交流》，《福建学刊》1988年第3期。

黄志中：《福建地区商品经济的发展和资本主义的萌芽》，《福建师范大学学报》1981年第2期。

江树生等：《十七世纪荷兰人绘制的台湾老地图》，《汉声》杂志第105期，汉声杂志社，1997。

金国平、吴志良：《郑芝龙与澳门——兼谈郑氏家族与澳门黑人》，《海交史研究》2002年第2期。

孔立：《元置澎湖巡检司考》，《中华文史论丛》1980年第2期。

赖福顺：《汀路尾澳——澎湖最早的地方名》，载《澎湖研究第四届学术研讨会论文辑》，澎湖县文化局，2004。

李非、陈茜：《台商在福建投资的发展回顾与政策思路》，《福建师范大学学报》（哲学社会科学版）2010年第2期。

李孝铭、林永健：《试谈闽台经济贸易问题》，《福建论坛》（经济社会版）1989年第12期。

李毓中等：《十七世纪的台湾·基隆港》，《台湾史料研究》第4号，吴三连台湾史料基金会会刊，1994年10月。

李祖基：《近代台湾对外贸易对地方社会经济之影响》，《福建论坛》（文史哲版）1989年第4期。

李祖基：《论外国商业资本对台湾贸易的控制（1860—1894）》，《台湾研究集刊》1985年第3期。

李祖基：《清代台湾地方的开发与岛上对外交通》，《台湾研究集刊》2002年第2期。

廖风德：《海盗与海难：清代闽台交通问题初探》，载张炎宪主编《中国海洋发展史论文集》，"中央研究院"中山人文社会科学研究所，1988。

林朝棨：《金门复国墩贝冢遗址》，台湾《考古人类学刊》1973年第33～34期合刊。

林惠祥：《台湾番族之原始文化》，中央研究院社会科学研究所专刊第3号，1930。

林惠祥：《中国东南区新石器文化特征之一：有段石锛》，《考古学报》1958年第3期。

林仁川：《清前期海峡两岸的通航及其影响》，《史学集刊》1994年第1期。

林仁川、陈杰中：《清代台湾与全国的贸易结构》，《中国社会经济史研究》1983年第1期。

林星：《清代前期移民台湾与福建社会经济的变迁》，《福建省社会主义学院学报》2002年第1期。

林玉茹：《清代竹堑地区的商人团体——类型、成员及功能的讨论》，《台湾史研究》1998年第5卷第1期。

林玉茹：《逐利之风：清代台湾郊商的多元投资策略》，《历史月刊》第201期。

林真：《台湾光复初期闽台经济关系初探》，《中国社会经济史研究》1992年第3期。

刘斌雄：《台北八里垒史前遗址之发掘》，《台湾文献》1963年第3卷第2期。

刘凌斌：《光复初期（1945～1949）福建与台湾之经济贸易关系》，《台湾研究集刊》2009年第4期。

刘素芬：《日治初期台湾的海运政策与对外贸易1895-1914》，载汤熙勇主编《中国海洋发展史论文集》（第七辑），"中央研究院"人文社会科学研究中心，2005。

罗得里格斯：《台湾的中国人、荷兰人和西班牙人（1624-1684）》，澳门《文化杂志》2007年秋季刊。

马波：《清代闽台地区的农产品流通》，《中国历史地理论丛》1994年第4期。

毛立坤：《晚清时期东南沿海通商口岸对外航线与港势地位的变迁》，《史学月刊》2005年第12期。

全毅：《闽台经贸关系的现状与趋势分析》，《亚太经济》2003 年第 4 期。

〔日〕村壩次郎：《唐以前の福建及び台湾に就いて》，日本《东洋学报》八卷一期（1932 年）。

〔日〕秋山谦藏：《隋书流求传再吟味》，日本《历史地理》第五十四卷第二号，昭和四年八月一日发行。

〔日〕岩生成一：《丰臣秀吉的台湾岛招谕计划》，《台北帝国大学史学科研究年报》第 7 卷，1941。

〔日〕岩生成一：《关于近代日中贸易的数量考察》，《史学杂志》第 62 编第 11 号。

〔日〕岩生成一：《明末侨寓日本支那人甲必丹李旦考》，载〔日〕村上直次郎等著《荷兰时代台湾史论文集》，许贤瑶译，佛光人文社会学院，2001。

〔日〕岩生成一：《在台湾的日本人》，载〔日〕村上直次郎等著《荷兰时代台湾史论文集》，许贤瑶译，佛光人文社会学院，2001。

荣孟源：《澎湖设巡检司的时间》，《历史研究》1955 年第 1 期。

石正方：《闽台经贸交流回顾与展望——基于区位优势变迁视角的分析》，《台湾研究集刊》2008 年第 3 期。

史伟：《清代郊商与海洋文化》，《中国社会经济史研究》2007 年第 4 期。

宋文薰：《长滨文化发掘报告》，载《中原文化与台湾》，台北市文献会，1971。

宋文薰：《台北市中山区西新庄子遗址的发掘资料》，1980 年。

苏丕雄：《闽台民间贸易的现状与趋势》，《福建金融》1997 年第 6 期。

王业健：《十八世纪福建的粮食供需与粮价分析》，《中国社会经济史研究》1987 年第 2 期。

翁佳音：《近代初期北部台湾的商业与原住民》，载"中研院"台湾史研究所筹备处编《台湾商业传统论文集》，1999。

吴春明：《闽江流域先秦两汉文化的初步研究》，《考古学报》1995 年第 2 期。

吴逸生：《艋舺古行号概述》，《台北文物》第 9 卷第 1 期。

吴振强：《厦门的沿海贸易网》，李金明译，《厦门方志通讯》1986 年第 2 期。

　　厦门海关、泉州海关、泉州海外交通史博物馆联合调查组：《泉州海关史迹调查》，《海交史研究》1988 年第 1 期。

　　徐晓望：《曹学佺〈石仓全集〉中有关台湾史料叙说》，厦门大学台湾研究院，"2004 年 8 月台湾史研究学术会议"论文。

　　徐晓望：《福建省统辖台湾之始》，载福建省炎黄文化研究会等编《台湾建省与抗日战争研究——纪念抗日胜利 60 周年暨台湾建省 120 周年学术研讨会论文集》，鹭江出版社，2008。

　　徐晓望：《梁嘉彬"流求论"的成功与失误》，2010 年福建省五缘文化研究会参会论文。

　　徐晓望：《论 17 世纪荷兰殖民者与福建商人——关于台湾海峡控制权的争夺》，《福建论坛》（人文社会科学版）2003 年第 3 期。

　　徐晓望：《论荷据时期台湾市镇的性质》，载王碧秀主编《五缘文化与两岸关系》，同济大学出版社，2010。

　　徐晓望：《论近代福建经济演变的趋势——兼论近代福建经济落后的原因》，《福建论坛》（文史哲版）1990 年第 2 期。

　　徐晓望：《论明代北港的崛起》，《台湾研究》2006 年第 2 期。

　　徐晓望：《论明代福建商人的海洋开拓》，《福建师范大学学报》2009 年第 1 期。

　　徐晓望：《论明清之际台湾海洋经济的形成》，《学术评论》2012 年第 2 期。

　　徐晓望：《论晚明对台湾、澎湖的管理及设置郡县的计划》，《中国边疆史地研究》2004 年第 3 期。

　　徐晓望：《论早期台湾开发史的几个问题》，《台湾研究》2000 年第 2 期。

　　徐晓望：《论郑成功复台之际台湾的法律地位》，《福建论坛》2012 年第 10 期。

　　徐晓望：《贸易导向与闽台地缘关系发展》，载吕良弼主编《海峡两岸五缘论》，方志出版社，2003。

　　徐晓望：《闽南民系的社会经济特征与台湾开发》，《福建论坛》（文史哲版）2000 年第 1 期。

　　徐晓望：《闽台汉族籍贯固始问题研究》，《台湾研究》1997 年第 2 期。

徐晓望：《明代漳州商人与中琉贸易》，《海交史研究》1998 年第 2 期。

徐晓望：《隋代陈稜、朱宽赴流求国航程研究》，《福建论坛》2011 年第 3 期。

徐晓望：《台湾：琉球之名的失落》，载陈小冲主编《台湾历史上的移民与社会研究》，九州出版社，2011。

徐晓望：《台湾光复与钓鱼岛列屿的法理回归》，《东南学术》2011 年第 2 期。

徐晓望：《唐宋流求与台湾北部的十三行文化》，《福州大学学报》2012 年第 1 期。

徐晓望：《晚明福建财政与福建疆吏对台湾问题的处理》，载《法国汉学》第十二辑，《边臣与疆吏》，中华书局，2007。

徐晓望：《晚明台湾北港的事变与福建官府》，载台湾各姓渊源研究学会编《台湾源流》2005 年冬季刊，第 33 卷。

徐晓望：《晚明在台湾活动的闽粤海盗》，《台湾研究》2003 年第 3 期。

徐晓望：《元代瑠求及台湾、彭湖相关史实考》，《福建师范大学学报》2011 年第 4 期。

徐晓望：《郑芝龙家族与明代澳门的闽商》，澳门《澳门研究》2008 年第 8 期。

徐晓望：《郑芝龙之前开拓台湾的海盗袁进与李忠》，《闽台文化交流》2006 年第 1 期。

徐晓望、徐思远：《论明清闽粤海洋文化与台湾海洋经济的形成》，《福州大学学报》2013 年第 1 期。

许雪姬：《日治时期的"台湾华侨"》，载张炎宪主编《中国海洋发展史论文集》（第六辑），中研院中山人文社会科学研究所，1997。

颜章炮：《清代之台湾商人与寺庙》，《中国社会经济史研究》1998 年第 1 期。

杨彦杰：《"林日茂"家庭及其文化》，《台湾研究集刊》2001 年第 4 期。

杨云萍：《郑成功的历史地位》，载《南明研究与台湾文化》，风物杂志社，1993。

叶真铭：《郊商与清代闽台贸易》，《炎黄纵横》2008 年第 10 期。

〔英〕卫京生：《福州开辟为通商口岸早期的情况》，《福建文史资料》

第1辑。

尤玉柱：《东山海域人类遗骨和哺乳动物化石的发现及其学术价值》，《福建文博》1988 年第 1 期。

尤玉柱、董兴仁、陈存洗、范雪春：《福建清流发现的人类牙齿化石》，《人类学学报》1989 年第 8 卷第 3 期。

臧振华：《考古学与台湾史》，《中国考古学与历史学之融合研究》，"中央研究院" 历史语言研究所，1997。

臧振华、刘益昌：《十三行遗址抢救与初步研究》，台北县政府文化局，2001。

粘良图：《清代泉州东石港航运业考析——以族谱资料为中心》，《海交史研究》2005 年第 2 期。

张柄楠：《鹿港开港史》，《台湾文献》1968 年第 19 卷第 1 期。

张光直：《中国东南沿海考古与南岛语族起源问题》，载《南方民族考古》第一辑，四川大学出版社，1987。

郑喜夫：《台澎最早的职官陈信惠》，《中央日报》1972 年 7 月 4 日中央副刊。

后　记

　　《商海泛舟——闽台商缘》为 2012 年度国家社会科学基金特别委托项目"闽台缘研究"（12@ ZH019）结项成果之一。本书由徐晓望担任撰写，福建社会科学院历史研究所的潘健、黄洁琼、许莹莹帮助搜集了不少资料，徐思远博士提供了部分资料并绘制了一些图表，在此特表感谢！

徐晓望

2014 年 9 月 19 日于江南水都书舍

图书在版编目（CIP）数据

商海泛舟：闽台商缘/徐晓望主编.—北京：社会科学文献出版社,2015.1
（闽台缘丛书）
ISBN 978 - 7 - 5097 - 6283 - 7

Ⅰ.①商…　Ⅱ.①徐…　Ⅲ.①商业史 - 研究 - 福建省 ②商业史 - 研究 - 台湾省　Ⅳ.①F729

中国版本图书馆 CIP 数据核字（2014）第 164051 号

·闽台缘丛书·

商海泛舟——闽台商缘

主　　编 / 徐晓望

出 版 人 / 谢寿光
项目统筹 / 王　绯
责任编辑 / 黄金平

出　　版 / 社会科学文献出版社·社会政法分社（010）59367156
　　　　　地址：北京市北三环中路甲 29 号院华龙大厦　邮编：100029
　　　　　网址：www. ssap. com. cn
发　　行 / 市场营销中心（010）59367081　59367090
　　　　　读者服务中心（010）59367028
印　　装 / 三河市东方印刷有限公司

规　　格 / 开　本：787mm × 1092mm　1/16
　　　　　印　张：22　字　数：368 千字
版　　次 / 2015 年 1 月第 1 版　2015 年 1 月第 1 次印刷
书　　号 / ISBN 978 - 7 - 5097 - 6283 - 7
定　　价 / 89.00 元